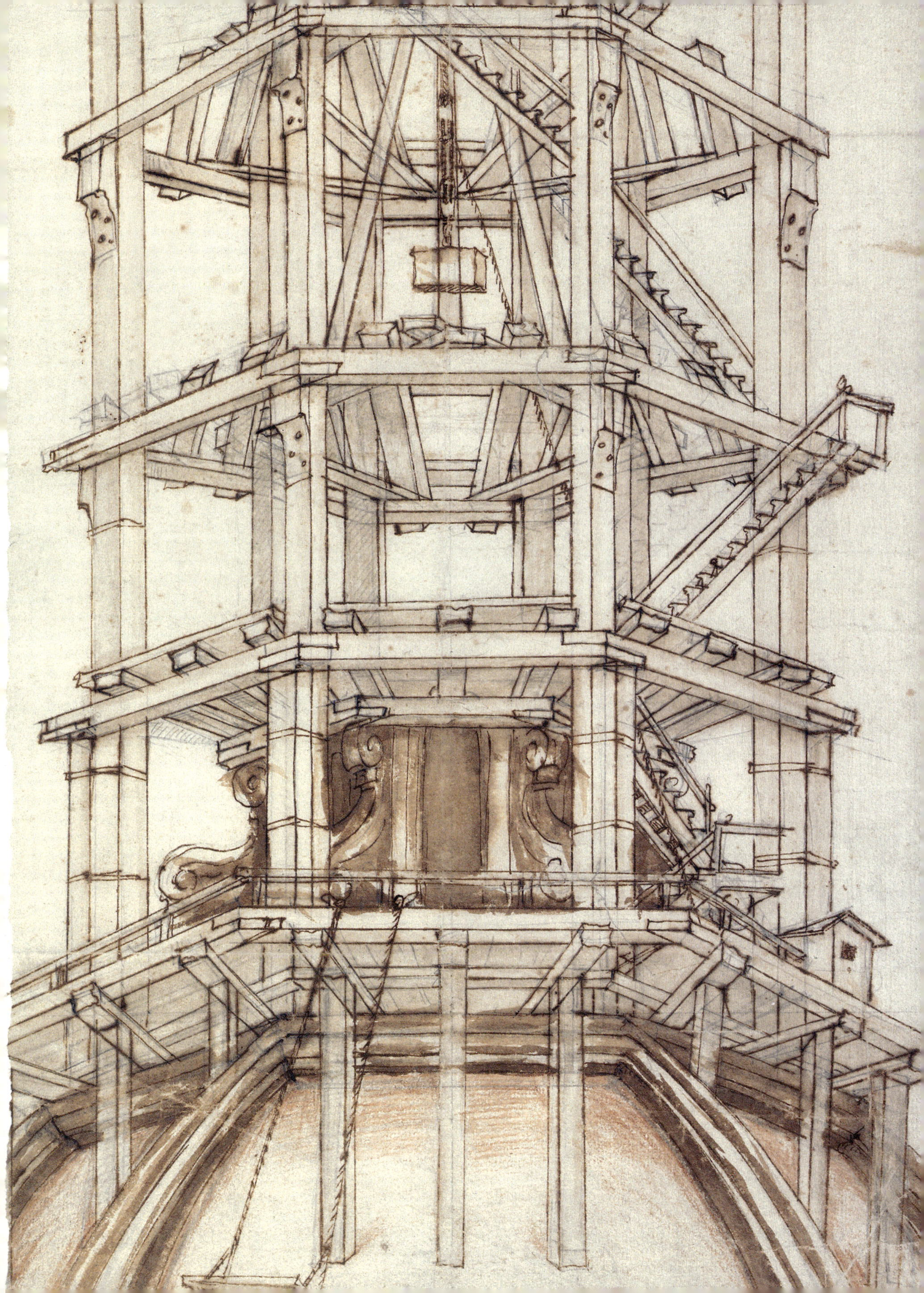

Aus dem Englischen von Dominik Fehrmann

Kenneth Powell (Hg.)

Gewagte Konstruktionen

Die großen Baumeister

parthas berlin

Danksagung:
Mein größter Dank gebührt den vielen Autoren aus aller Welt, die es verstanden haben, ihr umfassendes Wissen über ihr jeweiliges Thema für dieses Buch zu bündeln und lehrreichen Texten zu kondensieren. Mit wertvollen Ratschlägen behilflich waren unter anderem Mosette Broderick, Francesco Garofalo, Martin Meade, Thomas Muirhead, David Peyceré und John Zukowsky. Außerdem danke ich allen Mitarbeitern bei Thames & Hudson für ihre Unterstützung und Ermutigung während der Arbeit an diesem Buch.

Abbildung Vortitel: Filippo Brunelleschis Laterne auf der Kuppel des Florentiner Doms, während Restaurierungsarbeiten 1601 nach einer Beschädigung durch Blitzeinschlag. Die Zeichnung wird Gherardo Mechini zugeschrieben.

Abbildung Titelseite: John Fowlers Forth Railway Bridge im Bau, Schottland, 1890.

Gabriela Wachter
Planufer 92d
10967 Berlin
www.parthasverlag.de
info@parthasverlag.de

© 2011 Die Originalausgabe erschien unter dem Titel „The Great Builders“ bei Thames & Hudson Ltd, 181A High Holborn, London WC1V 7QX

Übersetzung: Dominik Fehrmann
Lektorat: Lisa Kröning
Umschlaggestaltung und Satz: Pina Lewandowsky
Gesamtherstellung: C&C Offset Printing Co., Ltd (China)

ISBN 978-3-86964-061-7

INHALT

EINLEITUNG

Die großen Baumeister der Geschichte waren Pioniere und Visionäre. Brunelleschis Kuppel in Florenz versetzte seine Zeitgenossen in Erstaunen. Sie ist zum Wahrzeichen von Florenz geworden – so, wie die in Beton gegossene Poesie von Utzons Opernhaus in Sydney ein Symbol der australischen Identität ist, der Eiffelturm für alle Welt eine Pariser Ikone und das Taj Mahal ein Schlüsselbild Indiens. Seit Anbeginn der Zivilisation zählt das Bauen zu den elementaren Tätigkeiten des Menschen. Die ersten als Gebäude erkennbaren Bauwerke, die nicht bloße Unterstände waren, dürften um 9000 v. Chr. errichtet worden sein. Zivilisation bedeutet Leben in Städten, und die frühesten Städte der Welt entstanden im Mittleren Osten, in einem Gebiet, das sich von Anatolien in der heutigen Türkei bis zum Nildelta erstreckt. Im 2. Jahrtausend v. Chr. bildeten sich dann in der Hochkultur Chinas eigene Bauweisen aus. Hier liegen die Wurzeln jener Techniken, Stile und Formen, die die anschließende Entwicklung des Bauens in Japan, Indien, der islamischen Welt und im Mittelmeerraum prägen sollten. Aus dieser fernen Zeit sind uns auch die ersten Namen von Personen überliefert, die Bauwerke schufen – zum Beispiel Imhotep (Wirkungszeitraum 2780 v. Chr.), ein Pyramiden bauender ägyptischer Hohepriester und mutmaßliche Erfinder der Säule, der auch als Begründer der Heilkunde gilt.

KÜNSTLER, WISSENSCHAFTLER UND HERRSCHER

Die frühesten Baumeister bezeichneten sich selbst nicht als „Architekten“ oder „Ingenieure“ – diese Berufe sind erst vor relativ kurzer Zeit entstanden. Sie waren vielmehr Künstler (so Giotto oder Brunelleschi), Gelehrte (Wren) oder Herrscher, wie der Großmogul Shah Jahan, der bedeutendste Baumeister seiner Zeit in Indien, der weit mehr war als nur ein Bauherr. Dieses Buch beginnt

Gegenüber: To-ji Studierhalle, Kyoto, restauriert 1491: typisches Beispiel einer japanischen Holzdachkonstruktion. Rechts: Imhotep, Konstrukteur der Stufenpyramide von Sakkara in Ägypten, des ersten gemauerten Großbauwerks der Welt, vollendet um 2780 v. Chr.

Vorige Seite: Shah Jahan, Kaiser und Architekt, vor dem Roten Fort in Delhi, auf einem Gemälde aus dem frühen 19. Jahrhundert. Oben: Schlussstein der Kathedrale von Canterbury mit einem Porträt des Steinmetzen Henry Yevele (ca. 1320–1400), der das Kirchenschiff konstruierte.

seine Darstellung im frühen 15. Jahrhundert, als Künstler erstmals als Individuen in Erscheinung traten. Ein Meilenstein dieser Entwicklung war in der westlichen Welt ein Buch, Giorgio Vasaris *Lebensbeschreibungen der berühmtesten Maler, Bildhauer und Architekten* (erschienen 1550), in dem auch Brunelleschi Erwähnung fand. Das Bauen selbst galt zu jener Zeit als eine Kunst. Brunelleschis Zeitgenosse Qavam al-Din Shirazi, Architekt der Timuriden, war zwar eine Berühmtheit, nannte sich selbst aber bescheiden einen Steinmetz. Im Gegensatz dazu blieben die als „Baumeister“ erwähnten Erbauer der großartigen Kathedralen in Frankreich und England weitgehend anonym. Nur die ganz großen Ausnahmegestalten traten hier aus dem Schatten der Anonymität hervor, wie etwa der Engländer Henry Yevele, dem 1360 der Titel *King's Deviser of Masonry* verliehen wurde. Oder auch Erwin von Steinbach (gest. 1318), den Goethe – der ihn fälschlicherweise für den alleinigen Architekten des Straßburger Münsters hielt – 1772 als übermenschliches Genie pries. Autoren der Romantik ersannen Geschichten über Abteien, die von Mönchen geplant und gebaut worden waren, oder kürten einen bedeutenden, im 14. Jahrhundert lebenden englischen Bischof namens William von Wykeham zum Baumeister (wie auch Gründer) des New College in Oxford sowie des Winchester College.

Tatsächlich lässt sich nur schwer auseinanderhalten, welchen Beitrag mittelalterliche Baumeister und Bauherren jeweils geleistet haben. War Abt Suger, der im 12. Jahrhundert der Abtei Saint-Denis bei Paris vorstand, tatsächlich ein visionärer Wegbereiter der Gotik oder bloß ein fortschrittlich gesinnter Auftraggeber? Wie seit Urzeiten war auch im Mittelalter das Bauen aufs Engste mit Macht verknüpft: Die Waliser Schlösser Edwards I. zum Beispiel – erbaut im späten 13. Jahrhundert vom Savoyer James of St. George, der sowohl als „Ingenieur" wie auch als „Steinmetz" bezeichnet wurde – waren die gewaltigsten ihrer Zeit. Und die Festungsanlagen eines Sébastien Vauban waren auch Ausdruck der Gebietsansprüche von Ludwig XIV. Der Sonnenkönig erwies sich nicht nur als bedeutender Bauherr, sondern gründete 1671 auch die französische *Académie Royale d'Architecture*, die später in die *Académie des Beaux-Arts* integriert wurde.

Dagegen manifestiert sich im Werk von Christopher Wren der kulturelle und politische Ethos eines schon nicht mehr absoluten Herrschers (kein Versailles für Charles II.). Wren war im Grunde ein Gentleman-Architekt und mit ganzem Herzen ein Gelehrter, Vauban dagegen ein Berufssoldat und Militäringenieur, zuletzt im Rang eines Marschalls von Frankreich. Die Tradition des *Gentleman Amateur* in der Architektur setzte sich bis ins 18. Jahrhundert fort – ein typisches Beispiel dafür ist der Engländer Richard Boyle, der 3. Graf von Burlington. Erst im 19. Jahrhundert bildeten sich formal die Berufe des Architekten und Bauingenieurs aus, die nun in der Regel auch mit einer speziellen Aus-

Joseph Paxtons Crystal Palace – das spektakuläre Gebäude für die Weltausstellung 1851 in London und ein Meilenstein in der Entwicklung der Eisen-Glas-Bauweise.

bildung verbunden waren. Die 1847 in London gegründete *Architectural Association* bot zunächst Teilzeitkurse an, bevor es zur Gründung einer Vollzeitberufsschule kam. Bereits 1834 wurde das *Royal Institute of British Architects* ins Leben gerufen. Die erste amerikanische Schule für Architekten, am *Massachusetts Institute of Technology* in Cambridge, nahm ihren Lehrbetrieb 1867 auf. Im Bauingenieurwesen schritt die Professionalisierung schneller voran: Die *Institution of Civil Engineers* wurde bereits 1818 in London gegründet, der Verein Deutscher Ingenieure dagegen erst 1856.

Ab Mitte des 18. Jahrhunderts verlagerte sich das Zentrum der Innovation gen Westen, wo im Zuge der Industriellen Revolution eine neue Welt von Kanälen, Bahnstrecken, Lagerhäusern und Fabriken entstand. Thomas Telford, John Rennie, Joseph Paxton, Isambard Kingdom Brunel, Victor Baltard und James Bogardus verwendeten „neue" Materialien – Eisen und Glas, die nun erstmals in großen Mengen hergestellt wurden –, um die Ikonen eines neuen Zeitalters zu erschaffen. Die maschinelle Ziegelfertigung, deren Produkte man auf Kanälen oder Schienen transportierte, lieferte einen weiteren Baustoff (zwischen 1820 und 1840 verdoppelte sich die britische Ziegelproduktion); generell ersetzten neue Technologien regionale Bautraditionen. Auch Terracotta und glasiertes Steingut wurden nun in Serie hergestellt und fanden weithin Verwendung, als Bauelemente wie auch zu dekorativen Zwecken. Die Romantik reagierte darauf mit einer neuen Abgrenzung von „Kunst" und „Bauen" (John Ruskin etwa bezeichnete Paxtons Crystal Palace aus dem Jahr 1851 als „crystal humbug"). Die Unterscheidung ist aufschlussreich, doch im Grunde falsch: Auch klassizistische Architekten wie Karl Friedrich Schinkel und Neogotiker wie George Gilbert Scott machten in ihren Bauten ausgiebig Gebrauch von Eisen. Ingenieurbauwerke wie der Crystal Palace galten später den Kritikern in der Klassischen Moderne gar als „wahre Architektur" des 19. Jahrhunderts.

Zur selben Zeit entwickelten auch die großen Lehrmeister der Neogotik wie A. W. N. Pugin und Eugène-Emmanuel Viollet-le-Duc Theorien des rationalen Bauens, die Ein-

Unten: Querschnitt des Birmingham Canals, der von Thomas Telford in den 1820er Jahren umgebaut wurde. Gegenüber: Explosionsdarstellung als Analyse des Kämpferpunkts eines typischen Bogens des 13. Jahrhunderts, veröffentlicht 1859 von Eugène-Emmanuel Viollet-le-Duc.

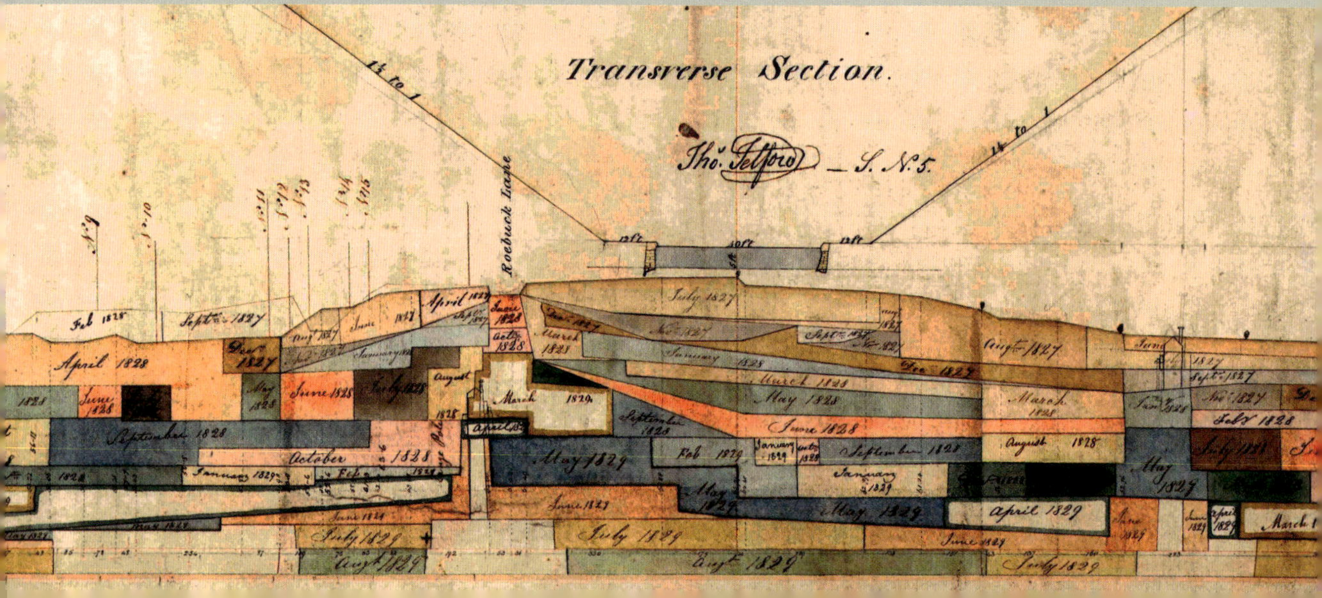

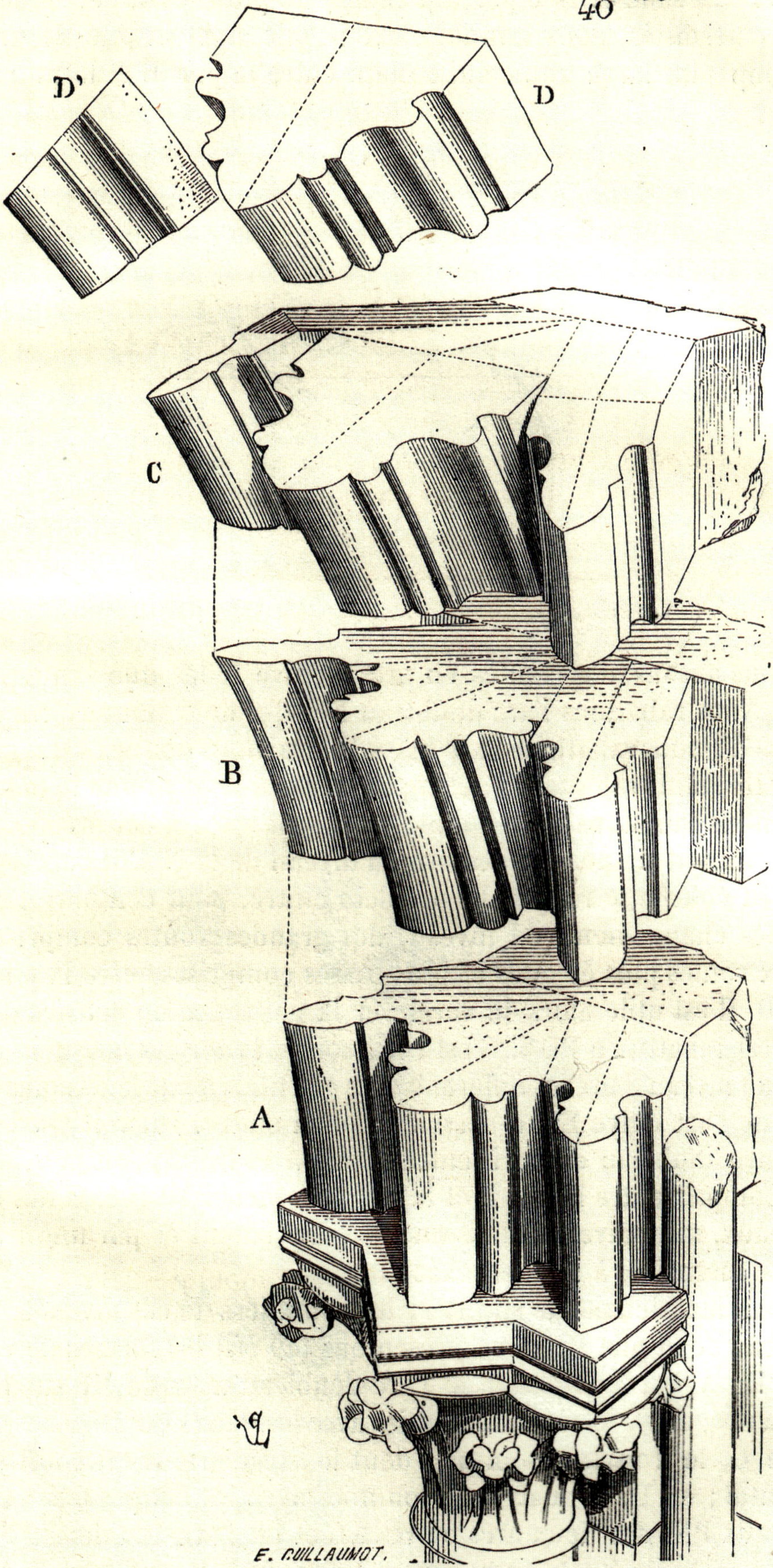
D'
D
C
B
A
E. GUILLAUMOT.

Das Gage Building in Chicago, Teil eines von Holabird & Roche entworfenen Ensembles. Die verzierte Fassade des rechten Gebäudeabschnitts stammt von Louis Sullivan (1898–1899), die benachbarten Gebäudefronten sind streng funktional gehalten.

fluss auf die Wegbereiter der Moderne hatten. Allerdings finden sich in Pugins Schriften, insbesondere in *Kontraste* (1836), auch Zweifel am allgemeinen Nutzen der Industrialisierung – Zweifel, die schließlich Eingang in die Philosophie der *Arts-and-Crafts*-Bewegung finden sollten. (Pugins steile Karriere wäre freilich ohne die Eisenbahn nicht denkbar gewesen; er selbst nannte sich ein „lokomotives Wesen" und entwarf auch Eisenbahnbauten im gotischen Stil.) Die Suche nach neuen Materialien und Technologien hielt das ganze 19. Jahrhundert hindurch an. Stahl, der allmählich Guss- und Schmiedeeisen ersetzte, ermöglichte den weltweiten Siegeszug der Wolkenkratzer (auch wenn noch 1889 der Pariser Eiffelturm aus einer Art Schmiedeeisen errichtet wurde). In der zweiten Hälfte des 19. Jahrhunderts wurde Europa dann als Zentrum des bautechnischen

Fortschritts von den USA abgelöst. In Chicago trieben William Le Baron Jenney, John Welborn Root und Louis Sullivan den Hochhausbau in Theorie und Praxis voran. Möglich wurde der moderne Wolkenkratzer erst durch den Aufzug, eine in den 1850er Jahren vom Amerikaner Elisha Otis perfektionierte Erfindung, die auch in anderen westlichen Ländern schnell Verbreitung fand. Das 19. Jahrhundert erlebte zudem die Entwicklung der Gebäudetechnik – Zentralheizung, Rohrleitungen und Lüftung –, die für die Entstehung moderner Bauweisen gleichfalls eine wesentliche Rolle spielte. Schon in den 1880er Jahren war elektrisches Licht weit verbreitet, sowohl in Gebäuden als auch als Straßenbeleuchtung, nachdem Joseph Wilson Swan in England und Thomas Edison in den USA die Glühbirne perfektioniert hatten.

DIE MODERNE WELT DES STAHLBETONS

Neben dem Baustoff Stahl war es der Stahlbeton, der die Gebäude der modernen Welt möglich machte. Bereits die Römer hatten ausgiebig mit Beton gebaut – etwa die Kuppel des Pantheon –, doch war dieses Material in den folgenden Jahrhunderten kaum noch verwendet worden. Erst im 19. Jahrhundert geriet es wieder ins Blickfeld der Baumeister. Erste Experimente mit Stahleinlagen gab es in Großbritannien und in den USA, aber es ist dem Werk des belgischstämmigen Ingenieurs und Unternehmers François Hennebique zu verdanken, dass Stahlbeton zu einem Baustoff wurde, mit dem sich alle Arten von Bauten – seien es Brücken, Textilfabriken oder Villen – gestalten und errichten ließen. Wie zuvor schon Eisen und Glas weckte auch Stahlbeton den Erfindergeist von Ingenieuren und Architekten. Stahlbeton eignete sich nicht zuletzt zur Gestaltung skulpturaler Formen (ein treffliches Beispiel ist die von Anatole de Baudot entworfene und 1904 vollendete Kirche Saint-Jean im Pariser Stadtteil Montmartre).

Umso erstaunlicher ist, das ausgerechnet der Katalane Antoni Gaudí kaum Gebrauch von Stahlbeton machte. Frank Lloyd Wright wiederum verwendete monolithischen Ortbeton für den *Unity Temple* in Oak Park bei Chicago (1908) und ein Stahlbetonskelett für das *Imperial Hotel* in Japan (1914–1922), nutzte aber auch vorgefertigte „*textile blocks*“ aus Beton zur Gebäudeverkleidung – ganz so, wie üblicherweise Ziegel oder Terrakotta verwendet wurden. Das Werk von Auguste Perret, einem Zeitgenossen Wrights, stand in der Tradition des franzö-

Frank Lloyd Wright experimentierte mit „Textilblöcken" aus Beton als Basismaterial für eine Reihe von Gebäuden, etwa das Storer House in Los Angeles (1923–1924).

sischen Rationalismus. Perret entwickelte eine eigene Formensprache des Bauens mit Beton, die sich bei einer Fülle von Bauwerken wiederfindet, von Lagerhäusern und Fabriken bis hin zu Kirchen und Theatern. Er war auch nach dem Zweiten Weltkrieg noch tätig, doch schwand sein Einfluss, als der seines zeitweiligen Schülers Le Corbusier in Frankreich vorherrschend wurde.

Tatsächlich kann man den in der Schweiz geborenen Le Corbusier als einflussreichsten Architekten des 20. Jahrhunderts ansehen. Das gilt für seine frühen, stark rationalistischen Werke bis zum poetischen, skulpturalen Ansatz seiner späten Bauten, etwa der Kapelle von Notre Dame du Haut bei Ronchamp (1950–1955), die bei manchen seiner Anhänger für Irritationen sorgte. Le Corbusiers Konkurrent um internationalen Einfluss auf die moderne Architektur war Mies van der Rohe, der in Berlin bei Peter Behrens, einem progressiven Neoklassizisten, gelernt hatte. Mies, dessen Werk erkennbar im Klassizismus wurzelt, wurde nach seiner Emigration in die USA 1938 zum Hauptvertreter des mit dem Bauhaus assoziierten Internationalen Stils. Sein Ansatz – zutiefst rational und damit weit entfernt vom Romantizismus des späten Le Corbusier – stand im Einklang mit der amerikanischen Tradition des Hochhausbaus mit Stahl. Sein mustergültiges *Seagram Building* in New York wurde vielfach nachgeahmt. Auch die Bauwerke des berühmten amerikanischen Architekturbüros Skidmore, Owings & Merrill waren stark von Mies geprägt und zeichneten sich durch eine enge Verzahnung von Architektur und Ingenieurwesen aus: Fazlur Khan, der 1955 zum Büro stieß und gemeinsam mit dem Architekten Bruce Graham für den *John Hancock Tower* (1969) in Chicago verantwortlich war, zählt zu den bedeutendsten Bauingenieuren des 20. Jahrhunderts.

Auch der expressivere Stil, den man mit Le Corbusiers Spätwerk verbindet, hat deutliche Spuren hinterlassen: etwa in den Werken des italienischen Architekten Pier Luigi Nervi, der eine ungeahnte Anmut in der Verwendung von Stahlbeton erreicht, oder aber in den Arbeiten des brasilianischen Baumeisters Oscar Niemeyer, dessen skulpturale Betonbauten man eindrucksvoll in Brasília, der neuen Hauptstadt des Landes, besichtigen kann (wie überhaupt die moderne Architektur in Brasilien in der Zeit zwischen den Weltkriegen, unter starkem Einfluss Le Corbusiers, florierte). Louis Kahn wiederum bereicherte die amerikanische Architekturszene mit einer Reihe von Bauwerken von großer poetischer Kraft, beginnend Anfang der 1950er Jahre mit seinem ersten bedeutenden Projekt, der *Yale University Art Gallery* in New Haven. Mit seinem Konzept der „served and servant spaces" [„bedienten und bedienenden Räume"] übte Kahn einen starken Einfluss auf die sogenannten High-Tech-Architekten aus, darunter Richard Rogers, Norman Foster und Renzo Piano (der eine Zeitlang in Kahns Büro arbeitete); im Pariser *Centre Pompidou* (1971–1977) von Rogers und Piano manifestiert sich auch Kahns Denken.

Das Seagram Building (1954–1958) an der Fifth Avenue in New York ist ein Meisterwerk des Internationalen Stils und berühmt für seine Eleganz und innovative Konstruktion. Das Bild zeigt Mies van der Rohe (links) bei der Besichtigung während der Montage der Vorhangfassade im Juli 1956.

DIE VERFLECHTUNG VON INGENIEURSKUNST UND ARCHITEKTUR

Im 20. Jahrhundert gehen die Impulse für neue Bauweisen von Ingenieuren aus; Architekten wiederum finden im Rahmen dieser Bauweisen neue, ausdrucksstarke Formen. Allerdings sind einige Protagonisten hier nicht leicht einzuordnen: Nervi zum Beispiel oder Jean Prouvé, der sich selbst schlicht als „Konstrukteur" bezeichnete; R. Buckminster Fuller, bekannt für seine geodätischen Kuppeln, vor allem aber der große Vordenker des nachhaltigen Designs; oder Frei Otto, dessen intensive Beschäftigung mit Zug- und Membrankonstruktionen der Baukunst neue Möglichkeiten eröffnete. Der Spanier Santiago Calatrava, zugleich Architekt und Ingenieur, hat mit seinem Werdegang die Hinfälligkeit solch starrer Berufsgrenzen erwiesen. Die Entwicklung des Bauens im ausgehenden 20. Jahrhundert ist durch die von Ove Arup propagierte völlige Verflechtung von Ingenieurskunst und Architektur geprägt. Beste Beispiele sind die Werke von Norman Foster und von Frank Gehry, der sich durch den Einsatz von Computern Formen erschlossen hat, die noch eine Generation zuvor undenkbar gewesen wären. Das 20. Jahrhundert war das Zeitalter globaler und universaler Ideen, und doch zeichnen sich einige der bedeutendsten Baumeister dieser Epoche – zum Beispiel Kenzo Tange in Japan und Oscar Niemeyer in Brasilien – gerade durch Bauwerke aus, die deutlich ihre nationale Kultur spiegeln. Japan erwies sich als besonders fruchtbares Terrain für die Entstehung einer modernen urbanistischen Architektur. Während Tanges Werke letztlich stark corbusianisch waren, wurzeln die des Japaners Kengo Kuma, einem der führenden Architekten unserer Zeit, erkennbar in der Beschäftigung mit traditionellen Formen und Materialien. Die Geschichte des Bauens war Jahrhunderte lang eine Geschichte des Bemühens von Männern (Frauen blieb die Arbeit als Architekt oder Bauingenieur bis weit ins 20. Jahrhundert hinein verwehrt), die Natur zu zähmen und die Welt zu gestalten. Heute erleben wir die Welt unterdessen als fragiles Gebilde. Vordringliche Aufgabe ist es nun sicherzustellen, dass menschliches Leben auch in den kommenden Jahrhunderten noch eine Zukunft hat. Architekten und Ingenieure spielen dabei eine entscheidende Rolle: Ihre Bauwerke müssen dazu beitragen, unseren Planet vor irreversiblen Umweltschäden zu bewahren.

Die Hoshakuji Station in Takanezawa in der Präfektur Tochigi (2006). Kengo Kuma verwendete hier neben Stahl und Glas auch Holz, um ein modernes Gebäude mit Reminiszenzen an die traditionelle japanische Architektur zu schaffen.

PIONIERE DES BAUENS

In den Jahrhunderten, bevor die Berufe des Architekten und Ingenieurs durch Standesordnungen und gesetzliche Vorschriften formalisiert wurden, waren die großen Baumeister zwangsläufig Universalgelehrte. Diese Beschreibung trifft zweifellos auf Filippo Brunelleschi zu, der zur immens schöpferischen Künstlerwelt im Florenz des 15. Jahrhunderts gehörte und Maler wie Bildhauer zu seinen Freunden zählte. Zugleich besaß er ein beachtliches Talent als Techniker, und sein Vorschlag für die Überdachung der Vierung der Kathedrale von Florenz war so innovativ, dass ihn manche Zeitgenossen als schieren Wahnsinn abtaten. Brunelleschi, ein gelernter Goldschmied und Bildhauer, widmete sich im Laufe seiner Karriere den verschiedensten Dingen, entwarf Theater-Maschinerien, baute Schiffe und Stadtmauern. Indem er für den Bau der Kuppel in Florenz eine Konstruktionsweise entwickelte, die mit einem Minimum an Einrüstung auskam, konnte er die Kosten des Projekts erheblich senken. Die Genialität Brunelleschis wie auch die des persischen Architekten Qavam al-Din Shirazi – der erste berühmte Architekt der islamischen Welt und ein Zeitgenosse Brunelleschis – liegt in der Art der dramatischen Raumbewältigung und der Entwicklung des Kuppelbaus. Beide Baumeister besaßen eine große bautechnische Erfindungsgabe. Zeitgenossen rühmten Qavam al-Din Shirazi für seinen Kenntnisreichtum und sein Geschick als Ingenieur, Bauzeichner und Konstrukteur, während er selbst sich nur als „Steinmetz" bezeichnete, womit er jenen Begriff wählte, den man im mittelalterlichen Europa generell für die weithin anonymen Architekten verwendete.

Bedeutende Bauwerke zeugen seit jeher auch vom Einfluss tatkräftiger und fortschrittlich gesinnter Bauherren. Der bedeutende türkische Architekt und Ingenieur Sinan diente im Laufe der Zeit etlichen osmanischen Herrschern und entwarf angeblich fast 500 Bauwerke. Als ausgebildeter Soldat war er ein Experte im Bereich des Festungsbaus, berühmt aber ist er vor allem für einige der großartigsten Moscheen der islamischen Welt. Der Sohn eines Steinmetzes und Zimmermanns gelangte durch seine Position am Hof des Sultans zu gesellschaftlichem Ansehen. Giuliano da Sangallo war der bevorzugte Baumeister der Medici; nach deren Entmachtung in Florenz diente er sich dem Papst an. Der Abkömmling einer namhaften Holzbildhauer-Familie konnte seine Fähigkeiten bei ganz unterschiedlichen Bauprojekten unter Beweis stellen, bei Befestigungsanlagen genauso wie bei Kirchen und Grabstätten. Shah Jahan, der das Taj Mahal schuf und die Entwicklung der indischen Architektur nachhaltig prägte, kann als Inbegriff eines Auftraggebers gelten, der weit mehr ist als nur der Initiator eines großen Bauvorhabens: Wie die großen europäischen Herrscher Ludwig XIV. von Frankreich und Friedrich der Große von Preußen betrachtete auch Shah Jahan das Bauen als höchsten Ausdruck monarchischer Macht (und war selbst Leiter eines Stabs von Architekten und Baumeistern). Die Idee des Herrschers als Architekt war nicht neu – sie lässt sich bis ins antike Mesopotamien zurückverfolgen. Shah Jahan aber spielte als Baumeister eine ungewöhnlich aktive Rolle. Unter Ludwig XIV., der sich selbst keinerlei Fähigkeiten als Architekt anmaßte, begann für Frankreich eine Zeit der Expansion, die nicht nur Schloss Versailles hervorbrachte, sondern auch Befestigungsanlagen in Dunkirk, Metz, Lille und anderen französischen Grenzstädten. Die Fähigkeiten des Sébastien Le Prestre de Vauban als Militäringenieur waren in seiner Zeit als Soldat gereift: Bei der Durchführung von Belagerungen hatte er darüber nachzudenken begonnen, wie die Wehrhaftigkeit von Städten erhöht werden könne. Vaubans mannigfaltige Interessen – etwa für Viehzucht, aber auch für Statistik und Ökonomie – machen ihn zu einer der faszinierendsten Gestalten jener großen Epoche Frankreichs.

Im Unterschied dazu war Christopher Wren ein Gelehrter – ein Mathematiker, der einer restaurierten Monarchie zu dienen hatte, die keine absolute Macht mehr besaß, und der seine Kenntnisse in Geometrie für die Konstruktion von Gebäuden verwenden sollte. Wrens Meisterwerk, die St. Paul's Cathedral in London, ist seine ureigene Schöpfung – allerdings stellte er, um den Wiederaufbau der Londoner Pfarrkirche nach dem verheerenden Brand im Jahr 1666 zu organisieren, ein Team von Mitarbeitern zusammen, von denen einer, Nicholas Hawksmoor, den Meister an Genialität noch übertroffen haben dürfte. Wren war der typische Gentleman-Architekt, mit Beziehungen zum Hof, zur Church of England und zu den Universitäten. Obwohl er zeit seines Lebens nie weiter als bis nach Paris reiste, war er doch mit der italienischen Tradition vertraut; auch zeugen seine Werke von Sensibilität gegenüber älterer Bausubstanz (beispielsweise Christ Church in Oxford). Wrens Karriere straft die Ansicht Lügen, ein großes Genie müsse mit dem Establishment über Kreuz liegen. Erst im 18. Jahrhundert entwickelte sich allmählich die Idee vom Architekten als unabhängiger Person, abseits der Welt des gewöhnlichen Bauens – eine Idee, die mithalf, der Romantik in Europa den Weg zu bereiten.

FRANCISCO SANIN

FILIPPO BRUNELLESCHI

Vater der Renaissance-Architektur

1377–1446

Filippo di Ser Brunellesco, besser bekannt als Filippo Brunelleschi, wurde in Florenz geboren und in der Goldschmiede-Gilde zum Bildhauer ausgebildet. Sein berühmtestes Werk, die Kuppel der Kathedrale von Santa Maria del Fiore in Florenz, zählt zu den bedeutendsten Bauwerken der Welt, in bautechnischer Hinsicht, aber auch wegen ihrer künstlerischen, kulturellen und städtebaulichen Wirkung. Brunelleschi gilt zudem als Entdecker der Linearperspektive – einer Darstellungsweise, die der westlichen Kunst eine neue Richtung gab. Brunelleschis Zeitgenossen rühmten seine Kenntnisse in Mathematik, Naturwissenschaften, Literatur und klassischer Architektur, und die Herrschenden bedienten sich seines Sachverstands: Sie ließen ihn nicht nur Festungen bauen, die Bergbautechnik vorantreiben und Flüsse umleiten, sondern auch eine Fülle weiterer Dinge konstruieren, darunter Theater-Maschinerien und Amphibienfahrzeuge. Brunelleschi wirkte in einer Stadt mit einer ausgeprägten und sensiblen Identität. 1377, im Jahr seiner Geburt, war man in Florenz noch immer damit beschäftigt, Gebäuden und Plätzen, deren Planung schon fast ein Jahrhundert zurück lag, den letzten Schliff zu geben. Die meisten waren Teil eines städtebaulichen Gesamtplans mit dem Ziel, die politischen Ansprüche der jungen Stadtregierung im Stadtbild sichtbar zu machen. Brunelleschi gelang es nun, nicht nur diesen Plan durch formale und räumliche Eingriffe weiterzuentwickeln, sondern zugleich der florentinischen Kultur neue Wege in Architektur und Kunst zu eröffnen.

TECHNOLOGISCHE UND KÜNSTLERISCHE ENTWICKLUNGEN

Brunelleschis bekanntestes Werk ist die Kuppel von Santa Maria del Fiore (1420–1436). An dem von Arnolfo di Cambio 1296 entworfenen Gebäude war schon fast ein Jahrhundert lang gebaut worden, doch hatte man die geplante Kuppel mit ihrem Durchmesser von 42 Metern nicht realisiert. Ihre Errichtung erwies sich als große Herausforderung, schließlich gab es für den Bau dessen, was am Ende die damals größte Kuppel Europas sein sollte, kein ersichtliches Vorbild. 1418 schrieb man einen Wettbewerb aus, um eine Lösung für die technischen Probleme zu finden. Frühere Kuppelbauten wie das Pantheon in Rom, die mächtige Mauern erforderten, taugten angesichts der bereits gebauten Teile der florentinischen Kirche ebenso wenig als Muster wie traditionelle gotische Gebäude mit ihrem äußeren Strebewerk. Nötig war eine neue und innovative Lösung. Bru-

Brunelleschis Kuppel des Florentiner Doms beherrscht die Silhouette der Stadt seit über 500 Jahren. Kolorierter Holzschnitt, die sogenannte „Pianta della Catena", vermutlich von 1472.

nelleschis Entwurf machte vor allem ein Lehrgerüst zum Abstützen der Kuppel entbehrlich. Zudem basierte er auf einer Reihe weiterer technischer Erfindungen, darunter eine spezielle Einrüstung sowie Maschinen zum Hinaufziehen der Baumaterialien – ein großes Kunststück angesichts der Tatsache, dass sich die Kuppelspitze in 90 m Höhe befand. Brunelleschis originelle und wohl durch das Baptisterium inspirierte Idee bestand darin, die Kuppel doppelschalig zu bauen: Die innere Schale ist dicker als die äußere und der Zwischenraum groß genug, um dort Stufen anzubringen, auf denen man bis in die Spitze der Kuppel und in die Laterne steigen kann. Die Teile sind derart miteinander befestigt, dass kein äußeres Strebewerk nötig ist, und die 8 großen sowie 16 kleineren Rippen der Hauptkonstruktion verteilen die Last so, dass sie von den bestehenden Mauern und Stützpfeilern getragen werden kann.

Obwohl Brunelleschi den Wettbewerb gewann, bat man ihn aus nicht völlig geklärten Gründen, mit Lorenzo Ghiberti zusammenzuarbeiten, der 1401 den Wettbewerb für die Gestaltung der Portale des Baptisteriums gewonnen hatte. Neben der eigentlichen Kuppel umfasste das Bauprojekt auch die Konstruktion der Laterne auf der Kuppelspitze

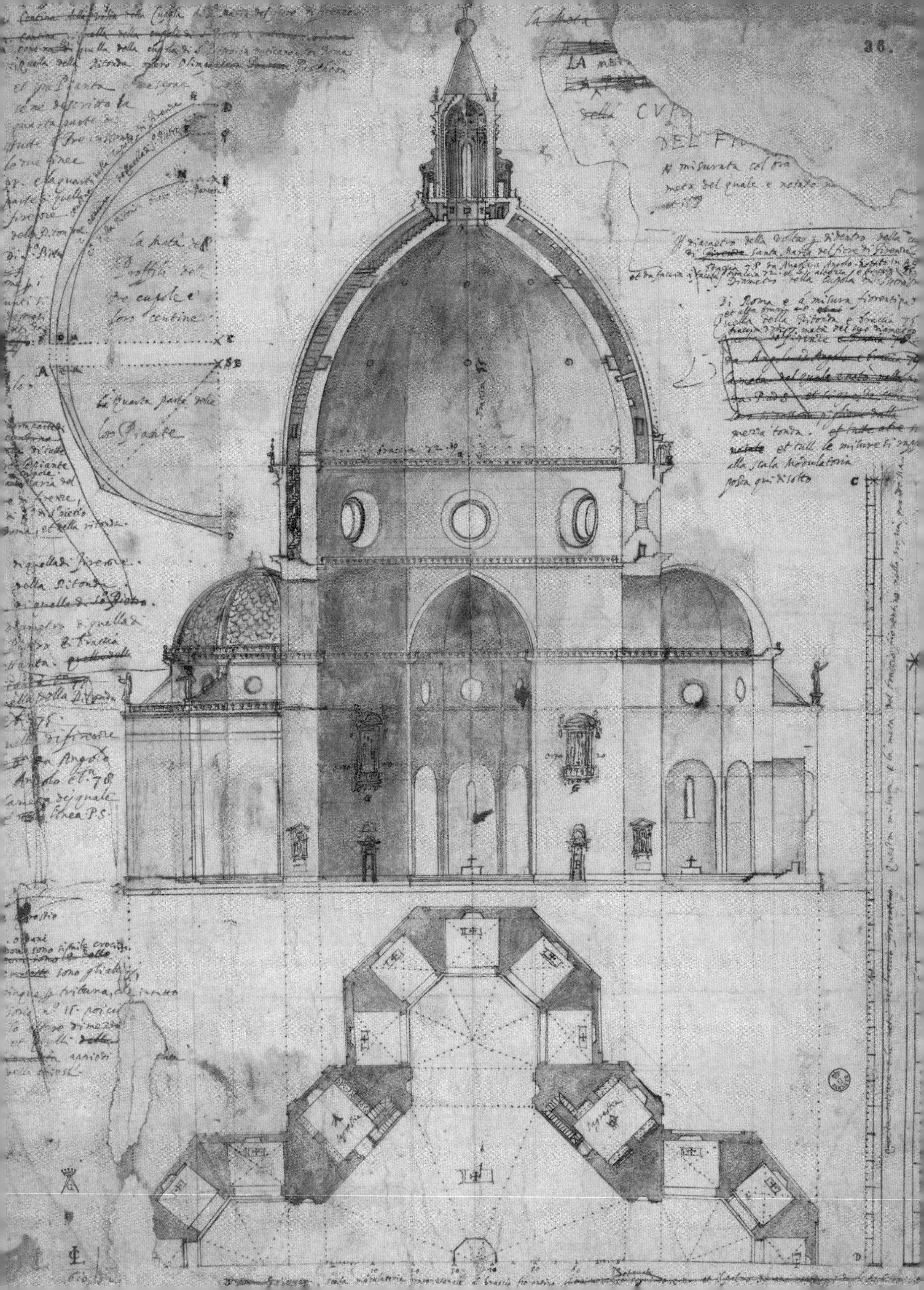

36.
la metà de'
Proffili delle
tre cupole e
loro centine
La Quarta parte delle
loro Piante
braccia 72.19
CUPO
DEL FI

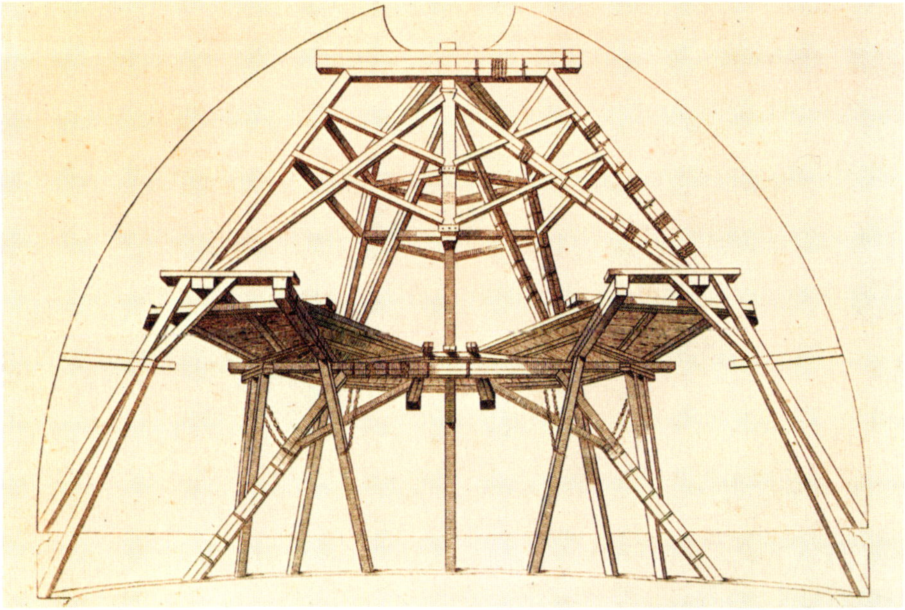

Oben: Giovanni Battista Nellis Rekonstruktion von Brunelleschis Baugerüst im Innern der Kuppel des Florentiner Doms, 1755. Gegenüber: Querschnitt des Florentiner Doms von Ludovico Cigoli aus dem späten 16. Jahrhundert, der Brunelleschis Doppelschalen-Konstruktion der Kuppel zeigt.

sowie die Erhöhung der Basis für die Kuppel. Die nach Brunelleschis Entwurf errichtete Laterne diente bautechnisch dem Zusammenhalt der Kuppelrippen, ist aber zur Betonung der Vertikalität auch für die formale Logik der Kuppelgeometrie relevant. Brunelleschi hob das Niveau der Kuppelbasis an, indem er den achteckigen Tambour höher baute als von Arnolfo vorgesehen, was die Dominanz der Kuppel im Stadtbild noch steigerte. Die städtebauliche wie symbolische Kraft der Kuppel hat Alberti auf den Punkt gebracht, als er in einem seiner Aufsätze schrieb, sie könne „mit ihrem Schatten das ganze toskanische Volk bedecken".

BRUNELLESCHIS KONZEPT DES MODULAREN BAUENS

In seinem Entwurf für das Ospedale degli Innocenti (1419–1424) nutzt Brunelleschi eine Loggia nicht allein zur Gestaltung der Fassade, sondern auch zur Verbindung des Gebäudes mit der angrenzenden Piazza. Solche öffentlichen Arkaden waren in Florenz schon in früheren Jahrhunderten gebaut worden, doch setzt Brunelleschi die Loggia hier in ganz besonderer Weise als räumliches und bauliches Element ein. Seine aus schlanken klassischen Säulen und breiten Bögen gebildeten Arkaden sind durch eine Treppe über Bodenniveau angehoben, wodurch er eine theaterartige und zugleich höchst urbane Wirkung erzielt. Formales Grundelement ist das einzelne Joch: quadratisch, im Grundriss wie im Aufriss, und von einer halbrunden Kuppel gekrönt. Auf diesem Element basiert ein modulares System, dessen Organisationsprinzip die Wiederholung ist – eine Innovation, die sich auch in späteren Werken Brunelleschis findet. Seine Arkadenfront wurde im folgen-

Oben: Hauptfassade des Ospedale degli Innocenti (1419–1424) an der Piazza SS. Annunziata in Florenz. Gegenüber: Vermutliches Porträt von Brunelleschi auf Masaccios Fresko *Petrus erweckt den Sohn des Theophilus*, Cappella Brancacci, Santa Maria del Carmine, Florenz, ca. 1427.

den Jahrhundert an zwei anderen Seiten der Piazza SS. Annunziata in Form je einer weiteren Loggia imitiert. Das Ergebnis ist einer der eindrucksvollsten städtischen Plätze der Renaissance.

Auch die anderen Bauprojekte Brunelleschis waren für Florenz von zentraler Bedeutung. In den Kirchen von San Lorenzo (begonnen 1421) und Santo Spirito (in Auftrag gegeben 1436) zeigt sich sein fortgesetztes Ausloten architektonischer Möglichkeiten auf der Grundlage der Begriffe Proportion, Wiederholung und Perspektive. Beide Gebäude beziehen sich in ihren Maßen und Grundrissen auf die im 13. Jahrhundert von den Bettelorden erbauten Kirchen, vor allem Santa Croce (entworfen von Arnolfo) und Santa Maria Novella, und beide haben eine ähnlich starke Beziehung zu den angrenzenden öffentlichen Plätzen. Auch die Alte Sakristei von San Lorenzo, 1419 in Auftrag gegeben und 1428 – lange vor dem Rest der neugebauten Kirche – vollendet, veranschaulicht beispielhaft das auf mathematischen Proportionen und klassischen Formen basierende modulare System Brunelleschis. In Santo Spirito sind seine Ideen noch umfassender und ausgereifter entwickelt. Der Grundriss der Kirche respektiert die traditionelle Form des Lateinischen Kreuzes, doch auch hier ist es das einzelne Joch, das zum Leitmotiv und Organisationsprinzip des ganzen Gebäudes wird und durch die Wirkung eines angedeuteten unendlichen Raums eine Uneindeutigkeit innerhalb der traditionellen Hierarchie von Hauptschiff, Querschiff und Apsis schafft. Das gelingt Brunelleschi, indem er den

Raum mit kleinen, halbrunden Kapellen einrahmt, die sich an Hauptschiff, Querschiff und Chorumgang nahtlos aneinander reihen. Eigentlich hatten sie sich auch auf der Vorderseite der Kirche fortsetzen sollen, was eine weitere architektonische Innovation nötig machte: vier Portale an der Frontseite der Kirche, im Gegensatz zu den herkömmlichen drei Portalen mit ihrer impliziten Hierarchie von Mitte und Seite. Allerdings wurden diese von Brunelleschi geplanten Jochs und Portale nie verwirklicht, so dass das Bauwerk in diesem Sinne unvollständig blieb. Die ganze Kirche konnte erst lange nach seinem Tod fertiggestellt werden.

Zusammen mit dem Palazzo Medici wurde die Kirche San Lorenzo zum Mittelpunkt eines Stadtviertels, das man seither mit jener mächtigen Familie in Verbindung bringt. Berichte über Brunelleschis Entwurf für den Palazzo Medici deuten darauf hin, dass er ihn direkt gegenüber der Kirchenfront zu bauen wünschte, wodurch ein einheitliches Ensemble entstanden wäre. Sein Vorschlag aber fand – wohl aus politischen Gründen – keine Zustimmung. Für Santo Spirito sah sein ursprünglicher Plan vor, die Ausrichtung der Kirche um 180 Grad und damit zum Fluss hin zu drehen – eine simple, aber wirkungsvolle Maßnahme, die die Beziehung der Stadt zum Fluss als Teil des öffentliches Raums neu definiert hätte. Wenngleich Brunelleschis Wunsch nach Rotation der Kirche unerfüllt blieb, wurde die Idee vom Fluss als Teil des öffentlichen Raums später vielfach aufgegriffen, etwa in Giorgio Vasaris 1560 begonnenem Palazzo degli Uffizi.

Brunelleschis Entwürfe, die verwirklichten wie die unverwirklichten, entfalteten zu seinen Lebzeiten und in folgenden Generationen erhebliche Wirkung, nicht nur auf andere Architekten und Theoretiker wie Alberti, sondern auch auf Künstler, darunter seine Freunde Donatello und Masaccio. Aus heutiger Sicht werfen Brunelleschis Leben und Werk wichtige Fragen auf. Unter all seinen Bauprojekten sind nur zwei, von denen wir gewiss sein können, dass sie streng nach seinen Plänen ausgeführt wurden: die Kuppel der Kathedrale und die Alte Sakristei. Die ursprünglichen Pläne für das Ospedale wurden erweitert und viele Details verändert, nachdem Brunelleschi die Bauleitung nicht mehr innehatte. San Lorenzo wurde zu seinen Lebzeiten nur in Teilen fertiggestellt. Als Brunelleschi 1446 starb, war in der Kirche Santo Spirito erst eine einzige Säule errichtet worden. Doch indem er dem Architekturdiskurs eine ungeahnte Richtung gab und eine Reihe neuer Prinzipien, Techniken und Werkzeuge einführte, schuf Brunelleschi eine Grundlage, auf der die Bauarbeiten – unabhängig von speziellen Motivationen oder Lösungen – ihrer kulturellen Bedeutung angemessen fortgeführt werden konnten. Die Idee eines rational bestimmten Raumes, der auf Geometrie und den Proportionen von Elementen und Komponenten beruht, die wiederum unter Berücksichtigung vielfältiger Faktoren organisiert oder zusammengefügt sind, bedeutete einen drastischen Bruch mit der herkömmlichen Baupraxis. Von einer Zäsur kann man auch insofern sprechen, als man Brunelleschi als ersten modernen Architekt überhaupt erachtet, im Gegensatz zu jenen traditionellen Steinmetzen, die in ein kollektives System der Entscheidungsfindung eingebunden waren. Und vielleicht verdanken wir ihm nicht nur die Idee vom Architekten als individuellem Schöpfer, sondern auch die Idee von Gestaltung oder Design als einer wissenschaftlichen Disziplin.

LINEARPERSPEKTIVE

Brunelleschis bedeutendster Beitrag zur Geschichte der Architektur und Kunst war die Entdeckung der Linearperspektive. Bekannt ist, dass er zwei exakt perspektivisch angelegte Tafelbilder schuf: Das eine zeigte das Baptisterium von der Kathedrale aus gesehen, das andere die Piazza della Signoria. Leider ist keines der Bilder erhalten. Schon seit Jahrhunderten hatten große Denker – von Ptolemäus und Euklid bis hin zu islamischen und westlichen Gelehrten des Mittelalters – sich im Zusammenhang mit Fragen der Optik, Mathematik und Physiologie für das Thema der Perspektive interessiert. Als grundlegend erwiesen sich hier die Studien von Alhazen (Ibn al-Haitham, um 965–1039), die außerdem unseren modernen Begriff der wissenschaftlichen Untersuchung begründet haben. In seinen Werken beschäftigt sich Alhazen auf experimenteller Basis mit den Mechanismen der Wahrnehmung. Seine Texte wurden aus dem Arabischen ins Italienische übersetzt und kursierten erwiesenermaßen zu Brunelleschis Zeit auch in Florenz. Es ist sehr erhellend, den Einfluss der Werke Alhazens auf die Geisteswelt im Florenz des 15. Jahrhunderts zu untersuchen, nicht nur im Hinblick auf mögliche Spuren in Brunelleschis Werk, sondern auch hinsichtlich der ganzen humanistischen Kultur, die sich in Florenz seit dem 12. Jahrhundert ausgebildet hatte und in jener Blütezeit gipfelte, die wir heute Renaissance nennen. Der faszinierende Austausch von Ideen zwischen den Kulturen zu jener Zeit ist Ausdruck der durch den Islam vermittelten Verbindungen von Humanismus und Antike, die auch noch bestanden, nachdem mit dem Fall Konstantinopels 1453 gewisse Verbindungslinien gekappt worden waren. Brunelleschis Vermächtnis als großer Baumeister besteht nicht nur in seinen bewundernswerten Bauwerken, sondern auch in der Rolle, die er in dieser größeren geistesgeschichtlichen Entwicklung spielte. Seine Leistungen sollten die Geschichte der Architektur und Kunst noch jahrhundertelang prägen.

SUSSAN BABAIE

QAVAM AL-DIN SHIRAZI

Architekt der Timuriden

1410–1438

Unter den großen Architekten der islamischen Welt ist Qavam al-Din Shirazi wohl der erste, der zu Berühmtheit gelangte. Zwar gab er sich bescheiden und bezeichnete sich selbst lediglich als *taryan* (Steinmetz). Doch als genialer Architekt und Ingenieur schuf er eine solch markante Formensprache, dass ihm noch zu Lebzeiten eine Fülle von schriftlichen Kommentaren gewidmet wurde. Angesichts der dürftigen Erkenntnisse, die wir ansonsten über Architekten in der islamischen Geschichte vor dem 16. Jahrhundert haben, spricht seine Sichtbarkeit für seine Bedeutsamkeit. Qavam al-Din war fast ausschließlich für die Familie von Schah Ruch (reg. 1405–1447) tätig, dem Sohn des Timur (oder: Tamerlan, reg. 1370–1405), der seinem Vater als Herrscher der Timuriden-Dynastie (1370–1506) nachfolgte, in einem Reich, das den weiten persianisierten Kulturraum im heutigen Iran, in Afghanistan und Mittelasien umfasste. Qavam al-Dins beachtlichste Innovationen entsprangen einer besonders fruchtbaren Arbeitsbeziehung, die er offenbar zu seinem anderen Auftraggeber aus der Herrscherfamilie pflegte, nämlich zu Gauhar Schad (1377–1457), der einflussreichen Gemahlin des Schah Ruch, einer in ihrer Selbstständigkeit höchst bemerkenswerten Frau. Die Bauwerke, die Qavam al-Din für ihre Stiftungen in Maschhad und Herat schuf, stellen an Größe und architekturhistorischer Bedeutung alles in den Schatten, was Gauhar Schads männliche Zeitgenossen, einschließlich ihres Ehemannes, bauen ließen.

KORYPHÄE DES HOFES

Qavam al-Dins Beiname „Shirazi“ verweist darauf, dass er (oder seine Familie) aus der Stadt Schiraz im Südwesten des Iran stammt. Dort hatte Timur auf seinen Eroberungsfeldzügen bekannte Architekten und Bauhandwerker zusammenrufen lassen, die ihm fortan in seiner Hauptstadt Samarkand dienen sollten. Bei Daulatshash al-Samarqandi, einem Geschichtsschreiber der Timuriden, heißt es, Qavam al-Din habe zu den vier Koryphäen des Hofes gezählt, als Meister des *mohandessi* (der Ingenieurskunst oder Geometrie), des *tarrahi* (des Entwerfens oder Bauzeichnens) und des *miCmari* (der Baukunst). Laut Chondemir, einem Geschichtsschreiber des 16. Jahrhunderts, war „Meister Qavam al-Din, der Baumeister aus Schiraz, das Musterbeispiel eines Ingenieurs seiner Zeit und Maßstab für die Baumeister jener Epoche“.

Fünf Bauten oder Gebäudeensemble lassen sich Qavam al-Din zweifelsfrei zuschreiben, darunter ein posthum vollendetes Bauprojekt, in einem Entstehungszeitraum von 1410 bis 1442. Sein frühestes erhaltenes Bauwerk ist die 1418 vollendete Gauhar-Schad-Moschee am Schrein von Reza (gest. 818), dem achten schiitischen Imam, dessen Märtyrertod seiner Grabstätte den Status einer *maschhad* verlieh – daher der Name der iranischen Stadt Maschhad in der nordöstlichen Provinz Chorasan. Hier fand Qavam al-Din eine originelle Lösung für das Problem, eine große Versammlungsmoschee in eine bestehende Grabstätte zu integrieren, ohne der Hauptattraktion den Rang streitig zu machen. Errichtet an der Südseite der Grabstätte (die seit dem 16. Jahrhundert erweitert ist), war die Moschee auf ihren großen Innenhof konzentriert, wo sich zu jeder Seite in den zweigeschossigen arkadierten Gebäuden ein monumentaler Iwan auftat – ein überwölbter Raum, seitlich und hinten geschlossen, doch zum Innenhof hin offen. In derartigen Moscheen gelangte man für gewöhnlich vom südlichen Iwan durch eine Zwischenwand in das Allerheiligste: einen überkuppelten Raum, in dem die Mihrab-Nische die Qibla markierte – die Richtung nach Mekka, an der sich muslimische Gebete orientieren. Qavam al-Din ersetzte das Modell von Zwischenwand und überkuppeltem Raum durch einen einzigen unbeschränkten Raum, der sich von der Vorderfront des südlichen Iwans durch einen eingelassenen inneren Torbogen und einen überkuppelten Durchgangsbereich mit stalaktitenbesetzten Pendentifs auf vier massiven Pfeilern bis zur Quibla-Wand des Al-

Gegenüber: Die Gauhar-Schad-Moschee in Maschhad, vollendet 1418. Die Signatur des Architekten findet sich auf dem Qibla-Iwan, in einem rechteckigen Feld (ganz links in der Mitte) direkt unterhalb der Grundsteinlegungsinschrift. Unten: Die Gauhar-Schad-Moschee: Qavam al-Dins mit blauen Ziegeln gedeckte Kuppel und der Qibla-Iwan sind hinter der goldenen Kuppel des Imam-Reza-Schreins zu erkennen.

lerheiligsten erstreckte. Ebenso eindrucksvoll wie diese ungewöhnliche Blickschneise war die Flankierung des Iwans durch zwei angefügte Minarette und die Verzierung aller Oberflächen mit erlesenem Fliesendekor und phantasievollen Ornamenten. Im Ergebnis ist die südliche Fassade in einen monumentalen Mihrab verwandelt und zugleich die Kuppel so maßvoll gehalten, dass sie trotz ihrer beträchtlichen Größe aus dem Blickwinkel eines im Innenhof stehenden Gläubigen nicht zu sehen ist. Die einzige Signatur Qavam al-Dins findet sich neben dem Iwan in einem Fries auf Augenhöhe, direkt unterhalb der Grundsteinlegungsinschrift.

EIN NEUER DRAMATISCHER GESTUS

Dass Qavam al-Dins Genie erkannt und gewürdigt wurde, zeigt sich an der Bedeutsamkeit der folgenden Aufträge und an den Mitteln, die ihm für die Umsetzung seiner baukünstlerischen Ideen zur Verfügung standen. Sein nächstes Projekt, erneut von Gauhar Schad in Auftrag gegeben, zog sich über zwanzig Jahre hin und verschlang enorme Summen: ein als Musalla bekannter Moschee-Madrasa-Komplex in Herat (1417–1437), der 1885 auf Veranlassung der Briten weitgehend zerstört wurde. Abgesehen vom grandiosen Fliesendekor am einzig erhaltenen Minarett, das einen weiteren Fortschritt in Qavam al-Dins meisterlicher Beherrschung farbiger Fassadengestaltung markiert, ist es der überkuppelte Raum an der Westseite der Madrasa-Ruine, die als sein Meisterwerk und eine der größten Leistungen islamischer Architektur überhaupt zu gelten hat. Von außen erinnert die gerippte Zwiebelkuppel mit ihrem hohen Tambour an das früher entstandene Mausoleum Timurs in Samarkand. Doch im Unterschied zu früheren Kuppeln basiert sie auf einer viergliedrigen Konstruktion: Eine niedrige Zwischenkuppel nimmt das Gewicht der äußeren Schale auf und leitet es über Viertelkuppeln weiter, die auf den Absätzen jener vier großen Bögen ruhen, die den zentralen Raum begrenzen. Auf diese Weise kann die Innenseite der Zwischenkuppel – der das Innere überwölbende Raum – ein komplexes Netz von Bögen, Rippen und Pendentifs aufnehmen, die unbelastet vom Boden bis in die Spitze des Innengewölbes emporwachsen. Die Spitze eines jeden Pendentifs ist mit plastischen oder gemalten Stalaktiten versehen, was gleichfalls zur erstaunlichen, netzartigen Struktur des Gewölbes beiträgt. Diese Art von Bogen-Rippen-Konstruktion war nicht nur besonders erdbebensicher, das Netz aus Pendentifs verstärkte auch noch den optischen Eindruck enormer Höhe. Die bautechnischen wie baukünstlerischen Lösungen, die Qavam al-Din hier fand, entsprachen überdies der gewünschten Funktion des Gebäudes als dynastisches Mausoleum für Gauhar Schad und ihren Sohn Prinz Baysonqur.

Qavam al-Dins letztes Bauprojekt war die nicht minder eindrucksvolle Madrasa von Ghiyasiyya in Chargird (Chorasan), die erst nach seinem Tod vollendet wurde. Das lichte Bauwerk mit einem Innenhof, dessen Wände vollständig mit außergewöhnlich schönen Fayencen verkleidet sind, ist im Wesentlichen eine Vier-Iwan-Anlage mit strenger bilateraler Symmetrie vom Portal bis zu der Reihe überkuppelter Räume vor der Quibla-Wand. Im überkuppelten Lesesaal streben einander kreuzende Rippen und gegliederte

Überwölbter Lesesaal der Madrasa von Ghiyasiyya in Chargird, in dem man Qavam-al-Dins Bogen-Rippen-Konstruktion erkennen kann, die hier in Pendentif-Netze und eine achtseitige Laterne übergeht.

Netze aus Pendentifs in ein Gewölbe, dem eine auf die kleinere, innere Kuppel gesetzte achteckige Laterne eine ungewöhnliche Leichtigkeit verleiht. Qavam al-Dins feine Veränderungen bestehender Formen und Methoden der Gewölbekonstruktion und der Fassadengestaltung verbinden sich mit seinen kühnen Innovationen auf allen Ebenen der Konzeption von Bauwerken. In seinem maßvoll dramatischen Gestus, seiner Entwicklung bilateraler Symmetrie und seinem Bemühen um bautechnische Stabilität ist er mit seinem Werk ein Vorläufer jener Entwicklungen, die sich ab dem 16. Jahrhundert in der persianisierten Welt der Safawiden im Iran und der Moguln in Südasien vollzogen.

GIULIANO DA SANGALLO

HOLZBILDHAUER, ARCHITEKT UND ALTERTUMSFORSCHER

1443–1516

Giuliano Giamberti wurde in Florenz geboren und absolvierte eine Lehre zum Holzbildhauer, sowohl bei seinem Vater Francesco als auch bei Francesco di Giovanni (Francione), einem Militäringenieur. Etwa ab 1465 widmete er sich, wahrscheinlich unter Anleitung Leon Battista Albertis, in Rom dem Studium der Antike. Einige der Zeichnungen in seinem *Taccuino Senese* (dem „Sienesischen Notizbuch“) und dem *Libro Piccolo* (dem „Kleinen Buch“) aus dem *Codex Barberini* in der Vatikanischen Bibliothek könnten aus jener Zeit datieren. Diese Studien waren sein Leben lang von großer Bedeutung für sein Werk. Seine gesammelten Zeichnungen haben heute großen dokumentarischen Wert und vermitteln – zusammen mit den Bauzeichnungen, die im *Gabinetto dei Disegni e delle Stampe* der Uffizien in Florenz aufbewahrt werden – eine Vorstellung von Giulianos Entwurfsmethoden und deren Entwicklung.

LORENZO DE' MEDICI

Die Gunst Lorenzo de' Medicis ermöglichte es Giuliano, in Florenz Kirchen und Wohngebäude nach antikem Vorbild zu bauen. Im kleinen Innenhof des Palazzo von Bartolomeo Scala (1472–1473) greift er auf das sogenannte „Theatermotiv“ zurück – eine für römische Amphitheater typische Verbindung von Pfeilerarkade und Säulenkolonnade, die hier den Eindruck eines antiken römisches Wohnhauses entstehen lässt. Mit einer komplexeren Gliederung experimentierte Giuliano um 1480 beim Palazzo Cocchi, wo er Pfeilerarkaden mit Reihen von Doppelpilastern verband. Die um 1485 entworfene Medici-Villa in Poggio a Caiano bei Florenz kann als erster umfassender Versuch gelten, die antike *domus* zu rekonstruieren. Die arkadierte Terrassenplattform geht auf das römische *podium villae* zurück, die mit einem Ziergiebel bekrönte ionische Eingangsloggia auf das *vestibulum*, während der tonnengewölbte Saal Vitruvs Beschreibung eines Atriums entspricht. 1488 schlug Giuliano für den Palast des Königs von Neapel eine philologisch noch exaktere Rekonstruktion vor, zu der auch ein Peristyl, ein *cavaedium* (Innenhof) sowie eine Basilika zählte.

Oben: Santa Maria delle Carceri, Prato 1484: dem Grundriss nach ein Griechisches Kreuz, dessen Vierung überkuppelt ist. Das Innere und die Kuppel sind von Brunelleschi beeinflusst, während das Äußere von Alberti inspiriert ist. Gegenüber: Giuliano da Sangallo, in einem Porträt von Piero di Cosimo, um 1485.

In der Kirche Santa Maria delle Carceri in Prato variierte Giuliano 1484 die Formensprache Brunelleschis auf normativere Weise. Sein Entwurf verband die überkuppelte Vierung von Brunelleschis Santo Spirito mit dem Grundriss eines Griechischen Kreuzes, während Fassadengliederung und Marmorverkleidung klassischer ausfielen als bei florentinischen Vorbildern wie dem Baptisterium oder Albertis Fassade von Santa Maria Novella. In Florenz baute Giuliano den Palazzo Gondi (1490–1501), eine raffinierte Variation des Palazzo Medici; 1489 fertigte er ein Holzmodell des Palazzo Strozzi an. Die achteckige Cella der Sakristei von Santo Spirito (1489–1495), die Giuliano in Zusammenarbeit mit Cronaca ausführte, ist vom Baptisterium inspiriert, dem mutmaßlichen Mars-Tempel, sowie von einer römischen Ruine bei Viterbo, die Giuliano studiert hatte. Das Vestibül wird hier von einem Tonnengewölbe bedeckt und von einer kraftvollen Ko-

Giulianos Holzmodell des Palazzo Strozzi, Florenz, 1489. Im gebauten Palazzo sind die zwei oberen Stockwerke im Verhältnis deutlich höher.

lonnade gestützt. 1492 wiederholte Giuliano diesen Aufbau in der Basilika Madonna dell'Umilità in Pistoia. Im selben Jahr leistet er mit dem ionischen Atrium von Santa Maria Maddalena dei Pazzi einen Beitrag zur Klosterarchitektur, hier unter dem Einfluss von Brunelleschis Pazzi-Kapelle. Erhaltene Ansichten idealer Städte zeigen seine meisterhafte, von Vasari bestätigte Beherrschung der Perspektive: Auf einem Tafelbild in Urbino dominiert – ganz im Sinne Albertis – eine runde Kirche die Szenerie, während auf einem anderen Bild (das sich heute in Baltimore befindet) der zentrale Raum leer und auf einen Triumphbogen sowie ein Amphitheater ausgerichtet ist.

GIULIANO DELLA ROVERE

Giulianos berufliche Blütezeit endete jäh, als Lorenzo 1492 starb und die Medici zwei Jahre später aus Florenz vertrieben wurden. In Kardinal Giuliano della Rovere fand er zwar umgehend einen nicht minder charismatischen Förderer und begeisterten Bauherren, doch verhinderte die politische Situation des Kardinals die Vollendung größerer Bauprojekte. Giuliano della Rovere war ein Gegner des neuen Borgia-Papstes Alexander VI. und lebte von 1494 bis 1503 im Exil. 1495 begann Giuliano mit den Arbeiten an einem gewaltigen Palast für seinen neuen Förderer in dessen Heimatstadt Savona, doch gehen offenbar nur fünf Fassadenfelder des Erdgeschosses bis hinauf zum Architrav auf seinen Entwurf zurück. 1496 reiste Giuliano mit dem Kardinal nach Frankreich – in Lyon präsentierte er das Modell eines Schlosses für König Karl VIII., und in Südfrankreich besichtigte er zu Studienzwecken antike Ruinen. Giuliano della Rovere verschaffte ihm den Auftrag, die Kuppel der Basilika Santa Maria in Loreto zu vollenden (1499–1500), allerdings blieb Giuliano wenig Spielraum für Änderungen an diesem Bauprojekt, das wahrscheinlich von Giuliano da Maiano begonnen worden war. In Rom war er als heimlicher Mitarbeiter seines jüngeren Bruders Antonio (des Älteren), des Architekten von Alexander VI., an der Gestaltung der wunderbaren Holzdecke von Santa Maria Maggiore (um 1492) sowie an der Vollendung des Innenhofs im Palazzo della Cancellaria für Kardinal Raffaele Riario (1489) beteiligt. Eventuell hat Giuliano auch die Capella del Succorpo (1497) entworfen, die unter der Kathedrale von Neapel für Kardinal Oliviero Carafa geschaffen wurde, und deren drei Schiffe an jenes Atrium erinnern, das er für den Palast des Königs von Neapel plante.

Nachdem Giuliano della Rovere 1503 zum Papst gewählt worden war, machte er – der sich nun Julius II. nannte – Bramante zu seinem Chefarchitekten und gab den Neubau des Petersdoms sowie den Innenhof des Belvedere-Palastes in Auftrag. Giuliano wurde lediglich um eine Expertise zum Petersdom gebeten, in der er für eine Verstärkung der Pfeiler plädierte und bautechnische Schwächen in Bramantes berühmtem Pergamentplan bemängelte. Während Bramante die europäische Architektur revolutionierte, musste sich Giuliano mit bescheidenen Projekten begnügen, etwa mit der kleinen dorischen Loggia des Castel Sant'Angelo (1505) und einem Entwurf der Loggia für die päpstlichen Fanfarenspieler, bei dem er sich bis ins Detail an das triumphale Vorbild hielt. In seinen Entwürfen für den Umbau des päpstlichen Jagdschlosses „Villa Magliana" ergänzte Giuliano den bestehenden Bau um drei neue Flügel. Die ausgeführte Lösung hat

Capella Gondi, Santa Maria Novella, Florenz, 1509. Die Altarwand wird von einem Triumphbogen beherrscht, wie er von Giuliano auch im *Codex Barberini* festgehalten ist.

nur einen Flügel, in dem sich eine komfortable päpstliche Wohnung befindet, die mit breiten Theatermotiv-Arkaden sowie einer Reihe toskanischer Pilaster versehen ist. 1508 entwarf Giuliano wahrscheinlich den Palazzo della Valle, für den er seine Innenhof-Gestaltung im Palazzo della Cancellaria variiert. In der unregelmäßigen, leicht gebogenen Fassade kombiniert er die Formensprache des Palazzo Venezia in Rom mit ionischen Fenstern.

Ein 1507–1508 entstandener Entwurf für ein ephemeres Gebäude mit weltlichen Tugendfiguren sowie zwei kurz darauf entstandene Pläne für eine Kirchenfassade sind Giulianos erste Versuche einer Auseinandersetzung mit Bramantes stark plastischer Fassadengestaltung und dynamischer Gliederung. Im Frühjahr 1509 kehrte er enttäuscht nach Florenz zurück. Dort widmete er sich vorrangig seinem *Libro* sowie dem *Codex Barberini* und kopierte unter anderem frühere Entwürfe sowie Zeichnungen antiker Bauwerke aus seinem Sienesischen Notizbuch. Dank seiner Erfahrungen auf dem Gebiet der Militärarchitektur, die er in Poggio Imperiale bei Poggibonsi und – gemeinsam mit seinem Bruder Antonio – in Arezzo (1502–1503), Borgo San Sepolcro (1502–1505) und Nettuno (1501–1503) gesammelt hatte, erhielt er den Auftrag zum Bau der Festung in Pisa. Wohl erst 1509 schuf er die Cappella Gondi in der Kirche Santa Maria Novella in Florenz. Markante Besonderheit ihres Altars ist ein Triumphbogen, der auf Giulianos Studien im *Libro degli archi* („Buch der Bögen") des *Codex Barberini* zurückgeht. Der etwa zur selben Zeit entstandene Marmoraltar von Santa Maria delle Carceri wiederum ist inspiriert von den Ädikulen des Pantheon.

GIOVANNI DE' MEDICI

Ein neuer Abschnitt in Giulianos Karriere begann im Frühjahr 1513 mit der Wahl von Giovanni de' Medici zum Papst. Auch dieser ernannte ihn lediglich zu einem untergeordneten Architekten des Petersdoms. Dennoch zählen die drei erhaltenen Pläne aus seiner Hand zu den bedeutendsten Zeugnissen über den Planungsverlauf der Basilika zwischen 1513 und 1515. Als Giuliano 1515 nach Florenz zurückkehrte, hatten die späten Werke Bramantes, aber auch Raffaels Arbeiten bei ihm nachhaltigen Eindruck hinterlassen. Eine seiner Zeichnungen für sakrale Zentralbauten ist von Bramantes rundem Tempietto inspiriert und war vielleicht für San Giovanni dei Fiorentini gedacht. Giulianos schönste Entwürfe aus seinen letzten Lebensjahren sind der Fassade von San Lorenzo in Florenz gewidmet: Hier verzichtet er auf all jene Arkaden der Triumphbögen, die Vitruv'schen Grundsätzen widersprechen, und krönt das Vestibül mit einer Balustrade.

Die Entwürfe für einen Papstpalast an der Piazza Navona, die vom 1. Juli 1513 datieren, und der wenig später entstandene Plan für eine Medici-Residenz in der Via Laura in Florenz zeigen, wie sehr er der Tradition des Quattrocento treu geblieben war. Wie schwer er sich dagegen mit den Grundsätzen und Formen der Hochrenaissance tat, belegt auch die Zeichnung der Fassade des Torre Borgia im Vatikan mit ihren riesigen, markanten Pilastern und den darüber angeordneten kleineren Doppelpilastern. Um 1513 entwarf Giuliano eventuell für Kardinal Egidio da Viterbo das große Kloster SS. Trinità in Viterbo, in dem sich eines der seltenen Beispiele einer monumentalen Kolonnade mit geradem Gebälk findet. Auch scheint er Urheber von Alfonsina Orsinis Palazzo Medici-Lante nahe der Kirche Sant'Eustachio in Rom gewesen zu sein, mit dessen Bau 1514–1515 begonnen wurde. Die drei nur durch Ädikulen und Gurtgesimse gegliederten Geschosse erinnern an den Palazzo della Valle, während die Ecksäulen im Innenhof den Palast mit der florentinischen Bautradition verbinden. Der Wandel in Giulianos Formensprache lässt sich auch in seinen späten Studien antiker Bauwerke im *Codex Barberini* erkennen, ebenso in seiner zunehmend rationalen und exakten Methode der orthogonalen Darstellung. Seine Auseinandersetzung mit der Antike und seine Architektur entwickelten sich gemeinsam in einem Prozess gegenseitiger Befruchtung.

Entwurf einer Kirchenfassade, um 1508–1509. Er verbindet die Basilikastruktur mit einem Triumphbogen und zeugt mit seiner plastischen Gestaltung vom Einfluss Bramantes.

REHA GÜNAY

SINAN

Meisterarchitekt des Osmanischen Reichs

1494?–1588

Sinan wurde in der Stadt Kayseri, in Zentralanatolien, als Sohn christlicher Eltern geboren. Als Militäringenieur im Janitscharenkorps, für das er 1512 rekrutiert worden war, hatte er bei Feldzügen Gelegenheit, eine Vielzahl unterschiedlicher Bauwerke zu studieren. 1539 wurde er zum obersten Baumeister des Osmanischen Hofs ernannt. Als Sultan Süleyman eine Moschee für den früh verstorbenen Thronfolger in Auftrag gab, übertrumpfte Sinan kein geringeres Vorbild als die byzantinische Hagia Sophia, diese Ikone der Baukunst, indem er bei seinem Bau die Kuppel auf eine quadratische Basis setzte und vier weitere Halbkuppeln hinzufügte. Spätestens nach dem Bau von Sinans Süleymaniye Moschee (1557) war die Kuppel als architektonisches Element mehr als nur eine Halbkugel auf einem Prisma. Stützelemente gaben das Gewicht hier direkt an den Boden weiter, weiteten pyramidenartig den architektonischen Raum, dessen integrale Bestandteile sie nun waren. Die Kuppel am Scheitelpunkt des Gebäudes wurde zum ausdrucksvollsten Teil eines organischen Ganzen. Die Fassaden hatten zunehmend die Form und Ausmaße von Wohngebäuden, und orientierten sich damit am Menschlichen Maß. Der überkuppelte Eingang der Moschee erhielt ein Portikus mit Gesims – eine unverwechselbare Eigenart Sinans.

DIE BEDEUTUNG DER FUNDAMENTE

Die Organisation eines Bauprojekts erforderte zu Sinans Zeit eine systematische Planung und strikte Einhaltung der Termine, nicht zuletzt des vom Sultan vorgegebenen Fertigstellungstermins. Alles sollte rational begründet sein, Unnötiges vermieden werden. Ungeschriebene Gesetze verlangten eine Standardisierung von Bauteilen und eine Beschränkung dekorativer Bereiche; das Innere eines Gebäudes hatte sich in seinem Äußeren zu spiegeln, falsche Kuppeln waren – wie auch anderlei Pomp – unerwünscht. Funktion und Bauweise bestimmten die Planungen, was zu einer puristischen, minimalistischen Architektur führte. Dennoch sollten diese Bauwerke Jahrhunderte überdauern können. In seiner Zeit beim Militär hatte Sinan beim Brückenbau Pfähle verwendet. Als

Das Hauptschiff der Süleymaniye Moschee, Istanbul, 1557. Die Kuppel und zwei Halbkuppeln, gestützt von vier breiten Bögen, vermitteln den Eindruck von Monumentalität.

Beim Mağlova-Aquädukt (1560?) verband Sinan tragende und funktionale Elemente zu einer ästhetischen Einheit von großer Harmonie.

bei Büyükçekmece, das auf der Route für Feldzüge gen Europa lag, während einer Flut eine römische Brücke einstürzte, besichtigte Sinan die Stelle und entschied sich wegen des sandigen Untergrunds gegen den bisherigen Standort. Sinans anschließender Bericht an den Sultan zeugt anschaulich von seinen Fachkenntnissen im Fundamentbau. Als ein von ihm errichteter Aquädukt nach einigen Jahren aufgrund von Überschwemmungen einstürzte, nötigte ihn sein Versagen zur Planung des Mağlova-Aquädukts (1560?), eines außergewöhnlichen Bau- und Kunstwerks. Seine wasserbaulichen Berechnungen, Experimente und Konstruktionen zur Sicherung der Wasserversorgung Istanbuls brachten ihm das Vertrauen des Sultans ein, der ihn zum Leiter sämtlicher Bauprojekte ernannte. Wegen der steten Nachfrage nach neuen Bauten – Sinan errichtete im Laufe seiner 50 Jahre währenden Amtszeit als Chefarchitekt über 400 Bauwerke – war er ständig mit neuen Entwürfen beschäftigt. Vielleicht hat er dabei auch Notizbücher verwendet, in denen er Entwürfe sammelte, auf die er bei späterer Gelegenheit zurückgreifen konnte.

DIE VERGANGENHEIT ALS QUELLE DER INSPIRATION

Auf der Suche nach einem neuen Ansatz gelangte Sinan von der Form einer Kuppel auf quadratischem Grundriss mit ergänzenden Halbkuppeln schließlich zum Modell einer Kuppel auf sechseckiger Basis, wie sie schon 80 Jahre zuvor in Edirne gebaut worden war. Diese Form unterschied sich von jener der Hagia Sophia. Sinan fand Gefallen am sechseckigen Grundriss und versuchte mehrmals, ihn umzusetzen, bis er schließlich die Sokollu-Mehmet-Pascha-Moschee in Kadırga (1572) schuf, ein Bauwerk von kristalliner Reinheit. Als es ihn wieder zurück zum quadratischen Grundriss drängte, fand er zu einer völlig andersartigen Konstruktion: Er verlegte die Pfeiler der vier Bögen, auf denen die Kuppel ruht, nach außen, so dass die Kuppel in der Luft zu schweben scheint; durch eingelassene Fenster in den Bögen fällt Tageslicht hinein. Ergebnis dieses kühnen Entwurfs und Bauprinzips ist die Mihrimah-Sultan-Moschee in Edirnekapı (1570?). Das

Tragwerk ist in Sinans Bauten kein separates System von lediglich funktionaler Bedeutung, sondern eine für die Raumwirkung entscheidende Einheit von Bauteilen. Das Bauprinzip des schlichten „Aufeinanderschichtens“ ist durch eine Skelettbauweise ersetzt. Sinans Auseinandersetzung mit der Vergangenheit zeitigte stets großartige Ergebnisse. Der alte Moscheenstil mit zahlreichen Kuppeln und Säulen war lange Zeit unbeachtet geblieben, bis Sinan dieses Konzept wieder aufgriff und weiterentwickelte – beispielhaft in der wunderbaren Moschee, die er für den Flottenadmiral Piyale Pascha erbaute (1573?). Sinan besaß die Fähigkeit, in den Grenzen der Tradition neue Formgebungen zu finden, die stets aus intensiven Studien und Versuchen resultierten. Diese Gründlichkeit zeichnet all seine Werke aus, vom erhabensten bis zum kleinsten.

Während seines langen Lebens stand Sinan zweimal vor der Aufgabe, einem Sultan ein Mausoleum zu errichten. Geschaffen hat er zwei Gebäude, denen wegen ihrer je unvergleichlichen Gestaltung und Bauweise ein Platz in der Weltgeschichte der Architektur gebührt. Als Selim II. – der dritte Sultan, dem er diente – Sinan mit dem Bau einer Moschee beauftragte, hatte dieser womöglich die architektonische Idee längst im Kopf, die er hier verfolgen wollte. Für Sinan war es eine weitere Gelegenheit, sich an der Hagia Sophia messen zu lassen, die ihn nach wie vor faszinierte, und deren Ausmaße er seit jeher hatte übertreffen wollen. Mit einer Kuppel, deren Durchmesser über 30 Meter betrug,

Selimiye-Moschee, Edirne, 1574. Untergeordnete Elemente wie die acht zentralen Bögen sind hier zurückhaltend gestaltet, so dass die Kuppel mit ihrem gewaltigen Durchmesser das Innere völlig dominiert.

stand die neue Moschee der Hagia Sophia nicht nach, doch Sinans große Erfahrung riet ihm auch hier zur Besonnenheit. Die Kuppel hatte eine achteckige Basis, was eine bautechnisch überzeugende Lösung war. Da keine weiteren architektonischen Elemente an die Größe der Kuppel heranreichten, war ihre Dominanz uneingeschränkt. Der zentrale Raum dagegen, der durch die kürzeren Bögen des Achtecks gebildet wurde, orientierte sich stärker am Menschlichen Maß. Mit der Vollendung der Selimiye-Moschee (1574) büßte die Hagia Sophia ihren Status als ikonisches Bauwerk ein: Die Geschichte der Monumentalbauten war fortgeschrieben worden. Gott war von seinen Dienern übertroffen worden – in diesem Sinne müssen wir Sinan als einen Künstler der Renaissance betrachten.

Nach dieser Glanzleistung entwarf Sinan bis zu seinem Tod weitere Bauwerke, wobei er je nach Auftrag völlig neue Pläne entwickelte oder auf sein Notizbuch zurückgriff. Dank seines langen Lebens konnte er seiner Leidenschaft für gründliche Studien ausgiebig frönen; kein anderer Architekt hat der Nachwelt so viele Werke hinterlassen. Allerdings bekleidete der heute so berühmte Baumeister zu Lebzeiten kein offizielles Amt bei Hofe, so dass er in der offiziellen Geschichtsschreibung nicht erwähnt ist. Er selbst stellte ein Verzeichnis seiner Werke zusammen und schrieb seine Erfahrungen ohne Übertreibung oder Überheblichkeit nieder. Er starb, annähernd hundertjährig, friedlich in seinem herrschaftlichen Wohnhaus gegenüber seiner geliebten Süleymaniye-Moschee. Sein letzter Wille war es, dass die Betrachter seiner Bauwerke den Ernst und Fleiß hinter seinen Leistungen würdigen möchten und seiner mit einem segensreichen Gebet gedenken.

Die Kontur der Süleymaniye Moschee ähnelt dem Profil einer Pyramide. Dieser Effekt verdankt sich dem graduellen Zuwachs von Halbkuppeln, Kuppeln und Strebewerk von der Spitze bis zum Boden. Das dient nicht nur der Verteilung der Lasten, sondern lässt auch den Blick des Betrachters zur Ruhe kommen.

EBBA KOCH

SHAH JAHAN

Grossmogul und Baumeister

1592–1666

Shah Jahan (reg. 1628–1658), der fünfte Kaiser der Moguldynastie in Indien, war die perfekte Verkörperung eines als Architekt tätigen Herrschers – eine Kombination, deren Geschichte sich bis ins antike Mesopotamien zurückverfolgen lässt. Im Bemühen um eine neuartige Architektur als Ausdruck monarchischer Macht bediente sich Shah Jahan eines Stabs von Architekten und Beratern, mit denen er persönlich seine Bauvorhaben plante und Bauprinzipien festlegte.

Allerdings verheimlichte er die Namen seiner Architekten, um die alleinige Urheberschaft für seine Bauwerke beanspruchen zu können. Shah Jahan stellte sich selbst als obersten Architekten des Mogulreichs dar, die ihm dienenden Architekten dagegen als ausführende Helfer, die seine Pläne lediglich umsetzten. Sein bedeutendstes Bauwerk ist das Taj Mahal, das ihn als Baumeister unsterblich machte.

„KÖNIG DER WELT"

Shah Jahan („König der Welt") wurde am 15. Januar 1592 in Lahore geboren, während der Regentschaft seines Großvaters Akbar (reg. 1556–1605). Er war der dritte Sohn von Akbars Sohn Salim, dem späteren Herrscher Jahangir (reg. 1605–1627). Er erhielt den Namen Churram („der Heitere") und 1617 dann seinen Titel, Shah Jahan, zur Belohnung für eine erfolgreiche, von seinem Vater befohlene Militäraktion im Dekkan. „Baba Churram", wie ihn Jahangir liebevoll nannte, genoss eine gründliche Erziehung, mit der nach alter Sitte nach seiner Beschneidung begonnen wurde, als er knapp über vier Jahre alt war. Er wurde von hervorragenden Gelehrten unterrichtet, darunter neben Dichtern und Sufi-Mystikern auch der bedeutende Forscher und Mediziner Hakim Gilani.

Doch der Prinz wurde nicht nur von „Meistern der Feder" erzogen – um mit einem Ausdruck der Moguln zu sprechen –, sondern auch von „Meistern des Schwerts", zu deren Kunst er offenbar stärker neigte. Er wurde ein geschickter Schwertkämpfer, leidenschaftlicher Jäger und hervorragender Schütze. Shah Jahan sprach Persisch, die offizielle Sprache des Mogulreichs, und Hindavi, die Sprache Nordindiens.

1612 wurde er mit Arjumand Banu Begum verheiratet, der Tochter einer iranischen Familie mit großem Einfluss am Mogulhof. Er liebte sie innig und gab ihr den Namen Mumtaz Mahal („Ausgewählte des Palastes"). Als sie 1631 im Kindbett starb, baute er das

Taj Mahal für sie als Mausoleum – eine diesseitige Entsprechung ihrer Heimstatt im Paradiesgarten, wie ihn der Koran verheißt.

Shah Jahans Interesse für Architektur zeigte sich schon in jungen Jahren. Kanbo, einer seiner Geschichtsschreiber, berichtet, dass er bereits als Prinz „eine große Freude daran hatte, Gärten zu gestalten und Gebäude zu errichten". Mit fünfzehn Jahren erntete er ein großes Lob seines Vaters für den Bau eines Lustschlosses im Urta Bagh, einer kaiserlichen Gartenanlage in Kabul. Diese stammte noch aus der Zeit seines Vorfahren Babur, des Begründers der Moguldynastie, der ein bedeutender Gartenarchitekt war. In Agra schuf sich Shah Jahan als Residenz einen am Flussufer gelegenen Palastgarten, außerdem Lustschlösser und Paläste in Zentralindien, wo er Krieg führte. Als Jahangir das baukünstlerische Talent seines Sohnes erkannte, betraute er ihn mit Architekturprojekten des Mogulhofs und beauftragte ihn 1620, die Shalimar-Gärten am Dal-See in Kaschmir zu entwerfen.

Allegorisches Porträt von Shah Jahan als Weltenherrscher mit himmlisch legitimierter Autorität; Gemälde von Hashim, 1629.

Mit Shah Jahans Thronbesteigung 1628 brach für das Mogulreich eine von Wohlstand und Stabilität geprägte Blütezeit an. Seine Regentschaft gilt als die Klassische Zeit der Moguln; schon im 18. Jahrhundert beschrieb sie der Historiker Khafi Khan in der Rückschau als Goldenes Zeitalter. Shah Jahan trieb die Zentralisierung der Verwaltung noch weiter voran und unterwarf das höfische Leben wie auch die Kunst systematisch dem Zweck der imperialen Selbstdarstellung. Prunk und Pracht, Architektur und Kunst bekamen als unverzichtbare Herrschaftsinstrumente besonderes Gewicht. Das entsprach den üblichen Vorstellungen von Mäzenatentum in der islamischen Welt, wo Architektur und Kunst seit langem als unmittelbare Ausdrucksformen der Herrschenden galten.

STRENGE KAISERLICHE KONTROLLE

Shah Jahan nutzte die politische Bedeutung der Kunst, um seine Autorität zu stärken, und übernahm auch die Aufgaben des obersten Verwaltungsbeamten seines vom Hof geleiteten Staatswesens. Auf diese Weise versuchte er, zugleich die Kontrolle über seine Künstler wie über den Hof und die staatliche Verwaltung zu behalten. Zu keiner Zeit war die Mogulkunst regulierter als unter Shah Jahan. Übereinstimmend berichten seine Geschichtsschreiber, dass sich Shah Jahan die persönliche Beaufsichtigung seiner Künstler zur täglichen Aufgabe gemacht hatte und somit als sein eigener künstlerischer Leiter fungierte – mit dem ihm eigenen Perfektionismus. Wichtig waren vor allem die täglichen Planungssitzungen mit seinen Architekten. Diese mussten freilich anonym bleiben; nur wenige Namen werden ab und an genannt: Mir Abdul Karim Mamur Khan („Hofarchitekt"), Jahangirs Chefarchitekt, wird lediglich als Bauinspektor des Taj Mahal erwähnt, neben Makramat Khan, einem hochrangigen Beamten; namentlich bekannt sind zudem Ustad Ahmad Lahori und Ustad Hamid, der in Delhi die Fundamente für Shahjahanabad, die neue Stadt des Großmoguls, legte. Worin ihre Beiträge tatsächlich bestanden, darüber lässt sich höchstens spekulieren.

Zweifellos hatte vor allem Shah Jahan ein Interesse daran, sich als obersten, alle anderen Architekten überragenden Baumeister darzustellen. Doch diese Darstellung entsprach auch der Vorstellung von der Baukunst als der einem Herrscher angemessensten Form des künstlerischen Ausdrucks. Die Baukunst vereinte autoritären Gestus und praktischen Nutzen, eignete sich insofern zur weithin sichtbaren Repräsentation des Herrschers und seines Staates und vermochte seinem Ruhm unvergängliche Denkmäler zu setzen. Das Erscheinungsbild der Gebäude und Gartenanlagen des Shah Jahan zeugt so umfassend von den zugrundeliegenden Theorien, dass sich diese direkt aus der Gestaltung ablesen lassen. Die Werke sprechen zu uns „mit stiller Beredsamkeit" – so formuliert es der Hofgeschichtsschreiber Lahori in seiner Darstellung der täglichen Besprechungen des Großmoguls mit seinen Architekten: „Der Geist [des Großmoguls], edel wie die Sonne, legt großen Wert auf erhabene und kraftvolle Bauten, die gemäß dem Sprichwort ‚Wahrlich, unsere Bauwerke werden von uns künden' eine lange Zeit mit stiller Beredsamkeit vom großen Streben und der ehrfurchtgebietenden Autorität ihres Meisters sprechen und noch vielen künftigen Generationen als Denkmäler seines Bemühens um das Wohl des Landes, seines Willens zur Verschönerung und seines Strebens nach Reinheit dienen ... In seiner friedvollen Regierungszeit hat die Baukunst solche Höhen erreicht, dass sie selbst den Weitgereisten zu erstaunen vermag, dessen Ansprüche doch schwer zu befriedigen sind, wie auch die größten Meister dieser unvergleichlichen Kunst."

Kennzeichnend für Shah Jahans Architekturverständnis ist eine starke, systematische Ästhetisierung als Ausdruck einer Staatsideologie, in der Zentralgewalt und Hierarchie für Gleichgewicht und Harmonie sorgen. Nach Akbar war Shah Jahan der aktivste Baumeister der Moguldynastie. Von 1628 an ließ er die Palastanlagen der Festungen von Akra und Lahore umbauen, und zwischen 1639 und 1648 im alten Delhi der Sultane einen neuen Palast samt einer Stadt errichten – Shahjahanabad. Außerdem schuf er in der Peripherie der großen Städte zahlreiche Paläste, Landhäuser und Jagdschlösser, aber auch weitläufige Gartenanlagen, darunter als berühmteste Werke die drei Shalimar-Gärten: in Kaschmir (1620 und 1634), Lahore (1641–1642) sowie Delhi (1646–1650), jeweils mit Unterstützung von Akbarabadi Mahal, seiner Lieblingsfrau in späten Jahren. Als Bauherr oder Initiator hat Shah Jahan auch mehr Moscheen errichten lassen als irgendein Mogulherrscher vor ihm. Die größte dieser Moscheen ist die Jama Masjid in Shahjahanabad (1650–1656), die schönste die Moti Masjid in der Festung von Akra (1647–1653). Zur langen Liste der Bauprojekte des Großmoguls zählen außerdem mehrere Mausoleen. So errichtete er seinem Vater Jahangir eine Grabstätte in Lahore (1628-1638), die von Jahangirs Witwe Nur Jahan beaufsichtigt wurde. Sein ehrgeizigstes Grabstättenprojekt aber war das Taj Mahal (1632–1648).

TAJ MAHAL

Shah Jahan konzipierte das Taj Mahal als absolutes Bauwerk von ewigem Ruhm und als Krone der Mogularchitektur, in einer originellen Mischung aus zentralasiatischen, indischen, persischen und europäischen Architekturtraditionen. Der Bau ist eine monumentale Manifestation der architektonischen Prinzipien Shah Jahans, nicht zuletzt in seiner Symmetrie und streng rationalen Geometrie. Eine wohldurchdachte, bis ins kleinste dekorative Detail reichende Schichtung von Materialien, Formen und Farben steht sinnbildlich für die Idee der Hierarchie. (Besonders bemerkenswert ist die Verwendung von weißem Marmor und rotem Sandstein.) Auffällig sind auch die Proportionen sowie die Einheitlichkeit der hierarchisch geordneten Bautypen und Bauelemente. Hinzu kommt eine Liebe zum sinnlichen Detail, die sich in einer aufwändigen Ausschmückung durch Marmorarbeiten, Sandsteinreliefs und ungewöhnliche Inkrustationen aus Halbedelsteinen (*Pietra Dura*) zeigt. Organisch-florale Muster an manchen Gebäudeteilen stellen eine Beziehung zur Natur her, während Grundrisse und architektonische Formen auf die Bedeutung des Gebäudes verweisen und dadurch eine symbolische Dimension eröffnen.

Was der Großmogul vorgab, hatte der Hof zu befolgen. Von der Herrscherfamilie und den hohen Würdenträgern des Reichs wurde erwartet, dass sie Shah Jahans architektonische Ambitionen unterstützten. So waren auch Familienangehörige in die Bauprojekte des Herrschers eingebunden, vor allem Mumtaz' Vater Asaf Khan, der den Bauhandwerkern die Befehle Shah Jahans in Form schriftlicher Anweisungen zu vermitteln hatte. Jahanara, die Tochter des Großmoguls, teilte dessen Leidenschaft für das Bauen – sie setzte im Mogulreich die Tradition der Architektur-Förderung durch Frauen fort, die von Bauherrinnen wie Jahangirs Mutter Mariam-uz-Zamani und seiner Ehefrau Nur Jahan begründet worden war. Dabei begnügte man sich am Hof offenbar nicht mit der Finanzierung von Bauprojekten, sondern übernahm auch deren gestalterische Planung. So entwarfen Jahanara und der Lieblingssohn des Großmoguls, Dara Shikoh, unter Anleitung ihres geistlichen Lehrers, des Sufi-Mystikers Mullah Shah Badakshi, Gebäude in Kaschmir.

Von der bedeutenden Rolle der Architektur am Hof künden die detaillierten Beschreibungen kaiserlicher Bauprojekte, sowohl in den offiziellen, von den Hofgeschichtsschreibern verfassten Chroniken des Shah Jahan als auch in den berichtenden wie kom-

Balustersäule im Shah Burj (dem Kaiserlichen Turm), Rotes Fort, Delhi, 1648. Die „Zypressenform", wie die Moguln sie nannten, ist typisch für Shah Jahans neue organische Architektur.

Taj Mahal, Agra, 1632–1648. Das von Shah Jahan für seine Lieblingsfrau Mumtaz Mahal errichtete Gebäude sollte die weltliche Entsprechung ihrer Heimstatt im Paradies sein, und ultimatives Denkmal seiner Herrschaft.

mentierenden Elogen der Hofdichter. Da Shah Jahan höchstpersönlich kontrollierte, was als seine Geschichte niedergeschrieben wurde, können diese unvermittelt auftauchenden Aufzeichnungen über Bauprojekte – die mit ihrer Genauigkeit und einheitlichen Terminologie beispiellos in der persischsprechenden Welt waren – nur auf Befehl des Großmoguls entstanden sein. In keiner anderen Epoche der Mogulgeschichte wird ein derart reicher Bestand an erhaltenen Bauwerken von detaillierten schriftlichen Beschreibungen begleitet. Während die Bauten selbst über die ihnen zugrundeliegende Theorie und Symbolik Auskunft geben, liefern uns jene historischen und literarischen Texte Informationen über Daten, architektonische Fachbegriffe, Formen, Bauweisen, Funktionen sowie über die Bedeutung bestimmter Bauwerke.

Als Shah Jahan starb, hatte er die architektonische Landschaft Indiens tiefgreifend verändert. Seine neue baukünstlerische Handschrift mit ihren geschwungenen und floralen Formen – der Zwiebelkuppel, dem konvex gekrümmten *bangla*-Dach, den Zackenbögen, den Stützpfeilern in Gestalt von Geländersäulen sowie dem naturalistischen Pflanzendekor – prägte die späte Mogularchitektur und ebnete einem eigenständigen indischen Baustil den Weg.

CHRISTOPHER WREN

Wissenschaftler, Architekt und Ingenieur

1632–1723

Wer Anfang des 18. Jahrhunderts an der St. Paul's Cathedral vorbei kam, hätte sich womöglich über einen älteren Herrn gewundert, der – hinaufgehievt in einem Korb – hoch droben am Gebäude das Mauerwerk inspizierte. Als Passant wäre man umso verblüffter gewesen, hätte man erfahren, dass es sich bei dem Herrn um Sir Christopher Wren handelt – den Dombaumeister, Mitbegründer der Royal Society und einen der bekanntesten Männer seiner Zeit. Heute gilt er als berühmtester Architekt Englands. Zu Beginn seiner Laufbahn indes hatte nichts darauf hingedeutet, dass er auf dem Gebiet der Architektur

Entwurf für eine Wetter-Uhr, 1663. Dies war einer der Apparate, die Wren zur Durchführung von Experimenten konstruierte, die dann in der Royal Society diskutiert wurden.

jemals Bedeutendes leisten würde. Während Kritiker inzwischen ausgiebig darüber diskutieren, welcher Rang ihm im internationalen Vergleich gebührt, bleiben seine entscheidenden Beiträge zur Geschichte des Bauens weitgehend unbeachtet.

Wrens akademische Laufbahn war anfangs von seinem familiären Hintergrund geprägt. Er wurde in East Knoyle in Wiltshire geboren, wo sein Vater, ein früherer Fellow am St. John's College in Oxford, Pfarrer und ab 1634 Dekan von Windsor war. Seine frühe Kindheit verbrachte Wren abwechselnd in der Dekanei von Windsor Castle und im Pfarrhaus in Knoyle. Er war ein kränkliches Kind, der einzig überlebende Sohn, umsorgt von sechs Schwestern und unterrichtet von einer Reihe hervorragender Privatlehrer. 1650 ging er auf das Wadham College in Oxford, wo er sich bald einer Gruppe junger Wissenschaftler anschloss, die später den Kern der Royal Society bilden sollten, darunter John Wilkins, Charles Scarburgh, Robert Boyle, John Wallis und Lawrence Rooke.

Unter Anleitung Scarburghs führte Wren seine ersten intravenösen Injektionen durch. Außerdem assistierte er dem Anatom bei Sektionen und fertigte Modelle an, mit denen er in seinen Vorlesungen die Funktionsweise der Muskeln demonstrierte. Diese frühen Übungen im Apparatebau sowie die zur Erläuterung angefertigten Zeichnungen ließen erstmals Wrens außergewöhnliche Fähigkeiten erkennen. Verzeichnisse seiner Untersuchungen zeigen, dass sein Interesse sich nicht auf Anatomie beschränkte, sondern der ganzen Bandbreite naturwissenschaftlicher Forschung sowie der Mathematik galt. Er war weithin bekannt für seinen Scharfsinn und schien zu einer bedeutenden akademischen Karriere berufen. 1651 machte er seinen Bachelor- und 1653 seinen Master-Abschluss; im selben Jahr ernannte man ihn zum Fellow am All Souls College. 1657 wurde er Professor für Astronomie am Gresham College in London, bevor er mit Beginn der Stuart-Restauration 1661 die Nachfolge von Seth Ward als Savilian Professor für Astronomie in Oxford antrat.

Die Gründung der Royal Society, deren Präsident er später wurde, erfolgte im Anschluss an eine seiner Vorlesungen am Gresham College. Wie der bedeutende Architektur-Historiker John Summerson anmerkte, hätte Wren, wäre er vor seinem 35. Lebensjahr gestorben, ebenfalls einen Eintrag im *Dictionary of National Biography* erhalten, in diesem Fall jedoch als Naturwissenschaftler. Von Architektur wäre darin kaum, wenn überhaupt, die Rede gewesen.

VON DEN NATURWISSENSCHAFTEN ZUR ARCHITEKTUR

Wrens Wende von den Naturwissenschaften zur Architektur erschien im England des 17. Jahrhunderts weniger abrupt als heute. Bücher- und Bibliothekskataloge aus jener Zeit zeigen, dass die Architektur damals als Teilgebiet der angewandten Mathematik galt.

Wrens dramatischer Kuppel-Entwurf für den Neubau des Turms der alten St. Paul's Cathedral, angefertigt 1666 nach seiner Rückkehr aus Frankreich und noch vor dem Großen Brand von London.

10 20 30 40 50 60 70 80 90

Entwurf für St. Edmund King and Martyr, London, um 1670. Obwohl von Wren signiert wurde der Entwurf von seinem Mitarbeiter Edward Pearce angefertigt – ein typisches Beispiel dafür, wie der Architekt in seinem Büro Arbeiten delegierte.

So war es keineswegs ungewöhnlich, dass ein begabter junger Mathematiker auch in Fragen der Architektur konsultiert oder eventuell gar mit der Aufsicht über ein Bauprojekt betraut wurde – zumal dann, wenn er daran Interesse zeigte. Es waren wohl eher Wrens mathematische Kenntnisse als irgendein bautechnischer Sachverstand, der Charles II. bewog, ihm 1661 den Posten eines Bauinspektors in Tanger anzubieten, was Wren allerdings aus gesundheitlichen Gründen ablehnte. Im selben Jahr bat man ihn um eine Expertise zur Instandsetzung der St. Paul's Cathedral. 1663 assistierte er seinem Onkel, Matthew Wren, beim Bau einer neuen Kapelle für das Pembroke College in Cambrigde und fertigte Entwürfe für das Sheldonian Theatre der Universität Oxford an. Diese ersten vorsichtigen Schritte auf dem Gebiet der Architektur waren wohl, neben dem Wunsch nach Kontakt zu französischen Wissenschaftlern, die Motivation für Wrens Reise nach Frankreich im Jahr 1665, als die Universität Oxford wegen der Pest geschlossen war. Nach seiner Rückkehr fertigte er einen Entwurf für eine neue Kuppel der St. Paul's Cathedral an, die den stark baufälligen Turm ersetzen sollte. Obwohl genehmigt, konnte der Entwurf nicht verwirklicht werden.

Zum Wendepunkt in Wrens Laufbahn wurde schließlich der Große Brand von London. Das Feuer, das am Morgen des 2. September 1666 in einer Backstube in der Pudding Lane ausgebrochen war, loderte vier Tage lang und zerstörte 13200 Häuser, 87 Pfarrkirchen und auch die St. Paul's Cathedral. Wren reagierte schnell und präsentierte dem König schon sechs Tage nach dem Brand einen Plan für den Wiederaufbau der City of London. Daraufhin wurde er in den Ausschuss berufen, der die neuen Bauvorschriften zu verfassen hatte; welche Rolle er hier genau spielte, ist allerdings ungeklärt. Eine direkte Konsequenz jener Vorschriften war das Londoner Backsteinreihenhaus, das das Stadtbild der Kapitale völlig verwandeln und in seiner Bauweise zwei Jahrhunderte lang weitgehend unverändert bleiben sollte. Spektakulärer war der an Wren ergangene Auftrag, 50 neue Kirchen in der City zu bauen. Alle dafür notwendigen Bauzeichnungen anzufertigen, überstieg freilich die Kraft einer einzelnen Person, und so gründete Wren ein speziell auf diese Arbeit konzentriertes Architekturbüro. In diesem Büro delegierte er das Anfertigen der Zeichnungen an Bauzeichner, kontrollierte aber alle Arbeitsschritte bis ins kleinste Detail. Es handelt sich hierbei, soweit man weiß, um eines der ersten Büros dieser Art in England. Tatsächlich war das Übertragen von Aufgaben das Geheimnis von Wrens Erfolg. Ihm selbst hatte Sir John Denham, dem Dombaumeister, der auch Oberbauinspektor der königlichen Baubehörde war, die Aufgabe übertragen, sich um St. Paul's Cathedral zu kümmern. Nach Denhams Tod 1669 wurde Wren offiziell zu dessen Nachfolger in beiden Ämtern ernannt und mit einem Schlag zum wichtigsten Architekten Englands. Das Amt des Oberbauinspektors der königlichen Baubehörde verschaffte ihm einen Wohnsitz in Whitehall, ein Salär sowie eine Schar fachkundiger Handwerksmeister als Mitarbeiter. Er wurde auch am Hof aktiv, wo er für die Instandhaltung der königlichen Schlösser verantwortlich war. An der St. Paul's Cathedral richtete er ein weiteres Büro ein, um sein bedeutendstes Projekt, den Wiederaufbau der Kathedrale zu leiten. Obwohl er noch bis 1671 seine Professur in Oxford behielt, war klar, dass seine Zukunft woanders liegen würde. Zwar bewahrte sich Wren zeit seines beruflichen Lebens sein Interesse für Naturwissenschaften und nahm regelmäßig an den Sitzungen der Royal Society teil, doch ab 1669 war er in erster Linie Architekt.

Ein früher Entwurf für das Royal Hospital for Seamen, Greenwich, um 1695. Die Idee einer zentralen Kapelle wurde später aufgegeben, um die Sicht auf das Queen's House von Inigo Jones nicht zu beeinträchtigen.

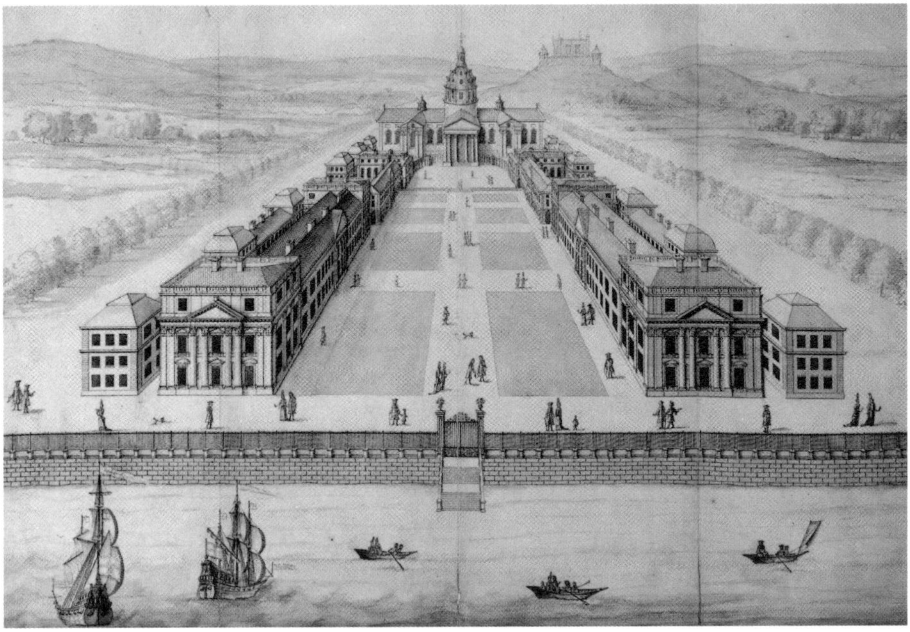

DAS BAUKÜNSTLERISCHE WERK

In den folgenden vierzig Jahren dominierte Wren die englische Architektur. Seine Werke entstanden größtenteils für die Krone, die Kirche und die Universitäten – alles Institutionen, die ihre schriftlichen Aufzeichnungen archivierten, so dass uns eine unvergleichliche Menge an Dokumentationsmaterial zu seinem baukünstlerischen Werk erhalten ist. Und doch wissen wir erstaunlich wenig über Wrens Persönlichkeit und sein Privatleben. Die wenigen Zeugnisse, die wir besitzen, heben seine Redegewandtheit hervor. Dass er sich unter sechs verschiedenen Monarchen im Amt halten konnte, spricht für den beachtlichen Respekt, den er genoss.

Wrens architektonisches Werk ist so umfangreich, dass hier eine kurze Zusammenfassung genügen muss. Im ersten Jahrzehnt (1670–1679) nahm er die Arbeiten an 31 Kirchen in der City of London in Angriff, er vollendete mehrere Gebäude für Colleges in Oxford sowie eine neue Kapelle für das Emmanuel College in Cambridge, begann mit den Arbeiten an einer neuen Bibliothek für das Trinity College in Cambridge und baute ein neues Zollhaus an der Themse. Es folgten das Observatorium in Greenwich, das Drury Lane Theatre, den Londoner Temple Bar, das Monument to the Great Fire of London sowie eine neue Bibliothek für die Lincoln Cathedral.

Die bedeutendsten Bauwerke aus seinem zweiten Schaffensjahrzehnt (1680–1689) sind der riesige Winchester Palace (begonnen für Charles II., nach dessen Tod 1685 jedoch unvollendet geblieben) und das Royal Hospital in Chelsea. Überdies begann er die Arbeiten an 19 weiteren Kirchen, darunter St. Clement Danes, St. Anne's in Soho und St. James's in Picadilly, und vollendete die Abingdon Town Hall, das Court House in Windsor sowie das Navy Office in der Seething Lane; zudem führte er umfangreiche Baumaßnahmen am Whitehall Palace durch.

Zu den Großprojekten der dritten Dekade (1690–1699) zählen bedeutende Erweiterungen von Hampton Court und Kensington Palace für das Königspaar William und Mary sowie der Beginn der Arbeiten am Royal Hospital for Seamen in Greenwich – ein dermaßen umfangreiches Bauprojekt, dass es erst viele Jahre nach Wrens Tod abgeschlossen werden konnte. Zu seinen weiteren Werken dieser Epoche gehören – abgesehen von gewöhnlichen Renovierungsarbeiten an den Schlössern – viele der Türme für die Kirchen der City, Entwürfe für das College of William & Mary in Williamsburg, Virginia, zudem Arbeiten für das Eton College, am Christ's Hospital und an der Sir John Moore's School in Appleby, Leicestershire, sowie der Innenausbau des House of Commons.

Zu Beginn seiner vierten Schaffensdekade (1699–1710) war Wren schon Ende siebzig, und sein Arbeitstempo ließ naturgemäß nach. Dennoch war er weiterhin aktiv mit den fortschreitenden Arbeiten in Greenwich befasst, entwarf Marlborough House und Winslow Hall (Berkshire) sowie ein neues Domizil für die Royal Society und leitete überdies die einschneidenden Umbauten der Westminster Abbey. Sein Hauptaugenmerk aber galt in jener Zeit der Vollendung von St. Paul's Cathedral. Ab 1711 war er faktisch im Ruhestand und behielt nur noch das Amt des Dombaumeisters von St. Paul's und der Westminster Abbey. Die ganzen vier Jahrzehnte lang hatte ein Projekt Vorrang vor allen anderen gehabt: sein Meisterwerk, der Wiederaufbau der St. Paul's Cathedral.

BLEIBENDE WIRKUNG

Um 1720 war Londons Silhouette von Bauten geprägt, die Wren entworfen hatte. Allerdings haben sich Kritiker seither uneins über die Güte seiner Werke gezeigt. John Summerson bezeichnete Wrens baukünstlerischen Ansatz – in Anspielung auf dessen naturwissenschaftliche Tätigkeit – als „empirisch". Fraglos gibt es Belege dafür, dass Wren eine gestalterische Aufgabe als eine Reihe zu lösender Probleme begriff. Seine Architektur wird oft als „Englischer Barock" bezeichnet, doch hatte der mit dem Italienischen Barock wenig gemein. Wrens Innenraumgestaltung ist vergleichsweise zurückhaltend. Er vermeidet aufwändige, kurvenreiche Übungen in plastischer Modellierung zugunsten von Geradlinigkeit und ebenen Flächen. Dies lässt sich weitgehend mit dem Zwiespalt erklä-

Porträt von Wren inmitten von Dingen, die seine Werke symbolisieren. Es wurde von Antonio Verrio kurz vor dessen Tod 1707 begonnen und von Godfrey Kneller und James Thornhill vollendet.

Innenansicht der Bibliothek im Trinity College, Cambridge, erbaut zwischen 1676 und 1684.

ren, in dem sich die englische Architektur zu jener Zeit befand: Es galt, alles zu vermeiden, was als „papistisch" hätte gelten können, gleichwohl die neusten Trends jenseits des Ärmelkanals zu berücksichtigen. In den ersten Jahrzehnten lässt sich weniger ein italienischer als vor allem ein französischer und niederländischer Einfluss erkennen.

Und doch wäre es falsch, Wrens Architektur jegliche innovativen Aspekte abzusprechen und sie nur als findigen Mischmasch aus Architekturzitaten anzusehen. Viele seiner Bauten sind außerordentlich innovativ und noch heute so beeindruckend wie schon vor 300 Jahren. Ständig wiederkehrendes Thema in seinen Werken ist die Überraschung, in Form einer höchst unerwarteten Innenraumgestaltung, die auf ungewöhnlichen Einfällen beruht. Beispiele hierfür finden sich in den herrlich überkuppelten Innenräumen von St. Stephen Walbrook und St. Mary Abchurch, deren äußeres Erscheinungsbild keinerlei Hinweis auf das völlig andersartige Innenleben gibt. Ganz ähnlich verrät auch das Äußere der Bibliothek des Trinity College in Cambridge dem Betrachter nichts von der Weite und Helligkeit ihres Lesesaals.

Auch in technischer Hinsicht sind Wrens Werke innovativ. Hier, auf dem Gebiet der Bautechnik, ist der Einsatz seiner naturwissenschaftlichen Kenntnisse besonders deutlich. Allerdings werden diese technischen Innovationen häufig übersehen, weil sie weitgehend versteckt sind und nur zu Tage treten, wenn Wrens Bauwerke im Zuge von Renovierungsarbeiten auseinandergenommen werden. Bei all seinen Bauten fungierte Wren zugleich als Bauingenieur und Architekt (wobei keine der beiden Rollen im 17. Jahrhundert schon klar definiert war). Seine technische Virtuosität offenbart sich am deutlichsten in der außergewöhnlichen dreischaligen Konstruktion der Kuppel von St. Paul's, die aus Gesprächen entstand, die er mit seinem engen Freund Robert Hooke über mathematisch gebotene Formen von Bögen und Kuppeln geführt hatte. Seine anderen Innovationen sind weniger offensichtlich. So wurden in seinem (nicht mehr vorhandenen) House of Commons die Galerien von Eisenpfeilern getragen. Im Hampton Court Palace ging er noch einen Schritt weiter und hängte den kompletten ersten Rang mittels langer Eisenstangen am Dachstuhl auf. Ähnliche Vorrichtungen kamen bei der Renovierung der Bodleian Library in Oxford zum Einsatz wie auch zur Stabilisierung der Bücherregale in der Bibliothek des Trinity College in Cambridge. Mit diesen innovativen Ansätze war Wren seiner Zeit um Jahrhunderte voraus. Indem er auch die bautechnische Planung – vom Fundament bis hin zum Dachstuhl – übernahm, statt sie den Handwerksmeistern zu überlassen, etablierte Wren, was in den folgenden Jahrhunderten Normalität war: dass sich Architekten mit allen Aspekten der Bauplanung beschäftigen, von Installationsarbeiten bis zu Details im Dekor. Wren selbst hatte als Gelegenheitsarchitekt begonnen, doch seine bleibende Wirkung besteht gerade darin, eine in England weitgehend laienhaft ausgeübte Tätigkeit in die Nähe eines etablierten Berufs gerückt zu haben.

Zeichnungen für die Restaurierung der Duke Humfrey's Library, Bodleian Library, Oxford, um 1700, mit den von Wren vorgesehenen neuen Strebepfeilern und Eisenverstärkungen.

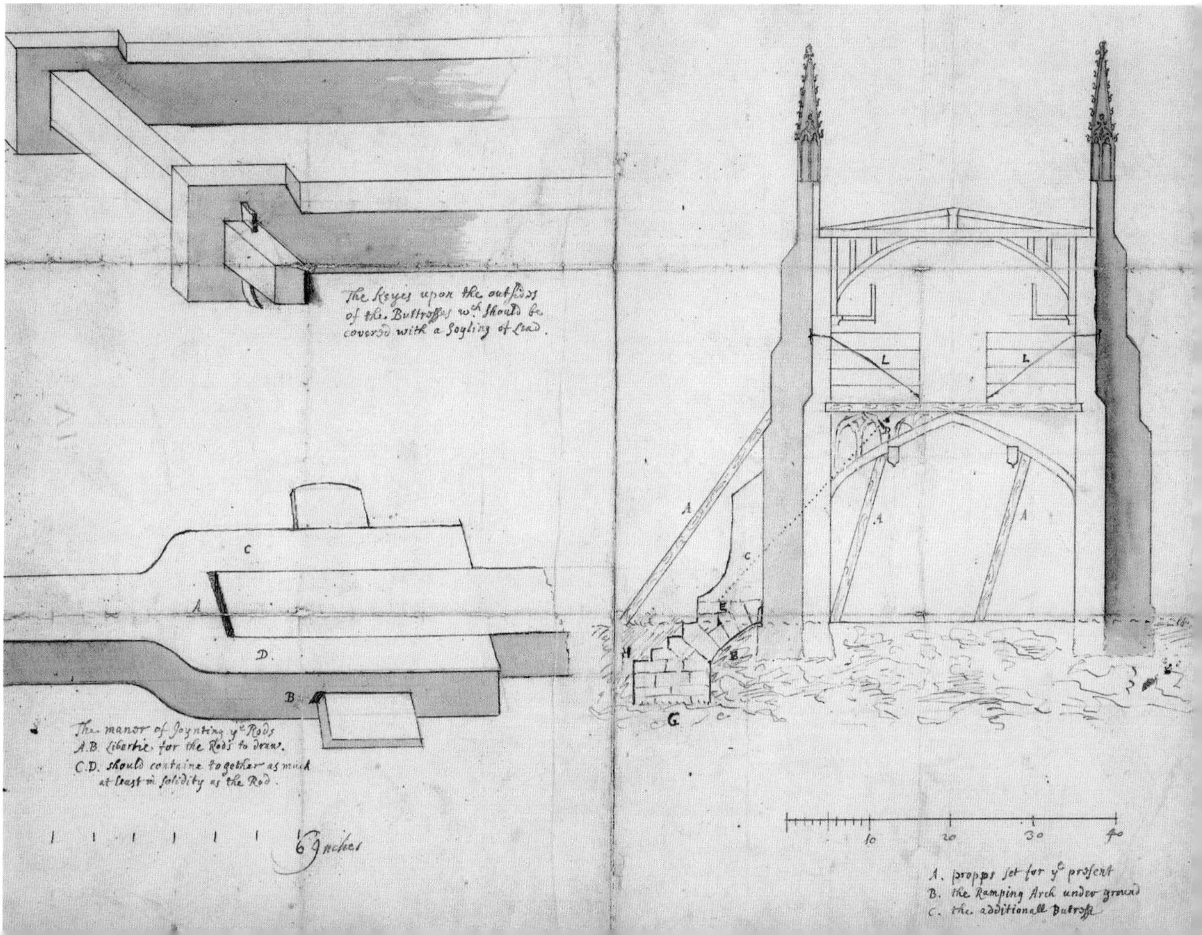

PHILIPPE PROST

SÉBASTIEN LE PRESTRE DE VAUBAN

Führender Militäringenieur des 17. Jahrhunderts

1633–1707

Geboren und aufgewachsen im burgundischen Morvan wurde Sébastien Le Prestre de Vauban zum größten Militäringenieur seiner Zeit. Und auch noch lange nach seinem Tod galt er als oberste Autorität in Fragen der Belagerungs- und Befestigungstechnik. Die Kriege, die Ludwig XIV. ab Ende der 1660er Jahre bis ins 18. Jahrhundert hinein führte, ließen die Franzosen an die Stelle der Italiener als Meister dieser Art der Kriegsführung treten und boten speziell Vauban zahlreiche Gelegenheiten, seine diversen Begabungen unter Beweis zu stellen. Noch heute ist Vauban wohl der berühmteste Militäringenieur aller Zeiten, und sein Vermächtnis ist ebenso umfangreich wie vielfältig: Zu seinen Bauwerken zählen Festungsanlagen, Städte, Gebäude und Meisterwerke der Bauingenieurskunst; seine Schriften umfassen Memoiren, Entwürfe und Aufsätze, die sich thematisch keineswegs auf den Bereich der Kriegsführung beschränken, sondern auch Fragen der Ökonomie, Politik, Steuergesetzgebung, Statistik, Landwirtschaft sowie des Wasserbaus behandeln.

Vauban begann seine Karriere 1655 im Alter von 22 Jahren im Rang eines *Ingénieur ordinaire du roi* – eine Karriere, die 52 Jahre währte und 1703 in der Ernennung zum Marschall von Frankreich gipfelte. 1678 wurde er Generalinspekteur der Festungsbauten und war, als Leiter einer Gruppe von fast 300 Ingenieuren, für die Instandhaltung der französischen Verteidigungsanlagen zu Land und zu Wasser zuständig. Zehn Jahre später ernannte man ihn zum Generalleutnant der Königlichen Armeen. Als Experte für Belagerungen wie für Befestigungen teilte er mit dem König zwei Leidenschaften: für Kriege und für das Bauen.

Vauban, den man auch den „Städteeroberer“ nannte, nahm an nicht weniger als 50 erfolgreichen Belagerungen teil, denen Frankreich unter anderem die Einnahme solch bedeutender Städte wie Lille und Strasbourg verdankte. In der zweiten Hälfte des 17. Jahrhunderts sorgte Vauban für eine umfassende Erneuerung militärischer Belagerungstechniken. So ließ er 1673 bei der Belagerung Maastrichts zickzackförmige Gräben ausheben, 1684 bei der Belagerung Luxemburgs die aus Erde errichteten Kavaliere erhöhen und 1697 bei der Belagerung von Ath Rikoschettfeuer einsetzen. Keine Festung hielt er für uneinnehmbar, vorausgesetzt die Angreifer bedienten sich seiner Techniken, die allesamt dem Prinzip folgten, „mehr Schießpulver zu verwenden und weniger Blut zu vergießen“. Vauban entwickelte die Belagerungskunst zu einer rationalen Methode, indem er den Belagerungsprozess in eine Folge von zwölf Phasen gliederte, die es erlauben sollte, jeden belagerten Ort innerhalb von maximal 48 Tagen einzunehmen. So schuf er eine klassische

Schaubilder von Laufgräben, aus Vaubans *Traité de l'attaque des places fortes* (1704).

Angriffsstrategie, die noch bis zur Mitte des 19. Jahrhunderts Anwendung finden sollte. Auf beharrlichen Wunsch des Königs legte er die Prinzipien seiner Methode 1704 in seinem *Traité de l'attaque des places fortes* („Abhandlung über den Angriff von Festungen") dar. Das mit zahlreichen Illustrationen versehene Werk sollte ursprünglich geheim bleiben, wurde letztlich aber 1737 veröffentlicht, nachdem sich herausgestellt hatte, dass etliche illegale Versionen kursierten. Es wurde anschließend in 15 Sprachen übersetzt, unter anderem ins Russische und Türkische.

ZERSTÖRER UND ERSCHAFFER

Paradoxerweise begann Vauban seine Ingenieurskarriere 1661 mit der Zerstörung der Festungsanlagen von Nancy – in jenem Jahr, in dem Ludwig XIV. zum Regenten Frankreichs wurde. Erst 1664 ergab sich für Vauban im elsässischen Breisach eine erste Gelegenheit zum Bau von Festungsanlagen. Sein ganzes Leben lang, in Kriegs- wie Friedenszeiten, tauschte er ständig die Rollen des Erschaffenden und Zerstörenden. Abgesehen von zahllosen kleineren Baumaßnahmen an Festungen, Bastionen und Kurtinen baute er fast 150 Festungsanlagen völlig um. Außerdem errichtete er zehn neue Festungen und fertigte Hunderte weiterer Entwürfe an, die teilweise noch ein halbes Jahrhundert nach seinem Tod für Bauprojekte verwendet wurden. Gleich, ob er Festungsanlagen von Grund auf neu schuf oder bestehende Anlagen verbesserte: Zuerst widmete er sich stets der Aufgabe, ein der Verteidigung nützliches Geländerelief zu schaffen, also für ein überschaubares Terrain zu sorgen. Form und Grundriss der Anlagen ergaben sich aus den Prinzipien des Flankierens und Defilierens. Vor Baubeginn ließ Vauban Gräben ausheben, deren Aushub er wiederum zur Erhöhung der Bastionen verwendete. Außerdem wurde rund um die gesamte Anlage ein als „Glacis" bezeichneter Verteidigungshang aufgeschüttet. Bei all seinen Bauprojekten machte sich Vauban auch die Landschaft zunutze: Er ließ das Gelände umgestalten, um seinen Truppen Schutz zu bieten, und Bäume pflanzen, um den Rauch von Geschützen zu verbergen. Und der kontrollierte Einsatz von Wasser erlaubte die gezielte Überflutung von Gräben zu Verteidigungszwecken. Trotz allem weigerte sich Vauban zeit seines Lebens, entsprechend seiner *Traité de l'attaque* auch eine theoretische Abhandlung über Festungsanlagen zu veröffentlichen – in der Überzeugung, dass Gespür und Erfahrung wichtiger seien als theoretische Kenntnisse, und dass überdies alle Ingenieure die Prinzipien des Festungsbaus längst kannten.

Vauban war seinem Vaterland treu verbunden und entwickelte – über seine Rolle als Ingenieur hinaus – eine geopolitische Strategie zur Verteidigung des französischen Kö-

Oben: Eine Mine zerstört eine Befestigungsanlage, aus Vaubans *Traité de l'attaque des places fortes* (1704). Gegenüber: Vauban, der große Militäringenieur, auf einer Darstellung des frühen 18. Jahrhunderts.

nigreichs. Als 1673 eine von ständigen Kriegen und Friedensverträgen geprägte Periode begann, drängte Vauban den König, Frankreich als *pré carré* (quadratisches Feld) aufzufassen, um die territoriale Einheit des Königreichs zu stärken. Enklaven sollten vermieden und geradlinigere Grenzen geschaffen werden, die sich leichter und kostengünstiger verteidigen ließen. In der Tiefebene zwischen Nordsee und Maas – einem Gebiet, dem es an natürlichen Grenzverläufen wie Flüssen oder Bergketten mangelte – entwarf und errichtete er zwei Verteidigungslinien, ähnlich einer militärischen Kampfformation: Die erste, die sich von Dunkerque bis Dinan erstreckte, bestand aus 15 Festungen, die zweite, von Gravelines bis Charleville, aus 13. Diese als *ceinture de fer* (Eisengürtel) bekannte Verteidigungslinie erwies sich als so wirkungsvoll, dass sie Frankreich bis zur Revolution vor Invasionen schützte. Auch für Frankreichs größte Stadt, Paris, hatte Vauban Pläne, doch konnte er sich mit seinen Vorschlägen zum Wiederaufbau eines Verteidigungswalls nicht durchsetzen.

STADTPLANUNG, HYDRAULIK UND ARCHITEKTUR

Nach der erfolgreichen Belagerung von Lille entwarf Vauban 1667 eine Zitadelle für die Stadt. In Bauweise und Grundriss – einer fünfeckigen, konzentrisch gestaffelten Anlage – manifestieren sich Vaubans Bauprinzipien fur eine von Bastionen und Kurtinen umgebene Festung. Obwohl er zuvor noch keine Zitadelle gebaut hatte, war diese bereits ein Geniestreich, mit dem sich Vauban als legitimer Erbe und Nachfolger der großen italienischen Bauingenieure erwies. Er wurde nun auch zum bevorzugten Berater des Königs und seiner Minister in allen Fragen des Festungsbaus. Sein Pragmatismus riet ihm schon beim Bau der Zitadelle von Arras im folgenden Jahr zu einem schachbrettartigen Raster. So konnten enge, verwinkelte Gassen vermieden, der Bau von Gebäuden erleichtert und die Funktionalität erhöht werden. All seine weiteren Entwürfe für neue Festungsstädte

Neuf-Brisach im Elsass wird oft als Vaubans Meisterwerk angesehen. Er entwarf die Stadt 1698 von Grund auf neu, in Form eines regelmäßigen Rasters innerhalb eines achteckigen Befestigungswalls.

sahen eine regelmäßige polygonale Form vor, in der die Grundfläche in rechtwinklige Karrees eingeteilt war. Beispiele hierfür sind Longwy (1679), Saarlouis (1680), Huningue (1679), Mont-Louis (1681) und Mont-Dauphin (1692). Neuf-Brisach in der Elsässischen Ebene, gedacht als Ersatz für das verlorengegangene deutsche Breisach am rechten Rheinufer, war Vaubans letzte neue Festungsstadt. In einem idealen Achteck gab Vauban hier die architektonische Ausgestaltung durch eine Unterteilung in gleichförmige Vierecke vor. Außerdem ließ er einen Kanal bauen, um Baumaterialien herbeischaffen zu können. Neuf-Brisach war ein weiteres Meisterwerk Vaubans, das ihn als frühen, innovativen Stadtplaner auswies.

Zwar hat sich Vauban überwiegend dem Festungsbau an Land gewidmet, doch umfasste sein Aufgabenbereich auch die Verteidigung von Frankreichs Küsten – keine geringe Aufgabe angesichts einer Küstenlänge von rund 3000 Kilometern. Von Vauban stammen nicht nur die bautechnisch anspruchsvollen Festungen auf den Inseln Île de Ré, Île d'Oléron und Belle-Île-en-Mer, sondern auch die Pläne für Umbaumaßnahmen an mehreren Häfen, darunter Toulon, Brest und Dunkerque, sowie für Schifffahrtskanäle, Schleusen und Deiche. Zu seinen zahlreichen militärischen wie zivilen Wasserbauprojekten zählen Entwässerungssysteme und Aquädukte für den Canal du Midi, der das Mittelmeer mit dem Atlantik verbindet, sowie der Aquädukt von Maintenon, über den Wasser aus dem Fluss Eure auf das Gelände von Schloss Versailles fließt.

Neben Festungsanlagen und Häfen entwarf Vauban zahlreiche andere Bauwerke, darunter auch Kasernen. Als Ludwig XIV. zu der Auffassung gelangte, Soldaten sollten nicht länger bei Zivilisten, sondern fortan in dauerhaften Unterkünften einquartiert sein, ließ sich Vauban von den spanischen *barracas* inspirieren: Er entwarf ein Einheits-Gebäude für Soldaten neben einer abgewandelten Version für Offiziere, das auf einem dreireihigen und zweigeschossigen Modul basierte. Den Auftrag, Pulvermagazine zu bauen, erfüllte er mit dem Entwurf einer steinernen Grundeinheit, die mit einem „bombensicheren" Tonnengewölbe überdacht war. Diese allgemeinen, standardisierten Konzepte für Militärgebäude wurden vor Ort jeweils mit regional spezifischen Materialien und Bauweisen umgesetzt, was bei aller Einheitlichkeit doch zu vielfältigen Ergebnissen führte. Vauban ließ auch Brunnen bohren und Wasserspeicher bauen, um eine unabhängige Wasserversorgung jener Orte zu sichern. Er entwarf Zeughäuser für Kanonen und andere Geschütze, Lagerhäuser, Ställe, Backstuben, Krankenhäuser, Wohnhäuser, Kirchen und Kapellen – eine Mischung aus militärischer, ziviler und sakraler Architektur.

Neben Gustave Eiffel und Le Corbusier zählt Vauban zu den bekanntesten französischen Architekten. Sein Werk hat die Landschaft, die Städte und die Architektur in Frankreich stark und nachhaltig geprägt. Dem trug die UNESCO am 7. Juli 2008 Rechnung, als sie eine breite und repräsentative Auswahl von zwölf seiner großen Festungsanlagen zum Weltkulturerbe erklärte: Arras, Besançon, Blaye, Briançon, Camaret-sur-Mer, Longwy, Mont-Dauphin, Mont-Louis, Neuf-Brisach, Saint-Martin-de-Ré, Saint-Vaast-la-Hougue und Villefranche-de-Conflent.

Entwürfe für Kasernen in Verdun (1698), die Vaubans Vorliebe für standardisierte, zugleich aber höchst anpassungsfähige Baumodule erkennen lassen.

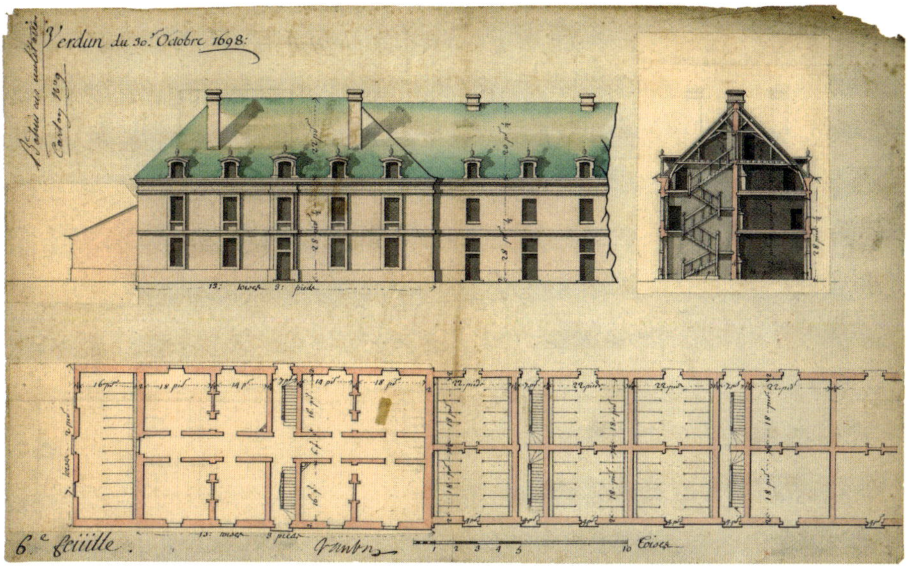

DAS ZEITALTER DES EISENS

Das 19. Jahrhundert wird manchmal als Zeitalter des Kampfs der Stile bezeichnet, in dem die romantische Kraft der Gotik mit der machtvollen klassischen Tradition rang, verkörpert von solch genialen Architekten wie Karl Friedrich Schinkel in Deutschland, Claude-Nicolas Ledoux in Frankreich und John Soane in England. Doch das 19. Jahrhundert war ebenso sehr das Zeitalter des Eisens – eines Materials, das zur Grundlage einer neuen Verkehrsinfrastruktur aus Mautstraßen, Kanälen und Eisenbahnstrecken wurde. Die gusseiserne Bogenbrücke über den Fluss Severn bei Coalbrookdale (erbaut 1779 von Abraham Darby III und T. F. Pritchard) war das erste größere Eisenbauwerk der Welt, wenn auch im Wesentlichen ein handgefertigtes Einzelstück. Die vom schottischen Architekten und Ingenieur Thomas Telford entworfenen Brücken, darunter die Straßenbrücke über die Meerenge von Menai in Wales, waren da unter bautechnischen Gesichtspunkten schon weit ökonomischer. Das Kuppeldach der Halle au Blé in Paris (1811), eine Koproduktion des Ingenieurs François Brunet und des Architekten François-Joseph Bélanger, markierte eine Wende hin zum Einsatz standardisierter Bauteile. Den Mahnungen von A. W. N. Pugin, John Ruskin und anderen zum Trotz, beschränkte sich die Verwendung von Eisen – darunter zunehmend große Mengen von Schmiedeeisen – aber nicht auf Ingenieurbauwerke wie Eisenbahnstrecken und Kanalbrücken, Markthallen, Fabriken und Lagerhäuser, sondern hielt bald generell Einzug in die Welt der Architektur. Schinkel zum Beispiel, der Großbritannien bereiste, um die im Zuge der Industriellen Revolution entstandenen Bauten zu besichtigen, verwendete in seinen Bauwerken häufig Eisenkonstruktionen.

In Großbritannien deutete 1851 der von Joseph Paxton konzipierte Crystal Palace das Potential an, das in der Verbindung von Eisen mit Glas lag, einem anderen inzwischen massenhaft gefertigten Material. Bautechnisch basierte der Crystal Palace auf Vorläufern wie den von Paxton errichteten Gewächshäusern für den 6. Duke of Devonshire und den vom irischen Ingenieur und Eisengießer Richard Turner gebauten Palmenhäusern in Dublin und in Kew Gardens bei London. Die Erkenntnisse aus dem Bau jener bahnbrechenden Gewächshäuser und des Crystal Palace schlugen sich wiederum in den Entwürfen der großen Bahnhöfe in Großbritannien nieder. Richard Turner war als Konstrukteur mitverantwortlich für das aus Schmiedeeisen gefertigte Dach der Lime Street Station in Liverpool (1849): Mit einer Spannweite von 47 Metern handelte es sich um die größte freitragende Dachkonstruktion, die bis dato errichtet worden war. Der vielleicht eindrucksvollste Bahnhofsbau, London Paddington (1852), war das Werk von Isambard Kingdom Brunel. Wie A. W. N. Pugin war auch Brunel Sohn eines Einwanderers aus Frankreich und ein Mann von ungeheurer Schaffenskraft und noch größerem Ehrgeiz;

er schuf die Bahnstrecke der Great Western Railway und baute die ersten Ozeandampfer. Vor das berühmteste Bahnhofsgebäude Londons, St. Pancras Station (1868), dessen Lokschuppen von den Ingenieuren W. H. Barlow und R. M. Ordish stammt, setzte der bedeutende neogotische Architekt George Gilbert Scott ein Hotel (1876), in dessen Innern auch er reichlich Eisen verwendete. Sogar beim Gebäude des Oxford University Museum (1861), dessen größter Fürsprecher Ruskin war, verbarg sich hinter einer aufwändigen neogotischen Fassade ein Innenleben aus Eisen und Glas.

Während viele britische Architekten, anders als die Ingenieure, mit unverhüllten Eisenkonstruktionen weiterhin ihre Probleme hatten, wehte in Frankreich ein anderer Wind. Eugène-Emmanuel Viollet-le-Duc war nicht nur ein Restaurator mittelalterlicher Kathedralen wie etwa Notre-Dame in Paris, sondern ein noch bedeutenderer Theoretiker von nachhaltiger Wirkung, dessen Schriften besonders in den USA Beachtung fanden und auch die Wegbereiter der Moderne beeinflussten. In seinem Plädoyer für ein rationales und ehrliches Bauen, das auch Ruskin und Pugin propagierten, warb Viollet-le-Duc für die Verwendung von Eisen und eine Architektur, in der Metallkonstruktionen als solche auch sichtbar waren, statt versteckt oder nur als Ersatz für traditionelle Baumaterialien verwendet zu werden. Eindrucksvoll umgesetzt wurden diese Ideen in den Bauwerken von Architekten wie Henri Labrouste und Victor Baltard – ersterer verantwortlich für zwei riesige Bibliotheksbauten, letzterer sowohl für die bemerkenswerte Kirche St-Augustin, in der unverkleidetes Eisen mit üppiger gotischer Ornamentik kombiniert ist, als auch für Les Halles, die verschwundenen Großmarkthallen von Paris (1971 abgerissen).

James Bogardus gilt als Pionier der Metallskelettbauweise, mit der die USA in der zweiten Hälfte des 19. Jahrhunderts zum Zentrum architektonischer Innovation wurden. Wie einflussreich Bogardus war, zeigen die vielen Gebäude mit gusseiserner Fassade im New Yorker Stadtteil SoHo. Seine Firma, selbst untergebracht in einem ausschließlich aus gusseisernen Elementen errichteten Gebäude, stellte die entsprechenden Bauteile her – ein Beleg für die wachsende Unabhängigkeit der USA als Industrienation. Die Erfindung des verlässlich funktionierenden Personenaufzugs durch Elisha Otis – der erste (dampfbetriebene) Personenaufzug wurde 1859 im Haughwout Building am New Yorker Broadway installiert – war unabdingbare Voraussetzung für die weitere Entwicklung des Hochhausbaus. Ebenso bedeutsam war die Einführung des Baustoffs Stahl, eines gegenüber Eisen leichteren und flexibleren Materials, mit dem die ersten Wolkenkratzer errichtet wurden. Stahl ermöglichte einige der beachtlichsten Ingenieurleistungen des 20. Jahrhunderts. John Fowlers im Jahr 1890 eröffnete Forth Railway Bridge war die erste Ganzstahlbrücke und ein Indiz dafür, dass auch Großbritannien weiterhin über innovative Kraft verfügte.

MIKE CHRIMES

THOMAS TELFORD

Innovativer Konstrukteur von Gusseisenbrücken

1757–1834

Thomas Telford, der erste Präsident der *Institution of Civil Engineers*, war Maurermeister, Wegbereiter einer Ästhetik des Gusseisenbrückenbaus und der erste Ingenieur, der eine Brücke mit offiziellem Spannweitenrekord schuf – die Menai-Hängebrücke. Es gibt auf den britischen Inseln kaum einen Landstrich, in dem nicht irgendein Werk Telfords zu finden ist. Dass es ihm gelang, zum redegewandten Begründer seines Berufs zu werden, ist angesichts seiner Herkunft aus sozial bescheidenen Verhältnissen umso beachtlicher.

Thomas Telford wurde – gewissermaßen ein Kind der Schottischen Aufklärung – in Westerkirk in der Region Dumfries and Galloway geboren, einer der abgeschiedensten Gemeinden Großbritanniens. Er absolvierte eine Maurerlehre, doch ebenso bedeutsam für seine spätere Laufbahn waren die Beziehungen, die er zu einem der örtlichen Würdenträger entwickelte, namentlich William Pulteney. 1780 ging Telford nach Edinburgh – ein erstes Anzeichen jenes unstillbaren Ehrgeizes, der ihn sein Leben lang antreiben sollte. Er arbeitete als Maurer in Edinburghs New Town und verbrachte seine Freizeit mit Lesen und dem Studium von Bauwerken. 1782 ging er nach London, wo er am Bau von Somerset House mitwirkte. Etwa um diese Zeit führte er auch Arbeiten in seinem Geburtsort Eskdale und für William Pulteney in der Pfarrei von Sudborough aus.

1784 ging Telford nach Portsmouth, um am Wohnhaus und der Kapelle des Werftdirektors zu arbeiten; es war das erste bedeutende Projekt, das er verantwortlich leitete. Hier, in den Docks, kam er auch mit ingenieurbaulichen Fragen in Berührung. 1786 zog Telford im Auftrag Pulteneys nach Shrewsbury, um Restaurierungsarbeiten am dortigen Schloss durchzuführen; 1787 wurde er Bauinspektor in der Grafschaft Shropshire. Er widmete sich nun zunehmend ingenieurbaulicher Arbeit und war – beginnend mit der Montford Bridge (1790–1792) – verantwortlich für Bau und Sanierung von über 40 Brücken in Shropshire. In seinen Aufgabenbereich fielen auch öffentliche Gebäude, zudem war er Architekt einer Reihe von Kirchen. Und Telfords Horizont sollte sich noch erweitern. Ab 1790 war er als Berater der British Fisheries Society tätig und als solcher unter anderem dafür zuständig, an Schottlands Küsten geeignete Stellen für Häfen und An-

Oben: Die Menai-Hängebrücke auf einem Gemälde, das G. Arnold 1826 – im Jahr der Vollendung der Brücke – für Telford schuf. Gegenüber: Porträt Telfords von Samuel Lane, hier als Stich von E. Turrell für den *Atlas to the Life of Thomas Telford* (1838).

legeplätze ausfindig zu machen. Besondere Erwähnung verdient seine Arbeit in Pulteneytown nahe der schottischen Stadt Wick, die nicht nur von seinen Fähigkeiten als Architekt und Planer zeugt, sondern auch von seinen Fertigkeiten als Ingenieur. Bei Loch Bay, auf der Hebrideninsel Skye, arbeitete er versuchsweise und erfolgreich mit James Parkers Romanzement – ein wichtiger Schritt in der Entwicklung des modernen Portlandzements. Hier zeigt sich auch Telfords Bereitschaft zu innovativen Lösungen, die er aber nirgends so eindrucksvoll unter Beweis gestellt hat, wie beim Brückenbau.

DER BAU VON BRÜCKEN UND KANÄLEN

Telfords unkonventioneller Entwurf der gusseisernen Buildwas Bridge (1795–1796) zeigt seine Entschlossenheit, mit jener Konstruktionsweise zu brechen, die mit dem Bau der Iron Bridge zur Konvention geworden war. Im Bestreben, Eisen ökonomischer und rationaler einzusetzen, schuf er – angefangen mit der Bonar Bridge (1810–1812) – eine ganze Reihe gusseiserner Bogenbrücken. Diese ästhetischen Meisterwerke markieren zugleich den Beginn seiner Zusammenarbeit mit William Hazledine, einem Eisenfabrikanten aus Shropshire. Die Bonar Bridge entstand in staatlichem Auftrag, nämlich im Rah-

Bonar Bridge, 1810–1812, aus William Daniells *A Voyage round Great Britain* (1814–1825). Der Dichter Robert Southey beschrieb seine erste Begegnung mit der Brücke so: „Schließlich erblickte ich etwas, das wie ein Spinnennetz in der Luft aussah – wenn sie das ist, dachte ich, wird sie nicht halten! Doch kurz darauf betrat ich sie, und ach: Es ist das großartigste Werk, das Gott oder ein Mensch je geschaffen hat."

men von Arbeiten in den Highlands, die noch auf seine Tätigkeit für die Fisheries Society zurückgingen. In den Jahren 1801–1802 schlug Telford auf der Grundlage eigener Gutachten eine Reihe von Modernisierungsmaßnahmen an Häfen und Verkehrswegen vor, um die Wirtschaft anzukurbeln und die Emigration einzudämmen. 1803 wurden daraufhin Kommissionen für weitere Arbeiten in den Highlands und für den Bau des Kaledonischen Kanals eingerichtet. Was auf den ersten Blick einfach erschien, nämlich zur Schaffung dieses Kanals eine Reihe von Seen („Lochs") am Great Glen zu verbinden, war tatsächlich eine ingenieurtechnisch höchst anspruchsvolle Aufgabe – vor allem was das östliche Ende anging, wo eine 128 Meter tiefe Schlammschicht erst einmal durch Aufschüttungen befestigt werden musste, bevor mit den Ausgrabungen für die Schleuse begonnen werden konnte. Insgesamt mussten für den Kanal 24 Schleusen gebaut werden.

Doch der Kanal war nur das spektakulärste der vielen Bauprojekte, die Telford in den Highlands noch bis zu seinem Tode durchführte. Dazu zählen etliche kleine Steinbrücken, sowie auch große Überquerungen wie jene bei Dunkeld (1805–1809), zahlreiche Hafenanlagen, Maßnahmen zur Modernisierung von Straßen und Renovierung von Kirchen. Er baute eine Reihe großer Brücken: bei Pathhead und Lothian sowie die Dean Bridge (1829–1832) – eine hohe, schlanke Konstruktion im Stadtzentrum von Edinburgh. Dort wie auch andernorts verwendete er hohle Pfeiler und Spandrillen, um das Gewicht zu reduzieren und Inspektionen zu erleichtern, was in der Folge weit verbreitete Praxis wurde. Seine Over Bridge bei Gloucester (1825–28) kann als weiteres, spätes Meisterwerk gelten.

Telford war der letzte große Kanalingenieur. Nachdem man ihm 1793 den Posten des „General Agent" der Ellesmore Canal Company angetragen hatte, eignete er sich schnell die wichtigsten Kenntnisse im Entwurf und Bau von Kanälen an und entwickelte auch hier bald innovative Lösungen, die ihn zu einem Baukünstler ersten Ranges machten. So warb er für die Verwendung von unverschaltem Gusseisen zum Bau von Aquäduktrinnen – erstmals umgesetzt beim Shrewsbury-Kanal (1795–1796) nahe Longdon, am spektakulärsten aber beim Ellesmere-Kanal (1794–1805) nahe Pontcysyllte. Er war zudem verantwortlich für wesentliche Modernisierungsmaßnahmen am Trent-Mersey-Kanal und vertiefte in den 1820er Jahren den Birmingham-Kanal, um ein Mäandrieren zu verhindern. Ähnliche ingenieurtechnische Maßnahmen ergriff er beim Birmingham-Liverpool-Verbindungskanal. Telford war auch beim Bau des Göta-Kanals durch Südschweden beratend tätig, was allgemein als erste Beratertätigkeit eines britischen Bauingenieurs im Ausland gelten kann. Je mehr er sich einen Namen machte, desto mehr Kontakt hatte er zu ausländischen Ingenieuren und Auftraggebern, von Kanada bis Indien.

STRASSEN, HÄFEN UND WEITGESPANNTE BRÜCKEN

Telford, den man mal den „Giganten der Straßen" genannt hat, setzte Maßstäbe im Straßenbau und ebnete modernen Techniken den Weg. Von seinen Verdiensten als Straßenbauingenieur zeugt zum Beispiel die Holyhead Road, deren Zollstationen, Meilensteine

Telfords Pontcysyllte-Aquädukt (1805), eine revolutionäre Konstruktion aus 19 gusseisernen Bögen mit Spannweiten von je 13,70 m.

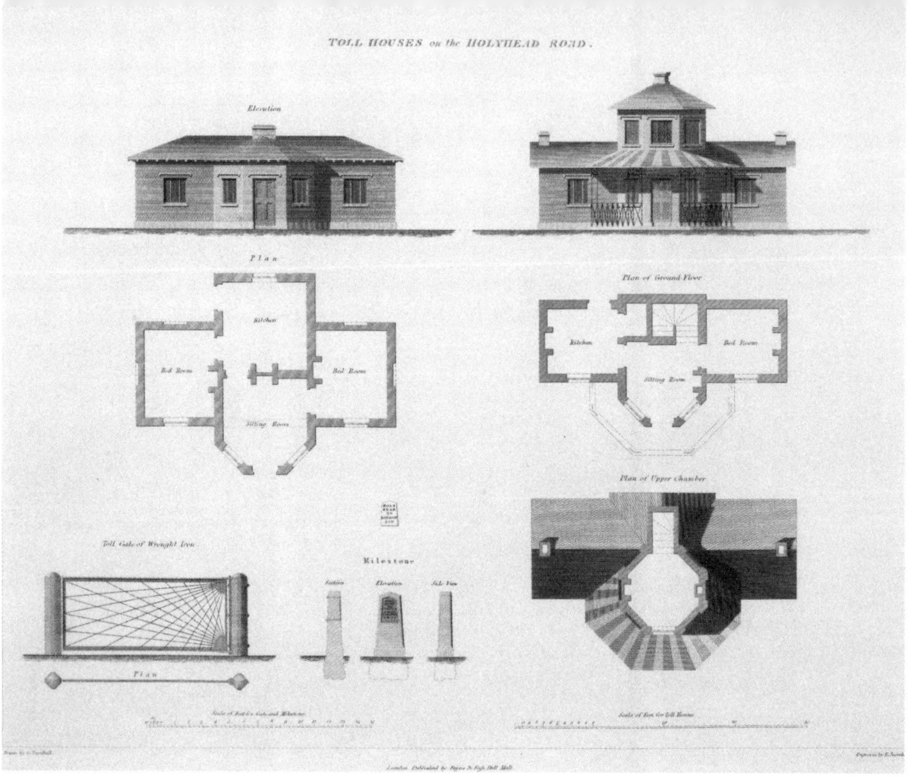

Zollstationen an der Holyhead Road: Stich von E. Turrell aus dem *Atlas to the Life of Thomas Telford* (1838). Im Laufe seiner Karriere als Bauingenieur nutzte Telford jede Gelegenheit, auch als Architekt zu glänzen.

und Zolltore mit Sonnenstrahlmuster ebenfalls auf seinen Entwürfen basieren. Verantwortlich zeichnete er außerdem für die Straßen von Glasgow nach Carlisle und Lanarkshire, für Arbeiten an der Great North Road und für Straßen von Carlisle nach Portpatrick und Edinburgh. Seine Tätigkeit im Bereich der Dock- und Hafenanlagen nimmt sich eher bescheiden aus, verglichen mit jener seiner Zeitgenossen William Jessop und John Rennie. Gleichwohl fallen darunter bedeutende Hafenbauprojekte in Aberdeen und Holyhead, die Dockanlagen in Dundee (1814–1834) sowie die St. Katherine Docks (1826–1830) in London.

Aufsehenerregender waren Telfords anspruchsvolle Pläne für weitgespannte Brücken. Der erste galt einer 183 Meter langen gusseisernen Bogenbrücke, die die mittelalterliche London Bridge ersetzen sollte (1799–1803) – ein Projekt, das landesweite Beachtung fand. Noch größer angelegt war sein Vorschlag zur Überquerung des Mersey bei Runcorn durch eine schmiedeeiserne Hängebrücke mit einer Spannweite von über 300 Metern. Als Telford 1814 dort mit den Bauarbeiten begann, war das moderne Konzept einer Hängebrücke mit starrem Brückendeck in Großbritannien noch unbekannt und in den USA lediglich versuchsweise erprobt. Telford aber erkannte, dass eine Brücke von solcher Spannweite mit keiner herkömmlichen Technologie zu verwirklichen war. Zwar scheiterte der Bau der Runcorn-Brücke letztlich an der Finanzierung, doch die dort gewonnenen Erkenntnisse ließ Telford in den Entwurf der Hängebrücke über die Meerenge von Menai (1819–1826) einfließen. Diese Brücke hatte eine Rekordspannweite von

180 Metern und darf als eine der ersten Meisterleistungen britischer Ingenieurskunst gelten. Seit dem Bau der Menai-Brücke sind fast alle Brücken, die einmal den Spannweitenweltrekord hielten, Hängekonstruktionen gewesen.

Spätestens im Alter von 60 Jahren war Telford der führende Ingenieur in Großbritannien. Von 1817 bis zu seinem Tod hatte er das Amt eines *Engineer to the Exchequer Bill Loan Commissioners* inne, weshalb er in beratender Funktion mit fast allen ingenieurtechnischen Bauprojekten der 1820er und frühen 1830er Jahre zu tun hatte. Dazu zählen auch frühe Eisenbahnprojekte wie die Bahnstrecke zwischen Liverpool und Manchester. Doch Telford hinterließ mehr, als nur seine Bauwerke. Da er aus eigener Erfahrung wusste, wie schwierig die Aneignung ingenieurtechnischer Kenntnisse war, stellte er sich als erster Vorsitzender der *Institution of Civil Engineers* zur Verfügung. In diesem Amt trug er entscheidend dazu bei, dass sich diese Organisation 1828 mit ihrer ersten Satzung als ein Berufsverband etablierte, der anderen weltweit zum Vorbild wurde. Telford verdankt seinen Erfolg nicht zuletzt der Fähigkeit Menschen mit besonderem Talent zu erkennen, sich deren Kenntnisse zunutze zu machen und Aufgaben an enge Vertraute zu delegieren; nur so konnte er so viel leisten. Beigesetzt ist Telford in der Westminster Abbey – als erster Bauingenieur, dem diese Ehre zuteil wurde.

Schleuse des Kaledonischen Kanals bei Clachnaharry: Stich von E. Turrell aus dem *Atlas to the Life of Thomas Telford* (1838).

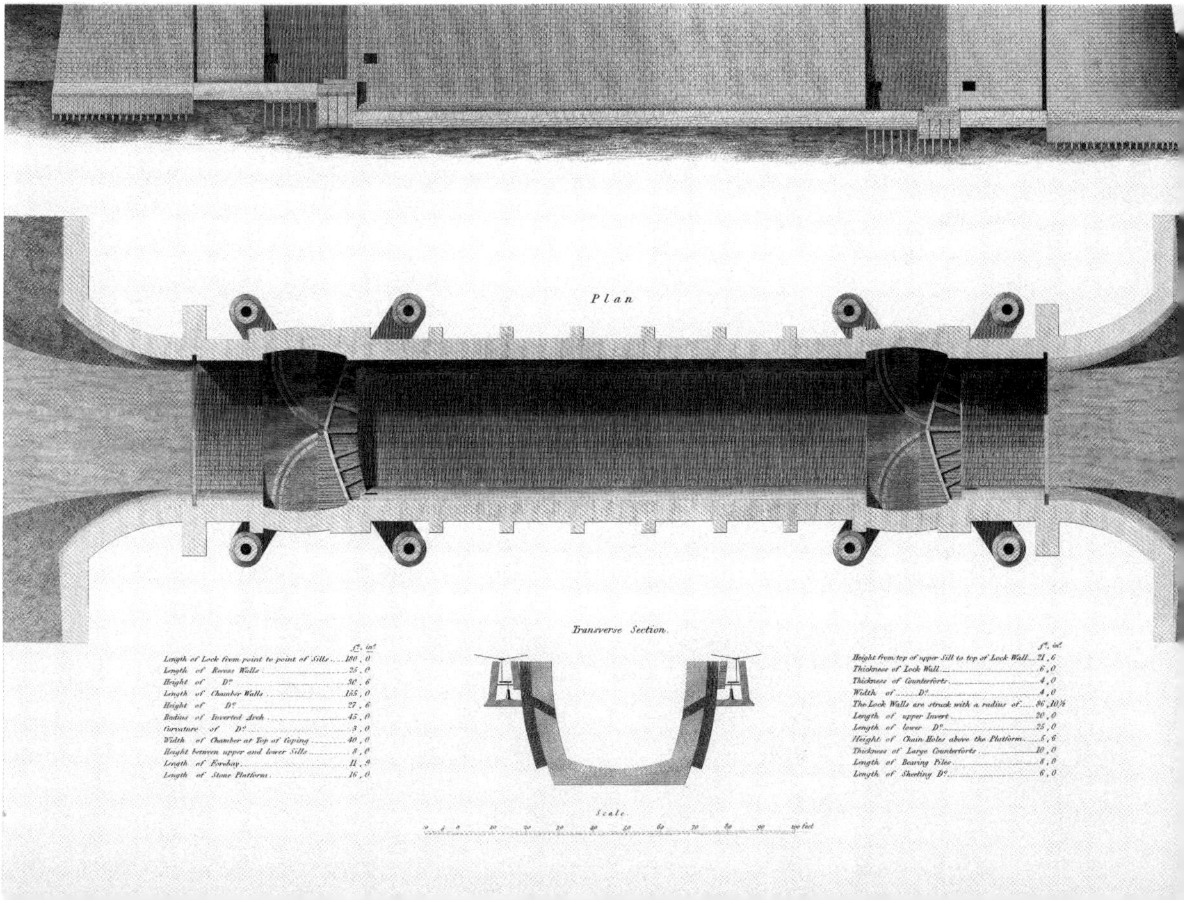

MARTIN STEFFENS

KARL FRIEDRICH SCHINKEL

Genie und Ingenieur

1781–1841

Karl Friedrich Schinkel gebührt ein Platz unter den bedeutendsten Künstlern der ersten Hälfte des 19. Jahrhunderts. Sein prägender Einfluss zeigte sich in ganz Norddeutschland und darüber hinaus – nicht nur auf seinem Spezialgebiet, der Architektur, sondern in allen Bereichen der bildenden Kunst: von Malerei und Zeichenkunst über die Gestaltung von Denkmälern und Bühnenbildern bis hin zu Inneneinrichtungen und dem Design von Möbeln und anderen Objekten. Dennoch galt Schinkels künstlerisches Interesse hauptsächlich der Architektur. Auf diesem Gebiet konnte er zugleich seine Begabungen als praktizierender Architekt, Architekturtheoretiker und Stadtplaner zur Geltung bringen. Als Mitglied der Preußischen Baubehörde gestaltete er zudem viele Jahre lang die nationale Baupolitik und wirkte dadurch auch stilprägend.

Schinkel wurde in der Kleinstadt Neuruppin nördlich von Berlin geboren. Nachdem sein Vater, ein hoher evangelischer Geistlicher, 1787 gestorben war, zog die Familie 1794 in die preußische Hauptstadt. 1797 entdeckte der 16-jährige seine Leidenschaft für Architektur, nachdem er in einer Ausstellung in der Akademie der Künste eine Architekturzeichnung des jungen Ausnahmetalents Friedrich Gilly gesehen hatte. Ein Jahr später konnte er Friedrichs Vater, den Architekten David Gilly, überzeugen, ihn als Schüler anzunehmen. Im Jahr 1800 hatte Schinkel sein Studium an der neuen Berliner Bauakademie abgeschlossen. Diese Ausbildung und speziell seine Bekanntschaft mit Friedrich Gilly beeinflusste seine künstlerische Entwicklung erheblich. Durch Gillys Skizzenbücher lernte Schinkel die wichtigsten Strömungen europäischer Architektur kennen, und nach dem tragischen frühen Tod seines Freundes im Jahr 1800 vollendete er einige von Gillys Bauprojekten.

Eine Erbschaft seiner Mutter ermöglichte es Schinkel, von 1803 bis 1805 Italien und Frankreich zu bereisen. Vor allem Italien hinterließ bei ihm einen nachhaltigen Eindruck, und der Klassizismus mit seiner Anlehnung an die Architektur der Antike wurde zu einem zentralen Thema seines Schaffens. Zu Beginn des 19. Jahrhunderts war der Klassizismus noch nicht der vorherrschende Stil in Europa. Es dürfte das gründliche Studium antiker römischer Bauwerke gewesen sein, durch das Schinkel zu Grundsätzen gelangte, die in seinen folgenden Werken erkennbar sind und ihn nach einer Synthese von Schönheit und Funktionalität streben ließen. Überdies beflügelten die antiken Ruinen offenbar seine Phantasie. So entwarf er später eine Potsdamer Villa im antiken Stil für den Preußischen Kronprinzen (den späteren König Friedrich Wilhelm IV.), die allerdings nie gebaut wurde. Der italienische Stil aber beeinflusste auch viele weitere seiner

Schinkel in Neapel, von Franz Ludwig Catel, 1824. Das Porträt geht auf Schinkels zweite Reise nach Italien zurück, als ihn besonders die antiken Ruinen des Landes in den Bann schlugen.

Bauprojekte. Grundriss und Gestaltung von Schinkels späteren Bauten lassen einerseits Bezüge zu ganz bestimmten Gebäuden erkennen, weisen andererseits aber auch allgemeine Charakteristika der italienischen „Landhausarchitektur" auf. Immer wieder beeindruckte Schinkel seine Auftraggeber mit relativ preisgünstigen und technisch funktionalen Bauwerken, in denen er die vermeintlich widerstreitenden Forderungen nach niedrigen Kosten und idealer Konzeption gleichermaßen zu erfüllen verstand.

DIE SCHAFFUNG EINES NATIONALSTILS

Als Schinkel 1805 nach seiner ersten Italienreise nach Berlin zurückkehrte, fand er dort äußerst ungünstige Bedingungen für Architekten vor. In Folge des napoleonischen Expansionsdrangs und der Niederlagen Preußens bei Jena und Auerstedt waren alle größeren Bauprojekte zum Erliegen gekommen. In dieser Phase, die erst 1815 mit der Neuordnung Europas auf dem Wiener Kongress enden sollte, wandte sich Schinkel der Malerei und der Anfertigung der beliebten Panoramabilder zu, die man in Berlin gegen einen Obolus betrachten konnte. Durch die geschickte Verbindung von illusionistischer Malerei, raffinierten Techniken und optischen Täuschungen erzielte Schinkel in diesen Arbeiten erstaunlich naturalistische Effekte. Einige seiner Werke basierten auf seinen Reiseskizzenbüchern (darunter sein *Panorama von Palermo*), andere auf aktuellen Ereignissen wie dem Brand von Moskau 1812.

In seinen Gemälden aus jener Zeit – vorwiegend leicht verkäufliche Kleinformate – beschäftigte sich Schinkel zunehmend mit einem Architekturstil, der damals als Alternative zum inzwischen dominierenden Klassizismus galt und auch Schinkels Architektur prägen sollte: der (Neo-)Gotik. Ein durch die Befreiungskriege geschürter glühender Patriotismus förderte die Vorstellung vom gotischen Baustil als dem deutschen Nationalstil. Unter starkem Einfluss der Romantik schuf Schinkel mehrere bedeutende Entwürfe für Denkmalsbauten, darunter ein Mausoleum für die 1810 gestorbene Königin Luise, sowie für einen „Dom als Denkmal für die Befreiungskriege“. Die historistische Architektur dieser imposanten Gebäude war zugleich eine Anspielung auf Preußens Geschichte.

Seit 1810 stand Schinkel in Diensten der Berliner Oberbaudeputation. Er bekam erste Aufträge für öffentliche Bauten, darunter die Neue Wache an der Prachtstraße Unter den Linden (1816–1818), und bewies, dass sich seine vorwiegend klassizistischen Entwürfe verwirklichen ließen. Darauf folgten schon bald einige Monumentalbauten, die das Stadtbild Berlins – damals als Spree-Athen bekannt – nachhaltig prägen sollten und teilweise zu Schinkels Meisterwerken zählen, so das Schauspielhaus am Gendarmenmarkt (1818–1821), die Schlossbrücke (1821–1824) und das heutige Alte Museum im Lustgarten (1823–1830). Letzteres spiegelt Schinkels Selbstverständnis als Architekt: Durch eine höchst eindrucksvolle Architektur wollte er hier die Museumsbesucher für die Kunst empfänglich machen und zugleich pädagogisch auf sie einwirken. Allein dem imposanten Eingang sowie der zentralen, vom römischen Pantheon inspirierten Rotunde widmete er gut ein Drittel der Gebäudefläche. Ein Freskenzyklus in der Vorhalle (der erst nach Schinkels Tod vollendet und im Zweiten Weltkrieg zerstört wurde) zeugte von Schinkels überbordender Phantasie und humanistischer Bildung.

Doch Schinkel konnte nicht nur prachtvolle Kulturbauten schaffen, die den Besucher durch ihr geschickt umgesetztes baukünstlerisches Programm und ihre überwältigende Raumwirkung beeindrucken sollten, sondern auch in einem vergleichsweise nüchternen und rationalen Stil bauen. Bestes Beispiel hierfür ist die Berliner Bauakademie (1831–1835), in der er später mit seiner Familie eine Dienstwohnung bezog. Dieses (ebenfalls im Zweiten Weltkrieg zerstörte) Gebäude zeichnete sich durch eine unge-

Entwurf für ein Mausoleum für Königin Luise, 1810. Schinkel erachtete die Gotik als den deutschen Baustil schlechthin.

Rotunde des Alten Museums, Berlin, 1823–1830, auf einem Aquarell von Carl Emanuel Conrad. Es handelt sich um eines der ersten Beispiele gezielter Museumsarchitektur.

wohnte Strenge und Sachlichkeit aus und lässt Schinkel in der Rückschau als einen Wegbereiter der architektonischen Moderne erscheinen. Anregungen für die Bauakademie fand Schinkel auf einer Englandreise, in deren Verlauf er erstmals mit rationaler Industriearchitektur konfrontiert war, deren Formensprache – angereichert um ein komplexes ikonographisches Programm – er auf Deutschland übertrug. Die Bauakademie war außerdem eines der ersten Bauprojekte, bei denen er völlig freie Hand hatte und keine Rücksicht auf die Wünsche von Auftraggebern nehmen musste. Das erklärt vielleicht die kompromisslose Klarheit dieses würfelförmigen Baus. Ein weiterer Schwerpunkt seines Schaffens lag im Bereich der Sakralarchitektur. Schinkels Kirchenbauten und -entwürfe zeigen seinen meisterhaften Umgang mit verschiedensten Stilen, so die neogotische Friedrichswerdersche Kirche in Berlin (1824–1830), die von englischen Vorbildern zeugt.

WIRKUNG UND VERMÄCHTNIS

Die Pläne zu diesen wie zu weiteren Gebäuden publizierte Schinkel in seiner umfangreichen *Sammlung architektonischer Entwürfe*. Dieses Werk erfüllte nicht nur einen dokumentarischen Zweck, sondern übte mit der Zeit auch eine Wirkung auf weniger talentierte Architekten aus. Angefangen bei Gegenständen der dekorativen Kunst (wie Altarkerzen oder Kirchenbänken) bis hin zur Gestaltung der sogenannten *Normalkirche* als einem Modell für kleine ländliche Pfarrkirchen setzte Schinkel gegen die stümperhaften und unkünstlerischen Werke minder begabter Kollegen eine stilvolle Norm durch. So begann sich eine „Schinkel-Schule" zu bilden, vornehmlich in Nordeuropa (und besonders natürlich in den preußischen Provinzen), obwohl Schinkel selbst nicht als Lehrer tätig war. In seiner Rolle als hochrangiger Stadtplaner empfahl er die Entwicklung staatlicher Richtlinien zum Erhalt historischer Bauwerke in Preußen. Außerdem schuf er Entwürfe für Kunstgalerien und Museen.

Karl Friedrich Schinkel verband die Fähigkeiten eines künstlerischen Genies mit denen eines Ingenieurs, weshalb so viele seiner Entwürfe verwirklicht werden konnten. Selbst kleinere Projekte plante und realisierte er mit großer Genauigkeit und einem Gespür für ausgewogene Proportionen. Bei der Anordnung von Gebäuden, der Stadtplanung und der Einbettung von Bauwerken in die Landschaft fand Schinkel ebenso überraschende wie harmonische Lösungen. Zudem zielten seine Werke darauf ab, bei den

Die Berliner Bauakademie (1831–1835), bei der Schinkel sich gegen historistische Lösungen und stattdessen für eine innovative, rationale Konstruktion entschied.

Unverwirklichte Entwürfe für eine klassizistische Villa bei Orianda auf der Krim für die Zarin Alexandra, 1838. Schinkel bezeichnete dieses Projekt, das zu seinen letzten zählt, als einen „schönen Traum".

Nutzern der Gebäude einen bleibenden Eindruck zu hinterlassen. Damit verbunden war ein eher pädagogischer Aspekt – der Wunsch, durch die Kunst und um der Kunst willen die Menschen edler und die Gesellschaft besser zu machen. Vielleicht sind Schinkels spektakulärste und erfolgreichste Entwürfe jene, die nur auf dem Papier existieren, aber die Phantasie seiner überwiegend aristokratischen Auftraggeber entfesselt haben. Für den aus Bayern stammenden König von Griechenland entwarf er ein neues Schloss auf der Akropolis und für die russische Zarin einen klassizistischen Landsitz auf der Krim, allerdings wurden beide Pläne nie umgesetzt. Womöglich aber lassen uns diese unverwirklichten Entwürfe die baukünstlerische Gedankenwelt Schinkels besser verstehen als all seine vollendeten Bauwerke. Auch nach seinem Tod blieb er ein Vorbild. Die Motive und Grundsätze seiner Architektur sind von bleibender Wirkung und haben deutliche Spuren in den zahlreichen Städten Europas hinterlassen, in denen seine Schüler und geistigen Erben tätig waren.

CAROL GAYLE

JAMES BOGARDUS

Erfinder der Gusseisen-Architektur

1800–1874

Der Ausdruck „Gusseisen-Architektur“ bezeichnet für gewöhnlich eine typisch amerikanische Bauweise, die in der zweiten Hälfte des 19. Jahrhunderts quer durch die USA in den Geschäftsvierteln boomender Städte zu finden war. Die Gusseisen-Architektur baute auf die Stabilität gusseiserner Stützpfeiler und basierte auf vorgefertigten Bauelementen aus Eisen, tragenden wie verzierenden, die in verschiedenen Architekturstilen gegossen und zu mehrgeschossigen, selbsttragenden Fassaden vernietet wurden. Gusseisen war nicht nur feuerfest, sondern ermöglichte auch den Einbau großer, lichtspendender Fenster, was einen Fortschritt gegenüber eisernen Pfosten-Riegel-Ladenfronten bedeutete, deren große Schaufenster in traditionelles Mauerwerk eingefügt waren. Konstrukteur der ersten gänzlich eisernen Fassade war der amerikanische Erfinder James Bogardus, der in Großbritannien gesehen hatte, wie man dort ausgiebig mit Eisen baute. Bogardus rührte zudem fleißig die Werbetrommel, so dass sein Verfahren schon bald von anderen Baumeistern übernommen wurde.

James Bogardus wurde unweit der Stadt Catskill am Hudson River im US-Staat New York geboren. Im Alter von 14 Jahren begann er eine Lehre als Uhrmacher und lernte dabei auch das Graveurhandwerk. Für kurze Zeit betrieb er in Catskill eine kleine Reparaturwerkstatt für Uhren, doch sein eigentliches Metier war das Erfinden, und so zog er um 1830 nach New York City, wo größere öffentliche Aufmerksamkeit lockte. Insgesamt hielt Bogardus 13 US-Patente (und ein britisches) für verschiedenste Erfindungen, von Uhren und Spinnmaschinen über Gravurmaschinen, Gasmesser und eine Metallschleifmühle bis zu Konstruktionsverfahren für die Gusseisen-Architektur. 1836 reiste der junge Erfinder nach London, um sich per Patent die Rechte an seinem Gasmesser zu sichern; obwohl dies misslang, blieb Bogardus vier Jahre dort und tüftelte an verschiedenen Gravurmaschinen. In Großbritannien konnte er mit eigenen Augen beobachten, wie

Porträt von James Bogardus, entstanden 1831 oder 1832 – kurz nachdem der junge Erfinder nach New York gezogen war und Margaret Maclay geheiratet hatte.

Eisen beim Bau von Brücken, Aquädukten und Eisenbahnanlagen zunehmend Verwendung fand. In London sah er Thomas Telfords massive Eisensäulen an den St. Katherine Docks (1826–1830), er sah die von John Nash in der North Lodge des Buckingham Palace (1825) und in den Gebäuden von Carlton House Terrace (1833) verwendeten Eisensäulen sowie den von John Fowler erbauten Covent Garden (1828–1830), bei dem filigrane Eisensäulen ein Glasdach mit eiserner Stützkonstruktion trugen.

Bogardus reiste auch nach Paris, Rom und Venedig, wo er die Bauwerke der Antike und der Renaissance mit ihren regelmäßigen Mustern fassadengliedernder Elemente studierte. Später schrieb er, dass ihm in Italien „erstmals die Idee gekommen sei, sie [diese Elemente] in der heutigen Zeit mittels Gusseisen nachzubilden“. Dieser Idee entsprang schließlich seine berühmteste Erfindung: die Konstruktion mehrgeschossiger, tragender Eisenfassaden, mit denen sich die steinernen Pallazzi früherer Zeiten nachahmen ließen – Eisenfassaden aus Gussstücken, die massenhaft gefertigt wurden, austauschbar waren und in ihrem Stil der Viktorianischen Vorliebe für Verzierungen Rechnung trugen. Als Bogardus 1840 nach New York zurückkehrte, brach auch in den USA gerade das Eisenzeitalter an, nachdem man dort, was Herstellung und Verwendung das Baustoffs Eisen anging, lange hinter Großbritannien zurückgeblieben war. In den 1840er und 1850er Jahren nahm die heimische Produktion rapide zu – eine Entwicklung, die mit einem rasanten Wachstum der Städte und der Wirtschaft einherging. Zunehmend griffen Handwerker und Architekten nun auf Eisen zurück, vor allem in Form jener Pfosten-Riegel-Ladenfronten, die in den 1830er Jahren von Jordan Mott oder 1842 von Daniel Badger angeboten wurden.

DIE VERWIRKLICHTE VISION

Nachdem er seine Metallschleifmühlen sechs Jahre lang in bescheidenem Rahmen hergestellt hatte, beschloss Bogardus, für deren Produktion ein Fabrikgebäude zu errichten, mit dem er gleichzeitig seine Vision einer Gusseisen-Architektur realisieren wollte. 1847 entwickelte er konkrete Pläne für das Gebäude und baute ein maßstabgetreues Modell, um seine Idee Architekten und Investoren schmackhaft zu machen, von denen allerdings viele zunächst skeptisch oder ablehnend reagierten. Als die Finanzierung schließlich gesichert war, erwarb Bogardus ein Grundstück an der Duane Street in Lower Manhattan, wo er im Mai 1848 den Grundstein für seine Fabrik legte. Da er selbst kein Eisengießer war, beauftragte er Unternehmen aus der Region damit, einfache Bauelemente für seine Fabrik zu gießen: C-förmige Träger sowie hohe, halbrunde, kannelierte Säulen mit Flanschen und Zwickeln für die eingerahmte Fläche unterhalb der großen Fensteröffnung. Diese Elemente wurden zu Bauteilen zusammengenietet, die ihrerseits aneinander gefügt als regelmäßige Muster die Fassade bildeten. Zur individuellen Gestaltung konnten sie zum Schluss noch mit vielfältig kombinierbaren gusseisernen Zierelementen versehen werden.

Noch bevor die Arbeiten an seiner Fabrik beginnen konnten, erhielt Bogardus von Dr. John Milhau, einem Chemiker und Kommunalpolitiker, den Auftrag, die dreige-

Bogardus' gusseiserne Fabrik an der Duane Ecke Centre Street in New York, gebaut 1849. Bogardus nutzte die Abbildung, um für seine Idee des Gusseisengebäudes zu werben.

schossige Backsteinfassade von dessen Apotheke am Broadway 183 in Lower Manhattan durch eine gusseiserne Fassade zu ersetzen. Bogardus griff auf die bereits für seine Fabrik angefertigten Gussstücke zurück und schaffte es so, die neue Fassade in nur drei Tagen zu errichten. Im Zuge der Arbeiten wurde das Apothekengebäude um zwei Geschosse aufgestockt und pro Geschoss mit einem zusätzlichen Fenster versehen. So wurde die Milhau Pharmacy (1848; Fassade inzwischen entfernt) zum ersten Gebäude mit einer mehrgeschossigen selbsttragenden Eisenfassade und zum Beweis dafür, dass Bogardus' Idee praktikabel war. Das brachte ihm umgehend einen Auftrag von Edgar Laing ein, für den er ein Ensemble von fünf Geschäftshäusern mit allseitigen Gusseisenfassaden errichten sollte. Die viergeschossigen Laing Stores (1849) bestanden aus 21 Jochs mit traditionellen Zwischenmauern aus Holz und Ziegeln und waren weitgehend schmucklos gehalten. Die Laing Stores überlebten mehr als hundert Jahre, bis sie 1971 im Zuge einer Stadtteilsanierung abgerissen wurden. Wir wissen auch deshalb so viel über die Machart von Bogardus' Gusseisen-Architektur, weil die Gusseisenfassade beim Abriss des Gebäudes penibel zerlegt und dokumentiert wurde.

Bogardus' eigene Fabrik (1849; zerstört 1859) wurde kurz darauf ebenfalls fertiggestellt. Das viergeschossige Gebäude war mit denselben Bauelementen errichtet worden

Oben: Die zwei großartigen Straßenfronten aus Gusseisen, die Bogardus für die Zeitung *Baltimore Sun* errichtete, 1850–1851. Das Sun Iron Building, sein erster großer Auftrag, wurde bei einem Brand in Baltimore 1904 zerstört. Gegenüber: Abbildung aus Bogardus' Katalog von 1856, die zeigt, wie gut und kostengünstig sich Zierelemente mit Gusseisen nachbilden ließen.

wie die Milhau Pharmacy und die Laing Stores, zeichnete sich aber durch eine reichere Verzierung und seine vielen großen Fenster aus, deren Reihen von schlanken gusseisernen Säulen unterbrochen wurden. Bogardus hielt die Fabrik für ein Paradebeispiel seiner Bauweise und bezeichnete sie auf einer Reklamelithographie als das erste je errichtete Gusseisengebäude, obwohl die Fabrik erst nach der Milhau Pharmacy und den Laing Stores fertiggestellt wurde. Bogardus behauptete zudem, die Fabrik bestehe gänzlich aus Eisen, einschließlich Tragwerk, Fassade, Dach und Böden. Doch das bezweifeln einige

Architekturhistoriker, die aufgrund der – recht dürftigen – Quellen vielmehr davon ausgehen, dass für das Tragwerk des Gebäudes Holzbalken verwendet wurden. Außer Zweifel aber steht: Spätestens 1849 hatte Bogardus unter Beweis gestellt, dass sich eindrucksvolle, moderne Gusseisenfassaden kostengünstig und in kurzer Zeit bauen ließen.

Bogardus machte keinen Hehl daraus, dass sein Erfolg auf der Verbindung bereits bestehender Techniken des Eisenbaus beruhte. 1850 wurde ihm ein Patent für bestimmte Aspekte seiner Gusseisenbauweise erteilt, nicht aber für das Verfahren als Ganzes – wohl eben deshalb, weil viele der Teilschritte längst bekannt waren. Tatsächlich errichteten schon bald viele Baumeister komplette Gusseisenfassaden für fortschrittlich gesonnene Unternehmen, die attraktive und zugleich kostengünstige Firmengebäude wünschten.

DIE POPULARITÄT DER GUSSEISENARCHITEKTUR

Bevor sich Bogardus 1862 aus diesem Geschäft zurückzog, baute er mehr als 30 Gusseisengebäude. Dazu zählten das Sun Iron Building in Baltimore (1850–1851; zerstört 1904), eine Eisenskelett-Konstruktion mit zwei Gusseisenfassaden und damals das größte Gusseisengebäude der USA, sowie das New Yorker Verlagsgebäude von Harper & Brothers Publishing (1854–1855; zerstört 1925) mit einer Kombination aus gusseisernen Säulen und schmiedeeisernen Balken und Bogensehnenträgern, die im Innern unverkleidet zu sehen waren, um die Feuerfestigkeit des Gebäudes hervorzuheben. Zu erwähnen ist außerdem das Geschäftshaus 254 Canal Street (1856–1857) mit seinen zwei großflächigen Gusseisenfassaden, sowie das Gebäude 75 Murray Street (1857), das schmucke Domizil eines Porzellangeschäfts. Bogardus baute nicht nur, er versuchte auch andere für die Gusseisen-Architektur zu begeistern, oft mit Hilfe seines hochgebildeten Beraters John W. Thomson. Bekannt geworden ist vor allem Bogardus' 1856 veröffentlichte 16-seitige Schrift *Cast Iron Buildings: Their Construction and Advantages* (Neuauflage 1858), in der er die neuartige Architektur erläutert und verteidigt.

Außer all diesen Geschäftsgebäuden errichtete Bogardus auch fünf gusseiserne Türme von zukunftsweisender Gestalt. Drei davon waren Bauten mit offenem Tragwerk: zwei Feuer-Wachtürme für die New Yorker Feuerwehr, der erste (1851) 30,5 m

und der zweite (1853) 38,1 m hoch (beide wurden um 1885 zerstört), sowie ein fast 30 m hoher Leuchtturm in Santo Domingo (1853; zerstört). Bei den zwei anderen handelt es sich um noch höhere, ummauerte Türme, in denen Bleimunition hergestellt wurde – sogenannte Schrottürme: der 51,8 m hohe McCullough Shot Tower (1855) und der Tatham Shot Tower (1856) mit einer Höhe von 66,1 m (beide 1907 zerstört). Mit ihren gemauerten Vorhangfassaden, die das tragende Eisenskelett umhüllten, damit kein Windhauch das geschmolzene Bleischrot während des Hinabfallens von der Spitze des Turms verwehen konnte, waren diese Schrottürme Vorboten der Wolkenkratzer.

Viele Baumeister wurden schon bald auf dem Gebiet der Gusseisen-Architektur tätig, das Bogardus in den Jahren 1848/1849 erschlossen hatte. Einer von ihnen war Daniel Badger, dessen Firma Architectural Iron Works das Gusseisen für viele berühmte Gusseisen-Gebäude lieferte, darunter das stattliche Haughwout Building (1857) in New York. Der umfangreiche Warenkatalog seiner Firma, *Illustrations of Iron Architecture* (1865), ist auch heute noch die beste Dokumentation von Theorie und Praxis der amerikanischen Gusseisen-Architektur im 19. Jahrhundert. In den Geschäftsvierteln aller größeren US-Städte war diese Bauweise drei oder vier Jahrzehnte lang – bis zum Anbruch der Zeit moderner Wolkenkratzer – vorherrschend. Bogardus gilt zurecht als Erfinder der Gusseisen-Architektur, selbst wenn er viele längst gängige Verfahren aufgriff. Seine Erfindung passte in die Zeit und wurde schon bald zu einem kulturprägenden Phänomen.

In New York errichtete Bogardus den ersten eisernen Schrotturm der Welt (1855). Dessen Eisenskelett mit einer Hülle aus Ziegeln, die das Verwehen des geschmolzenen Bleischrots verhinderte, weist schon auf den ersten Wolkenkratzer voraus.

EDWARD DIESTELKAMP

JOSEPH PAXTON

Landschaftsgärtner und Architekt

1803–1865

Joseph Paxton entwarf und schuf Gärten, Landschaftsparks, Wasserspiele, Gewächshäuser, Ausstellungshallen, Wintergärten und andere Bauwerke. Ausgebildet als Gärtner vereinte er in seiner beachtlichen Karriere große Beobachtungsgabe, Lernfähigkeit, analytisches und organisatorisches Talent mit vielfältigen Interessen, unter anderem für Gartenbau, Park- und Friedhofsgestaltung, Architektur, Heizungs-, Belüftungs- und Abwassertechnik, Wasserversorgung und Stadtentwicklung. Er war das siebte von neun Kindern, und sein Vater, Landarbeiter in Bedfordshire, starb, als Joseph erst sieben Jahre alt war. Nachdem Paxton schon in jungen Jahren als Gärtner auf zwei privaten Anwesen und dann in den Gärten der Royal Horticultural Society gearbeitet hatte, wurde der 6. Herzog von Devonshire auf seine besonderen Fähigkeiten aufmerksam und ernannte ihn 1826 zum Obergärtner auf seinem Anwesen in Chatsworth, Derbyshire. Paxton genoss die Unterstützung und das Vertrauen des Herzogs und erhielt mit der Zeit weitreichende Befugnisse in der Verwaltung des Anwesens. Bis zum Tod des Herzogs 1858 sollte er in dessen Dienst stehen. Doch Paxtons besondere Stellung erlaubt es ihm auch, zahlreiche externe Auftragsarbeiten auszuführen, darunter manch landesweit beachtete Meisterwerke.

CHATSWORTH

Ab Anfang der 1830er bis in die 1850er Jahre hinein schuf Paxton in Chatsworth die berühmteste Gartenanlage seiner Zeit, deren Entwurf und Ausführung auch international Beachtung fand. Chatsworth beeindruckte durch Wasserspiele, Wasserspeicher, die spektakuläre „Emperor"-Fontäne und einen Aquädukt, ein weitverzweigtes Wegesystem sowie Strauch- und Baumpflanzungen. Als höchst einflussreich erwiesen sich auch Paxtons Entwürfe für öffentliche Gärten und Vergnügungsparks wie Prince's Park in Liverpool (1842), Upton Park in Slough (1843), Birkenhead Park (1843), Buxton Park (1852),

Porträt von Joseph Paxton; der Stich entstand um die Zeit der Weltausstellung 1851.

Paxtons Entwurf des Birkenhead Parks, angefertigt von John Robertson, 1843. Abseits des Parks, zu erreichen über eine kurvenreiche, malerische Kutschenzufahrt, lagen Villen und Terrassen, deren Verkauf einen Teil der Baukosten des Parks decken sollten.

People's Park in Halifax (1856–1857), Baxter Park in Dundee (1859), Public Park in Dumfermline (1864–1865) sowie die spektakuläre Landschaft, die er für den Sydenham Crystal Palace gestaltete (1856). Und seine Assistenten John Gibson, Edward Kemp und Edward Milner wurden ihrerseits zu angesehenen Landschaftsarchitekten.

Paxtons vielleicht bedeutendste Leistung in Chatsworth war der Bau einer Reihe von Glasgebäuden, die damals als größte ihrer Art galten und des Herzogs einzigartige Sammlung exotischer Pflanzen beherbergten. Über 15 Jahre hinweg perfektionierte Paxton die Konstruktion einer Gebäudehülle aus Holz und Glas, die später auch beim Great Exhibition Building im Londoner Hyde Park genutzt werden sollte. Durch ausgiebiges Experimentieren entwickelte er das „Ridge-and-Furrow"-System – das „Grat-und-Rinne"-Prinzip –, das bei Gebäuden unterschiedlicher Form und Größe zur Anwendung kam. Anders als manche Zeitgenossen bevorzugte Paxton Holz statt Eisen als Baumaterial für Gewächshäuser. Das „Grat-und-Rinne"-Prinzip sorgte dafür, dass alles Wasser (außen das Regenwasser und innen das Kondenswasser) schnell abfließen konnte, damit das Holz nicht zu faulen begann. Mit speziell entwickelten, dampfgetriebenen Fräsmaschinen ließ sich das Bauholz für Fenstersprossen, Grat- und Kehlsparren optimal zuschneiden, bevor es schließlich einen schlichten Anstrich erhielt.

The Great Conservatory, das Große Gewächshaus in Chatsworth (1836-1841; zerstört 1920), war ein in seiner Art europaweit einmaliges Gebäude von nie zuvor realisierten Ausmaßen. Paxton arbeite bei diesem Bauprojekt mit dem Architekten Decimus Burton zusammen, der 1836 die Bauzeichnungen anfertigte. Mit einer Grundfläche von 84,40 x 37,50 m und einer zentralen Höhe von 20,40 m war das Great Conservatory deutlich größer als die kurz zuvor errichteten großen Gewächshäuser auf den Anwesen Syon House und Woburn Abbey. Der Innenraum war durch zwei Reihen gusseiserner Säulen in drei Bereiche unterteilt: in ein erhöhtes tonnengewölbtes Mittelschiff mit einer Spannweite von 21,30 m sowie zwei flankierende Seitenschiffe. Paxton passte sein „Grat-und-Rinne"-Prinzip hier an eine gewölbte Dachform an und verwendete Bögen aus Brettschichtholz als Stützen. Für die notwendige Wärme im Gewächshaus sorgten acht kohlebefeuerte Heizkessel unter dem Fußboden, deren Rauch durch unterirdische Abzugsrohre in einen entfernt im Wald stehenden Schornstein geleitet wurde.

1849 entwickelte Paxton ein waagerechtes „Grat-und-Rinne"-Dach für ein rechteckiges Gewächshaus mit einer Grundfläche von 18,70 x 14,20 m, das speziell für die Zucht der großblättrigen Wasserlilie *Victoria regia* konzipiert war. Das Dach ruhte auf leichten Trägern aus Schmiedeeisen, und diese wiederum auf hohlen gusseisernen Säulen, die zugleich zur Ableitung des Regenwassers dienten. Obwohl in den Ausmaßen

The Great Stove in Chatsworth wurde weitgehend aus Holz und Glas errichtet. Große Bögen aus Brettschichtholz bildeten das tonnengewölbte Mittelschiff, während die Seitenschiffe innen durch gusseiserne Säulen gestützt wurden.

nicht vergleichbar, ähnelte dieses Dach bereits jenem, das er für das 71 832 m² große Great Exhibition Building im Hyde Park bauen sollte. Im Juni 1850 ließ sich Paxton seine Pläne für „Improvements in the construction of the description of roofs known as ridge and valley roofs" [„Verbesserungen der Konstruktion jener Dacharten, die als Grat-und-Rinne-Dächer bekannt sind"] patentieren.

DAS GREAT EXHIBITION BUILDING

Paxton hatte bei jenem Wettbewerb, der im März 1850 anlässlich der Londoner Weltausstellung für das Great Exhibition Building ausgeschrieben worden war, keinen eigenen Entwurf eingereicht. Aber er erkannte, dass der von der Baukommission im Juni desselben Jahres vorgelegte Entwurf innerhalb der verbleibenden Zeit nicht zu realisieren war. Bei einer Besprechung am 11. Juni in Derby fertigte er dann jene berühmte Löschpapier-Skizze eines Gebäudes an, die zeigte, wie sich seine „Grat-und-Rinne"-Dachbauweise auf ein mehrgeschossiges Gebäude von enormen Ausmaßen übertragen ließ. Mit Hilfe einiger Assistenten in Chatsworth und des Ingenieurs William Barlow arbeitete Paxton Entwürfe aus, die zunächst der Baukommission und später Prinz Albert vorgelegt und schließlich am 6. Juli in der *Illustrated London News* veröffentlicht wurden. Nachdem die Baufirma Fox Henderson und der Glashersteller Robert Chance aus Birmingham einen Kostenvoranschlag für das Projekt erstellt hatten, sprach sich die Kommission am 15. Juli für die Annahme des Vorschlags aus – kaum einen Monat, nachdem Paxton seine Idee erstmals skizziert hatte.

Beachtlich an der Großen Ausstellungshalle (1851), der die Satirezeitschrift *Punch* den Namen „Crystal Palace" gab, war vor allem die Verwendung genormter, in Serie hergestellter Bauteile, die es ermöglichte, dieses riesige Gebäude in erstaunlich kurzer Zeit zu errichten. Die Halle war 563,30 m lang und 124,40 m breit. Rechts und links des Mittelschiffs mit seiner Spannweite von 21,90 m und einer Höhe von 19,20 m erstreckten sich je zwei 7,30 m breite Seitenschiffe. Im Innern war der Raum durch Reihen von insgesamt 3 300 Säulen gegliedert, die gusseiserne Träger stützten. In der Mitte bildeten Bögen aus Brettschichtholz ein 32,90 m hohes tonnengewölbtes Querschiff mit einer Spannweite von 21,90 m, das eigens dazu diente, riesige schützenswerte Eichen zu überdachen. Insgesamt wurden in dem Gebäude über 83 612 m² Glas und 16 999 m³ Holz verbaut. Nach der Weltausstellung wurde Paxton dafür zum Ritter geschlagen.

Schon kurz nach der Fertigstellung des Great Exhibition Building, das von Anfang an als temporäres Gebäude geplant gewesen war, entbrannten Diskussionen über dessen weiteres Schicksal. Als klar wurde, dass es nicht im Hyde Park stehen bleiben konnte, organisierte Paxton die Demontage und den Wiederaufbau bei Sydenham, südlich von London, wo das Gebäude als Wintergarten zum Mittelpunkt eines von ihm entworfenen weitläufigen Vergnügungsparks werden sollte. Das wiedererrichtete Gebäude, das 1854 in Sydenham seine Pforten öffnete, war in seiner Erscheinung noch spektakulärer: Es hatte drei Tonnengewölbe, die sich quer über das längs verlaufende Dach erhoben. Mit seinem Standort oben auf Sydenham Hill beherrschte das mehrgeschossige Bauwerk die

Terrassengärten und Wasserspiele, die unterhalb des Hügels in mehreren Stufen angelegt waren. Das Gebäude wurde 1936 durch ein Feuer zerstört.

Obwohl Joseph Paxton keinerlei Ausbildung als Architekt genossen hatte, vollbrachte er als solcher Beachtliches. Dazu zählt der Wiederaufbau des Dorfes Edensor (1834–1842) auf dem Anwesen Chatsworth ebenso wie der Bau von Landhäusern und Schlössern, darunter Burton Closes in Derbyshire (1844), Mentmore in Buckinghamshire für

Unten: Skizze für das Great Exhibition Building, die Paxton auf Löschpapier anfertigte, während er in Derby in einer Besprechung einer Eisenbahngesellschaft saß. Umseitig: Zeichnung des Innenraums des Gebäudes für die Weltausstellung 1851 im Londoner Hyde Park.

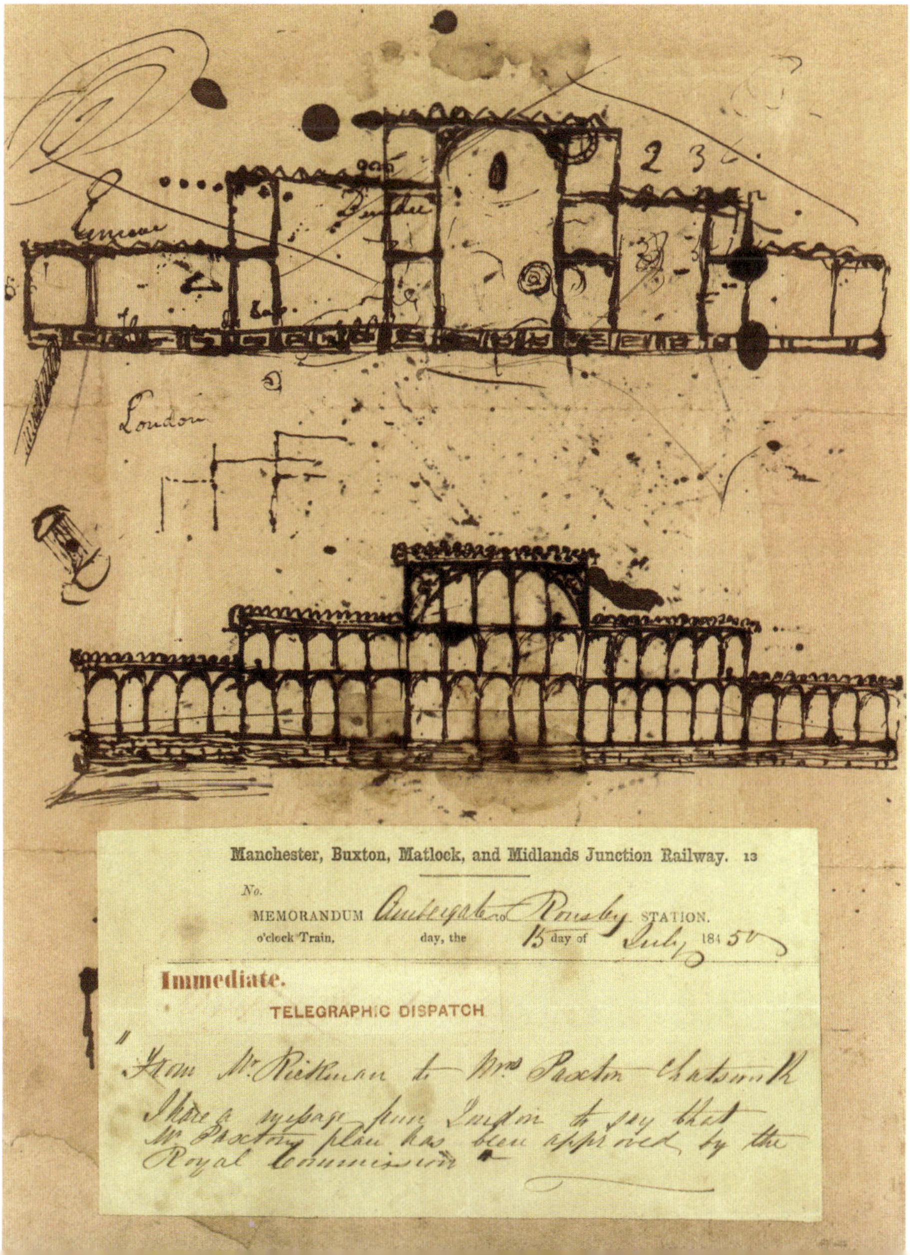

Ansicht des Crystal Palace, der Terrassengärten und der Wasserspiele in Sydenham aus der Vogelperspektive, 1854.

Baron Mayer de Rothschild (1850–1855), Lismore Castle in der irischen Grafschaft Waterford für den Herzog von Devonshire (1850–1858) sowie Ferrières bei Paris für Baron James de Rothschild (1855–1859). Dabei arbeitete Paxton eng mit architektonisch bewanderten Assistenten wie John Robertson und George Stokes zusammen, der später auch Paxtons Tochter heiratete.

Paxtons gärtnerische Tätigkeit vereint aufs beste die Tradition der Landschaftsarchitektur des 18. Jahrhunderts mit der maßgeblichen Gartenbaukunst des 19. Jahrhunderts, und doch ist dies nur ein Teilbereich seines außerordentlich umfangreichen und vielfältigen Schaffens. Beachtlich sind nicht zuletzt seine Leistungen im Bereich der Gestaltung öffentlicher Parks. Und seine Experimente mit der Verwendung von Glas im Gebäudebau schufen die Voraussetzungen für zwei der erstaunlichsten Bauwerke des 19. Jahrhunderts: das Great Exhibition Building und den Sydenham Crystal Palace.

PIERRE PINON

VICTOR BALTARD

STADTARCHITEKT VON PARIS

1805–1874

Victor Baltard wurde in Paris geboren. Sein Vater, Louis-Pierre Baltard (1764–1846), war seinerseits ein berühmter Architekt – unter anderem verantwortlich für den Bau der Seine-Gefängnisse – sowie zwischen 1818 und 1846 Professor für Kunsttheorie an der Pariser École des Beaux-Arts und Mitglied des Conseil des Bâtiments Civils. Victor besuchte ab 1824 die École des Beaux-Arts, wo er bei François Debret und Charles Percier, aber auch bei seinem Vater studierte. Während des Studiums gewann er mehrere Preise, wodurch er die Möglichkeit hatte, von 1834 bis 1838 an der Villa Medici zu studieren, dem Sitz der Académie de France in Rom. Zurück in Paris übertrug man ihm 1840 das Amt eines für öffentliche Feiern und baukünstlerische Arbeiten zuständigen Stadtbaurats – ein Amt, durch das er zwanzig Jahre lang für die Restaurierung und Ausschmückung der Pariser Kirchen verantwortlich war, und das ihm überdies Gelegenheit bot, etliche Stadtfeste und auch die Eröffnungsfeier des Boulevard du Prince Eugène (Boulevard Voltaire) im Jahr 1862 gestalterisch zu planen.

DIE PARISER KIRCHEN

Zu den Arbeiten, die Baltard an einer Reihe von zumeist gotischen Kirchen in Paris durchführen ließ, zählten Ausgestaltungs-, Restaurierungs- und Erweiterungsmaßnahmen. Gemeinsam mit den kirchlichen Behörden oblag ihm die Entscheidung über die stilistischen Gesamtkonzepte sowie deren Umsetzung in den einzelnen Gebäudeteilen. Zudem schlug er – und das war vielleicht seine wichtigste Tat – die Künstler vor, die mit der Ausführung des gestalterischen Programms betraut werden sollten (Hippolyte Flandrin, Jean-Louis Bézard und Théodore Chasseriau). In diesem Sinne war er verantwortlich für die Gestaltung der Kirchen St-Séverin, St-Louis d'Antin, St-Germain des Prés, Ste-Elisabeth und St-Gervais. Er restaurierte die Jochbögen von St-Germain l'Auxerrois und entwarf den Altar sowie das Orgelgehäuse in St-Eustache. Die Kirchen St-Jacques du Haut-Pas, St-Philippe du

Victor Baltard gegen Ende seine Lebens, Fotografie von Pierre-Ambroise Richebourg.

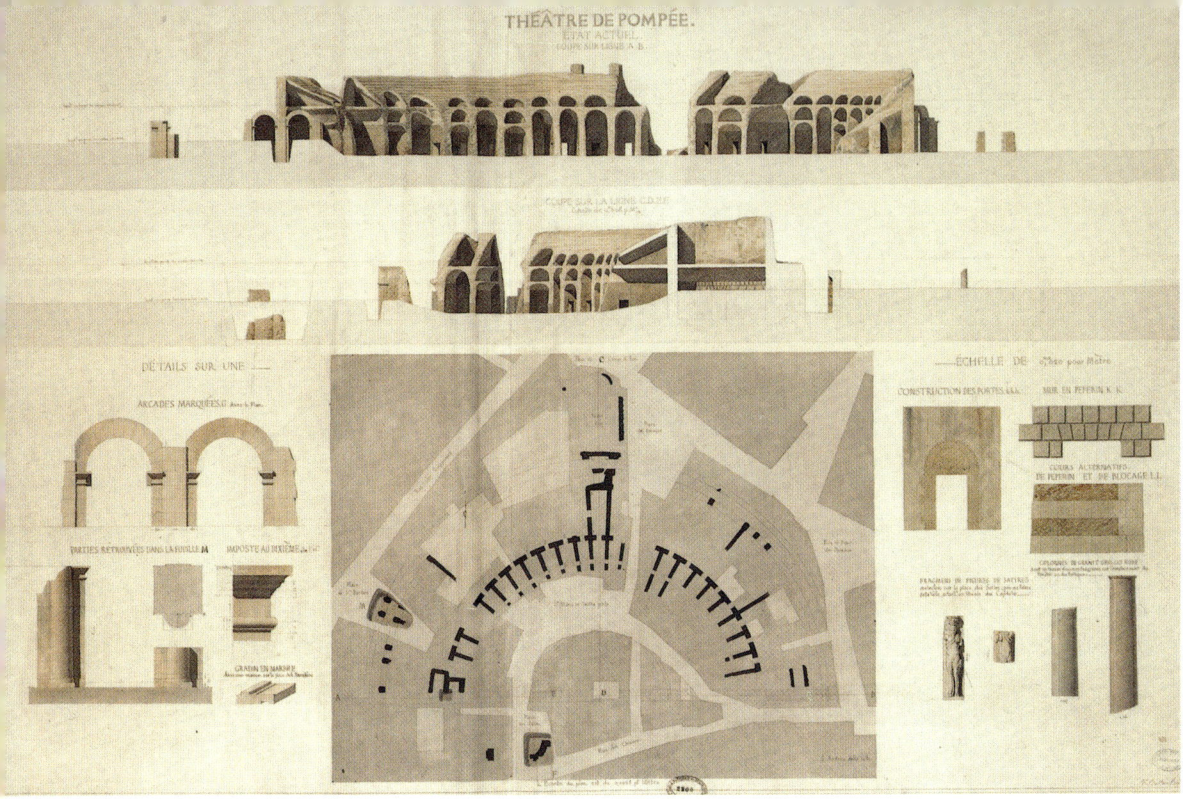

Grundriss und Aufriss der Ruine des Pompeius-Theaters in Rom, gezeichnet von Baltard 1837–1838 während seines Aufenthalts an der Académie de France.

Roule und St-Etienne du Mont ergänzte er jeweils um eine Katechismuskapellen. Er erneuerte die Chorapsis von St-Nicolas du Chardonnet und schuf das Hauptportal von St-Jean-St-François.

Sein größtes Bauprojekt betraf die Kirche St-Leu-St-Gilles (1857–1862). Ein Teil des Gebäudes war dem neu angelegten Boulevard de Sébastopol im Weg, was den Abriss von drei Apsiskapellen zur Folge hatte. Das wiederum machte eine Neugestaltung der Apsis erforderlich, die nun direkt am Boulevard lag und somit zur Vorderfront der Kirche wurde. Im Zuge dessen musste Baltard auch den Chorumgang erneuern, um diesen dem Straßenverlauf anzupassen, und die Auswölbung der Apsis auf den Boulevard einebnen. Am Boulevard ließ er neue Kapellen und ein Pfarrhaus bauen. Seine äußerst kunstfertige Neugestaltung der Fassade wurde weithin gerühmt. Zudem entwarf er eine außergewöhnliche Marienkapelle, mit flachem Gewölbe, das auf vier großen, paarweise angeordneten offenen Schwibbögen ruhte, wodurch eine große quadratische Mitteldecke sowie neun kleinere entstanden, die jeweils von zwei Schwibbögen aus Zement gestützt wurden. Baltard bewunderte die Kunst des Mittelalters und der Renaissance und war immer bestrebt, die Originalarchitektur zu respektieren, ohne andererseits schlicht die Vergangenheit zu kopieren.

Baltards Meisterwerk war die Kirche St-Augustin, die durch die Pracht ihrer eklektischen Formensprache und ihren ungewöhnlichen Grundriss besticht. Den Auftrag zum Bau dieser Kirche erhielt 1859 Baltard direkt von George-Eugène Haussmann, der im

Zuge der Eröffnung des Boulevard Malesherbes ein schmales, tortenstückförmiges Grundstück an der Ecke Avenue César Caire für ein Kirchengebäude reserviert hatte. Die Bauarbeiten dauerten von 1860 bis 1871. Das aufwändige Bauwerk wird von einer 60 m hohen Kuppel beherrscht, das quadratische Hauptschiff hat abgeschrägte Ecken, und die Rippenkuppel ruht auf Pendentifs. Das Hauptschiff, der Chor (Marienkapelle) und die beiden Seitenkapellen (jede in Form eines halben Achtecks), die das Querschiff bilden, treffen alle in der Mitte zusammen. Wenn es auch keine konkreten Bezüge gibt, so erinnert diese Zentrierung im Grundriss – ebenso wie die Ornamentik – doch an byzantinische Architektur. Allerdings ist speziell die Kuppel, aber auch die steinerne Fassade, erkennbar durch die italienische Renaissance inspiriert. Eine besonders markante Eigentümlichkeit der Kirche, deren Gestalt seinerzeit heftig kritisiert wurde, ist das den Innenraum bildende Tragwerk aus Metall. Da die Schmalheit des Grundstücks die Verwendung von Strebepfeilern zur Stützung der Gewölbedecke des Hauptschiffs unmöglich machte, entschied sich Baltard für ein Metallskelett, das ohne seitliche Stützung allein von Eisenpfeilern getragen wurde. So bestimmte hier letztlich – in einer höchst ungewöhnlichen Fügung – die Form des Grundstücks die Bauweise.

Baltard leitete auch die Fertigstellung des Hôtel du Timbre an der Rue de la Banque, das von Paul Lelong begonnen worden war (1846–1851). Er reichte Entwürfe bei Wettbewerben für das Grab Napoleons (1841) sowie den Wiederaufbau des Hôtel de Ville

Das Hauptschiff von St-Augustin, Paris, 1860–1871. Baltards innovative Metallkonstruktion ist deutlich sichtbar.

(1873) ein, mit denen er aber nicht erfolgreich war. Zudem fertigte er nicht realisierte Entwürfe für das Hôtel de Ville in Amiens an (1864–1868). Als Diözesanarchitekt war Baltard am Bau des Priesterseminars von St-Sulpice beteiligt; des Weiteren verwandelte er, der selbst Protestant war, die frühere Kapelle der Abtei Penthemont in eine protestantische Kirche (1844–1852) und gewann 1852/53 die Baukommission für den Bau der protestantischen Kirche von Nérac (Lot-et-Garonne) mit ihrem majestätischen achteckigen Grundriss. Ferner entwarf er die Innenausstattung der Marienkapelle in der Kathedrale von Troyes (Aube, 1841–1845), wenn auch erst nach heftigem Streit über die Art des vorgesehenen neogotischen Stils. Als Oberstadtarchitekt von Paris (ab 1860) hatte er auch mit dem Bau des Hôtel de Ville zu tun – von ihm stammen die beiden Erweiterungsbauten gegenüber dem Hauptgebäude. Baltard machte sich auch einen Namen als Gestalter von Grabstätten: Zu den berühmtesten auf dem Friedhof Père Lachaise zählen die Grabstätten von Victor Cousin (1866), von seinen Malerfreunden Hippolyte Flandrin (1864) und Jean-Auguste-Dominique Ingres (1868) sowie von Louis-James-Alfred Lefébure-Weli (1873). Baltard baute auch seine eigene Villa in Sceaux (bei Paris) und restaurierte Haussmanns Schloss in Cestas (Gironde).

LES HALLES

Zwischen 1841 und 1843 hatte Baltard unaufgefordert Entwürfe für die Neugestaltung von Les Halles, der Großmarkthallen von Paris, vorgelegt, woraufhin er 1845 zum Architekten der „Erweiterungs- und Modernisierungsmaßnahmen an Les Halles Centrales“ ernannt wurde, neben Félix-Emmanuel Callet, Grand-Prix-Gewinner von 1819 und damals Stadtarchitekt von Paris. Nachdem die genauen Ausmaße der Bebauung festgelegt worden waren, erhielten Baltard und Callet 1847 den Auftrag, „den geplanten Gebäuden eine imposante Erscheinung zu geben“. 1848 legten sie Pläne für acht Pavillons vor, die jeweils aus einem mächtigen Eisenskelett bestanden, das von eindrucksvollen Toren und Wänden aus Stein umhüllt war. 1851 wurde Baltards sechste Entwurfsserie – nach einem erbittert geführten Wettbewerb – vom Stadtrat und dem Innenminister angenommen, und man begann mit dem Bau des ersten Pavillons, bei dem das eiserne Tragwerk im Innern weitgehend von der Steinverkleidung verborgen wurde. Dieser „Steinpavillon“

Entwurf von Baltard und Callet für einen Pavillon mit Steinverkleidung in Les Halles, Paris, 1851.

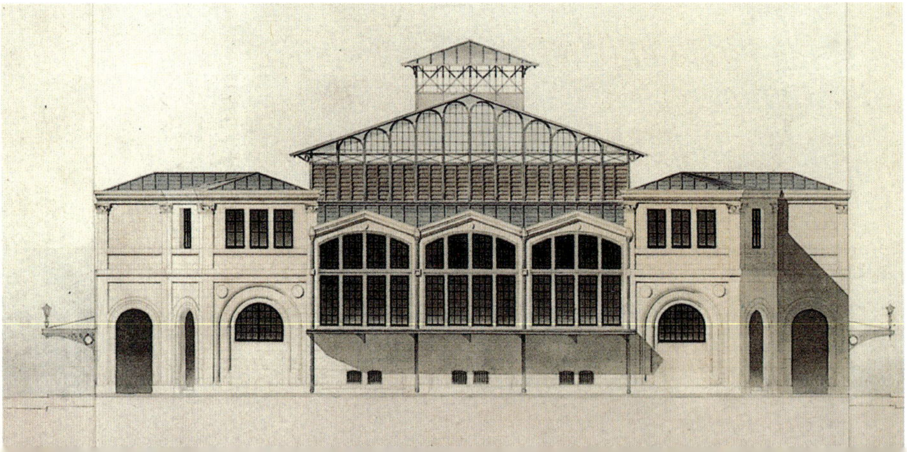

Blick auf Les Halles kurz nach der Fertigstellung. In ihrem endgültigen Entwurf aus dem Jahr 1853 ließen Baltard und Callet das eiserne Tragwerk gänzlich unverhüllt.

wurde zum Gespött der Leute und löste einen Sturm der Kritik aus. Widerstand kam auch von Napoleon III., der die weiteren Bauarbeiten stoppen und verlauten ließ, er bevorzuge eine Architektur, die stärker jener der neuen Bahnhöfe ähnele: „Was ich brauche, sind große Regenschirme; nicht mehr!“ Baltard und Callet erklärten daraufhin, mit ihren Entwürfen nur den offiziellen Vorgaben gefolgt zu sein. 1853 kehrten sie schließlich zu ihren Plänen von 1848 zurück, in denen das Metallskelett weniger verhüllt war. Die kritischen Anmerkungen des Kaisers hatten eine Art inoffiziellen Wettbewerb angefacht, und es kam zu einer Flut von neuen Vorschlägen für dieses Projekt.

Die letztlich realisierten Pläne sahen zwei Ensembles von insgesamt zehn Pavillons vor – sechs davon im Osten, vier im Westen. Unter jedem Pavillon befanden sich Keller, die als Lagerräume dienten, gemauert waren und ein Kreuzgewölbe hatten, das von je fünf Eisenpfeilern gestützt wurde. Auch bei der Außenverkleidung verwendete man Eisen (für die Stützpfeiler) und Ziegel (für die Zwischenwände). Auf dem Kellergeschoss wurden große Bogenfenster errichtet. Die Eisengerippe der Gänge und Laternen ruhten auf weiteren gusseisernen Pfeilern, die Laternen (in den größeren Pavillons von doppelter Höhe) besaßen verglaste Oberlichter. Riesige Jochs, in Verlängerung der Wände zwischen den Gängen und den hohen Zinkdächern, ließen Luft und Licht hinein. Über den Straßen inmitten der beiden Pavillon-Ensembles verliefen schlichte, mit Oberlichtern versehene Satteldächer. Als die Bauarbeiten schließlich 1874 – in Baltards Todesjahr – beendet waren, schrieb Henri Delaborde: „Les Halles Centrales scheinen das gelungenste Beispiel jener Art von Architektur zu sein, die unserer Zeit gemäß ist – eine Architektur, die unseren ureigensten Bedürfnissen und modernen Ideen entspringt.“

STEVEN BRINDLE

ISAMBARD KINGDOM BRUNEL

Visionärer Eisenbahningenieur und Schiffbauer

1806–1859

„Mit der Eisenbahnstrecke geht es nun voran. Ich bin Ingenieur des ansehnlichsten Bauprojekts in England, mit einem stolzen Gehalt – 2 000 £ pro Jahr – und in bestem Einvernehmen mit meinen Direktoren, alles läuft glatt, aber es ist wahrlich ein harter Kampf gewesen." So notierte der 29-jährige Isambard Kingdom Brunel am 31. Dezember 1835 in seinem Tagebuch. Brunel war als Ingenieur zuständig für die Bahnstrecke der Great Western Railway von London nach Bristol. Außerdem hatten im Monat zuvor die Arbeiten am Wharncliffe-Viadukt westlich von London begonnen, und Tausende von Hilfsarbeitern standen auf Anordnung externer Baufirmen bereit, um Brunels Anweisungen Folge zu leisten. Dessen Erfahrung mit Eisenbahnen beschränkte sich zu diesem Zeitpunkt auf eine Besichtigung der Trasse zwischen Stockton und Darlington im Nordosten Englands sowie eine Hin- und Rückfahrt auf der Strecke zwischen Liverpool und Manchester.

FRÜHE HERAUSFORDERUNGEN

Brunels Vater, Marc Isambard Brunel, wurde 1769 in Hacqueville in der Normandie geboren. 1799 kam er nach England, um der Royal Navy eine Innovation anzubieten: die maschinelle Fertigung hölzerner Flaschenzugblöcke für ihre Kriegsschiffe. So entstand mit den Block Mills in Portsmouth die weltweit erste Anlage für maschinelle Serienfertigung. Isambard, der in Portsmouth von Marcs englischer Frau Sophia geboren wurde, ging zunächst bei Louis Breguet in die Lehre, einem berühmten Pariser Uhrmacher, danach bei Maudslay, Son & Field in London, den besten Maschinenbauern der damaligen Zeit. Im Alter von 20 Jahren war er bereit, am bedeutendsten Projekt seines Vater mitzuwirken: dem Bau eines Tunnels unter der Themse zwischen Rotherhithe und Wapping.

Die Idee eines Themse-Tunnel war so kühn, dass die meisten Zeitgenossen dieses Vorhaben für unmöglich erklärt hätten. Schon manch ein Ingenieur hatte Probegrabungen durchgeführt und erlebt, wie der tückische Erdboden über ihm einbrach. Marc Brunel aber

Oben: Die Clifton Suspension Bridge. Die Türme entstanden nach Brunels Plänen 1836–1843. Die Arbeiten kamen zum Stillstand, nachdem die Brückenbaugesellschaft Insolvenz angemeldet hatte. Gegenüber: Querschnitt von Brunels Konstruktion des Themse-Tunnels, angefertigt kurz nach der ersten Flut am 18. Mai 1827. Der Tunnel wurde erst im Januar 1842 fertiggestellt.

entwickelte eine Konstruktion zum Schutz der Tunnelarbeiter, ein sie umgebendes großes Metallgehäuse – den Tunnelbohrschild. In diesem gruben sich die Arbeiter durch die vor ihnen liegende Erde, während der Schild durch eine Schraubenwinde vorwärts bewegt wurde und zugleich die weiter hinten tätigen Maurer den Tunnel Stück für Stück befestigten; auf diese Weise ging es stetig voran. Die Arbeiten gestalten sich zunehmend gefährlich und traumatisch. Es gab einen Wassereinbruch, der Tunnel wurde abgedichtet und leer gepumpt, aber am 11. Januar 1828 erneut überflutet. Isambard, der sich zu jenem Zeitpunkt im Tunnel aufhielt, kam dabei beinahe ums Leben. Die Thames Tunnel Company musste ihre Arbeit unterbrechen, und es sah so aus, als wären die Karrieren von Vater und Sohn Brunel beendet, noch bevor jene von Isambard richtig begonnen hatte.

Zur Genesung reiste Isambard nach Bristol. Dort gewann er den Wettbewerb für die Clifton Suspension Bridge, eine kühne Hängebrücke über die Avon-Schlucht, die mit einer Stützweite von 214 Metern die längste Hängebrücke der Welt werden sollte. Sie wurde erst 1864 fertiggestellt, Jahre nach seinem Tod. Außerdem konnte er sich einen eher unspektakulären, aber folgenreichen Auftrag sichern: die Modernisierung der Docks in Bristol, dessen Kaufleute und Bankiers fürchteten, ihre Stadt könne im Wettbewerb um den transatlantischen Sklavenhandel von Liverpool übertrumpft werden. Als Bedrohung betrachteten sie zudem die Eisenbahnverbindung zwischen Liverpool und Manchester, zumal es Pläne für einen Streckenausbau in Richtung Süden nach Birmingham und weiter nach London gab. So wurde in Bristol schließlich eine eigene Eisenbahngesellschaft gegründet und Isambard Brunel am 7. März 1833 mit der Streckenplanung für diese Bahnlinie beauftragt. Dieser Auftrag wurde zum Wendepunkt seiner Karriere.

Brunel (oben rechts) mit Kollegen, darunter Robert Stephenson (oben links), beim Stapellauf der SS *Great Eastern* in den Londoner Millwall Docks, November 1857.

EISENBAHNBAUER

Neun Wochen lang saß Brunel jeden Tag zwanzig Stunden im Sattel, bis er schließlich den optimalen Streckenverlauf gefunden hatte. Im Juni ernannte man ihn zum verantwortlichen Ingenieur für die Planung der Strecke, und als solcher hatte Brunel entscheidenden Anteil daran, dass das Parlament am 31. August 1835 die gesetzlichen Voraussetzungen für die Gründung der Eisenbahngesellschaft Great Western Railway (GWR) beschloss. Brunel hatte erkannt, dass es bei einer Hauptstrecke wesentlich darauf ankommt, diese so eben und gerade wie möglich verlaufen zu lassen. Es war unerheblich, wenn kleinere Städte nicht auf der Strecke lagen (was der Fall war) – diese konnten später durch Nebenstrecken angebunden werden. Auf ihren ersten 83,50 km von London nach Didcot wies Brunels Strecke einen durchschnittlichen Anstieg von 1 m pro 1320 m Länge auf.
Brunels Vorliebe für innovative Lösungen ging so weit, dass er auch die „Normal"-Spurweite der Eisenbahngleise von 143,50 cm infrage stellte. Diese Spurweite hatten George Stephenson und sein Sohn Robert, die Doyens des Eisenbahnwesens in Nordengland, etabliert – entsprechend der Spurweite, die George Stephenson von der Zechenbahn eines Bergwerks kannte, in dem er als Junge gearbeitet hatte. Brunel dagegen rang der GWR die Erlaubnis ab, ihre Strecke mit einer breiten Spurweite von 210 cm zu bauen – mit dem Argument, dass die Breitspur den Einsatz größerer und schwererer Lokomotiven mit niedrigerem Schwerpunkt erlauben würde, die auch bei höheren Geschwindigkeiten stabil blieben, was wiederum einem flexiblen und auf Wachstum ausgerichteten Bahnbetrieb zu-

gute komme. Brunel wollte möglichst alle Bereiche der Bahnplanung höchstpersönlich unter seiner Kontrolle haben. Sein Konzept einer Breitspur war brillant, doch erwiesen sich die ersten eigens dafür gebauten Lokomotiven der GWR als unzuverlässig und zu leistungsschwach. Gerettet wurde das ganze Projekt letztlich durch Daniel Gooch, einen jungen und talentierten Lokomotivingenieur, der zu Brunels engstem Verbündeten bei der Expansion des Breitspur-Imperiums werden sollte.

Die Oberaufsicht über die Lokomotiven überließ Brunel dem jungen Gooch, ansonsten aber kontrollierte er alle Bereiche des umfangreichen Bauprojekts von seinem Londoner Büro in der Duke Street in Westminster aus. Er war ein unbequemer Chef, der von seinen Assistenzingenieuren und den Arbeitern der beteiligten Baufirmen erstklassige Leistungen und zeitlich unbegrenzten Einsatz verlangte. Dabei nahm er sich selbst nicht aus: Brunel arbeitete in der Regel bis tief in die Nacht. Rund 50 seiner Notizbücher sind erhalten, und sie zeigen, wie groß sein persönlicher Anteil an den Planungen von Brücken, Tunneln, Bahnhöfen und anderen Bauwerken war. Seine Bahnstrecke sollte ebenso schön wie zweckmäßig sein. In seinen Notizbüchern finden sich Entwürfe von Viadukten im ägyptischen Stil, von burgartigen Tunnelportalen und neogotischen Brücken. Dem Bahnhof in Temple Meads (1839–1840) spendierte Brunel ein gewaltiges Holzdach mit dekorativen Sattelhölzern, den Bahnhof von Bath gestaltete er in Anlehnung an ein Viktorianisches Landschloss, und den Box-Tunnel schmückte er mit einem mächtigen, klassizistischen Torbogen. Als sein wohl schönster Bahnhof darf London Paddington gelten (1852).

Der Bau des Box-Tunnels war das schwierigste und folgenschwerste Einzelprojekt des gesamten Bauvorhabens. Die Arbeiten dauerten über vier Jahre und kosteten über einhundert Menschen das Leben. Erst als der Tunnel im Juni 1841 fertiggestellt war, konnte die Bahnlinie zwischen London und Bristol in Betrieb genommen werden. Tatsächlich stand den Zügen der GWR zu diesem Zeitpunkt aber schon ein weit größeres Schienennetz zur Verfügung, denn die GWR hatte inzwischen etliche Tochtergesellschaften gegründet – die Bristol and Exeter Railway, die South Wales Railway, die Oxford and Rugby

Die Westfassade des Box Tunnels (1836–1841), von Brunel in klassizistischem Stil gestaltet. Die Lithographie stammt aus John Cooke Bournes *History of the Great Western Railway* (1846).

Railway und weitere; auch deren Chefingenieur war Brunel, auch sie verfügten über Breitspurstrecken. Bis zu seinem Tod hat Brunel in England und Wales Eisenbahngleise mit einer Gesamtlänge von über 1930 Kilometern bauen lassen.

Brunel war ein zu unruhiger und ideenreicher Geist, um sich mit einfachen Lösungen zu begnügen, was die Aktionäre der Eisenbahngesellschaften nicht immer erfreute. Bestes Beispiel hierfür ist der Fall der South Devon Railway: Hier entschied sich Brunel angesichts eines ungünstigen Geländeprofils mit extremen Steigungen für den Einsatz einer gänzlich neuen Technologie, den sogenannten atmosphärischen Antrieb. Dieser Antrieb sollte aus einem Vakuum resultieren, das in einer Röhre zwischen den Schienen erzeugt wurde und den Zug vorwärts zog. Da aber die Werkstoffkunde damals noch in den Kinderschuhen steckte, ließ sich kein dauerhaftes Vakuum erzeugen. So musste Brunel das Projekt nach einem Jahr des Experimentierens schließlich beenden und die Bahnlinie auf normalen Lokomotivenbetrieb umstellen – was die Aktionäre der South Devon Railway insgesamt mehr als 240 000 £ kostete. Man hat Brunel deswegen Maßlosigkeit vorgeworfen, doch gibt es ungleich mehr Fälle, in denen sein gestalterisches Genie ebenso technisch brillante wie kostengünstige Lösungen fand. So zum Beispiel im Fall der Cornwall Railway, für die er eine Gleisstrecke von 86,90 km planen musste, mit einem Gesamtbudget von gerade einmal 600 000 £. Diese schwierige Situation bewältigte Brunel mit einer

Die Royal Albert Bridge, errichtet für die Cornwall Railway Linie im Bau (1858). Der zweite Träger ist schwimmend in Position gebracht und wird mit Hydraulikhebern Stück für Stück angehoben.

Reihe von Holzviadukten, die in ihrer kostengünstigen Bauweise allesamt vorbildlich sind. Inzwischen sind sie ausnahmslos durch Steinbauten ersetzt, aber eben das war Brunels Idee: Die Viadukte aus Holz sollten die Eisenbahn möglichst schnell betriebsbereit machen und Gewinne ermöglichen, damit sie später durch dauerhaftere Konstruktionen ersetzt werden konnten.

Brunel gestaltete Hunderte von Brücken, aus Ziegeln, Stein, Holz, Guss- und Schmiedeeisen. Seine späten schmiedeeisernen Brücken sind seine berühmtesten, und unter diesen ist die Royal Albert Bridge bei Saltash über die Tamar-Mündung zwischen Devon und Cornwall sein Meisterwerk. Mit dieser zwischen 1854 und 1859 errichteten Konstruktion wurde eine ganz neue Brückenform geschaffen, die nicht rückverankerte Hängebrücke, in der alle Kräfte innerhalb des Bauwerks wirken, statt an externe Ankerpunkte geleitet zu werden.

KONSTRUKTION VON DAMPFSCHIFFEN

Brunel hat sich noch auf einem weiteren Gebiet hervorgetan: als einer der einflussreichsten Schiffskonstrukteure aller Zeiten. Diese Karriere begann 1835, während seiner Arbeit für die GWR. Bei einer Plauderei während eines Abendessens stellte Brunel die Frage: „Warum verlängern wir sie [die Bahnstrecke] nicht und lassen ein Dampfschiff von Bristol nach New York fahren, das wir ‚Great Western‘ nennen?“ Da die kleinen Dampfschiffe jener Zeit gerade mal so viel Kohle laden konnten, dass es für kurze Überfahrten reichte, erschien ein Dampfschiff, dessen Kohlevorräte eine Atlantiküberquerung ermöglichten, kaum vorstellbar. Brunel aber erkannte: Je größer das Schiff, desto vorteilhafter das Verhältnis von Leistung zu Gewicht. Ein ausreichend großes Schiff würde tatsächlich den Atlantik überqueren können, ohne auf günstige Winde angewiesen zu sein. Sein Charisma und die Unterstützung durch eine Gruppe von Aktionären der GWR führten schließlich zur Gründung der Great Western Steamship Company. Zwischen 1835 und 1838 wurde die SS *Great Western* nach Brunels Vorgaben gebaut. Sie war das erste speziell für Langstrecken gefertigte Dampfschiff der Geschichte und überquerte im April 1838 auf ihrer Jungfernfahrt den Atlantik in vierzehn Tagen.

Die SS *Great Western* hatte noch einen Rumpf aus Holz. Das nächste Schiff, das Brunel plante, sollte doppelt so groß sein und einen eisernen Rumpf haben. Und tatsächlich darf die SS *Great Britain* (1838–1845) als revolutionärste Schiffskonstruktion der Geschichte gelten. Brunel hatte ursprünglich vorgehabt, für den Antrieb Schaufelräder zu verwenden, dann aber 1840 die *Archimedes* gesehen, das erste und bis dahin einzige von einer Schiffsschraube getriebene Schiff der Welt, erfunden von Francis Petti Smith. Daraufhin vereinbarte er mit seinen Direktoren eine Unterbrechung der Arbeiten an der *Great Britain*, um einige technische Versuche durchzuführen. Brunels Schraubenkonstruktion für die *Great Britain* war so gut, dass selbst heutige Schiffsschrauben nur um 5 bis 10 Prozent effizienter sind. Die *Great Britain* überquerte den Atlantik auf ihrer Jungfernfahrt 1845 in nur sieben Tagen – wieder einmal hatte Brunel das Verkehrswesen revolutioniert.

Brunels drittes großes Schiff, die SS *Great Eastern*, gilt als seine größte Torheit – doch war auch sie in ingenieurtechnischer Hinsicht erstaunlich visionär. Ab 1853 beschäftigte sich Brunel mit dem Problem des Dampfschiffverkehrs nach Fernost. Dieser schien unmöglich, weil in Fernost keine Kohle nachgebunkert werden konnte, so dass ein geeignetes Schiff genug Kohle für Hin- und Rückfahrt an Bord haben müsste. Nachdem Brunel in seinem Notizbuch einige Berechnungen angestellt und Skizzen angefertigt hatte, fasste er schließlich ein Schiff von 183 m Länge und einer Wasserverdrängung von 27 000 Tonnen ins Auge – was der sechsfachen Größe der *Great Britain* entsprach, die bei ihrem Stapellauf selbst das größte Schiff der Welt gewesen war. Der Bau der *Great Eastern* wurde schließlich zu einem äußerst langwierigen und verlustreichen Unternehmen, in dessen Verlauf die Eastern Steam Navigation Company sowie der beteiligte Schiffskonstrukteur John Scott Russell pleite gingen, so dass Brunel am Ende auf sich allein gestellt war. Der erste Versuch eines Stapellaufs des fertiggestellten Rumpfes im Januar 1857 endete in einem teuren Fiasko, als das Schiff auf der Helling blockierte. Am 7. September 1859 stach es schließlich zu seiner Jungfernfahrt in See, doch gleich am nächsten Tag kostete eine Explosion an Bord, die von einem verschlossenen Dampfventil verursacht wurde, fünf Männer das Leben. Die *Great Eastern* war damals mit Abstand die größte jemals gebaute Maschine, und nie zuvor hatte jemand versucht, eine so große Maschine unter Kontrolle zu halten. Brunel hatte so viel in die *Great Eastern* investiert – Leidenschaft, Geist und Geld –, dass dieses Desaster dazu beigetragen haben dürfte, dass er schon eine Woche später, im Alter von 53 Jahren, an Nierenversagen starb. Die *Great Eastern* machte nie Gewinn; sie war ein technisches Meisterwerk, aber zu groß und ihrer Zeit voraus. George Bernard Shaw bemerkte einmal, dass jeder Fortschritt – da vernünftige Menschen sich den Gegebenheiten anpassten – auf unvernünftige Menschen angewiesen sei. Brunel war kein vernünftiger Mensch, er war ein genialer Konstrukteur, vielleicht das größte Genie des Goldenen Zeitalters der Ingenieurskunst.

Eine Seite aus Brunels Skizzenbuch des Jahres 1853 mit der ersten Skizze seines dritten Schiffs, der SS *Great Eastern*.

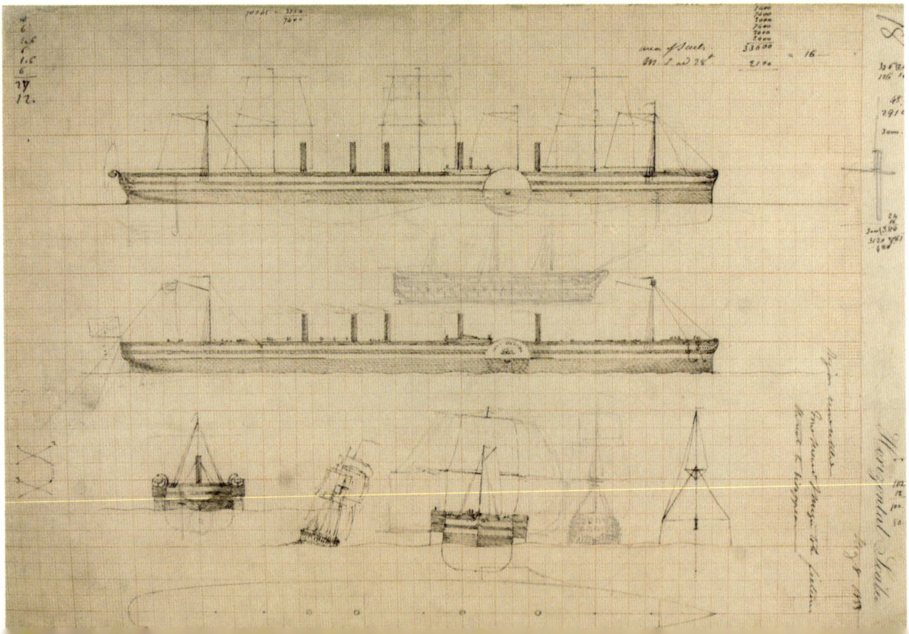

A.W.N. PUGIN

Realist und Revolutionär

1812–1852

Die Geschichte der englischen Architektur ist reich an Schönem und Originellem, doch hat sie nur wenige Theoretiker und noch weniger Revolutionäre hervorgebracht. Die große Ausnahme – Augustus Welby Northmore Pugin – war ein so ungewöhnlicher Mensch, ein so radikaler Architekt und so umstrittener Polemiker, dass ihm eines der seltsamsten Schicksale der Architekturgeschichte beschieden war. Im Viktorianischen Zeitalter, vor und nach seinem Tod, wurde er entweder verhöhnt oder verehrt, bis er schließlich ein halbes Jahrhundert lang völlig in Vergessenheit geriet. Ab den 1940er Jahren waren es ausgerechnet Historiker der Moderne, die ihm wieder zu Ansehen verhalfen. Sie betrachteten ihn als einen der Väter des streng sachlichen Stils der Mitte des 20. Jahrhunderts – und das, obwohl Pugin ursprünglich vor allem für seine überaus schmuckreiche, dekorative Formgebung bekannt gewesen war, nicht zuletzt aufgrund seiner Arbeiten im Westminster-Palast. Welchen Beitrag Pugin zur Entwicklung der westlichen Architektur in den vergangenen 150 Jahren geleistet hat, ist nach wie vor sehr umstritten. Fest steht allerdings, dass er einen fast schon absurden Arbeitseifer an den Tag legte und beständig jene Entwürfe und Ideen hervorbrachte, denen die englische Wohnarchitektur gegen Ende des 19. Jahrhunderts ihre weltweit herausragende Bedeutung verdankte.

Pugins Porträt im Westminster-Palast, gemalt 1845 von seinem Freund J. R. Herbert. Der ruhelose Architekt mochte gerade einmal 20 Minuten erübrigen, um dem Maler Modell zu sitzen.

Pugin kam in Bloomsbury zur Welt, wo seine Eltern ein Leben inmitten der – wie man es damals genannt hätte – Londoner Bohème führten. Sein Vater, der französische Einwanderer Auguste Charles Pugin, zeichnete Gebäude und Ornamente für John Nash, als freier Mitarbeiter, was in der Zeit vor dem Auftauchen großer Architekturbüros weithin üblich war. Noch bedeutsamer dürfte gewesen sein, dass er außerdem mit John Britton, einem Autor und Verleger historisch-topographischer Werke, als Illustrator für dessen Bücher über mittelalterliche Architektur zusammenarbeitete. Brittons Beitrag zu diesem aufblühenden Genre bestand in der beharrlichen Forderung, maßstabgerechte Bauaufnahmezeichnungen alter Gebäude müssten absolut exakt sein. A. C. Pugin wurde diesem Anspruch mit Zeichnungen gerecht, die – bisweilen mithilfe partieller Rekonstruktion – eine Vorstellung davon vermittelten, wie gotische Kirchen und Kathedralen tatsächlich ausgesehen hatten. Bis dahin waren die meisten bildlichen Darstellungen alter Bauwerke ungenau oder romantisierend gewesen. Die Bedeutung dieser neuartigen, wissenschaftlichen Bestandsaufnahme ist angesichts einer Zeit, in der Architekten nach verlässlichen Informationen gierten, kaum zu unterschätzen.

DIE FORMULIERUNG UND VERÖFFENTLICHUNG VON PUGINS THEORIEN

Der junge Pugin half bei der Vermessung und Dokumentation alter Bauwerke und eignete sich dabei Kenntnisse an, die zum Grundstock seines enzyklopädischen Wissens über mittelalterliche Architektur werden sollten. Außerdem entwickelte er einen ausgeprägten Sinn für die bautechnische Raffinesse der gotischen Architektur im Vergleich zu vielen modernen Baustilen, sowie ein Verständnis für die Bedeutung jedes einzelnen Bauteils, und sei es noch so klein. Die 1820er und 1830er Jahre waren eine Zeit architektonischer Desaster, in der viele neue Gebäude technisch wie ästhetisch misslungen waren. Architekten sahen sich nicht zuletzt mit Gestaltungsproblemen konfrontiert, für die die herkömmliche klassizistische, auf Symmetrie fixierte Architektur keine Lösungen bot – sei es der Umgang mit Installationstechnik in modernen effizienten Küchen oder auch mit ganz neuen Gebäudetypen, etwa Bahnhöfen. Pugin gelangte offenbar schon früh zu der Überzeugung, dass die moderne Architektur grundsätzlich verfehlt und in eine Sackgasse geraten sei, aus der sie sich nur befreien könne, indem sie an jenem Zeitpunkt Ende des 15. Jahrhunderts neu ansetze, als die Renaissance die englische Baukunst zu zersetzen begann.

Pugin war ein außerordentlich talentierter Entwurfszeichner. So assistierte er dem renommierten Architekten Charles Berry bei den Entwurfzeichnungen, mit denen dieser 1835 den Wettbewerb für den Neubau der Houses of Parliament gewann. Doch bei den Arbeiten am Westminster-Palast blieb Pugin im Hintergrund. Bekannt wurde er erst mit seinem (im Selbstverlag veröffentlichten) Buch *Contrasts* im Jahr 1836. Er war damals bereits zum römisch-katholischen Glauben konvertiert und lebte am Rand von Salisbury in einem selbst entworfenen, extravaganten Haus von mittelalterlicher Anmutung. Sein Buch war ein Angriff auf die moderne Lebensweise und die moderne Architektur. Der erste – oft kaum beachtete – Teil enthält Pugins ganz eigene Sicht der Geschichte, in deren Verlauf er die englische Architektur durch die Reformation verfälscht sieht. Mit dem zweiten Teil indes – einer Reihe satirischer Illustrationen – haben sich Architekten seither höchst intensiv auseinandergesetzt. Hier zerreißt der 24-Jährige die Werke führender zeitgenössischer Baumeister wie Nash, Cockerell und Smirke, aber auch unbedeutenderer Kollegen, indem er deren klägliche Bemühungen mit der Pracht der englischen Gotik

Gegenüber: Pugins Entwürfe für Tapeten im Westminster-Palast zeugen von seiner beachtlichen Fähigkeit der Neuerschaffung einer mittelalterlichen Bildsprache. Dieses Beispiel stammt aus dem Jahr 1851. Unten: St. Giles, Cheadle, 1841–1846. Wie nirgends sonst erfüllte Pugin hier die hohen Ansprüche an Entwurf und Ausführung, denen er sein Leben lang treu blieb.

kontrastiert. Pugin vertrat die – seinerzeit völlig neue – These, dass eine gute und tugendhafte Gesellschaft gute und tugendhafte Bauwerke hervorbringe, und sich die Probleme der modernen Architektur nicht durch Blendwerk und Fassadengestaltung lösen ließen.

In einem späteren Buch mit dem Titel *The True Principles of Pointed or Christian Architecture* (1841) erläuterte Pugin den Architekten mit einfachen Worten und Illustrationen, worin das gute und tugendhafte Bauen bestehe und wie es gelingen könne. „Ein Gebäude sollte keine Merkmale aufweisen“, schrieb er, „die nicht der Nützlichkeit, der Konstruktionsweise oder der Angemessenheit geschuldet sind ... noch das kleinste Detail sollte *einen Sinn haben oder einem Zweck dienen.*“ Baustoffe und Bauweisen müssten ihre Bestimmung und physischen Eigenschaften offenbaren: Ein Dach zum Beispiel sollte in erster Linie seine Funktion als Dach erfüllen, den Regen abhalten und seine Konstruktion erkennen lassen. Selbst ein so winziges Detail wie ein Scharnier sollte auch wie ein Scharnier aussehen, anstatt in Form eines maschinell gefertigten Metallstücks in einer Tür verborgen zu werden. Obwohl Pugin hier als Vorbilder die Gotik und das Mittelalter im Sinn hatte, fügen sich seine Prinzipien doch in einen größeren Zusammenhang damaliger Ideen, vor allem aus Frankreich, wonach mit den wesentlichen Dingen des Lebens auf rationale, schlüssige und explizite Weise umgegangen werden sollte – ein Ansatz, der gemeinhin als „Realismus“ bezeichnet wird.

SAKRAL- UND WOHNARCHITEKTUR

Nur wenige Auftraggeber nahmen Pugins Künste in Anspruch, doch waren es einflussreiche Männer, die ihm ermöglichten, in seiner kaum 15 Jahre währenden Karriere als Architekt eine beachtliche Anzahl an Bauwerken zu schaffen. Der bedeutendste dieser Auftraggeber war John Talbot, der 16. Graf von Shrewsbury und ein engagierter Anhänger des Katholizismus. Den Katholiken, die erst kurz zuvor wieder das Wahlrecht erhalten hatten, mangelte es nicht nur an Kirchen, sondern auch an Klöstern, Schulen und Pfarrhäusern. Shrewsbury machte seine finanzielle Förderung entsprechender Bauprojekte stets von der Zusage abhängig, dass Pugin als Architekt fungiere. Für Shrewsbury entwarf Pugin auch sein Meisterwerk, St. Giles (1841–1846) im Dorf Cheadle in Staffordshire – die Reproduktion einer perfekten Kirche aus dem späten 15. Jahrhundert. Das ganze Gebäude war reich geschmückt: mit Skulpturen, Wandmalereien, Fliesen, Buntglas, mit liturgischen Gewändern sowie Objekten aus Messing und Silber – denn Pugin hatte im Zuge seiner andauernden Arbeiten an den Houses of Parliament begonnen, kunsthandwerkliche Fertigkeiten des Mittelalters wiederzubeleben. Bis zu seinem Tod war er dermaßen produktiv, dass seine begeisterte Anhängerschaft, darunter George Gilbert Scott, William Butterfield und die ganze erste Generation neogotischer Architek-

Der Kontrast zwischen Pugins „Mediaeval Court“ und der Eisen-Glas-Konstruktion des Crystal Palace, in der er untergebracht war, zeigt die außergewöhnliche Vielfalt und Lebendigkeit der Viktorianischen Baukunst.

ten in England, auf einen reichen Schatz von Werken im gotischen Stil zurückgreifen konnte.

Pugins Sakralarchitektur umfasste letztlich vier bedeutende katholische Kathedralen: St. Chad (1839–1841) in Birmingham, St. Barnabas (1841–1844) in Nottingham, St. Mary (1842–1844) in Newcastle upon Tyne und St. George (1841–1848) in Southwark, London – neben weiteren Kirchen, deren Zahl die seiner Lebensjahre übersteigt. Doch am originellsten und einflussreichsten waren wohl seine Leistungen im Bereich der Wohnarchitektur. Er entwarf Gemeinschaftsgebäude, etwa Konvente, deren Gestalt die alltägliche Lebensweise ihrer Bewohner abbildete (und zugleich bestimmte), zumeist mit langen, verwinkelten Fluren als Verbindungsgängen zwischen verschiedenen Arten von Räumen – ein Gegenentwurf zu der auf Symmetrie bedachten georgianischen Architektur. Seine Wohnhäuser, wie das von ihm selbst bewohnte The Grange (1843–1844) an der Steilküste bei Ramsgate in Kent, waren ähnlich revolutionär. Jedes Detail wurde stets von Neuem ausgearbeitet, und Pläne und Aufrisse ließen immer das Innenleben und die Konstruktionsweise der Gebäude erkennen. Pugin war zu keinen Kompromissen bereit; insofern hatte er nichts gemein mit jenen Modearchitekten, die „pittoreske" romantische Häuser bauten, vielleicht in einer Art von gotischem Stil, der sich hübsch in die Landschaft fügte. Pugins religiöser Eifer war Ausdruck seiner Leidenschaft für rational gestaltete und gut konstruierte Bauwerke, und dieser Leidenschaft tat es keinen Abbruch, dass ihm meist die Mittel fehlten, solche Bauwerke selbst zu schaffen. Pugin, der wie besessen arbeitete und viel herumreiste, hatte seinen letzten großen Auftritt auf der Weltausstellung 1851, als er in seinem „Mediaeval Court" kunsthandwerkliche Arbeiten präsentierte. Er starb im Jahr darauf, im Alter von nur 40 Jahren, völlig entkräftet, nachdem er kurz zuvor noch den Glockenturm des Westminster-Palastes entworfen hatte. Pugin wird immer wieder aufs Neue entdeckt, und jedes Mal offenbaren sein Werk und Leben viele ungeahnte Facetten.

Beigesetzt wurde Pugin in seiner Kirche St. Augustine, direkt neben The Grange, dem revolutionären Wohnhaus, das er 1843–1844 in Ramsgate für sich entworfen hatte.

MARTIN BRESSANI

EUGÈNE-EMMANUEL VIOLLET-LE-DUC

Gotik als konstruktiver Wille

1814–1879

Der berühmte Architektur-Historiker John Summerson hat einmal behauptet, Viollet-le-Duc sei einer von nur zwei wirklich bedeutenden Theoretikern in der Geschichte der Architektur gewesen. Diese in der Blütezeit des modernen Funktionalismus aufgestellte Behauptung mag heute nicht mehr so überzeugend klingen wie noch in den 1940er Jahren; nach wie vor aber ist Viollet-le-Duc unübertroffen in der polemischen Kraft, mit der er für die Bedeutung architektonischer Strukturprinzipien argumentierte. Niemand sonst hatte größeren Einfluss auf die Entwicklung des kontinentaleuropäischen Jugendstils von Frankreich bis Russland. Und nach Henry Van Brunts englischer Übersetzung der zweibändigen *Entretiens sur l'architecture* (1858–1872) zählte Viollet-le-Duc auch in den USA zu den meistgelesenen Architekturtheoretikern des späten 19. Jahrhunderts. Frank Lloyd Wright bekannte in seiner Autobiographie, dass er Viollet-le-Ducs *Dictionnaire raisonné de l'architecture française du XIe au XVIe siècle* (1853–1868) einmal für „das weltweit einzig wirklich vernünftige Buch über Architektur" gehalten habe.

Dass Viollet-le-Duc für den Anbruch der Architekturmoderne eine so zentrale Rolle spielte, mag insofern erstaunen, als die meisten seiner Schriften der Gotik gewidmet sind und er als praktischer Architekt überwiegend mit Restaurierungen befasst war. Es gibt kaum ein mittelalterliches Bauwerk in Frankreich, an das Viollet-le-Duc nicht – oftmals übereifrig – Hand angelegt hätte: Die Kirche La Madeleine in Vézelay (ab 1840), die Basilika St-Denis (ab 1846), die Kathedralen von Amiens (1849–1874) und Reims (1860–1874), Schloss Pierrefonds (1857–1879) und die Befestigungsanlagen von Carcassonne (ab 1846) wurden alle grundlegend von Viollet-le-Duc umgebaut. Berühmt ist vor allem seine Restaurierung von Notre-Dame in Paris (1845–1864), bei der nicht ein Stein auf dem anderen blieb. Sogar jene 56 auf der oberen Galerie hockenden dämonischen Wasserspeier, die zu den bekanntesten mittelalterlichen Ikonen von Paris gezählt werden, sind seine modernen Schöpfungen.

Porträt von Viollet-le-Duc, Stich von Léopold Massard, um 1867.

Das Mittelalter war für Viollet-le-Duc eine unerschöpfliche Quelle architektonischer Erkenntnis und Phantasie. Seine rationalistische Bautheorie lässt sich von dieser Auseinandersetzung mit der Vergangenheit nicht trennen. Geboren in Paris als Kind einer berühmten Künstler- und Literatenfamilie, unterrichtet in klassischer Literatur und Kunst von seinem Onkel, dem einflussreichen Kunstkritiker Étienne Delécluze, wuchs Viollet-le-Duc in der Blütezeit der revolutionären Romantik auf, die in den 1830er Jahren ganz Frankreich erfasst hatte. Ein Studium an der École des Beaux-Arts lehnte er ab, da er sich deren akademischer Doktrin nicht unterwerfen wollte. Stattdessen gab er sich der romantischen Begeisterung für – speziell mittelalterliche – Geschichte hin; er unternahm eine Reihe von Studienreisen nach Südfrankreich, in die Normandie, nach Chartres und Mont Saint-Michel und brachte unzählige Stunden damit zu, Frankreichs architektonisches Erbe in äußerst detailgetreuen Zeichnungen festzuhalten. Viollet-le-Duc war ein außergewöhnlich begabter Zeichner: 1834 gewann er, im Alter von zwanzig Jahren, eine Medaille beim Pariser Salon für ein Aquarell, das in der Abteilung für Malerei zu sehen war. Das Honorar für ein Gemälde, das er 1835 im Auftrag von König Louis-Philippe geschaffen hatte, ermöglichte ihm einen zweijährigen Studienaufenthalt in Italien. Er kehrte mit Hunderten von Zeichnungen zurück, insbesondere mit einer Serie ambitionierter, illustrierter Essays, die Geschichte lebendig werden lassen sollten.

DIE RESTAURIERUNG ALS SCHLÜSSELERLEBNIS

Viollet-le-Ducs Karriere nahm eine entscheidende Wendung, als ihm 1840 die Restaurierung der Kirche La Madeleine in Vézelay übertragen wurden. Dieser Auftrag erforderte nicht nur archäologisches Urteilsvermögen, sondern stellte auch in baustatischer Hinsicht eine enorme Herausforderung dar. In den ersten Jahren der Restaurierung stürzte ein komplettes Gewölbe im Narthex der verfallenen Kirche ein. Der Einsturz wäre für das ganze

Unten: Querschnitt des Narthex von La Madeleine, Vézelay, wie er von Viollet-le-Duc um 1840 restauriert wurde. Gegenüber: Einer von Viollet-le-Ducs Wasserspeiern auf der oberen Galerie von Notre Dame, geschaffen von Victor Joseph Pyanet, ca. 1849.

Gebäude verhängnisvoll gewesen, hätte Viollet-le-Duc nicht zuvor die am stärksten beschädigten Arkaden des Hauptschiffs – deren Steine in den Händen der Maurer regelrecht zerbröselten – erneuert. Die erfolgreich vollendete Restaurierung wurde für Viollet-le-Duc zu einem Schlüsselerlebnis. Zum einen hatte er bei diesem Projekt praktische Fertigkeiten unter Beweis stellen können, die sein zeichnerisches Talent trefflich ergänzen sollten. Vor allem aber erkannte er, wie bautechnische Überlegungen jener Rückbesinnung auf die Geschichte dienen konnte, die er in den 1830er Jahren eingeleitet hatte. Der Blick auf die Konstruktionslogik eines Bauwerks führte weg von einer statischen, externen Taxonomie der Form hin zu einem inneren Verständnis der Dynamik stilbildender Prozesse. Die mittelalterliche Kirche durch ihre Konstruktionslogik zu begreifen, war eine besonders tiefgründige Form der Geschichtsaneignung: Gefordert war nicht mehr nur eine Visualisierung, sondern der Nachvollzug des Denkens derer, die dieses Gebäude einst errichtet hatten. Diese Aneignung der Konstruktionsprinzipien mittelalterlicher Steinmetze sollte Viollet-le-Ducs gesamte Karriere prägen.

Auch dank dieses ersten Erfolgs in Vézelay erhielt Viollet-le-Duc gemeinsam mit seinem Kollegen Jean-Baptiste Lassus im Jahr 1844 den prestigeträchtigen Auftrag zur Restaurierung von Notre-Dame in Paris. Mit diesem Projekt machte er sich endgültig einen Namen, den die breite Öffentlichkeit von da an mit der Gotik assoziierte. War das Mittelalter für ihn anfangs nur eine persönliche Zuflucht gewesen, wurde es nun zur Grundlage einer regelrechten Revolution der Architektur. Gemeinsam mit einer Gruppe begeisterter Anhänger der *art chrétien* entwickelte Viollet-le-Duc einen radikalen Anti-Akademismus, der die Wiederbelebung alter französischer Bauweisen anstrebte. Leitbegriffe dieses architekturtheoretischen Feldzugs waren „rational" und „national": Die Gotik – so die Idee – sei nicht nur bautechnisch rationaler als der Klassizismus, wie er an der École des Beaux-Arts gelehrt wurde, sondern auch tiefer im Geiste Frankreichs verwurzelt.

WACHSENDER EINFLUSS

Im Zuge der Revolution von 1848 und mit Beginn des Zweiten Kaiserreichs konnte Viollet-le-Duc seine Position in der Behörde für Baudenkmäler und Sakralbauten festigen, auch dank seines mächtigen Verbündeten Prosper Mérimée. Seine Befugnisse gingen so weit, dass er schon bald einer Gruppe von Diözesanarchitekten vorstand, die in ganz Frankreich tätig waren. So fanden seine rationalistischen Grundsätze aus seinem berühmten *Dictionnaire raisonné de l'architecture* weite Verbreitung. Viollet-le-Duc selbst schrieb, er habe „eine kleine Künstlerarmee formiert ... die vereint marschiert und alle Neulinge auf die Verfolgung derselben Prinzipien ausrichtet." 1863 versuchte er, seinen Einfluss auch auf das geistige Zentrum der akademischen Architektur auszuweiten, indem er mit Mérimée eine grundlegende Reform der École des Beaux-Arts propagierte.

E. Viollet-le-Duc del.

Cl. Sauvageot, sc.

MAÇONNERIE

A. MOREL, Editeur

Imp. Lemercier, Paris.

Etwa zu jener Zeit wandte sich Viollet-le-Duc, dem das Image als Erneuerer der Gotik zunehmend missfiel, schließlich der modernen, industriellen Eisenarchitektur zu. Seine berühmte Serie visionärer Entwürfe von Eisenbauwerken – nebst Illustrationen veröffentlicht in den Teilen XI, XII und XIII seiner *Entretiens sur l'architecture* – entstand im kurzen Zeitraum von 1864 bis 1868. Alle diese Entwürfe galten großen Versammlungsstätten mit weitgespannten Dächern von kristall- oder zellenartiger Struktur. Eisen wurde normalerweise beim Bau großräumiger Gebäude verwendet, doch Viollet-le-Duc interessierte sich nicht für die üblichen hallenartigen Bauten wie Gewächshäuser, Bahnhöfe, Markthallen oder Ausstellungsgebäude. Sein Augenmerk galt den großräumigen Versammlungsstätten der säkularen Moderne: Konzertsälen, Stadthallen, Rathäusern und dergleichen. Er störte sich daran, dass in einer Zeit, „in der Versammlungen solche Ausmaße annehmen, dass kein Saal über ausreichende Kapazitäten verfügt", Architekten noch kein Gebäude hatten schaffen können, „in dem eine Menschenmenge sich entspannt aufhalten, bequem atmen und nach Belieben ein- und ausgehen kann". Auf der Suche nach Räumen für die Massen, so fügte er hinzu, käme das 19. Jahrhundert nicht umhin, sich die mittelalterlichen Kathedralen zum Vorbild zu nehmen – ein unmissverständlicher Hinweis darauf, dass seine Vorschläge zur Eisenarchitektur letztlich bei der Gotik ansetzten.

Allerdings ist die Konstruktionslogik dieser theoretischen Entwürfe, von denen keiner je realisiert wurde, wenig stimmig: Eisenbauteile dienen hier meist prothetisch zur Stützung gemauerter Gewölbe. Viollet-le-Duc war kein Verfechter einer gradlinigen, modernen Ingenieurarchitektur. Er strebte nach komplexeren Lösungen, die von seinem Verständnis der historischen Entwicklung architektonischer Formen ebenso geprägt waren wie von seiner Begeisterung für die Bauprinzipien der Natur. Nach dem verheerenden Deutsch-Französischen Krieg 1870–1871 verbrachte der schwermütige Viollet-le-Duc die Sommermonate überwiegend mit Bergwanderungen rund um den Mont-Blanc,

Gegenüber: Bildtafel aus Viollet-le-Ducs *Entretiens sur l'architecture*, die ein eisernes Tragwerk in der Deckenkonstruktion einer großen Versammlungshalle zeigt, ca. 1868. Unten: Entwurf eines überdachten Marktes mit Eisenstützen, aus den *Entretiens sur l'architecture*, um 1868.

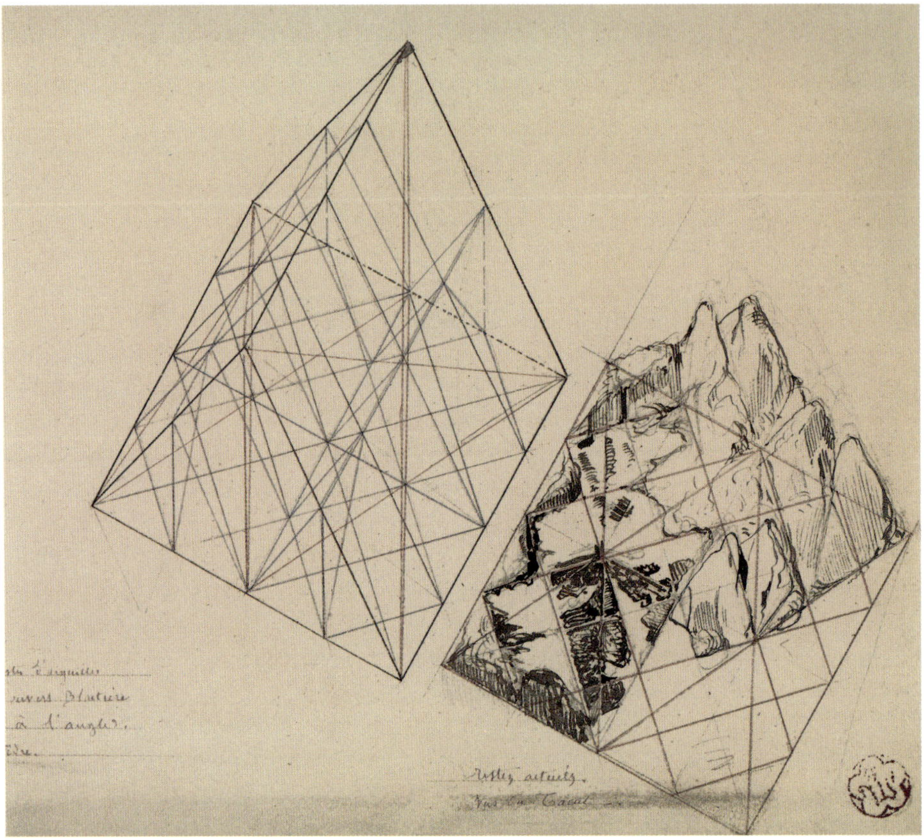

Viollet-le-Ducs Studie der kristallinen Struktur eines Berggipfels bei Blaitière de la Vallée Blanche, Mont Blanc, um 1874.

wo er Struktur und Formprinzip der Gebirgsgruppe bewunderte und über das Wesen der Zeit nachdachte. In diesem letzten Lebensjahrzehnt war er kaum noch als Architekt tätig, sondern widmete sich anderen Projekten wie dem Schreiben von Kinderbüchern. Seine kurzen Erzählungen, die der Genesung des Volkes dienen sollten, richteten sich direkt an „die Kinder aller Klassen“ und wollten die französischen Jugend das richtige Denken und die Disziplin lehren, „morgens aufzustehen und sich an die Arbeit zu machen“. Zu jener Zeit war Viollet-le-Duc bereits Oberhaupt einer Schar sehr aktiver Jünger. Seine Ideen verbreiteten sich nicht nur durch die von ihm geschaffenen sakralen und säkularen Bauwerke, sondern auch durch ein Geflecht von Fachzeitschriften und Architektur-Publikationen, die von ihm kontrolliert wurden. Bevor er 1879 in Lausanne starb, war Viollet-le-Duc – obgleich von der akademischen Welt noch immer als Abweichler betrachtet – längst zu einer Art lebenden Legende geworden. Seine rationalistische Lehre sollte noch weit über seinen Tod hinaus Wirkung entfalten.

JOHN FOWLER

Entwickler des innerstädtischen Bahnverkehrs

1817–1898

John Fowler ist vor allem als Ingenieur der Metropolitan Railway – der Londoner Stadtbahn – sowie der Forth Railway Bridge bekannt, und jede dieser Leistungen für sich genommen würde schon rechtfertigen, ihn als herausragenden Ingenieur zu bezeichnen. Im Laufe seines Lebens war Fowler an mehr als eintausend, meist langwierigen Bauprojekten beteiligt – überwiegend, doch keineswegs ausschließlich, im Bereich des Eisenbahnwesens. Er arbeitete mit neuen Ideen und neuen Materialien und erwies sich zudem als geschickter Projektleiter, dem es immer wieder gelang, Auftraggeber, Aktionäre und Mitarbeiter von seinen Ansichten zu überzeugen.

John Fowler in fortgeschrittenem Alter, Foto von Elliott & Frey. Fowler legte Zeit seines Leben Wert auf die fotografische Dokumentation seiner Werke.

John Fowler wurde in Sheffield als Sohn eines Landvermessers geboren. Seine Ausbildung begann er bei der Ingenieurfamilie Leather, die sich auf Schifffahrt und Wasserversorgung spezialisiert hatte. Aber schon bei den Leathers, wie später dann beim Eisenfabrikanten und Eisenbahnpionier John Urpeth Rastrick, sammelte Fowler Erfahrungen im Gleisbau. Ende der 1830er Jahre half er Rastrick bei der Planung des gemauerten Viadukts auf der Strecke London – Brighton; anschließend kehrte er nach Nordengland zurück, um im Auftrag von George Leather den Bau der Bahnstrecke Stockton – Hartlepool zu leiten. Mit Inbetriebnahme der Strecke im März 1841 wurde er von der Bahngesellschaft als verantwortlicher Ingenieur angestellt. Er zählt damit zu den wenigen Ingenieuren der Viktorianischen Epoche, die tatsächlich auch für den Betrieb einer Eisenbahn zuständig waren. Zuvor war er schon, gerade mal 20 Jahre alt, als Sachverständiger im Parlament zu Baumaßnahmen an der Londoner Farringdon Street gehört worden. Überhaupt ist eine gewisse Frühreife kennzeichnend für seinen Werdegang – so wurde Fowler im November 1865 der jüngste Präsident, den die Institution of Civil Engineers je hatte.

Fowlers Aufstieg vollzog sich in den 1840er Jahren, als er mit Bahnstrecken in Yorkshire und Lincolnshire zu tun hatte, die später größtenteils zur Manchester, Sheffield and Lincolnshire Railway gehörten. Von Beginn an bewies er großes Geschick darin, fähige Assistenten zu finden und Arbeit zu delegieren. So war sein jüngerer Bruder Henry als Verbindungsingenieur bei der East Lincolnshire Railway tätig, sein künftiger Schwager

John Whitton in derselben Position bei einer anderen Gesellschaft. Ein weiterer Mitarbeiter aus frühen Jahren war William Wilson, ein ehemaliger Angestellter der Eisenbaufirma Fox Henderson, der entsprechende Fachkenntnisse mitgebracht hatte. Fowlers berühmtester Assistent war Benjamin Baker, mit dem er seit 1860 zusammenarbeitete.

Da Fowler viel Zeit auf parlamentarische Arbeit verwenden musste, zog er 1844 nach London. Im März 1851 übernahm er die von Isambard Kingdom Brunel begonnenen Arbeiten für die Oxford, Wolverhampton and Worcester Railway und vollendete sie. Diese Bahngesellschaft hatte sich mit der Great Western Railway überworfen, und der ehrgeizige Fowler plante eine Streckenverlängerung nach London, konnte allerdings das nötige Kapital nicht auftreiben.

DIE ERSTE STADTBAHN DER WELT

1853 begann Fowler mit dem Bau der ersten Stadtbahn der Welt – der Londoner Metropolitan Railway, wie sie später hieß. Es war ein kräftezehrendes Projekt, das allein 18 verschiedene Gesetzesvorlagen umfasste. Angefangen hatte es mit dem eher bescheidenen

Unten: Die Metropolitan District Railway im Bau nahe der Blackfriars Station, London, um 1870, Fotografie von Henry Flather. Gegenüber: Die Metropolitan Railway in der King's Cross Station, kurz nach Eröffnung der Bahnlinie 1863.

Der Hauptträger der Forth Railway Bridge im Bau, September 1889. Die Fotografie stammt von P. Philips, dem Sohn eines beteiligten Bauunternehmers.

Plan einer Strecke von King's Cross bis zur Edgeware Road, doch nachdem Fowler einige zunächst skeptische Eisenbahngesellschaften und Aktionäre zu einer finanziellen Beteiligung bewegen konnte, wurde die Strecke bis Paddington und Farringdon verlängert. Damit waren die meisten der großen Bahngesellschaften nördlich der Themse an die City angebunden. Die im Januar 1863 eingeweihte Linie war ein großer Erfolg, trotz der Unannehmlichkeiten, die ein dampfbetriebenes unterirdisches Transportmittel für die Passagiere mit sich brachte. In den 1860er und frühen 1870er Jahre erfolgten Erweiterungen: in nördlicher Richtung nach St. John's Wood, in westlicher nach Hammersmith sowie – betrieben von einer unabhängigen Gesellschaft, der Metropolitan District Railway – durch das West End und nördlich entlang der Themse zurück in die City. Der weitere Ausbau verzögerte sich durch die Kosten für den Erwerb von Grundstücken, aber auch durch bautechnische Probleme, bis schließlich Ende der 1880er Jahre der Greathead-Tunnelbauschild entwickelt worden war, der den Tunnelbau im Londoner Lehmboden erleichterte. Auch den Betrieb dieser ersten U-Bahn-Linien begleitete Fowler als Berater.

Fowler arbeitete auch an weiteren Linien im Großraum London, wie jener zwischen London, Tilbury und Southend, außerdem an der Victoria Station und den Linien, die durch diesen Bahnhof verliefen. Zu verschiedenen Zeiten stand er fast jeder der größeren Eisenbahngesellschaften in Großbritannien beratend zur Seite. Auch für die Great Western Railway war er – in der Nachfolge Isambard Kingdom Brunels – als Berater tätig und unter anderem beteiligt an der Einführung der Viergleisigkeit, der Spurweitenumstellung und der Sanierung der Maidenhead Railway Bridge (1891).

Schon zu Beginn seiner Karriere hatte sich Fowler als ein Meister gemauerter Bauwerke erwiesen, etwa beim Wicker Aquädukt in Sheffield (1848), doch wusste er auch andere Materialien innovativ einzusetzen. Er war einer der ersten Ingenieure, der die von William Fairbairn entwickelten röhrenförmigen Schmiedeeisenträger einsetzte, so beim Torksey Viadukt (1850) über den Fluss Trent. In diesem Fall verweigerte das Eisenbahnaufsichtsamt der Bahngesellschaft zunächst die Erlaubnis zur Inbetriebnahme der Strecke, weil die Behörde Bedenken wegen der Durchbiegung von Trägern hatte. Unterstützt von der Institution of Civil Engineers wehrte sich Fowler gegen diese Intervention: Das Eisenbahnaufsichtsamt, behauptete er, verstehe schlicht das Prinzip des Kontinuums in Trägern nicht. Ein Kompromiss erlaubte schließlich beiden Seiten, das Gesicht zu wahren.

Zu jener Zeit arbeitete Fowler auch noch mit Gusseisen. Um dessen Vorzüge wissend verwendete er es in den 1850er Jahren aus ökonomischen Gründen für die größten je gebauten gusseisernen Eisenbahnbogenbrücken – zwei jeweils 61 m lange Brücken der Severn Valley Railway. Fowlers Viktoria Bridge (1860; heute: Grosvenor Bridge) war die erste Eisenbahnbrücke über die Themse im Zentrum von London. Hier verwendete er Schmiedeeisen, weil dessen gegenüber Gusseisen vergleichsweise geringes Gewicht die Wiederverwendung des Baugerüsts ermöglichte und die Bauzeit verringerte.

Das berühmte Menschenmodell, das Benjamin Baker 1887 nutzte, um der Royal Institution das der Forth Railway Bridge zugrundeliegende Ausleger-Prinzip zu veranschaulichen. Die Person in der Mitte ist Kaichi Watanabe, ein japanischer Ingenieurstudent von Fowler und Baker.

DIE FIRTH-OF-FORTH-EISENBAHNBRÜCKE

Generell wird Fowlers Name vor allem mit weitgespannten Brücken assoziiert. Fowler hatte bereits eine Überquerung der Themse bei Rotherthite für die Strecke der Outer Circle Railway erwogen, wie auch eine Hängebrücke über den Fluss Severn und eine Brücke über den Fluss Humber, bevor er seine ehrgeizigen Pläne schließlich mit der Forth Railway Bridge in die Tat umsetzen konnte. Sie war bei ihrer Fertigstellung 1890 mit einer Spannweite von 520 Metern die längste Brücke der Welt. Bei diesem Projekt arbeitete Fowler eng mit Benjamin Baker zusammen, der das Prinzip der Auslegerbrücke entwickelt hatte und mit diesem Bauwerk zudem das Potential des Baustoffs Stahl veranschaulichte. Die Brücke ist ein Meisterwerk der Victorianischen Ingenieurskunst und bis heute ein Wahrzeichen Schottlands.

Die Forth Railway Bridge markiert nicht nur den Übergang von schmiedeeisernen zu stählernen Brücken. Ihr Gelingen stellte auch das Vertrauen in die Fähigkeiten der Bauingenieure wieder her, das durch den Einsturz der Firth-of-Tay-Eisenbahnbrücke 1879 erschüttert worden war. Weniger bekannt ist Fowlers Beteiligung an Betonbauprojekten, speziell am Bau einer wegweisenden Bogenbrücke aus Massenbeton mit einer Spannweite von 23 Metern über die Bahnstrecke der District Line in der Nähe der Cromwell Road. Die erste Ausführung dieser Brücke, bei der Zementkalk verwendet wurde, erwies sich noch als untauglich, doch die zweite, im Februar 1868 fertiggestellte Ausführung aus Portland-Zement wurde ein Erfolg. Allerdings fand diese innovative Bauweise vorerst keine verbreitete Anwendung, was an der noch unzureichenden Qualitätskontrolle lag. Fowler verwendete Beton für gewöhnlich bei Fundamentarbeiten, aber auch bei der Auskleidung der Badeanstalt der Harrow School (1880–1881).

Zu Fowlers Bauwerken im Bereich des Eisenbahnwesens zählen ferner eine Reihe größerer Bahnhöfe: Victoria Station in London (1860), St. Enoch's Station in Glasgow (1876; zerstört 1977), Manchester Central (1880), Liverpool Central (1874; zerstört 1973) und Sheffield Victoria Station (1851). Bei den Dächern mit größerer Spannweite – bis zu 64 Meter im Fall von Manchester Central – verwendete er sichelförmige Binder. Persönlich beteiligt war Fowler vor allem am Bau der Victoria Station.

Wie die meisten führenden Ingenieure Großbritanniens übernahm Fowler auch Aufträge im Ausland. So war er langjähriger Berater der Regierung von New South Wales, nachdem sein Schwager John Whitton dorthin ausgewandert war. Zu seinen Projekten in Ägypten, wo er ab 1871 als Berater der ägyptischen Regierung fungierte, zählt unter anderem die Planung einer Eisenbahnstrecke in den Sudan. Für dieses Engagement wurde er zum Ritter geschlagen, nachdem die britische Regierung bei ihren militärischen Operationen von seinen Berichten profitiert hatte. Gefragt war sein Rat auch bei einer angedachten Brücke über den Ärmelkanal, bei der Chignecto Ship Railway in Nova Scotia und bei Stadtbahnprojekten in Nordamerika.

Fowler war auch für eine Reihe von Projekten im Bereich Hafenbeckenbau und Landentwässerung verantwortlich, nicht zuletzt für das Millwall Dock (1867–1868) in London. Hier, wie auch bei der Victoria Station, arbeitete er unter anderem mit dem Bauunternehmer John Kelk zusammen. Fowler war einer der finanziell erfolgreichsten

Montage der Schleusentore in den Londoner Millwall Docks, 1867

Ingenieure der Viktorianischen Epoche, und Bandbreite wie Umfang seines Schaffens suchen in der zweiten Hälfte des 19. Jahrhunderts ihresgleichen.

Fowler war es auch, der als Präsident der Institution of Civil Engineers das Thema der Ingenieurausbildung erstmals ernsthaft zur Sprache brachte und einen diesbezüglichen Bericht in die Wege leitete. Wie zuvor schon Telford besaß auch Fowler ein großes Geschick im Umgang mit Mitarbeitern und im Delegieren bestimmter Tätigkeiten. Seine großen Leistungen erklären sich ebenso sehr durch seine Fähigkeiten als Manager wie durch seine Fähigkeiten als Ingenieur. John Fowler starb in Bournemouth, nachdem er zuvor für den Bau der Firth-of-Forth-Eisenbahnbrücke noch zum Baronet ernannt worden war.

BETON UND STAHL

Die massenhafte Verfügbarkeit von Guss- und Schmiedeeisen sowie Flachglas sorgte im 19. Jahrhundert für einen tiefgreifenden Wandel der Baukultur. Die Massenfertigung von Stahl läutete sogleich das Zeitalter der Hochhäuser ein, die noch heute weltweit das Gesicht unserer Städte prägen. Mit Eisen und Glas ließen sich sogar ganze Stadtquartiere umhüllen: Giuseppe Mengonis Galleria Vittorio Emanuele II in Mailand (1863–1877), das bedeutendste Einzelprojekt im Rahmen einer umfassenden Neugestaltung des Stadtzentrums rund um den Dom, war die größte jener zahlreichen gläsernen Passagen, die heute überall auf der Welt zu finden sind. Der Gebäudetyp hatte seinen Ursprung in Paris, von wo auch die Fertigbauteile für das Dach der Galleria importiert wurden.

Von der Beharrlichkeit der Eisenbautradition zeugt der bemerkenswerte Turm aus Schmiedeeisen, den Gustave Eiffel für die Pariser Weltausstellung 1889 schuf (und der damals umstritten war, heute aber die Ikone der französischen Hauptstadt ist). Die Konstruktion dieses über vierzig Jahre lang höchsten Bauwerks der Welt basierte auf Eiffels Erfahrungen beim Bau von Eisenbahnbrücken. Er war ein vielseitiges Genie, Pionier der wissenschaftlichen Aerodynamik und auch (gemeinsam mit seinen Ingenieuren Maurice Koechlin und Émile Nougier) für das Tragwerk der New Yorker Freiheitsstatue verantwortlich.

In den USA keimte die Idee des Metallskelettbaus Mitte des 19. Jahrhunderts in New York auf, doch zur Blüte kam sie in einer Metropole des Mittleren Westens, in Chicago, nachdem die Stadt 1871 durch einen furchtbaren Großbrand verwüstet worden war. Chicago ist die Wiege des modernen Wolkenkratzers, hier entstanden die beiden Leiter Buildings und das Home Insurance Building von William Le Baron Jenney, aber auch die radikaleren Bauten von Daniel H. Burnham und John Wellborn Root, den Architekten des ersten Hochhauses, das gänzlich von einem Stahlskelett getragen wurde (1881). Louis Sullivan war es vorbehalten, eine Ästhetik des Hochhauses auszuarbeiten. Er entwickelte eine Theorie baukünstlerischer Dekoration, die zwar das Primat der Sichtbarkeit von Tragstrukturen anerkannte, doch mit seinem Ruf als Wegbereiter des Funktionalismus kaum vereinbar scheint (wenngleich der Rationalismus seiner Theorie jenen stärker ornamentalen Tendenzen entgegensteht, die für die ersten Wolkenkratzer in New York typisch sind).

Frank Lloyd Wright, der vielleicht berühmteste amerikanische Architekt und zeitweilige Mitarbeiter Sullivans, machte sich einen Namen mit einer Reihe von „Präriehäusern" (1900–1920). Den Baustoff Beton setzte er auf grandiose Weise beim Wohnhaus Fallingwater (1938) und im bautechnisch innovativen Johnson Wax Building (1939) ein, jener großen „Kathedrale der Arbeit" mit ihren ungemein schlanken Betonsäulen und ihrer atemberaubenden Raumwirkung. Nicht minder kühn war das von einer Rampe dominierte Innere des Salomon R. Guggenheim Museums in New York (1943–1959), das Wright gegen Ende seiner langen Karriere schuf.

Während die USA in der Entwicklung des Metallskelettbaus führend waren, wurde das Potential von Stahlbeton zuerst in Europa ausgelotet. Nach ersten Experimenten mit diesem Material in Großbritannien betrieb François Hennebique von seiner Pariser Firmenzentrale aus die internationale Verbreitung des Stahlbetonbaus. Ein großer Vorteil des Betonbaus lag in der Möglichkeit, weite Innenräume zu überspannen. Während einige Ingenieure, etwa der Franzose Eugène Freyssinet und der Schweizer Robert Maillart, mit Beton eindrucksvolle Brücken und andere Zweckbauten errichteten, widmeten sich Architekten den ästhetischen Möglichkeiten, die diesem Material innewohnen. Obwohl sich Beton für die skulpturalen Visionen eines Antoni Gaudí eigentlich anbot, machte der katalanische Architekt von diesem Material kaum Gebrauch. (Nach Gaudís Tod 1926 freilich wurde Beton bei den fortgesetzten Arbeiten an der Sagrada Familia in Barcelona ausgiebig genutzt.) Mit seinem sachlicheren Ansatz sorgte Auguste Perret, Spross einer in der Bauindustrie verwurzelten Familie, in der ersten Hälfte des 20. Jahrhunderts dafür, dass Beton nicht nur als Baustoff für Fabriken und Brücken, sondern auch für öffentliche Gebäude Anerkennung fand. Perret, im Kern ein Rationalist in der Tradition Viollet-le-Ducs, entwickelte bei einer Reihe von Bauprojekten in Paris eine klassisch moderne Formensprache, indem er Beton als zweckmäßiges Material behandelte, dem man durch Farbe und Feinheit im Detail auch eine ansprechende Erscheinung geben konnte. In seinem Werk paart sich ein Sinn für Nützlichkeit und Effizienz mit dem Wunsch nach kunstvoller Wirkung und städtebaulichem Dekorum. Damit begründete Perret eine moderne Alternative zum eher dogmatischen Funktionalismus des Internationalen Stils, wie man ihn mit Walter Gropius und anderen assoziiert. Dass der junge Le Corbusier bei Perret in die Lehre ging, dürfte seinen Glauben an Beton als Basis einer neuen Architektur gestärkt haben. Während Le Corbusiers frühe Arbeiten, besonders die Villa Savoye (1929–1931), noch Spuren eines Klassizismus aufweisen, ist sein Spätwerk das Ergebnis einer Weiterentwicklung des Funktionalismus hin zu idiosynkratischen Bauwerken wie der Kapelle von Ronchamp (1950–1955) und dem Kloster Sainte-Marie de La Tourette (1960). Hier dient Beton zur Gestaltung expressiver Formen von großer Erhabenheit und Ausstrahlung, deren Einfluss auf die Architektur bis ins 21. Jahrhundert anhält.

ORNELLA SELVAFOLTA

GIUSEPPE MENGONI

Architekt der Mailänder Galleria Vittorio Emanuele II

1829–1877

Giuseppe Mengonis Name ist untrennbar mit der Galleria Vittorio Emanuele II verbunden, die er zwischen 1863 und 1877 in Mailand entwarf und errichtete. Der Bau der Galleria, eine technisch höchst anspruchsvolle Aufgabe, war die bedeutendste unter zahlreichen städtebaulichen Maßnahmen, mit denen Mailands Infrastruktur und Monumentalbauten nach der Vereinigung Italiens 1861 aufgewertet werden sollten. Über ein Jahrhundert später hat die Galleria nichts von ihrer Faszination verloren, was sie ihrer idealen Lage in Mailands Innenstadt zwischen der Piazza del Duomo und der Piazza della Scala, dem Renommee ihrer Läden und Cafés sowie ihrer majestätischen Raumwirkung verdankt.

EINE KOMBINATION VON WISSENSCHAFT UND KUNST

Giuseppe Mengoni wurde als Kind einer wohlhabenden Familie der Mittelschicht in Fontanelice geboren, das damals zum Kirchenstaat gehörte. Nach den revolutionären Aufständen im Jahr 1848 konzentrierte er sich auf sein Studium in Bologna, wo er sowohl an der Universität für Mathematische Physik als auch an der Kunstakademie eingeschrieben war – eine Kombination, durch die der angehende Architekt für vielfältige und komplexe Herausforderungen gewappnet war. 1861 nahm Mengoni an einem Wettbewerb zur Neugestaltung der Mailänder Piazza del Duomo teil, der auch jenes Projekt umfasste, das einmal die Galleria Vittorio Emanuele II werden sollte. Mengonis Erfolg bei diesem Wettbewerb war der Auftakt einer bemerkenswerten Karriere, in deren Verlauf er Theater, Apartmenthäuser, Bankgebäude und Markthallen mit unverhülltem Eisentragwerk entwarf und baute. Auch ein stadtplanerischer Entwurf für die Innenstadt von Rom stammt von ihm. Mengoni vereinte Kenntnisse über moderne Bauweisen und Materialien mit Respekt vor der Tradition. Seine Karriere endete abrupt im Dezember 1877, als er an den Folgen eines Sturzes vom Baugerüst der Galleria Vittorio Emanuele starb. Sein Gesamtwerk ist deshalb nicht sehr umfangreich, weist ihn aber gleichwohl als vielseitigen, professionellen und äußerst fähigen Architekten aus, der die Dynamik des 19. Jahrhunderts verkörperte und den Bedürfnissen einer sich rasch wandelnden Gesellschaft Rechnung zu tragen wusste.

Die Galleria Vittorio Emanuele II in Mailand kurz nach Fertigstellung der Hauptpassage, um 1867.

DIE GALLERIA VITTORIO EMANUELE II

Der Bau der Galleria Vittorio Emanuele II war eine äußerst heikle Aufgabe, bei der es vielerlei zu berücksichtigen galt: politische Loyalitäten und verwaltungstechnische Bedenken, ökonomische Interessen und städtebauliche Prinzipien, symbolische Bedeutungen und funktionale Anforderungen, technische Probleme und künstlerische Erwägungen. Die Galleria war das Ergebnis einer langwierigen Diskussion um die Frage, wie eine Neugestaltung der Piazza del Duomo gelingen könne, die sowohl den Dom akzentuiert als auch die Innenstadtstruktur modernisiert. 1859, im Jahr der Vertreibung der österreichischen Truppen aus Italien, schrieb die Mailänder Stadtverwaltung einen ersten Ideenwettbewerb aus, an dem alle Bürger teilnehmen konnten. 1861 gab es einen weiteren Wettbewerb, diesmal nur für Künstler und Architekten, bei dem sich Mengoni mit seinem Beitrag hervortat, so dass er eingeladen wurde, auch am abschließenden Wettbewerb 1863 teilzunehmen. Sein Siegerentwurf sah einen großen rechteckigen Platz vor,

Unten: Plan von Mengoni für die Neugestaltung der Mailänder Piazza del Duomo mit der von ihm entworfenen Galleria Vittorio Emanuele II, 1865. Gegenüber: Porträt von Giuseppe Mengoni, 1877.

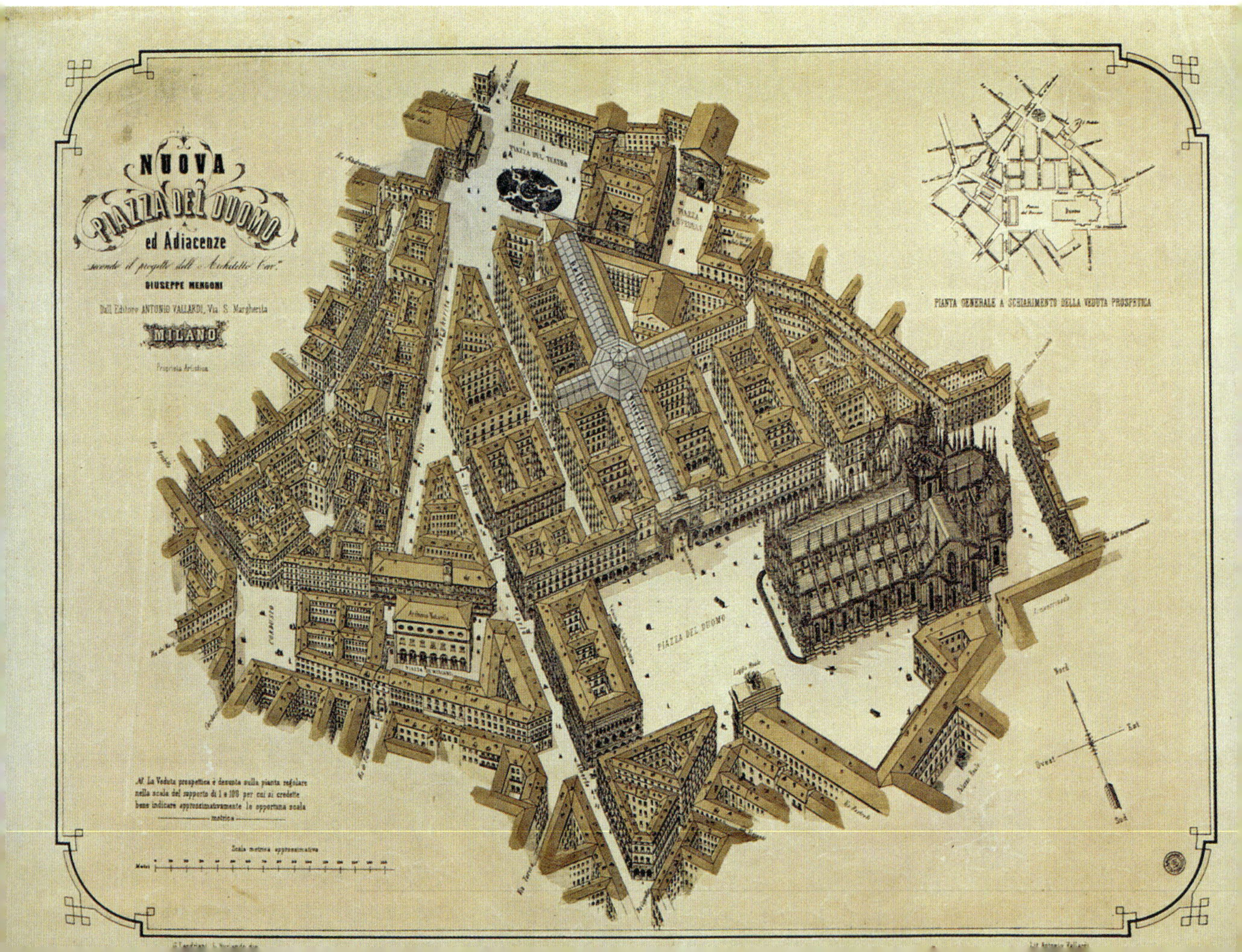

der von Arkaden eingerahmt und auf der Nordseite mit der Piazza della Scala durch eine überdachte Passage verbunden war, in der sich elegante Geschäfte und Cafés befinden sollten. Dies erklärt den eigentümlichen Grundriss der Galleria mit seiner markanten Kreuzung zweier Straßen, die sich rechtwinklig im Zentrum einer achteckigen „piazza" treffen. Als Überdachung der gesamten Passage war eine lichtdurchlässige Eisen-Glas-Konstruktion vorgesehen – Sinnbild von Modernität und Fortschritt.

Bei der Galleria bewies Mengoni seine außergewöhnlichen Fähigkeiten als Architekt wie auch als Bauleiter. Es mussten komplizierte Verhandlungen über Enteignungen und Verkäufe von Grundstücken geführt, Geldgeber gefunden sowie Abriss- und Bauarbeiten durchgeführt werden. Außerdem galt es, ein ausgewogenes Verhältnis von öffentlicher und privater Finanzierung zu finden und trotz des Einsatzes neuer Technologien einen straffen Bauzeitplan einzuhalten. Die Baufirma, die City of Milan Improvements Company (die extra für diesen Zweck in London gegründet worden war), errichtete die ganze Galleria in nur zwei Jahren, mit Ausnahme des Triumphbogenportals an der Piazza del Duomo (das erst 1878 fertiggestellt wurde). Bereits 1867 war dieser auch städtebaulich bedeutende Gebäudekomplex vollständig für die Allgemeinheit zugänglich.

In Abänderung des ursprünglichen Entwurfs hatte Mengoni die Ausmaße des Komplexes erweitert und die Bauten von drei auf fünf Geschosse aufgestockt, um die vermietbare Gesamtfläche und folglich die Mieteinnahmen zu erhöhen, was im Interesse der Baufirma wie auch des Stadtrats lag. Diese Entscheidung trug erheblich zum besonderen Flair der Galleria bei, die mit ihren riesigen Ausmaßen und ihrer grandiosen Raumwirkung dem Gebäudetyp der überdachten Passagen eine neue, moderne Erscheinung gab. Ihre Gänge sind 14,5 m breit und ihre Fassaden 25–30 m hoch. Diese „echten Straßen und echten Gebäude", so erklärte 1880 Julien Guadet, Architektur-Professor an der École des Beaux-Arts in Paris, verdankten sich dem Mut eines Architekten und einer „grandiosen Vision" der Stadt. Die Entscheidung, den Komplex größer als geplant zu errichten, machte ungewöhnliche bautechnische Lösungen erforderlich. Wollte man in die Höhe bauen, zugleich flexible Räume mit einem Minimum an tragenden Wänden schaffen, um „den vielfältigen Bedürfnissen des Einzelhandels" Rechnung zu tragen, und zudem die Gebäude noch mit einer schweren Eisen-Glas-Konstruktion überdachen (es wurden 353 Tonnen an Metall verbaut), bedurfte es neuer Kombinationen von Materialien. So verband man hier schmale gusseiserne Pfeiler und eiserne Doppel-T-Träger mit traditionellem Mauerwerk und setzte auf Bauweisen, die bis dato in Mailand gänzlich unbekannt gewesen waren. Das im Mauerwerk und hinter den Fassaden verborgene Metallskelett zeigt sich in all seiner Modernität im Dach, das statt durch konventionelle Dachbalken mit Winkelstützen durch elegante Rippen in Form gedrückter Spitzbögen ohne Zugbalken getragen wurde. Sie dienten als Stützen für die große Kuppel, deren Form dem achteckigen Grundriss der Kreuzung entspricht. Die Kuppel ist rund 38 m breit und an ihrem Scheitelpunkt 49 m hoch.

Da es in Italien keine geeigneten Hersteller gab, wurden die Bauteile in Frankreich von der Firma des Pariser Ingenieurs Henri Joret vorgefertigt und dann im Laufe von sechs Monaten installiert – eine beeindruckend kurze Zeitspanne angesichts der Umstände und der herrschenden Gesetzgebungspraxis. Erstaunlich ist, dass es Mengoni tatsächlich gelang, all die anspruchsvollen Arbeiten auf dieser gewaltigen Baustelle zu organisieren, auf der täglich rund 1000 Menschen mit ganz unterschiedlichen Fähigkeiten und Aufgaben tätig waren. Nicht weniger beachtlich ist seine Leistung, öffentliche und private Gelder zusammengeführt und italienische wie ausländische Unternehmen mit ihren je eigenen Arbeitsweisen und Erfahrungen eingebunden zu haben. 1867 allerdings gerieten die Arbeiten aufgrund ökonomischer und kommunalpolitischer Probleme ins Stocken. Es sollte noch zehn weitere Jahre dauern, bis das Triumphbogenportal an der Piazza del Duomo fertiggestellt war. In der Zwischenzeit aber hatte die Mailänder Bevölkerung die Galleria längst begeistert angenommen: Man erfreute sich an den Geschäften, dem Dekor, dem Licht sowie der ungewöhnlichen Atmosphäre und Geräumigkeit, die der „Himmel aus Eisen und Glas“ geschaffen hatte. Dieses Dach, so schrieben 1892 die Ingenieure des Mailänder Politecnico, habe das Baumaterial „Eisen förmlich in die Architektur der Stadt eingeführt und als Alternative zum klassischen Mauerwerk etabliert, da es

Längsschnitt der Eisen-Glas-Dachkonstruktion der Galleria Vittorio Emanuele II, die in Paris von Henri Joret gefertigt wurde.

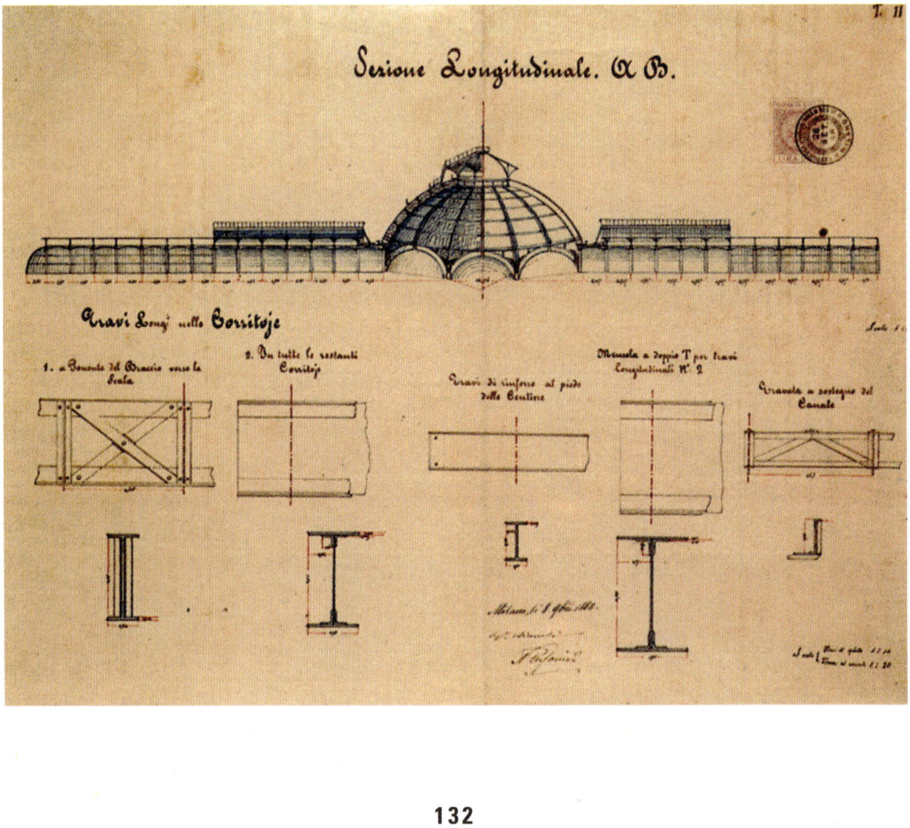

Die Gebäude der Galleria im Bau, 1866. Mit Ausnahme des Eingangsbogens wurde das komplette Bauwerk in nur zwei Jahren errichtet.

hier nicht länger eine untergeordnete Rolle spielt, sondern als Baustoff eine ungeahnte Würde erlangt hat". Mengonis Galleria hatte großen Einfluss auf die Gestalt nachfolgender Einkaufspassagen und begründete Italiens führende Rolle beim Bau dieses Gebäudetyps. Mit ihr war die Passage zu einem Triumph von Raum und Licht geworden und zu einem zeitlos reizvollen Element städtischer Architektur.

GERALD R. LARSON

WILLIAM LE BARON JENNEY

Erbauer der markanten Wolkenkratzer Chicagos

1832–1907

William Le Baron Jenney zählt zu einer Gruppe von Architekten, die in den 1880er Jahren in Chicago die Entwicklung der Wolkenkratzer vorantrieben. Geboren in Fairhaven, Massachussetts, studierte er Bauingenieurwesen an der Pariser École Centrale des Arts et Manufactures, wo er sein Studium 1856 abschloss. Während des Amerikanischen Bürgerkriegs diente Jenney als Ingenieur in der Nordstaaten-Armee, aus der er 1866 im Rang eines Majors ausschied. Sein Interesse galt zunächst der Landschaftsgestaltung, so dass er sich unter anderem um eine Anstellung beim berühmten Landschaftsarchitekten Frederick Law Olmsted bemühte. 1867 arbeitete er als Junior Partner des Architekten Sanford E. Loring, der sich aber schon bald aus dem Geschäft zurückzog, um sich der Terrakotta-Herstellung zu widmen. Daraufhin fand Jenney eine Stelle als Landschaftsingenieur bei der West Chicago Park Commission. Schließlich wurde er 1869 von Olmsted angeheuert, um am Bau des neuen Chicagoer Vororts Riverside mitzuarbeiten. Für dieses Projekt entwarf er seine ersten zwei größeren Bauwerke, den Riverside Wasserturm und das Riverside Hotel.

Jenney profitierte erheblich vom großen Brand in Chicago im Jahr 1871, der ihm Aufträge für zwei bedeutende Bürogebäude bescherte. Allerdings geriet der Wiederaufbau Chicagos, zum Leidwesen aller Architekten, mit der Wirtschaftskrise 1873 sechs Jahre lang ins Stocken. Was seine Karriere anging, war Jenney 1874 in derselben Situation wie vor dem Brand, nämlich beschäftigt mit Arbeiten an kleinen Häusern und Kirchen. Als die Konjunktur 1879 wieder anzog, wurde er von Levi Leiter, dem Kompagnon des Kaufhausunternehmers Marshall Field, mit der Planung eines fünfstöckigen Loftgebäudes an der Ecke Wells und Monroe Street beauftragt. Damit die Innenräume des Leiter Buildings möglichst viel Tageslicht erhielten, sah Jenneys Entwurf an den zwei Straßenfronten eine einheitliche Breite der gemauerten Pfeiler vor. Gusseiserne Pilaster waren als Stützen der Deckenbalken vor die Innenseite jener Fassa-

Oben: Porträt von William Le Baron Jenney. Gegenüber: Jenneys Home Insurance Building, Chicago, 1884–1885.

CALUMET
BUILDING

Bau des Fair Store, entworfen von Jenney um 1890. Das Eisentragwerk gleicht im Prinzip dem, das Jenney auch beim Second Leiter Building verwendete.

denpfeiler gesetzt, die normalerweise die Deckenbalken gestützt hätten. Zwar hatte man in Chicago auch schon vor dem großen Brand 1871 Eisenpfeiler in Außenwänden verwendet, doch seit dem Brand war dies das erst Mal.

CHICAGOS ERSTE WOLKENKRATZER

Nachdem Jenney das Leiter Building (1879; zerstört) vollendet hatte, verlief seine Karriere eher unspektakulär. Während er sich zunehmend in die Rolle eines Elder Statesman fügte, erhielten jüngere Architekten in Chicago Aufträge für den Bau von Bürogebäuden mit zehn oder mehr Stockwerken – Gebäude, die man schon bald „skyscraper" nannte. Daniel H. Burnham und John Welborn Root entwarfen 1881 den Montauk Block, Chicagos ersten Wolkenkratzer, und auch sonst die Mehrzahl dieser ersten Hochhäuser. Bis zum April 1884, als Jenney mit der Planung des Home Insurance Buildings betraut wurde – sein einziger großer Auftrag in den zehn Jahren seit Fertigstellung des Leiter Buildings –, waren in Chicago bereits sieben Gebäude mit mindestens zehn Geschossen errichtet worden oder aber im Bau. Insofern war der Auftrag für das Home Insurance Building ein Ausnahmeereignis in Jenneys damaliger Karrierephase. Und dieser Auftrag verdankt sich auch weniger Jenneys Rang unter Chicagos Architekten als der persönlichen Gunst des örtlichen Vertreters der Versicherungsgesellschaft, der Jenney noch aus den Zeiten des Bürgerkriegs kannte. Anfang des 20. Jahrhunderts haben Historiker das Home Insurance Building fälschlicherweise als „ersten Wolkenkratzer" und „ersten Wolkenkratzer in Eisenskelettbauweise" bezeichnet, und Jenney als „Vater des Wolkenkratzers und des Eisenskeletts“ ausgerufen. Im Zuge späterer Forschungsarbeiten haben sich diese Ansichten als haltlos erwiesen. Heute gilt James Bogardus mit seinen um 1850 entstandenen Eisenskelettbauten in New York als Erfinder des Eisenskeletts in den USA. Außerdem schreiben Historiker inzwischen George Post das Verdienst zu, den ersten Wolkenkratzer entworfen zu haben, nämlich 1867 das Equitable Life Insurance Building in New York. Burnham und Root wiederum gelten als Architekten des ersten Chicagoer Wolkenkratzers.

Zeitgenössische Beschreibungen und spätere Untersuchungen der Konstruktion des Home Insurance Buildings zeigen, dass dieses Gebäude nicht über ein selbständiges Eisenskelett verfügte. Die zwei gemauerten Außenwände an der Rückseite des Gebäudes sowie die eiserne Stützkonstruktion im Innern waren vielmehr typisch für die Zeit. Das einzige Detail, mit dem Jenney von den im Chicago der 1880er Jahre üblichen Bauweisen abwich, waren gusseiserne Wandplatten, die er an den beiden Straßenfronten zwischen die äußeren gemauerten Pfeiler einfügte. Sie dienten in ähnlicher Weise als Stützen der Deckenbalken wie jene Wandplatten, die er schon im Leiter Building verwendet hatte. Hier wie dort wollte Jenney mit dieser Konstruktion die gemauerten Pfeiler schmal halten, um möglichst viel Tageslicht ins Innere zu lassen. Im Unterschied zu einem echten Skelett gab es in den einzelnen Stockwerken aber keine eisernen Außenwandstützträger, die in Verbindung mit den Pfeilern einen starren Rahmen ergeben hätten. Die Stabilität der beiden Straßenfronten des Gebäudes beruhte vielmehr auf einer konventionellen Verbindung von Mauerwerk und Metallelementen.

ENTWICKLUNG DES EISENSKELETTBAUS

Die ersten Außenmauern mit Eisenskelett in einem Chicagoer Wolkenkratzer waren jene, die den Lichthof des 1885 von John Wellborn Root errichteten Phoenix Buildings umschlossen. Root war der erste, der den inzwischen üblichen Rahmen aus Eisenpfeilern

Blick auf Chicago im Jahr 1913, im Vordergrund Jenneys Second Leiter Building, 1889–1891.

und -trägern nutzte, um die gemauerte Hülle des Lichthofs in jedem Stockwerk mit Hilfe eiserner Verbindungswinkel an den Außenwandträgern zu stützen. Dieselbe Konstruktion nutzte Root auch bei allen vier Mauern im Lichthof des Rookery Buildings (1885–1888). 1889 verzichtete Root erstmals gänzlich auf tragende Mauern: Das Rand McNally Building war nicht nur der erste reine Stahlskelett-Wolkenkratzer, sondern auch der erste, dessen Fassade vollständig mit Terrakotta verkleidet war.

Wenngleich Jenney weder den Eisenskelett-Wolkenkratzer erfunden, noch als erster Chicagoer Architekt ein reines Eisenskelett-Gebäude entworfen hatte, zählte er doch zu jenen von Chicagos Architekten, die im Anschluss an Roots Entwurf des Rand McNally Buildings die Entwicklung des Wolkenkratzerbaus intensiv vorantrieben. Jenneys erstes reines Eisenskelett-Gebäude war zugleich sein Meisterwerk. Kurz nach Beginn der Arbeiten am Rand McNally Building wurde Jenney abermals von Levi Leiter mit dem Bau eines Gebäudes beauftragt: eines Kaufhauses an der Ecke State und Van Buren Street, das heute als Second Leiter Building bekannt ist. Bei diesem machte Jenney das Tragwerk des achtgeschossigen Gebäudes in der Fassade deutlich sichtbar.

Manhattan Building, Chicago, 1889–1891, das erste 16-geschossige Gebäude der Welt und technisch das bahnbrechendste aller Projekte von Jenney.

Das Second Leiter Building (1889–1891) markiert den Beginn der späten Blütezeit in Jenneys Karriere. Nachdem er 1890 William Mundie zu seinem Junior Partner gemacht hatte, wurde ihre gemeinsame Firma im Vorfeld der Weltausstellung 1893 mit der Planung mehrerer Wolkenkratzer beauftragt. In technischer Hinsicht bahnbrechend war vor allem das 1891 fertiggestellte Manhattan Building. Mit dem Monadnock Building (1889–1892) von Burnham und Root teilt es sich nicht nur den Titel des ersten 16-geschossigen Gebäudes der Welt, sondern auch des ersten Wolkenkratzers mit Windversteifung. Die beiden Gebäude standen an der Dearborn Street, die kurz zuvor südlich der Jackson Street verbreitert worden war, wodurch sich die Tiefe der beiden Grundstücke auf 20,70 m verringert hatte. Beide Architekten waren besorgt wegen möglicher Schwankungen, die der Wind bei solch schmalen Hochhäusern verursachen könnte, und beide reagierten darauf mit einer Aussteifung des Tragwerks gegen die Windkräfte. Im Manhatten Building verwendete Jenney nicht nur Diagonalstreben (wie auch Burnham und Root in ihrem Gebäude), sondern zudem – was für Wolkenkratzer eine Premiere war – starre Portalrahmen.

Mit der Weltausstellung 1893, für die er das Horticultural Building planen durfte, erreichte Jenneys Karriere ihren Höhepunkt. Anschließend ließ er offenbar bereitwillig zu, dass Mundie zunehmend die Kontrolle über die Firma übernahm. Jenney setzte sich 1905 in Südkalifornien zur Ruhe und starb am 15. Juni 1907 in Los Angeles.

Das Horticultural Building, von Jenney für die Weltausstellung 1893 entworfen.

et son Gendre et Collaborateur M. Salles
1736
Mr G. Eiffel au sommet de la Tour
ND. Phot.

GUSTAVE EIFFEL

Genialer Ingenieur mächtiger Metallkonstruktionen

1832–1923

Gustave Eiffel war nicht nur der Erbauer jenes des kolossalen Pariser Wahrzeichens, das seinen Namen trägt, sondern auch ein fähiger Geschäftsmann und Unternehmer, der Bauwerke in Frankreich, Portugal, Spanien, Ungarn, Rumänien, den USA, Südafrika und Südostasien hinterlassen hat. Er war voller Ehrgeiz, Entschlusskraft und Tatendrang, und verband die Fähigkeiten eines umfassend ausgebildeten Ingenieurs mit Kreativität, einem Sinn für Vermarktung und realistische Terminplanung sowie dem Geschick, die jeweils besten Mitarbeiter zu gewinnen und bei der Stange zu halten.

Eiffel wurde in Dijon geboren, wo seine Mutter eine Kohlen- und Feuerholzhandlung betrieb. Sein Vater war ein Autodidakt, dessen Abenteuerlust und Wissensdurst Gustave erbte. Eiffel beendete sein dreijähriges Studium an der École Centrale des Arts et Manufactures – schon damals eine der führenden Ingenieurhochschulen in Frankreich – mit einer Dissertation über den Bau eines Chemiewerks, in der Erwartung, seinem Onkel als Geschäftsführer einer Farbenfabrik bei Dijon nachzufolgen. Doch Familienstreitereien führten schließlich dazu, dass Eiffel 1855 – im Jahr der ersten Weltausstellung in Frankreich – eine Laufbahn als Ingenieur einschlug.

Er fand Arbeit bei Charles Nepveu, einem vielseitigen Ingenieur und Bauunternehmer, dessen Geschäft nach eigenen Angaben die „Herstellung von Dampfmaschinen, Werkzeugen, geschmiedetem Gerät, Blechen und ortsfestem wie rollendem Material für Eisenbahnen“ war. Dank der Fürsprache Nepveus wurde Eiffel schon bald von einer Eisenbahngesellschaft mit der technischen Begutachtung einer kleinen, nur 22 m langen Metallbrücke beauftragt. Es sollte der Beginn einer bedeutenden Karriere als Konstrukteur von Eisenbahnbrücken sein, deren Entwicklung damals in Frankreich rasant voranschritt. Im Alter von 26 Jahren wurde Eiffel schließlich von Nepveu mit der Leitung des Baus einer 500 m langen metallenen Eisenbahnbrücke über die Garonne in Bordeaux betraut. Der Bau der Brücke, damals eine der längsten in ganz Frankreich, war eine bedeutende Aufgabe. Schon hier nutzte Eiffel eine Technik, für die er später bekannt werden sollte: die Fundamentlegung von Pfeilern mit Hilfe von Druckluftsenkkästen.

Gustave Eiffel (links) und sein Schwiegersohn Adolphe Salles stehen auf der Wendeltreppe in der Spitze des Eiffelturms, Paris, 1889.

EISENBAHNVIADUKTE UND BRÜCKEN

Nach einigen Arbeiten in Südfrankreich für die Compagnie des Chemins de Fer du Midi, darunter der Bahnhof von Toulouse und mehrere Brücken, beschloss der 32-jährige Eiffel 1864 die Gründung einer eigenen Firma. Er verfügte zwar nur über begrenzte finanzielle Möglichkeiten, dafür aber über großen technischen Sachverstand und Kontakte im Eisenbahngeschäft. Nach zwei Jahren als bautechnischer Berater konnte er sich die Materialien und die Werkstatt leisten, die er als Bauunternehmer benötigte.

Sein erster bescheidener Auftrag war die Errichtung der Tragwerke zweier Synagogen in Paris. Daraufhin wurde seine Firma mit dem Bau zweier Viadukte über den Fluss Sioule in Mittelfrankreich beauftragt, die von Wilhelm Nordling geplant worden waren. Eiffels ureigener Beitrag bestand in der Idee, ein vormontiertes Brückendeck vom Ufer aus auf die Pfeiler zu schieben – ein Verfahren, das später weithin üblich wurde. Anfang der 1870er Jahre begann sein Geschäft zu florieren; er baute weitere Brücken, von denen jene auf den Eisenbahnstrecken Latour – Millau sowie Chinon – Les Sables d'Olonne besonders bemerkenswert sind. Außerdem errichtete er Tragwerke und Gasspeicher, baute in Bolivien und Peru Molen, Brücken und Lagertanks und an der chilenischen Grenze eine heute noch existierende Kirche aus Fertigbauteilen.

1875 erhielt Eiffel zwei bedeutende Aufträge für Bauwerke in Europa: den Hauptbahnhof in Pest (heute Budapest) und einen großen, von Theophile Seyrig gestalteten Viadukt („Maria Pia") über den Douro in Porto. Sein gemeinsam mit Seyrig entwickeltes Konzept dieses Viadukts sah eine riesige Bogenbrücke mit einer Spannweite von 160 m vor, die wegen des Verzichts auf Baugerüste besonders kostengünstig war. Der Entwurf gewann den internationalen Wettbewerb und steigerte Eiffels Ansehen. Zu jener Zeit zeichnete er überdies für zwei weitere Brücken in Portugal und Spanien verantwortlich, außerdem für den Bauentwurf des Pavillons der Stadt Paris bei der Weltausstellung 1878. In Paris errichtete er 1879 das Erweiterungsgebäude des Kaufhauses Le Bon Marché und zwei Jahre später die imposante Zentrale der Banque Crédit Lyonnais.

Dem Gelingen des Maria-Pia-Viadukts in Portugal verdankte Eiffel den Auftrag, eine ähnliche Brücke auf der Bahnlinie Marvejols – Neussargues über die Truyère-Schlucht in Mittelfrankreich zu bauen. Die Brücke war die günstigere Alternative zu einem weit aufwändigeren Streckenverlauf durch das Tal mit entsprechend teuren Erdarbeiten. Obwohl sich der Garabit-Viadukt in einigen Details von der Brücke über den Douro unterscheidet, beruht er doch auf demselben Prinzip und gilt noch heute als ein Meisterwerk Eiffels. Bei einer Spannweite von 160 m und einer Höhe von 122 m über der Talsohle erweckt der Viadukt den Eindruck unglaublicher Leichtigkeit, und die Eleganz der Bogenform paart sich hier mit einer Feinheit im Detail. Mit der Fertigstellung des Viadukts 1884 war der Weg bereitet für den Bau des 300 m hohen Eiffelturms in Paris, der mit denselben Prinzipien, Berechnungen und Verfahren und von denselben Technikern geplant und gebaut werden sollte.

Der Garabit-Viadukt über die Truyère-Schlucht, vollendet 1884. Mit seiner Spannweite von 160 m zählte er zu den bedeutendsten Projekten von Eiffels Firma.

DIE FREIHEITSSTATUE UND DER EIFFELTURM

1884 stellten Eiffel und sein Ingenieurteam, insbesondere Maurice Koechlin und Émile Nougier, ihr Können erneut unter Beweis, als sie das Skelett der Freiheitsstatue in New York konstruierten. Dieses Tragwerk besteht aus einem Pylon, der mit Hilfe eines leichten Gerippes jene dünnen Kupferbleche trägt, die der Statue ihre Form geben. Von großer Kreativität zeugt auch die 1886 gebaute drehbare Stahlkuppel des Observatoriums in Nizza. Zur besseren Beweglichkeit ließ Eiffel diese Kuppel auf einem runden Tank voll Wasser schwimmen, dessen hoher Salzgehalt ein Gefrieren verhinderte. Von solchen Innovationen abgesehen verdiente seine Firma gutes Geld mit der Entwicklung transportabler Brücken, die noch bis 1940 als Bausatz in alle Welt exportiert wurden.

Die Pariser Weltausstellung 1889 bot Eiffel schließlich die Gelegenheit, sich über die Grenzen bauingenieurlicher Tätigkeit hinauszuwagen. Lange bevor eine offizielle Entscheidung getroffen wurde, war in Paris die Idee aufgekommen, des einhundertsten Jahrestags der Französischen Revolution mit einem großartigen Bauwerk zu gedenken. Die Idee eines Turms von ungeahnter Höhe hatte es auch schon andernorts gegeben, etwa in Philadelphia, wo für die Weltausstellung 1876 ein 305 m hoher Turm im Gespräch gewesen war. Im Mai 1884 begannen Koechlin und Nouguier über einen Turm für Paris nachzudenken. Sie fertigten eine grobe Skizze an und führten Berechnungen für einen

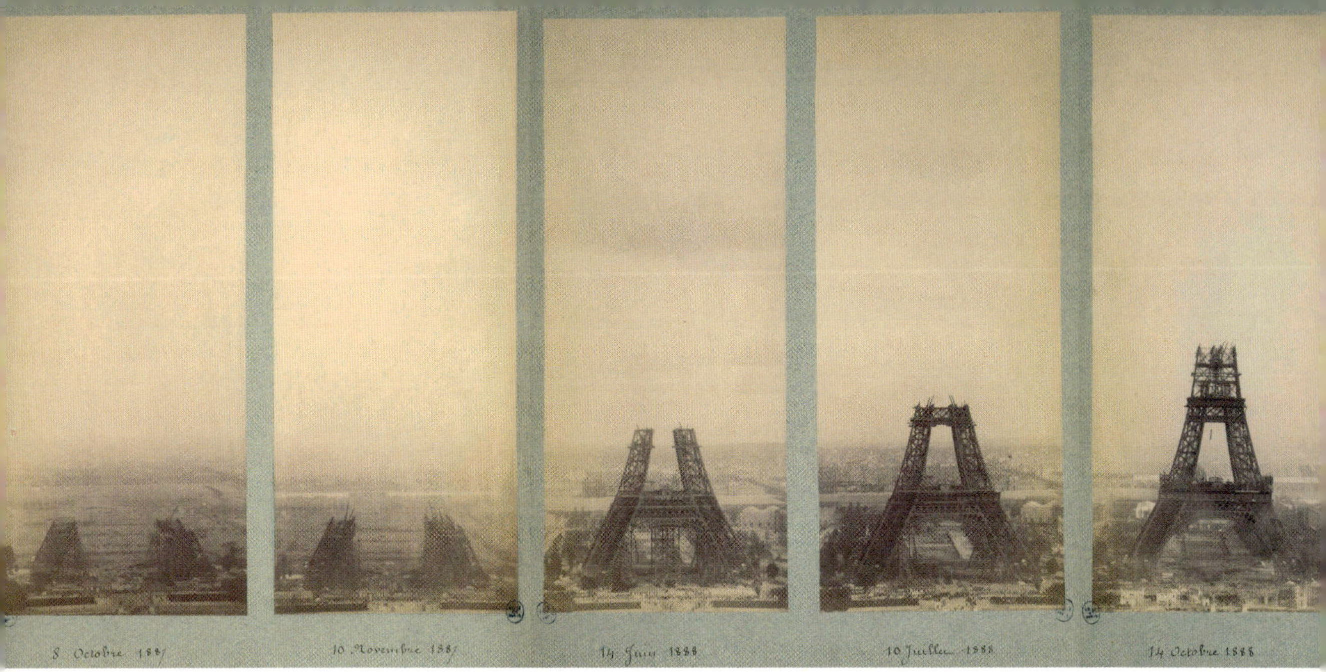

Metallpylon durch, der aus vier Hauptpfeilern bestehen sollte, die am Boden weit auseinander standen und sich in der Spitze trafen. Der Entwurf wurde in wesentlichen Punkten vom Architekten Stephen Sauvestre überarbeitet, der die erste Plattform und die vier Hauptpfeiler mit monumentalen Bögen verband, verglaste Aufbauten auf die Etagen setzte und der Fassade Ornamente hinzufügte. Eiffel begann, sich für das Projekt zu interessieren und meldete gemeinsam mit seinen beiden Ingenieuren im September 1884 ein entsprechendes Patent an. Dann brachten sie Monate damit zu, ihre Idee bei offiziellen Stellen anzupreisen. Als 1885 schließlich ein Wettbewerb für den Masterplan und die zentralen Bauwerke der Weltausstellung ausgeschrieben wurde, war darin auch ein hoher Turm gefordert – eine eindeutige Bezugnahme auf Eiffels Konzept. Und Eiffel erhielt den Auftrag. Er trug annähernd die Hälfte der Baukosten und bekam dafür als Gegenleistung von der Stadt Paris die Genehmigung zum Betrieb des Turms bis zum Jahr 1910; die restlichen Gelder steuerte eine Gruppe von drei Banken bei.

Die Arbeiten am Turm hatten kaum begonnen, da erschien am 14. Februar 1887 in *Le Temps*, der damals führenden französischen Tageszeitung, ein Artikel mit der Überschrift „Protest gegen Eiffelturm“. Unterzeichnet von bekannten Persönlichkeiten des Kunstestablishments, war der Text ein zorniger Protest gegen „diese Beleidigung des französischen Geschmacks ... diesen monströsen Eiffelturm im Herzen unserer Hauptstadt“. Von „barocken, merkantilen Phantasien eines Maschinenbauers“ war die Rede, von einem „gigantischen schwarzen Fabrikschlot, einem Tintenklecks ähnlich“. Eiffel antwortete in einem Interview, in dem er die „Ästhetik des Turms“ verteidigte und sein Kunstverständnis skizzierte: „Darf man denn annehmen, dass uns Schönheit nichts angeht, nur weil wir Ingenieure sind, oder dass wir nicht zu bauen versuchen, was ebenso schön wie stabil und beständig ist? Sind denn die wahren Prinzipien der Festigkeit nicht stets im Einklang mit den ungeschriebenen Grundsätzen der Harmonie?“ Und weiter: „Ja, ich versichere, dass die Kurvenlinien der vier Pfeiler des Bauwerks, so wie mathematische Berechnungen sie vorgegeben ... einen großartigen Eindruck von Stärke und

Zehn zwischen dem 8. Oktober 1887 und dem 12. März 1889 entstandene Fotografien dokumentieren den Baufortschritt des Eiffelturms.

Schönheit vermitteln werden, denn sie werden die Kraft der gesamten Konstruktion erkennen lassen." Dieser Text kann nach wie vor als Eiffels paradoxes ästhetisches Credo gelten. Es beruht auf rationalen und abstrakten Überlegungen, die mit den Gesetzen der Naturwissenschaften und der Ethik übereinstimmen, seinem persönlichen Geschmack allerdings entgegenstanden, der weitgehend dem konventionellen bürgerlichen Geschmack des 19. Jahrhunderts entsprach.

Der Turmbau war eine Glanzleistung in Sachen Präzision, Effizienz und Schnelligkeit. Die Fundamente am Flussufer, die mittels Druckluftsenkkästen gelegt wurden, waren schon im Juni 1887 fertig. Die 1200 Bauteile des Turms erforderten 700 technische Zeichnungen sowie 3000 Werkstattzeichnungen, mit denen 40 Menschen zwei Jahre lang beschäftigt waren. Jedes einzelne Fertigbauteil wurde in Eiffels Fabrik in Levallois-Perret, rund acht Kilometer entfernt, auf ein Zehntelmillimeter genau hergestellt. Auf der Baustelle selbst waren zwischen 150 und 300 Arbeiter beschäftigt, darunter in den Schlüsselpositionen einige Veteranen, die schon am Bau der Viadukte mitgearbeitet hatten. Zum Einsatz kamen zwölf temporäre Gerüste von 30 m Höhe sowie vier weitere Gerüste von 45 m Höhe, die die Träger der ersten Plattform stützten. Zum Hochhieven der Bauteile verwendete man Kletterkräne. Alles in allem betrug die Bauzeit des eisernen Turms nur 33 Monate. 1889 wurde für Eiffel zu einem Jahr des Triumphs: Der Turm war nicht nur ein technischer, sondern auch ein Publikumserfolg – er galt als Symbol des Industriezeitalters und Meisterwerk der Ingenieurskunst, als Krönung einer jahrzehntelangen Phase kühner bautechnischer Experimente, und er begründete Eiffels weltweiten Ruhm.

NEUANFANG ALS WISSENSCHAFTLER

Zu seinem Leidwesen war Eiffel jedoch auch in den größten Finanzskandal seiner Zeit involviert: das Fiasko rund um den Panamakanal. Dessen Bauherr, Ferdinand de Lesseps, hatte von der Regierung Kolumbiens eine Konzession zum Bau eines Kanals über den Isthmus von Panama erhalten. Bestärkt durch seinen Erfolg mit dem Suezkanal hatte er sich für einen schleusenlosen Kanal entschieden, mit dessen Bau 1882 begonnen wurde. Doch das Projekt erwies sich als überaus kompliziert, kostete Tausende Menschen in den mittelamerikanischen Urwäldern das Leben und war offenbar auf diese Weise nicht durchzuführen. So beauftragte man Eiffel, zehn riesige Schleusen mit stählernen Schiebetoren zu bauen – mit dem fünfzehnfachen Budget des Eiffelturms. Eiffel sagte eine Fertigstellung innerhalb von 13 Monaten zu, und so liefen die Arbeiten von Beginn an auf Hochtouren: Die Schleusentore wurden gebaut, während auf der Baustelle zugleich die Ausschachtungen erfolgten. Doch wurde man weder der Malaria noch des Gelbfiebers Herr, zudem schritten die übrigen Arbeiten am Kanal so langsam voran, dass die Investoren das Vertrauen verloren. Nachdem alle anderen Finanzierungsversuche gescheitert waren, ging die Panama Canal Company am 4. Februar 1889 Bankrott. Lesseps und weitere Beteiligte mussten sich vor Gericht verantworten. Eiffel wurde letztlich freigesprochen, hatte aber zum Schutz seiner eigenen Firma zuvor seinen Vorstandsposten aufgegeben.

Bau der gewaltigen Gatún-Schleusen im Panamakanal, um 1912 – rund 25 Jahre nach Eiffels ursprünglichem Konstruktionsentwurf.

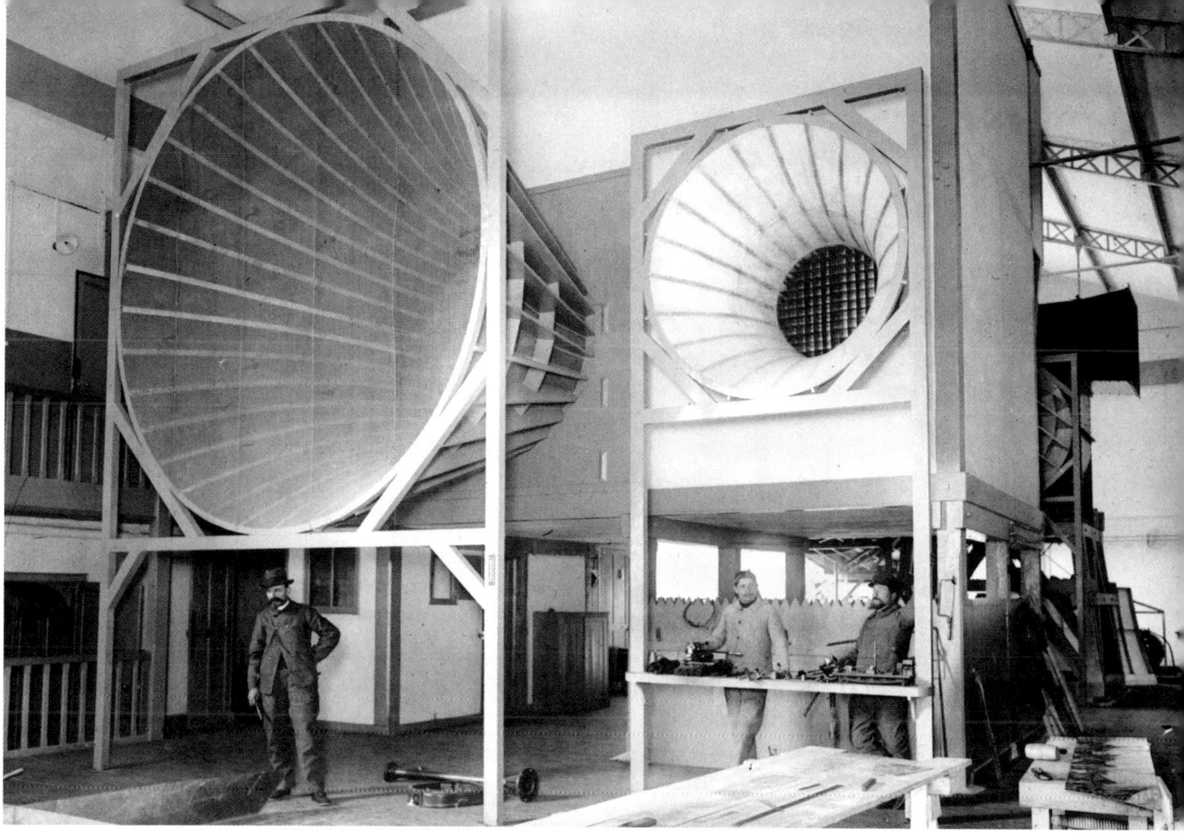

Der Windkanal, den Eiffel 1912 in der Rue Boileau 67 in Paris baute, um das aerodynamische Verhalten von Gebäuden und Flugzeugmodellen zu testen. Die Einrichtung ist noch heute in Betrieb.

Nach diesen Ereignissen begann Eiffel eine zweite Karriere als Wissenschaftler und avancierte zum Pionier auf drei neuen Gebieten: Meteorologie, Funktelegraphie und Aerodynamik. Erste meteorologische Forschungen führte er 1889 auf der Spitze seines Turms durch, wo er eine Wetterstation installiert hatte. Später baute er weitere Stationen auf seinen Grundstücken in Sèvres bei Paris, Beaulieu an der Französischen Riviera, Ploumanach in der Bretagne und Vevey in der Schweiz. Die Ergebnisse seiner Messungen veröffentlichte Eiffel in prachtvoll gebundenen Folianten, die er auf eigene Kosten herstellen ließ. Außerdem regte er zahlreiche weitere wissenschaftliche Experimente an, die die Nützlichkeit seines Turms beweisen sollten. Dazu zählten Versuche mit einem riesigen Pendel, einem Quecksilberthermometer und physiologische Experimente, aber auch die erste drahtlose Nachrichtenübertragung über größere Entfernung: Im Oktober 1898 empfing Eugène Ducretet im Pantheon Signale, die vom Eiffelturm ausgesendet worden waren; vier Jahre später stellte ein Offizier namens Férié eine stabile Funkverbindung mit Ostfrankreich her. Von da an war der Eiffelturm ein Bauwerk von strategischer Bedeutung, was ihn vor der Zerstörung bewahrte. Eiffels besondere Leidenschaft aber galt der Aerodynamik: Auf dem Pariser Champ de Mars errichtete er einen Windkanal, der von 1909 bis 1911 genutzt und dann von einem größeren Windkanal in der Rue Boileau abgelöst wurde, der heute noch in Betrieb ist. Bis zu seinem Tod im Alter von 91 Jahren war Eiffel für gewöhnlich in seinem Labor anzutreffen, wo er die Arbeiten leitete und sich um die Publikation der Forschungsergebnisse seiner Mitarbeiter kümmerte.

GWENAËL DELHUMEAU

FRANÇOIS HENNEBIQUE

SYMBOLFIGUR DES STAHLBETONS

1842–1921

François Hennebique steht als Person sinnbildlich für die Frühgeschichte des Stahlbetons. Doch welche Rolle spielte er als Baumeister? Die Entwicklung, an der er mitwirkte, ist die der faszinierenden Vermählung von Beton und Metall. Es ist die Geschichte einer Verbindung aus Technologie und Produktion, durch die sich die Architekturlandschaft zu Beginn des 20. Jahrhunderts tiefgreifend wandelte. Geprägt wurde der Charakter dieses neuen Verbundwerkstoffs aber auch durch das Zusammentreffen von industrieller und handwerklicher Kultur mit ihren unterschiedlichen, ja unvereinbaren Maßstäben. Doch diese Entstehungsgeschichte begründet letztlich auch die Identität des Baustoffs Stahlbeton, sein vielgestaltiges, heterogenes, hybrides, gar unreines Wesen. Und genau an dieser Nahtstelle unterschiedlicher Arbeitskulturen, dem Ursprung des Stahlbetonbaus, war auch François Hennebique tätig.

Schaubild des von Hennebique 1897 entwickelten Konstruktionssystems für Stahlbeton – eine Weiterentwicklung seines früheren Patents aus dem Jahr 1892. Es basiert auf der Verwendung von Eisenbügeln, doch werden die Betonbalken hier noch durch zusätzliche Stangen verstärkt.

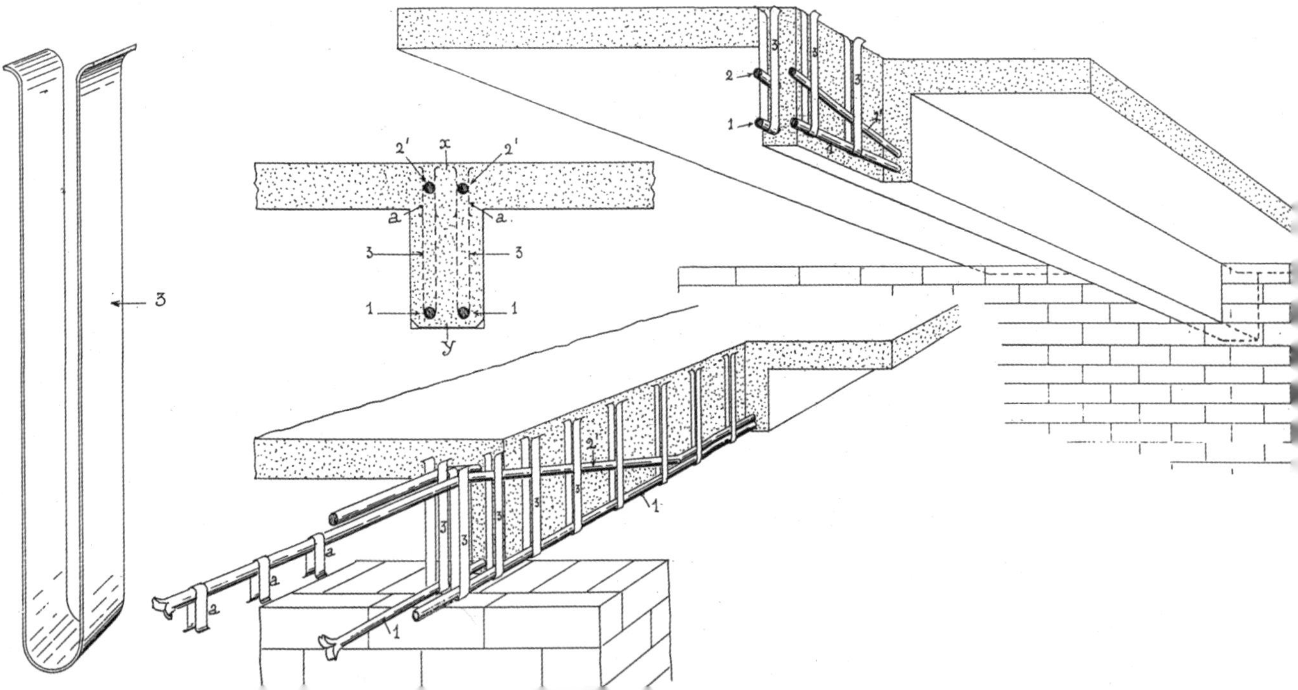

Ein zentrales Element jenes Verfahrens, das Hennebique Anfang der 1890er Jahre entwickelte, war ein schlichter Eisenbügel. Bei richtiger Positionierung in einer Betonmasse sorgt der Bügel für eine Verbindung beider Elemente und für Resistenz gegen Schubbeanspruchung. Damit war zugleich auch eine Beziehung zwischen einer abstrakten Technik und einer funktionalen Arbeitsweise hergestellt. Im Grunde handelt es sich um eine schlichte bautechnische Fertigkeit, um einen Maurertrick, doch Hennebique erkannte dessen vielfältige Anwendungsmöglichkeiten und wusste dessen ökonomisches Potential in industriellem Maßstab zu nutzen. Nachdem das Verfahren zunehmend Verbreitung fand, baute er ein riesiges Handels- und Technologie-Imperium auf, mit dem er als Lizenzgeber aus seinen Patenten weltweit Profit schlug.

EINE MULTINATIONALE GESCHÄFTSSTRATEGIE

Hennebiques Aufstieg war rasant: nachdem er seine Patente 1894 angemeldet hatte, zog er von Brüssel nach Paris. Schon im Jahr 1900 entsprach sein Auftragsvolumen in Frankreich dem all seiner Konkurrenten zusammen. 1905, als in aller Welt erste Vorschriften für die Verwendung des neuen Baustoffs in Kraft traten, umfasste sein Firmengeflecht bereits mehrere hundert Baufirmen. Dieses kohärente und effiziente Produktionsnetzwerk wurde durch eine multinationale Organisationsstruktur verstärkt, die Beratung und technische Unterstützung sowie für sämtliche Projekte – die von der Zentrale in Paris beaufsichtigt wurden – auch eine Gewährleistung bot. Das ebenso mächtige wie reaktionsschnelle Imperium Hennebiques beherrschte schon bald 20 Prozent des Weltmarkts im Bereich der Planung und Ausführung von Stahlbetonbauten. Hennebique schuf eine enge Verbindung zwischen der ihm vertrauten Welt des Metallbaus und dem Maurerhandwerk, und in diesem Sinne ist sein Geschäftsmodell ein Abbild jenes Verbunds, der dem Stahlbeton materialtechnisch zugrunde liegt. Was die Vermarktung angeht, so übernahmen bei Hennebique Prototypen, Formeln, Tabellen und Grafiken die Funktion jener Kataloge, mit denen bis dato Metallbauprodukte angepriesen und verkauft wurden. Sie kündeten von der Einfachheit und Effizienz seiner Stahlbeton-Technik, von der Leichtigkeit, mit der sich benötigte Bauteile berechnen und bemessen ließen. Die Zeiten des traditionellen Bauens waren passé.

Die Effizienz der Organisationsstruktur, die Hennebique zum Vertrieb seines Systems und zur Eroberung des Marktes geschaffen hatte, war abhängig von einem weit verzweigten Netz an Unternehmen der Bauwirtschaft, mit denen Hennebique eigentlich konkurrierte. Es war ein dichtes Gewebe aus Filialen und Niederlassungen, aus Loyalitäten und Abhängigkeiten, das Hennebique unermüdlich in seinem Sinne zu nutzen versuchte.

Ein Beispiel hierfür sind die engen Beziehungen, die er schon früh zu Zement- und Eisenfabrikanten knüpfte: Seine ersten Kunden waren oft seine ersten Lieferanten, die ihm dann Kontakte zu seinen ersten Lizenznehmern vermittelten (oder aber selbst Lizenznehmer wurden). Diese Interessenkonvergenz trug ebenfalls zum Erfolgs seines Geschäftsmodells bei. Auf Netzwerke setzte Hennebique auch bei seiner Werbestrategie, die nicht zuletzt darin bestand, Bilder – Zeichnungen wie Fotografien – von erfolgreich durchgeführten Bauprojekten überall kursieren zu lassen.

Seine frühen Bauprojekte waren oft waghalsige Unternehmungen (wie die 1893 in den nordfranzösischen Ortschaften Don und Brébières erbauten Fabriken oder die 1894 in Nantes errichtete Kornmühle), die aber zu Ankerpunkten wurden, von denen aus Hennebique die Fäden seines Netzes spann. Diese frühen (und durchaus riskanten) Projekte dienten ihm nicht nur zur praktischen Erprobung seines Verfahrens, sondern auch als Nachweis der Möglichkeit einer innovativen Verbindung von systematisierter Technologie und ökonomischer Organisation. Und das „Système Hennebique" erwies sich als erfolgreich, denn Beton erfreute sich zunehmender Wertschätzung.

INNOVATION UND STANDARDISIERUNG

Noch ein weiterer Faktor sorgte dafür, dass Hennebiques Bauunternehmen in einem bis dahin ungeahnten Ausmaß expandieren konnte: die innerbetrieblichen Schulungen der für die Firma tätigen Ingenieure. Bei Hennebique erwarben sie das zur Arbeit mit Stahlbeton nötige Wissen, während der Baustoff selbst noch in der Entwicklung war. Die Mehrzahl der Ingenieure wurde direkt von der École Centrale in Paris rekrutiert (paradoxerweise eine Einrichtung, die für ihre Metallbau-Lehre bekannt war). Sie begannen

Unten: Exposition Internationale in Lille 1902: Die aufeinandergeschichteten Zementsäcke demonstrieren sowohl die beeindruckende Tragfähigkeit einer Hennebique-Geschossdecke als auch die Interessenkonvergenz zwischen den Zementfirmen und dem Unternehmen des Architekten. Gegenüber: Die Kornmühle Grands Moulins in Nantes, 1895. Der Bau dieses „soliden monolithischen Blocks" war einer der ersten Aufträge für Hennebiques expandierende Firma.

ihre Laufbahn für gewöhnlich im Firmenhauptsitz in der Rue Danton und wurden anschließend – Hennebiques Expansionsplänen entsprechend – in eine nationale oder internationale Niederlassung geschickt. Ihre Aufgabe bestand darin, den Austausch technischer Informationen zwischen der Zentrale und den Niederlassungen sicherzustellen. Dieses Expertentum steigerte das Ansehen des Stahlbetons entscheidend.

Autonomie, Zusammenhalt und Effizienz dieses Netzwerks technischer Unterstützung waren unverkennbar: 1905 arbeiteten 60 Ingenieure im Pariser Stammhaus – eine Zahl, die sich innerhalb von fünf Jahren verdoppelte, während gleichzeitig im Rest der Welt kaum mehr als 500 Ingenieure tätig waren. Die zentrale Forschungsabteilung brachte schon bald eine beträchtliche Zahl von Fachleuten hervor. Zugleich schürte Hennebique gezielt die Konkurrenz zwischen Ingenieuren, die sich in Theorie und Praxis des Stahlbetonbaus auskannten. Diese vor Beginn des Ersten Weltkriegs sehr gefragten Techniker zogen im Wesentlichen von einer Niederlassung zur nächsten und sorgten dabei für eine kulturelle Befruchtung, die der Popularität des Baustoff ebenfalls zugute kam.

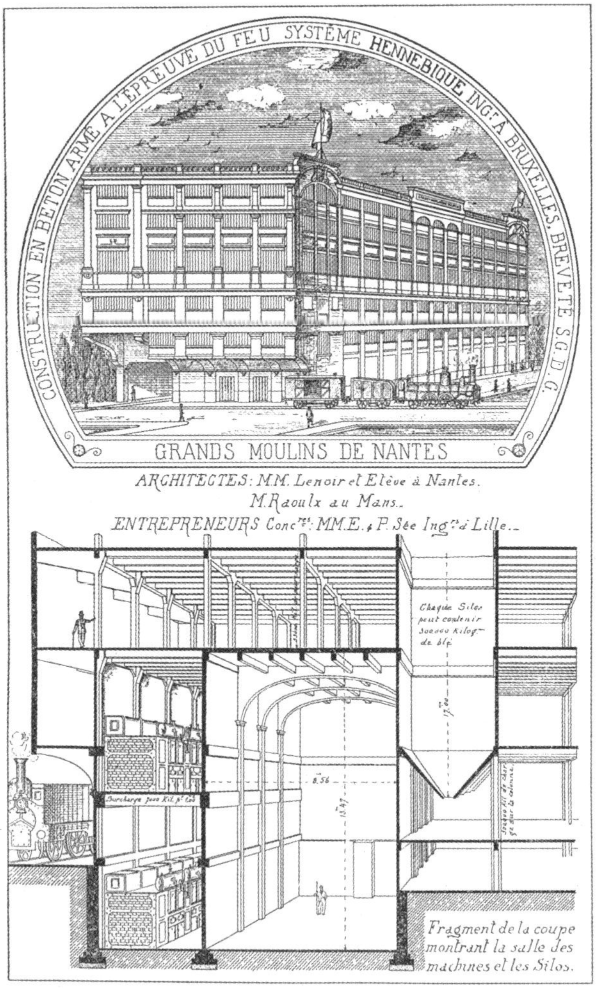

Zwischen der Erfindung des Stahlbetons und der Entwicklung des entsprechenden technischen Wissens gab es also eine enge Wechselwirkung. Insofern ist diese Erfindung auch stark von jener Standardisierung geprägt, die für die Anfänge des Stahlbetonbaus kennzeichnend ist. Zu Beginn bewegten sich Bauunternehmer, die wie Hennebique auf den Stahlbetonbau setzten, noch in traditionellen Geschäftsstrukturen. Sie mussten sich erst befreien, Barrieren niederreißen und unübliche, effiziente Verbindungen schaffen. Hennebique übertraf seine Wettbewerber dabei durch seine Vorreiterrolle auf technischem Gebiet: Er machte die Beziehung von Prozess, Material und Produkt zum Kern einer Strategie, die nicht zuletzt darin bestand, dem Stahlbeton auch öffentlich ein Gesicht zu geben. Als um das Jahr 1905 Architekten und Ingenieure bei Bauprojekten zu kooperieren begannen, wurde Stahlbeton zu einem gemeinsamen Kulturgut – zu einer Art Bindeglied zwischen den verschiedenen sozialen Akteuren.

Die Agence Hennebique in Kairo, um 1899. Die ausländischen Büros dienten dazu, den reibungslosen Austausch technischer Informationen zwischen Firmenzentrale und Niederlassungen zu gewährleisten.

Wie Hybride genau entstehen, lässt sich nur schwer erklären: Ein solcher Entstehungsprozess hat weder Anfang noch Ende, keinen Ausgangs- oder Anknüpfungspunkt (oder aber unzählige), er findet einfach statt. Er ist das Ergebnis eines Zusammenspiels von Kräften, die historische Bedeutung gewinnen, wenn jemand wie Hennebique das Heft in die Hand nimmt. Dieser große Baumeister hat, so könnte man sagen, die Grundlagen für alle nachfolgenden Materialentwicklungen geschaffen.

JORDI OLIVERAS

ANTONI GAUDÍ

Architekturhandwerker mit unverwechselbarer Handschrift

1852–1926

Antoni Gaudí ist für seine ausgefallenen, unverwechselbaren Bauwerke bekannt, die er sowohl mit traditionellen Verfahren als auch mit ganz eigenen Bauweisen gestaltete. Tatsächlich gilt Gaudís Werk vor allem wegen der Ungewöhnlichkeit seiner Formen als so bedeutend. Während die Architektur des 20. Jahrhunderts Ebenheit und Linearität anstrebte, setzte Gaudí auf eine komplexere Geometrie. Anstelle gotischer Bögen und Arkaden verwendete er in seinen späteren Bauwerken Katenoide, hyperbolische Paraboloide und Hyperboloide, deren Flächen sich mittels einfacher Werkzeuge wie Messlatte und Schnur noch relativ leicht baulich integrieren ließen.

Mit dieser ablehnenden Haltung gegenüber industriell gefertigten und kostengünstigen Bauteilen widersetzte sich Gaudí dem allgemeinen Trend. Schon von klein auf zeichnete ihn eine Beharrlichkeit und Eigensinnigkeit aus, die sowohl Begeisterung als auch Ablehnung hervorrief. Auch seine Werke lassen den Betrachter nicht gleichgültig und geben immer wieder Anlass zu Kontroversen und neuen Interpretationen. Diese Interpretationen waren lange Zeit sehr spekulativ, was an Gaudís Eigenart und seiner Idee des Architekturhandwerkers liegt, aber auch an der Tatsache, dass nur wenige seiner Schriften und Zeichnungen erhalten sind, um uns Aufschluss über seine Ansichten und unvollendeten Bauten zu geben. Doch inzwischen wird sein Werk aus verschiedenen Perspektiven beleuchtet, und die Berücksichtigung biographischer, bautechnischer, symbolischer und formaler Aspekte ermöglicht uns heute ein besseres Verständnis sowie eine fundiertere Beurteilung seiner Werke im Kontext ihrer Zeit.

Auch zwei seiner Meisterwerke hat Gaudí unvollendet hinterlassen. Eines ist die Kapelle der Colònia Güell, einer Arbeitersiedlung bei Barcelona. Von dieser Kapelle war 1915 nur die Krypta weitgehend vollendet, doch besitzen wir eine Fotodokumentation der Hängemodelle (samt der Retuschierungen per Hand) dieses Projekts. Das andere ist die Kirche Sagrada Familia („Heilige Familie"), deren endgültige Version in später zerstörten Gipsmodellen festgehalten war, die man mittlerweile anhand von Fragmenten und Originalfotografien rekonstruiert hat.

Im Laufe seiner Baugeschichte – bis zu Gaudís Tod und auch danach – durchlebte dieses Gebäude eine Evolution der Bautechnik, wie sie selbst bei mittelalterlichen Kathedralen nicht zu finden ist. Und so gibt es neben widersprüchlichen Beurteilungen seines Erbes auch eine Kontroverse über die Frage der Kontinuität seines Werks.

FRÜHER EKLEKTIZISMUS

Antoni Gaudí wurde 1852 in Reus geboren, wo er auch das Gymnasium besuchte, bevor er ein Studium an der Architekturschule in Barcelona begann, das er 1878 abschloss. In das erste Jahrzehnt seiner Schaffenszeit fallen Gebäude wie die Casa Vicens (1883–1885), das Pförtnerhaus und der Pferdestall des Landguts Güell (1887) sowie El Capricho (1883–1885) in Comillas bei Santander. Sie alle zeichnen sich einerseits durch ihr eklektizistisches, wesentlich maurisches Dekor aus (etwa durch neo-mozarabische Wände mit bunten Keramikfliesen), andererseits durch die vielfältige Gestaltung von Gebäudeelementen wie Türmen, Fenstern und Türen, die von Gaudís Kunstfertigkeit und Phantasie im Umgang mit Schmiedeeisen und anderen Materialien zeugt. 1883 übertrug man dem damals 31-Jährigen die Aufgabe des Baus der Sagrada Familia, mit dem er bis an sein Lebensende beschäftigt sein sollte. Bis zu seinem Tod im Jahr 1926 fertigte Gaudí insgesamt vier verschiedene Entwürfe der Kirche an.

Von 1886 bis 1891 entwarf und baute Gaudí das Stadthaus seines Mäzens, des Industriellen Eusebio Güell. Offenbar wurde hier aus einem als Ergänzung geplanten Musikzimmer des Wagner-Verehrers Güell letztlich der zentrale Saal, um den herum alle anderen Wohnräume gelegen waren. Dieser Saal befindet sich erhöht über einem als Souterrain gebauten Pferdestall und einem Mezzanin für Güells Büros. Gekrönt wird er von einer parabolischen Kuppel, an deren Seiten Tageslicht einfallen kann. Im Hauptgeschoss filtern die zur Straße und zum Innenhof sich öffnenden Galerien mit ihren schlanke Säulen und Arkaden das Licht und die Blicke nach draußen, was einen reizvollen Übergang zwischen Innen und Außen bewirkt.

Zwischen 1888 und 1894 baute Gaudí die Theresianerschule in Barcelona. Von 1887 bis 1893 entwarf und errichtete er den Bischofspalast in Astorga – eine Arbeit, die sich zeitlich mit dem Bau eines Apartmenthauses in León überschnitt (1891–1894), der Casa de los Botinos. Anfang des 20. Jahrhunderts entwarf und baute Gaudí Torre Bellesguard (1900–1902) sowie nacheinander drei Apartmenthäuser in einem Neubaugebiet von Barcelona: Casa Calvet (1898–1904), Casa Batlló (1904–1906) und Casa Milà (1906–1910), landläufig bekannt als „La Pedrera" („Der Steinbruch"). Das erste dieser Häuser ist in der Anordnung der Innenhöfe und Räume sowie in seinem neo-barocken Dekor noch recht konventionell. Eine außergewöhnlich organische Anmutung schuf Gaudí dagegen bei der Casa Batlló durch die Erkerfenster im Erdgeschoss und ebenerdige Eingänge, die wie fleischartige steinerne Gebilde auf dünnen knöchernen Pfeilern ruhen. Auch die Folge von Treppenhäusern und Innenhöfen ist hier flüssig anmutend und verti-

Gaudí zeigt einer Gruppe von Besuchern die Sagrada Familia, Barcelona, 1915.

Modelle der Sagrada Familia, fotografiert im Keller der Kirche einige Zeit nach Gaudís Tod, aber noch vor ihrer Zerstörung 1936.

kal gestaltet. Die vielfarbigen Außenwände der Innenhöfe sowie die keramischen oder aufgemalten Ornamente der Fassaden heben sich übermütig von den umliegenden Gebäuden ab, deren Balkone und Verzierungen im Vergleich ziemlich eintönig wirken. Dasselbe gilt für das originelle Dachgeschoss, das mit Parabolbögen errichtet und Keramikfliesen bedeckt ist; ein Turm dient hier der Abgrenzung zum benachbarten Gebäude.

Auch La Pedrera ist ein Werk von erstaunlicher Originalität. Die Fassade des Hauses verwandelt Gaudí in eine mit Öffnungen und Balkonen durchsetzte Symphonie steinerner Wellen. Zwar nutzt er hier (weitgehend) eine Konstruktion aus Natursteinen, Ziegeln, Eisenpfeilern und Eisenträgern, die es ihm erlaubt, im Innern ohne rechte Winkel auszukommen, doch widerspricht die Anmutung der Fassade der Idee einer nichttragenden Mauer. In der Casa Milà wiederum, deren relativ große Grundfläche Gaudí mehr Spielraum ließ als die Casa Batlló, ergibt sich die Gesamtkomposition wesentlich aus der Anordnung der runden und ovalen Innenhöfe (die für Belüftung und Beleuchtung der Innenräume sorgen sowie Platz für Aufzüge bieten). Das Dachgeschoss ist mit Parabolbögen aus Keramikziegeln errichtet und krönt – leicht geneigt – das ganze Gebäude. Die Dachterrassen und die Türmchen und Schornsteine mit ihren verspielten Formen zählen zu jenen architektonischen Extravaganzen, bei denen die Grenze zwischen funktionaler und skulpturaler Architektur verschwimmt.

ANALYSE VON GESTALT UND KONSTRUKTION

Irgendwann zwischen 1904 und 1914 konkretisierte Gaudí die Idee einer Bauweise, in der sich Gestalt und Konstruktion gegenseitig bedingen. Seine Erfahrungen mit den Bögen, Gewölben und Mauern im Parc Güell (begonnen 1900), deren Formen er aus der graphischen Statik gewonnen hatte, bewogen ihn zum Entwurf eines auf Katenoiden basierenden Gebäudes. Im Zuge der Planung konstruierte er ein Hängemodell, das umgedreht betrachtet die gewünschte Gestalt des Gebäudes hatte. Eine Reihe herabhängender und gespannter Schnüre mit Gewichten, deren Größe den verschiedenen Gebäudeteilen entsprach, veranschaulichte die Achsen jener linearen Bauelemente, Pfeiler und Bögen, die Axialdruck ausgesetzt sein würden. Zwar war die Verwendung von Seilpolygonen zu jener Zeit keineswegs ungewöhnlich, doch hatte niemand je zuvor ein Gebäude als dreidimensionale Anordnung von Polygonen konstruiert. Schnüre, Ketten und befüllte Säckchen simulierten die unterschiedlichen Achslasten, Seidenpapierschnipsel die Ausfachung von Wänden und Gewölben. Mit dieser Kopfüber-Methode modellierte Gaudí die Räume der Kapelle der Colonia Güell und deren Krypta. Handretuschierte Fotografien der Modelle lieferten ihm schließlich Außen- und Innenansichten des Gebäudes. Diese Technik des Modellierens wurde Ende der 1980er Jahre von Frei Otto, Rainer Graffe und anderen wieder aufgegriffen und hat in jüngster Zeit auch im Rahmen der digitalen Morphogenese wieder Einzug in die Architektur gehalten.

Der vollendete Teil der Krypta und des Portikus (in dem sich die Zugangstreppe befindet) zeigt, was Gaudí für die Schiffe im Sinn hatte. Bautechnisch war ihm daran gelegen, eine Spitzbogenkonstruktion zu vermeiden, in der den Horizontalkräften des Gewölbes jene äußeren Strebebögen oder Strebepfeiler entgegenwirkten, die Gaudí geringschätzig als „Krücken“ bezeichnete. Sein Ziel war es, diese Krücken durch Stützbögen und schiefe Pfeiler überflüssig zu machen.

Gaudís Methode ist ein einzigartiger Ansatz im Bereich der Analyse von Gebäudekonstruktionen. Statt herkömmliche statische Berechnungen auf der Basis von Druck- und Zugbeanspruchung zu nutzen, suchte Gaudí eher empirisch nach einer ausgewogenen Konstruktion von genügender mechanischer Belastbarkeit, zunächst mittels Parabolbögen und später dann in dreidimensionalen Hängemodellen. Seine Methoden beruhten auf Erfahrung, aber auch auf einer gesunden Dosis Intuition, die ihm half, die optimalen Tragstrukturen, Dimensionen und geometrischen Formen zu bestimmen. Gaudí plante seine Bauwerke als Gebäude aus Naturstein und nutzte traditionelle Bauwerkzeuge und –materialien. Erst gegen Ende seine Lebens, um 1925, erwog er auch die Verwendung von Stahlbeton. In seinen Bauten sind Tragwerk und Hülle nicht klar voneinander getrennt (wie es im 20. Jahrhundert weithin üblich wurde), weshalb er auf größere Öffnungen oder Lichtdurchlässe verzichten musste. Gaudí brachte jedoch Masse an

Casa Battló, Barcelona, 1904–1906. Im Zuge der Umgestaltung des bestehenden Gebäudes fügte Gaudí ein weiteres Geschoss hinzu und deckte das Dach mit Keramikziegeln wie mit Schuppen eines riesigen Drachens – eine Anspielung auf den Heiligen Georg, dem das Haus gewidmet ist.

den Spannungsspitzen ein und schuf weit von den Achsen entfernt liegende Öffnungen – anders als akademischere Bauwerke des katalanischen *Modernisme*, die zurückhaltender und strenger waren. Andererseits bevorzugte Gaudí traditionelle Techniken, mit denen er großartige Ergebnisse erzielte.

Die Erfahrung, die er bei der Gestaltung der Kapelle der Colònia Güell gesammelt hatte, war Gaudí eine große Hilfe beim Bau der Sagrada Familia, eines erheblich größeren Gebäudes. In seinem endgültigen Entwurf waren die Bögen durch schiefe, baumartige Säulen ersetzt, auf denen die Dachgewölbe ruhten, die ihrerseits mittels paraboloider Geometrie verbunden waren. Durch eine Reihe hyperboloider Löcher an der Decke fiel Licht ins Innere. In seinen letzten Lebensjahren widmete sich Gaudí neben einer Umgestaltung der Deckengewölbe auch der Vollendung einer der Turmfassaden, um sich ein Bild vom Äußeren der Kirche machen zu können. Sein Werk schritt in Abhängigkeit von den jeweils verfügbaren Spendengeldern voran; in dieser Periode entstand das Bild vom skulptural arbeitenden Architekten, der in seiner Bauhütte auf der Baustelle lebte, ähnlich den Dombaumeistern des Mittelalters.

Perspektivische Darstellung der Kapelle der Colonia Güell, mit Bleistift auf eine Fotografie des umgedrehten Modells gezeichnet.

Gegenüber: Arbeitsmodell der Kapelle der Colonia Güell, um 1908–1915. Diese Konstruktion aus Drähten, Gewichtssäckchen und Seidenpapier hing kopfüber, um die Katenoiden der Bögen und Gewölbe zu simulieren.

Krypta der Kapelle der Colonia Güell. Grob behauene, geneigte Säulen stützen ein Netz aus gemauerten Rippen und Gewölben.

GAUDÍS VERMÄCHTNIS

Wohlmeinende Kritiker haben an Gaudís Werken oft die konstruktive Reinheit untergeordneter Räume wie Keller oder Dachgeschosse hervorgehoben, in denen sich die Konstruktion bar aller Dekoration oder Symbolik bewundern lässt. Dennoch sollte man auch den zentralen Räumen mit ihren Bögen und Ornamenten Beachtung schenken, denn gerade sie zeugen von Gaudís Fähigkeit, als Baumeister ungewöhnlich stimmungsvolle Raumwirkungen zu schaffen. Neben der höchst individuellen Einrichtung tragen Gipselemente, Kassettierungen, geflieste Flächen, Farbverläufe und Spiegelungen zum Reiz dieser Räume bei, deren Gestaltung auf die Sinnenfreude ihrer Benutzer abzielt, und deren Sinnlichkeit auch heute noch – in den Bauwerken wie auch auf Fotografien der Zeit – unverkennbar ist. Gaudí kann nicht nur wegen der Kühnheit seiner Werke als großer Baumeister gelten, sondern auch wegen der Originalität ihrer Gestalt. Es sind einzigartige, ungewöhnliche und sehr persönliche Schöpfungen, die es den nachfolgenden Baumeistern schwer gemacht haben, in Gaudís Fußstapfen zu treten. Während Francesc Berenguer ein treuer Mitarbeiter und Freund war (die Bodegas Güell in Garraf werden sowohl ihm als auch Gaudí zugeschrieben), gilt Josep Maria Jujol als seine „rechte Hand“, besonders im Bereich der dekorativen Arbeiten; Joan Rubió und Cèsar Martinelli wiederum haben erkennbar seine Konstruktionsweise weitergeführt.

Als ungewöhnlich kreativer Baumeister muss Gaudí auch wegen der vielen überraschenden und verspielten Elemente gelten, die vor allem in seinen freieren Werken zu finden sind. Paradoxerweise bewunderten ihn die Rationalisten für die Logik seiner bautechnischen Lösungen, während er zugleich den Anti-Rationalisten zugerechnet werden muss. So wussten die Surrealisten seine wunderlichen Spielereien zu schätzen, die Symbolisten sein Bewusstsein für weltanschauliche und religiöse Symbole und die Anhänger des Organischen seine Art, sich die Natur zum Vorbild zu nehmen. Bei Gaudí schließt das eine das andere nicht aus – so erklärt sich das oftmals leidenschaftliche Interesse, das seine Bauwerke auch heute noch hervorrufen.

Die Sagrada Familia 1926, in Gaudís Todesjahr. Die Arbeiten an der Apsiswand und der Geburtsfassade sind weitgehend vollendet; unten erkennt man das gewellte Dach von Gaudís Schule, errichtet 1909 als temporäres Gebäude für den Unterricht der Bauarbeiterkinder.

LOUIS H. SULLIVAN

Ornamentalist, Wolkenkratzerkonstrukteur und Verfechter eines „amerikanischen“ Stils

1856–1924

Louis Sullivan war der bedeutendste Ornamentalist im Bereich der US-amerikanischen Baukunst, der erste Architekt, der dem Wolkenkratzer eine angemessene äußere Gestalt gab, und der erste, der sich auf breiter Front um einen „amerikanischen“ Stil bemühte. Seine Ausbildung bestand in einer Kombination aus traditioneller Berufslehre und moderner Pädagogik. In Boston als Sohn von Einwanderern aus Irland und der Französischen Schweiz geboren, schrieb sich Sullivan im zarten Alter von 16 Jahren am Massachusetts Institute of Technology für den damals in den USA einzigartigen Studiengang „Building and Architecture“ ein. Doch dessen Inhalte missfielen ihm, so dass er das Studium nach einem Jahr abbrach. Er arbeitete eine Weile in Philadelphia für Frank Furness, zog dann aber in Folge einer landesweiten Konjunkturkrise wieder zu seinen Eltern, die inzwischen in Chicago lebten. Dort erhielt Sullivan eine Anstellung bei William Le Baron Jenney, für den er tätig war, bis er sich zum „Ursprung“ (des Lehrplans am MIT und der westlichen Architekturausbildung generell) aufmachte – zur École des Beaux-Arts in Paris. Nach dem Aufenthalt dort verbrachte er mehrere Wochen in Rom, bevor er nach Chicago zurückkehrte.

Die nächsten sieben Jahre arbeitete er als freier Zeichner für diverse Architekten, darunter Dankmar Adler (1844–1900), der ihn 1882 zum Junior Partner machte und 1883 zum gleichberechtigten Partner der entsprechend umbenannten Firma Adler & Sullivan. Nach deren Auflösung 1895 arbeitete Sullivan selbstständig bis zu seinem Tod 1924.

ORNAMENT UND FASSADE

Dankmar Adler war ein landesweit renommierter Akustik- und Bauingenieur, der Sullivan für die Bereiche Dekoration und Design angestellt hatte, in denen Adler nicht hinreichend bewandert war. Und sie ergänzten einander perfekt: Nach der gemeinsamen Ausarbeitung eines Entwurfs übernahm Adler die bautechnischen Aufgaben, während Sullivan sich um die Dekoration, die Innenausstattung und Fassadengestaltung kümmerte. Exemplarisch für dieses Zusammenspiel ist das Auditorium Building in Chicago

(1886–1890), ihre größte und berühmteste Koproduktion. Dieses Gebäude war nicht nur das schwerste und geräumigste in Nordamerika, sondern mit 17 Stockwerken auch das höchste in Chicago. Ein Hotel mit 400 Zimmern sowie 136 Büros und Läden trugen ihren Teil zur Finanzierung eines Konzertsaals mit 4200 Sitzen bei, der zusammen mit Verwaltungs- und Werkstattbereich ein Drittel des Baukörpers einnahm. Adler sorgte für eine herausragende Saalakustik, und auch seine geschickte Verteilung des Gebäudegewichts zur Verhinderung ungleichmäßiger Fundamentabsenkung galt als bautechnische Meisterleistung. Sullivan wiederum schuf eine dezente und doch monumentale Fassade, die der kulturellen und wirtschaftlichen Bedeutung des Auditoriums für die Stadt Rechnung trug. Doch was Kritiker und Publikum besonders beeindruckte, waren seine Orna-

Gegenüber: Sullivan im Jahr 1885, als er bei Adler & Sullivan arbeitete. Unten: Der Konzertsaal des Auditorium Buildings von Adler & Sullivan, Chicago, 1886–1890.

mente, vor allem in den öffentlichen Bereichen wie den Foyers, Treppenhäusern und dem zentralen Speisesaal. Im besonders üppig verzierten Konzertsaal bildeten die Friese der schallabsorbierenden Deckenbögen Sechsecke, in denen sich Blättermuster um elektrische Lämpchen und bienenkorbartige Lufteinlässe rankten – auch dies eine beispielhafte Kombination der Fähigkeiten dieser beiden Architekten.

Sullivans Ornamentik als amerikanische Version des Art Nouveau zu charakterisieren, wie es vielfach geschehen ist, wird ihrer Einzigartigkeit nicht gerecht. Seine Dekorationen beruhten weitgehend auf floralen Formen, die in ihrer Kraft immer den Anschein erweckten, aus jenen einfachen geometrischen Formen ausbrechen zu können, von denen sie mitunter umgeben und akzentuiert wurden. Diese Ornamentik war reicher, sinnlicher, vielschichtiger und stärker auf Trompe-l'œil-Effekte bedacht als vergleichbare Formensprachen in Europa. Das galt umso mehr, wenn sie in Form von Terrakotta, Gips, Glas oder Metall als wesentlicher Bestandteil der Architektur in Erscheinung traten. Überall in den USA arbeiteten zwischen 1890 und 1910 „Sullivan School"-Ornamentalisten, die von ihm beeinflusst waren oder ihm nacheiferten und ungeachtet des jeweils vorherrschenden Stils ihre Spuren hinterließen, vom Historismus bis zum Ende der frühen Moderne in der Zeit der Großen Depression.

DIE AUSEINANDERSETZUNG MIT DEM „WOLKENKRATZER-PROBLEM"

Ornamente spielten auch eine bedeutende Rolle in einer von Sullivans Lösungen des „Wolkenkratzer-Problems", wie es in den 1890er Jahren genannt wurde. Wie, so fragte man sich, sollte das Äußere der neuen Bürogebäude (manchmal auch Apartmenthäuser) mit ihren zehn oder mehr Stockwerken gestaltet werden, die zwar nicht immer, aber doch für gewöhnlich von einem Stahlskelett getragen wurden, was auch auf Sullivans Gebäude ausnahmslos zutraf. Von 1890 bis 1904 entwarf er 24 Wolkenkratzer (von denen sieben tatsächlich gebaut wurden), die größtenteils in zwei Kategorien fallen: das, was er „vertikale Bauweise" nannte, und das, was manche Kritiker als „Skelettbauweise" bezeichnet haben. Beim ersten Typus, exemplifiziert durch seinen ersten Wolkenkratzer, das Wainwright Building (1890) in St. Louis, setzte Sullivan die Fenster und die mit Platten verblendeten Träger hinter die Fassadenpfeiler zurück, was – betrachtete man das Gebäude (wie bei städtischen Bauwerken üblich) aus spitzem Winkel – einen kraftvollen vertikalen Rhythmus zwischen drittem Stockwerk und Dachge-

Oben: Das Kaufhaus Schlesinger & Mayer (heute Carsen Pirie Scott), Chicago, 1898–1904. Gegenüber: Das Wainwright Building von Adler & Sullivan, St. Louis, 1890, mit seiner ausgeprägten Vertikalität.

schoss ergab. Damit lieferte er ein Beispiel für eine These, die er 1896 in seinem berühmten Essay „The Tall Office Building Artistically Considered" formulierte: dass nämlich der Wolkenkratzer, da sein „wesentliches Merkmal" die Erhabenheit sei, „groß sein muss, groß in jedem einzelnen Zentimeter ... voller Überschwang empor streben ... von unten bis oben ... ohne eine einzige abweichende Linie". Bei diesem Wolkenkratzertypus sind das Dachgeschoss, das eingefügte Mauerwerk und die Eingänge reich verziert, Sockelgeschoss und Säulen dagegen oft schlicht gehalten. Eine Ausnahme bildet hier sein eindrucksvollster Wolkenkratzer, das Guaranty Building (1894–1896) in Buffalo, New York, an dem selbst das kleinste Fassadenelement ornamentiert ist.

Doch neben der Höhe hielt Sullivan noch ein weiteres Merkmal des Wolkenkratzers für charakteristisch: das Stahlskelett, das dreidimensionale Geflecht vertikaler und horizontaler Bauteile. Seine „Skelettbauweise" zeigt sich am deutlichsten in einem Entwurf für das Chemical National Bank Building (um 1894) in St. Louis. Träger und Pfeiler sind hier bündig gesetzt, so dass Verblendungen entfallen, die Fenster sind nur minimal eingelassen, und es gibt außer an Dach- und Sockelgeschoss keinerlei Fassadendekoration, wodurch das Tragwerk stärker akzentuiert wird als die Vertikalität. Die durchgehend cremefarbenen Wände waren für die Zeit ungewöhnlich plan und nehmen die leichtgewichtigen, hautartigen Fassaden späterer Jahre vorweg. Nur eines seiner sechs Skelettbauprojekte wurde ausgeführt: das Kaufhaus Schlesinger & Mayer (1898–1904) in Chicago, mit seiner ausgeprägten Gitterstruktur. Sullivans Lösungen, die weder die Vergangenheit zitierten noch die Höhe der Gebäude verleugneten, erwiesen sich als höchst einflussreich. So findet sich sein weithin nachgeahmter vertikaler Typus in übersteigerter Form noch 1965 mit Eero Saarinens Gebäude für die Hauptverwaltung der Columbia Broadcasting System in New York. Und auch die Skelettbauweise ist, meist mit mehr Glas und weniger Mauerwerk, nach wie vor allgegenwärtig.

DIE ENTWICKLUNG EINES NATIONALEN „DEMOKRATISCHEN" STILS

Schon früh in seiner Karriere war Sullivan zu der Auffassung gelangt, Wolkenkratzer seien das Sinnbild eines sich rasant urbanisierenden und industrialisierenden Landes. In ihnen manifestierten sich Ideenreichtum, Wagemut und die Fähigkeit zu effektiven Problemlösungen, mithin – wie Sullivan meinte – wesentliche Merkmale der Demokratie, aus denen ein lang ersehnter Nationalstil erwachsen könne. In einem Vortrag mit dem Titel „Characteristics and Tendencies of American Architecture" erklärte Sullivan 1885, dass unter seinen Landsleuten vor allem die Unternehmer in der Lage seien, „grundlegende Ideen organisch ... in kluge, vielfältige und beständige Projekte umzusetzen", sprich: in erfolgreiche Geschäftsmodelle. Deshalb ermunterte er die Architekten zu einer Art Unternehmergeist: Sie sollten bei der Gestaltung von Gewerbegebäuden jene Aspekte des Lebens in den USA berücksichtigen, von denen er meinte, sie würden einen nationalen (sprich: „demokratischen") Stil begründen.

Mit der Zeit aber verlor Sullivan seine hohe Meinung von Unternehmern und Kollegen, was er schließlich auch öffentlich und bisweilen sehr ungehalten kundtat. In dem erwähnten Essay von 1896 verhöhnte er den typischen Wolkenkratzer als einen „sterilen Stapel, ... groben, plumpen, rohen Haufen", als Manifestation „niederer und wilder Instinkte", was auf die Skrupellosigkeit und Gier vieler Unternehmer anspielte. Fünf Jahre darauf warf er seinem Berufsstand, besonders dem American Institute of Architects, Feigheit und Mangel an Originalität vor – von „nichts als Imitationen" schrieb er. Den Präsidenten des Instituts, den prominenten Bostoner Architekten Robert S. Peabody bezeichnete er wegen dessen „dummer, belangloser" Jahresansprache als „öffentliches Ärgernis". Sullivans Attacken, und es waren etliche, blieben nicht folgenlos: Nach 1900 erhielt er kaum noch Aufträge, so dass er aus finanzieller Not wohl oder übel einige kleine

Aufträge an entlegenen Orten im Mittleren Wesen annehmen musste. Davon sind neun zwischen 1906 und 1919 entworfene Bankgebäude (davon ein Umbau) für seine Theorie und sein Renommee besonders bedeutsam. Das jeweils wochenlange Leben und Arbeiten in kleinen Gemeinden im Nirgendwo veränderte seine Ansichten darüber, was Demokratie sei. Als er noch Wolkenkratzer für große Städte und mit großem Budget entworfen hatte, verband Sullivan Demokratie mit radikalem Individualismus im Sinne einer Selbstfindung, die sich unabhängig von den Mitmenschen vollziehen sollte. Dieser Individualismus wurde beispielhaft durch den Unternehmer verkörpert, war im Prinzip aber für jeden Menschen eine Option. Als Sullivan nun gezwungen war, mit kleinem Budget Kleinstadtbanken zu entwerfen, assoziierte er Demokratie zunehmend mit einem auf Kooperation basierenden Gemeinschaftssinn und einem Individualismus, der durch Zugehörigkeit und Teilhabe gestärkt wurde. „Individualismus ohne Gemeinschaftssinn bedeutet Zerstörung", schrieb er 1908 anlässlich der Fertigstellung der Bank in Owatonna, Minnesota, „während Kollektivismus ohne Individualität eine Abstraktion ist."

Diese neue Sicht findet sich auch in Sullivans Essay aus dem Jahr 1912 über sein zweites Bankgebäude, die People's Savings Bank (1909–1911) in Cedar Rapids, Iowa. Im Wissen darum, dass „die meisten Bankkunden zur Arbeiterschicht zählen", konzentrierte er

Schalterhalle, People's Savings Bank, Cedar Rapids, Iowa, 1909–1911. Die „demokratische", offenere Gestaltung dieses zentralen Bereichs sollte dem Vertrauen der Kunden in die Bank dienen.

sich auf den Schalterraum, den „Schwerpunkt des Interesses“, der „dem Plan nach ‚demokratisch‘ genannt werden könnte“. Damit meinte er zunächst einmal den unverstellten Blick beim Betreten des Schalterraums: Alles war hier einsehbar, auch die mächtige Tür zum Tresorraums, die während der Geschäftszeiten ständig offen stand, als beruhigendes Zeichen der Verfügbarkeit von Wertsachen und der Sicherheit ihres Aufbewahrungsorts innerhalb jenes würfelförmigen „Panzerschranks“, den das Bankgebäude selbst darstellte. Die Abteilungen der leitenden Angestellten befanden sich nicht hinter verschlossenen Türen, sondern waren ebenfalls einsehbar und zudem weniger luxuriös als die Schalterhalle oder die Wartezimmer für männliche und weibliche Kunden. Schalterfenster mit verzierten Metallgittern machten den Geschäftsverkehr mit den Bankangestellten zu einem ästhetischen Erlebnis. Weiter oben an den Wänden fanden sich Darstellungen landwirtschaftlichen Lebens und der Verbindung von Bankgeschäften und körperlicher Arbeit, die den Bankkunden Respekt zollten. All dies, schrieb Sullivan, „könnte man das moderne, menschliche Element des Konzepts nennen, insofern es Gefühle der Behaglichkeit, des Vertrauens und der Freundschaft zwischen Direktoren, Angestellten und Kunden begünstigt“ – und damit innerhalb der jeweiligen Gemeinschaft im Allgemeinen.

Der reich verzierte Eingang der Merchants' National Bank, Grinnell, Iowa, 1913–1914.

Doch nicht nur die prachtvoll gestalteten Räume sah Sullivan als Sinnbild der Demokratie, sondern auch die Bauweise der Bankgebäude. Acht der neun Banken waren mit „Tapestry Bricks“ verkleidet, einem neuen Ziegeltyp, bei dem der Lehm so geschnitten und geschliffen wurde, dass er eine raue Oberfläche besaß, die nach dem Brennen „eine breite Farbpalette liefert“, wie er 1910 während der Arbeiten in Cedar Rapids in einem Essay schrieb. Diese Ziegel „sind am eindrucksvollsten, wenn sie mit ausgekratzten Fugen geschichtet werden, so dass der einzelne Ziegel noch als Einheit wirken ... und die Masse der Ziegel eine eigene Farbigkeit und Struktur zum Ausdruck bringen kann“. Ersetzt man hier „Ziegel“ durch „Person“, und „Masse“ durch „Gesellschaft“, dann wird Sullivans demokratische wie auch architektonische Vision deutlich: Das Ganze besteht aus unzähligen Individuen, die gemeinsam zum Wohle aller arbeiten, dabei aber nie ihre Persönlichkeit einbüßen. „Bislang hieß es, dass es zum Bau eines Gebäudes zweier Menschen bedürfe“, so fuhr er fort, „des Bauherren und des Architekten.“ In Wirklichkeit aber bedurfte es außerdem „des intelligenten Ziegelproduzenten“ und der Handwerker, „mit ihren verschiedenen Arbeitsweisen und technischen Fähigkeiten“. Abschließend formuliert er: „Dies ist die Entwicklung der modernen Gesellschaft ... jeder [Beitragende] reagiert auf jeden und auf alle.“ Seine Bankgebäude zu erleben und ihre Konstruktionsweise zu verstehen, so glaubte Sullivan, könne das Bewusstsein für eine wünschenswerte demokratische Kultur schärfen. Auch die Dekoration hatte in diesem Zusammenhang eine Funktion. Sullivans Bankgebäude sind bekannt für ihre verzierten Fassaden, vor allem die Merchant's National (1913–1914) in Grinnell, Iowa. Ihr Wahrzeichen ist ein Rundfenster über dem Eingang, das sich in der Mitte eines üppigen Ornaments befindet und als Blickfang gedacht war. Es sollte, so Sullivans Absicht, die Passanten zum Innehalten, Betrachten und Nachdenken bewegen – als Ausdruck gelebter demokratischer Kultur. Die komplexe Verschränkung von Quadraten, Rauten und Kreisen in diesem Ornament ist eine verdichtete Version aufeinandergeschichteter „Tapestry Bricks“: eine Verherrlichung der Gemeinschaft, in der jede geometrische Form von den Konturen der anderen abhängt und diese zugleich sprengt, also ihre Unabhängigkeit erklärt und gleichzeitig im Verein mit anderen daran arbeitet, architektonische Harmonie und, metaphorisch gedacht, jene kollektive Kooperation zu erreichen, von der Sullivan meinte oder vielleicht eher hoffte, sie sei Demokratie.

Sullivans Bankgebäude wurden von Kritikern und der Öffentlichkeit mit viel Lob bedacht, sind bei den Menschen vor Ort noch immer sehr beliebt und zählen nach heutiger Auffassung zu seinen besten Werken. Einen Aufschwung seiner Karriere bewirkten sie freilich nicht mehr. Während der dreizehn Jahre von 1909 bis zu seinem letzten Bauwerk im Jahr 1922 – der Fassade einer Musikalienhandlung – erhielt er lediglich 19 Aufträge, die zu zwölf vollendeten Gebäuden führten, darunter jene acht Banken. Ob es daran lag, dass sein extrem dekorativer Stil aus der Mode gekommen war oder dass seine nonkonformistischen Ansichten potentielle Auftraggeber abschreckten – jedenfalls hatte er bald keinerlei Einkünfte mehr. Ende der 1910er Jahre war er auf Almosen von Freunden und Kollegen angewiesen, darunter Frank Lloyd Wright, der von 1888 bis 1893 sein ergebener Angestellter gewesen war. Zu Sullivans letzten Veröffentlichungen zählen *The Autobiography of an Idea* und *A System of Architectural Ornament According with a Philosophy of Man's Powers* (beide 1924). Am 13. April 1924, einen Tag vor seinem Tod, übergab Sullivan Wright ein Bündel Zeichnungen, die dieser teilweise später in *Genius and the Mobocracy* (1949) veröffentlichte, einer Hommage an den „lieben Meister“, die mit folgenden Worten endet: „Wann auch immer die Architektur in ihrer Praxis heute einem würdevollen Ideal nahe kommt ... geht diese Praxis auf einen [Mann] zurück, auf Louis H. Sullivan.“ Das mag eine Übertreibung sein, ist aber eine Ansicht, die Sullivan gewiss gefallen hätte.

ROBERT MCCARTER

FRANK LLOYD WRIGHT

Architekt des Innenraums

1867–1959

Frank Lloyd Wright war der bedeutendste Architekt der USA, und sein Werk hatte entscheidenden Einfluss auf die Entstehung der modernen Architektur in aller Welt. Im Laufe seiner 72 Jahre währenden Karriere entwarf Wright mehr als 600 verwirklichte und 600 unverwirklichte Bauten von beispielloser Vielfältigkeit. Er selbst allerdings verstand sein Lebenswerk, angesichts bestimmter Grundprinzipien, immer als ein einziges großes Projekt. Sein erstes Prinzip erklärt den bewohnten Innenraum, den er „the space within" nannte, zum Ausgangspunkt der räumlichen Gesamtgestaltung. Das zweite Prinzip besagt, dass ein Raum seinen Charakter wesentlich seiner Konstruktion verdankt, sowie der Berücksichtigung dessen, was Wright die „Natur der Materialien" nannte. Laut drittem Prinzip schafft Architektur einen Ort *in* der Natur, wenn innerer und äußerer Raum zu einem einheitlichen Ganzen verwoben sind; Wright war der Ansicht, die Gestaltung eines Gebäudes solle vom natürlichen Untergrund ausgehen, aus dem das Gebäude erwächst.

Wright wuchs in Madison, Wisconsin, auf. Eine große Rolle in seiner Jugend spielten Naturbeobachtungen, der christliche Unitarismus und die amerikanische Transzendentalphilosophie, speziell die Schriften von Ralph Waldo Emerson. Seine Ausbildung zum Architekten erhielt Wright zwischen 1888 und 1893 in Chicago, als er Lehrling im Büro von Louis Sullivan war. Wright lehnte den Beaux-Arts-Klassizismus ab und war stattdessen überzeugt, dass eine adäquate amerikanische Architektur nur auf der Basis ortsspezifischer Bedingungen wie Klima, Landschaft, Bauweisen und Materialien entstehen könne und entsprechend vielfältig sein müsse. Mit Wright sollte sich diese Prophezeiung erfüllen.

DER INNENRAUM

Wrights erste Leistung auf dem Weg zu einer originär amerikanischen Architektur war die Perfektionierung eines spezifisch amerikanischen Gebäudetypus: des vorstädtischen Einfamilienhauses. 1910, als seine Entwürfe erstmals vom Architekturverlag Wasmuth in Europa verbreitet wurden, konnte Wright bereits auf 150 verwirklichte Bauprojekte zurückblicken, größtenteils Wohnhäuser. Das Prairie House, wie es später genannt wurde, tauchte erstmals 1901 in zwei Musterentwürfen auf, die in der populären Frauenzeitschrift *Ladies' Home Journal* veröffentlicht wurden. Unter Wrights städtischen Präriehäusern ragt vor allem das Frederick Robie House in Chicago (1908) heraus. Dessen

Wohnzimmer des Frederick Robie House, Chicago, 1908. Wright gestaltete alles, was auf dieser zeitgenössischen Fotografie zu sehen ist, einschließlich der Möbel, der Lampen und der Buntglasfenster.

schmales Grundstück bedingte jene dynamische Folge ineinander übergehender Räume, die in dem berühmten Trakt von Wohn- und Esszimmer gipfelt, deren gemeinsame Decke den Abzug der offenen Feuerstelle umschließt. Das Darwin Martin House in Buffalo, New York (1904), ein fünfteiliger Bau aus kreuzförmigen, sich gegenseitig durchdringenden und mit der Landschaft verwobenen Räumen, war Wrights bedeutendstes Vorstadthaus. Sein Grundriss ist ein Meisterwerk formaler Komposition, das den Aufenthalt in den erlesen gestalteten Innenräumen zu einem eindrucksvollen Erlebnis machte.

In Wrights Präriehäusern bildete die Feuerstelle das Zentrum, von dem aus sich der Raum in Augenhöhe zu allen Seiten öffnete. Die auslaufenden Wände und überstehenden Traufen trugen dazu bei, das Haus optisch im Erdboden zu verankern und dem Anwesen eine geometrische Struktur zu geben, so dass Haus und Landschaft untrennbar miteinander verbunden waren. Diese Gebäude vereinten eine formale Ordnung symmetrischer Gestaltung mit der Dynamik sich gegenseitig durchdringender Räume – eine Kombination, durch die jene offenen, multifunktionalen und in die Natur integrierten Innenräume entstanden, die inzwischen zum typischen Merkmal moderner Wohnarchitektur geworden sind. Das Präriehaus erwies sich als moderne Interpretation einer menschlichen Behausung, indem es den Bewohnern zugleich Behaglichkeit und Anregung, Zuflucht und Ausblick, Freiheit und Ordnung bot.

In seiner Präriehaus-Periode (1900–1920) erfand Wright nicht nur das amerikanische Wohnhaus neu, er entwickelte auch neue Formen für öffentliche Bauten. Um die Jahrhundertwende suchte man in den USA immer noch nach einer angemessenen Gestalt öffentlicher Gebäude, nachdem sich gezeigt hatte, dass dem von Sullivan perfektionierten Stahlskelett-Wolkenkratzer die für ein öffentliches Bauwerk erforderliche Monumentalität fehlte. Wright verwirklichte seine Vision einer adäquaten Monumentalität öffentlicher Gebäude im Entwurf und Bau des Larkin Building in Buffalo, New York (1904; zerstört 1950), in dem die Büros eines produzierenden Unternehmens untergebracht waren, und im Unity Temple in Oak Park, Illinois (1908), einem Gotteshaus der Unitarier. Beide Gebäude haben einen schlichten rechteckigen Grundriss, in dem Zwischengeschosse einen mehrstöckigen Raum umgeben, der von hohen Obergadenfenstern und durchgehenden Oberlichtern erhellt wird, in Augenhöhe aber keinerlei Aussicht bietet. Von außen wirken beide Gebäude abgeschottet und massiv und sind von einer für die Zeit beispiellosen formalen Strenge, die an die rigide Geradlinigkeit antiker Monumentalbauten erinnert.

Bei Wright hatte das öffentliche Gebäude ausnahmslos die Gestalt eines introvertierten Verbunds, der von außen als zweckmäßige Ansammlung kraftvoller, eigenständiger

Das Äußere des Larkin Building, Buffalo, 1904, das Wright als „schlichte Steilwand aus Ziegeln" bezeichnete. Die Gebäudetechnik und Treppenhäuser platzierte er in den Ecktürmen, den Hauptarbeitsraum im Kern des Gebäudes.

Blöcke erschien. Zwischen diesen Blöcken befand sich der Eingang, an den sich ein niedriger, dunkler und horizontaler Bereich anschloss, von dem man durch einen Richtungswechsel in den zentralen Raum gelangte, der hoch, hell und vertikal ausgerichtet war. Dieser zentrale Raum mutete höchst monumental an, was Wright zum einen durch die Anordnung der „vollkommenen" geometrischen Formen des Quadrats und des Würfels erreichte, zum anderen durch die Art, wie sich in diesem Raum Form, Konstruktion, Material und Licht verbanden. Wright wollte, dass seine öffentlichen Bauten – ganz gleich welche Funktion sie hatten – als sakrale Orte empfunden wurden, und so ließ er in ihr introspektives Inneres von oben ein transzendentes Licht strömen, das auf die Menschen eine erbauliche Wirkung haben sollte.

Nach einer privaten und beruflichen Krise im Jahr 1909 baute Wright am Rande von Spring Green in Wisconsin sein eigenes Wohnhaus und Atelier namens Taliesin (1911). Wie mehrere seiner größeren Wohnhäuser jener Periode erstreckt sich Taliesin um einen begrünten Innenhof und umrahmt, umschließt jedoch nicht vollständig, die Hügelkuppe, auf der es gebaut ist. Im Laufe der folgenden zehn Jahre entwarf Wright eine Reihe öffentlicher Gebäude mit Innenhof, deren Grundrisse – im Gegensatz zu seinen Wohnhäusern mit Innenhof – streng symmetrisch waren. Wright bediente sich also der Symmetrie als Unterscheidungsmerkmal von privater und öffentlicher Sphäre. Die Midway Gardens in Chicago (1913; zerstört 1929), eine weitläufige Vergnügungsstätte mit Konzert- und Restaurantbetrieb, sind wohl Wrights umfassendstes Gesamtkunstwerk, denn hier zeichnete er nicht nur für die Gebäudearchitektur verantwortlich, sondern auch für Konzertmuschel, Interieur, Möbel, Geschirr, Skulpturen, Dekoration und Landschaftsgestaltung. Das Imperial Hotel in Tokio (1914–1922; zerstört 1968) war ein monumentales und doch maßvoll dimensioniertes Gebäude, das auf unzähligen Pfeilern ruhte, die in den instabilen Untergrund versenkt worden waren – eine innovative Vorsorgemaßnahme gegen Erdstöße, die sich schon kurz nach Fertigstellung des Hotels bewähren sollte, als das Gebäude 1923 das verheerende Erdbeben in Tokyo überstand.

DIE NATUR DER MATERIALIEN

Bei fast jedem seiner Projekte arbeitete Wright mit neuen Materialien, doch erwies sich Stahlbeton als der Baustoff, der ihn am beständigsten beschäftigte. Trotz seines frühen Erfolgs mit dem vollständig aus Beton errichteten Unity Temple missfiel Wright am Beton dessen inhärente Strukturlosigkeit – also der Umstand, dass er sich nach Belieben formen ließ. Im Unterschied zu allen anderen Baustoffen besaß Beton kein „Wesen", das seine angemessene Verwendung vorgeben würde. Schon 1906, als der Unity Temple im Bau war, entwickelte Wright die Betonblock-Bauweise, die er erst 17 Jahre später in seinen Betonblockhäusern anwenden sollte, etwa dem Samuel Freeman House in Los Angeles (1923), das aus individuell gegossenen Stahlbetonblöcken errichtet wurde. Die modulare Anordnung der Betonblöcke verlieh diesem zuvor formlosen Material Charakter – mit den Betonblockhäusern hatte Wright eine dem Stahlbeton angemessene Ausdrucksform gefunden.

BEHAUSUNG IN DER NATUR

1932 veröffentlichte Wright nicht nur *An Autobiography* – ein Buch, das ihm neue Kunden einbrachte, sondern gründete auch die Taliesin Fellowship, eine im Zeichenraum in Taliesin eingerichtete Berufsschule samt Büro für angehende Architekten, die hier neben bautechnischen auch landwirtschaftliche Aufgaben übernahmen. Wrights Auffassung, Architektur entspringe ihrem jeweiligen Ort und könne daher nie Ergebnis eines „Internationalen Stils" sein – wie der moderne Architekturstil 1932 erstmals bezeichnet wurde –, wird durch zwei Bauwerke veranschaulicht: das „Fallingwater" genannte Edgar Kaufmann House in Mill Run, Pennsylvania (1938), und Wrights eigenes Winterdomizil und Atelier Taliesin West in Scottsdale, Arizona (1940). Fallingwater, über einem Wasserfall errichtet, ist Wrights großartigstes „natürliches" Wohnhaus – ein Ort, an dem Menschen wahrlich in der Natur zuhause sein können. Taliesin West, nordöstlich von Phoenix in einer Wüste gebaut, feierte sowohl die Endlichkeit des Lebens – durch seine im Wechsel der Jahreszeiten ausgetauschten zeltartigen Dächer – als auch die Beständigkeit des Ortes – durch seine Betonwände mit eingelassenen Natursteinen, in denen Gravuren der amerikanischen Ureinwohner zu sehen waren, die einst in dieser Gegend gelebt hatten.

Das Johnson Wax Building in Racine, Wisconsin (1939), ist Wrights große „Kathedrale der Arbeit". Ihre innovativen Schalenbetonsäulen ruhen auf kleinen Messingfüßen, die grazil den Boden des zentralen Arbeitsraums berühren, dessen Wände stromlinienförmig mit Ziegeln verkleidet sind. Beleuchtet wird er von oben durch Glasröhren, die wie fortgesetztes Mauerwerk zu Obergaden und Oberlichtern geschichtet sind. Wie im Zeichenraum in Taliesin arbeiten auch hier die Angestellten in einem Raum, der mit sei-

Gegenüber: Fallingwater, Mill Run, Pennsylvania, 1938. Durch gemauerte Wände im Felsen verankert, kragen die Böden und Decken aus Stahlbeton über den Wasserfall aus. Unten: Der „Great Workroom" des Johnson Wax Building, Racine, Wisconsin, 1939.

nen baumartigen Säulen wie ein Wald anmutet, in den von oben durch die blätterartigen Oberlichter Licht einfällt. Obwohl dieser zentrale Raum im Johnson Wax Building der Arbeit und nicht der Andacht gewidmet ist, veranschaulicht er doch, wie Wright alltägliche Rituale und Tätigkeiten durch die Gestaltung sakraler Räume verherrlichte.

Broadacre City (1934) war Wrights visionäres Modell eines suburbanen Systems einheitlicher Parzellen in Anlehnung an das auf Thomas Jefferson zurückgehende Grundstücksraster. Mit diesen zur Behausung und Bewirtschaftung gedachten Parzellen sollte jeder Haushalt einen Platz in der Natur haben. Wrights städtebauliches Konzept verwob öffentliche, gewerbliche und sakrale Gebäude mit dem zugrundeliegenden Netz aus Einfamilienhäusern, um der Siedlung eine adäquate und exakte räumliche wie soziale Ordnung zu geben. Das Herbert Jacobs House in Madison, Wisconsin (1937) war das erste von Wrights sogenannten „Usonian Houses" – kleinen, erschwinglichen und energetisch günstigen Wohnhäusern für die rasant wachsende amerikanische Mittelschicht. Wright entwarf Hunderte von Usonian Häusern für verschiedenste Klimate und Bauweisen. Sie alle sind – gemessen an der erstaunlich geringen Quadratmeterzahl – Meisterwerke an Geräumigkeit, in denen Familien mit viel Sonnenlicht und im Einklang mit der Natur leben konnten.

In seinen letzten zehn Lebensjahren war Wright unglaublich produktiv und für Hunderte von Entwürfen verantwortlich. Zu seinen herausragenden Werken dieser Jahre zählt das Solomon R. Guggenheim Museum (1943–1959), das in New York gegenüber dem Central Park errichtet wurde. Das Museum ist ein grandioses Beispiel für das plastische Potenzial von Stahlbeton und schafft zudem ein erstaunlich dynamisches Raumerlebnis, indem es Kunstwerke und Besucher auf einer spiralförmigen Rampe in einer gen Himmel geöffneten Rotunde schweben lässt. Die Beth Sholom Synagogue in Elkins Park, Pennsylvania (1954), beeindruckt durch ihr in den aufgefalteten und erdverankerten Betonsockel eingelassenes Gestühl und ihr als transparentes, himmelwärts strebendes Zelt gestaltetes Dach; sie ist quasi die Quintessenz des menschlichen Schicksals, sowohl sesshaft als auch ewig Umherwandernder zu sein. Wrights vielleicht brillanteste Gebäudeanlage ist das erst nach seinem Tod fertiggestellte Marin County Civic Center in San Rafael, Kalifornien (1957–1959), ein Ensemble mehrerer horizontaler Ebenen, die eine Brücke zwischen den niedrigen Hügeln bilden.

Mit einigem Recht kann man die zahlreiche Entwürfe für schlichte und kostengünstige, doch zugleich geräumige und anregungsreiche Wohnhäuser, die Wright im Laufe seiner Karriere angefertigt hat, als seine bedeutendsten Leistungen ansehen. Er selbst begriff Architektur – in einer erstaunlich schlichten Definition – als Hintergrund oder Rahmen des alltäglichen Lebens. Die formale Struktur seiner Entwürfe zielte immer auf physische Behaglichkeit und spirituelle Anregung der Bewohner ab. Mit seinem systematischen Architekturansatz, der Überlegungen zu Ort, Material und Innenräumen mit der grundsätzlichen Frage nach menschlichem Wohnen und Erleben verband, war Wright im 20. Jahrhundert eine Ausnahmeerscheinung.

Solomon R. Guggenheim Museum, New York, 1943–1959. Die Kunstwerke werden an den Außenwänden der sich spiralförmig nach oben windenden Rampe präsentiert.

KARLA CAVARRA BRITTON

AUGUSTE PERRET

Ästhetik des Betonbaus

1874–1954

Auguste Perret war ein bekannter französischer Architekt und Baumeister in der ersten Hälfte des 20. Jahrhunderts, vor allem aber ein bedeutender Verfechter des Stahlbetonbaus. Er bereicherte die Architektur um eine Formensprache für Beton und eine umfassende baukünstlerische Gestaltungslehre. Einer von Le Corbusier angeführten jungen Architektengeneration galt er zu Beginn des 20. Jahrhunderts als großer Innovator. Man verehrte ihn als einen *constructeur*, dessen Engagement, Disziplin und Sachverstand als Baumeister, Theoretiker und Architekt ihn zu einem maßgeblichen Vorbild machte. Auguste, der mit seinen Brüdern Gustave und Claude das Unternehmen der Familie – die vom Vater geerbte Baufirma Perret Frères – leitete, hatte im Büro die Kontrolle über den gesamten Planungs- und Bauprozess inne, von den ersten Entwürfen bis hin zum letzten ausgeführten Detail.

Perret entwarf Kirchen, Theater, Künstlerateliers, Museen, Lagerhäuser und war für bedeutende Stadtentwicklungsprojekte verantwortlich, vor allem in Paris, Amiens, Le Havre und Casablanca. Er verlieh dem Stahlbetontragwerk gestalterischen Ausdruck und erhöhte dadurch das Ansehen von Stahlbeton in der französischen Öffentlichkeit. Aus einem überwiegend für Industriebauten verwendeten groben Material machte er einen feinen Baustoff von großer Gestaltungskraft, dem die gleiche Sorgfalt zuteil wurde wie edlem Holz oder Stein. Und er trug dazu bei, dass nachfolgende Generationen das bautechnische Potenzial des neuen Materials erkannten. Mitte des 20. Jahrhunderts hatte sich Perret durch seine Schriften und seine Bauprojekte einen Ruf als führender Vertreter des Betonbaus erarbeitet. Seine Beiträge zu Debatten über Themen wie Volumen, Tragwerk und Material in den Zeitschriften *L'Architecture d'Aujourd'hui*, *L'Architecture Vivant* und *Techniques et Architecture* waren von großem Einfluss auf die Entwicklung der modernen französischen Architektur.

DIE MODERNISIERUNG DES KLASSIZISMUS

Verwurzelt in einer langen Tradition rationalistischer Architekturtheorien (zu nennen sind hier vor allem Eugène-Emmanuel Viollet-le-Duc, Auguste Choisy und Julien Guadet) fand Perret zu einer Position, die zwischen diesen Theorien des 19. Jahrhunderts und einer den Anforderungen des 20. Jahrhunderts entsprechenden Architektur vermittelte. Was ihm vorschwebte, war ein modernisierter Klassizismus. Sein Werk gründete zum einen in der Überzeugung, der Klassizismus eigne sich weiterhin als Grundlage einer neuen Architektur, zum anderen in der Wertschätzung historischer Kontinuität innerhalb der französischen Architekturtradition.

Perret wird von Architekturhistorikern oft der Generation heroischer Baumeister um Peter Behrens, Frank Lloyd Wright und Otto Wagner zugerechnet. Sein erstes Gebäude mit Stahlbetontragwerk war ein mehrgeschossiges Apartmenthaus in der Rue Franklin 25a in Paris (1904). Das Tragwerk, das auf einer von Hennebique 1892 patentierten Konstruktion basierte, kam in der Fassade deutlich zum Ausdruck und wurde durch Keramikfliesenmuster des Keramikers Alexandre Bigot noch betont. Mit einem Parkhaus in der Rue de Ponthieu (1906) bewies Perret seine Fähigkeit, mittels räumlicher Komposition und Proportionierung sowie der ordnenden Struktur des in der Fassade erkennbaren Tragwerks auch einem profanen Gebäude Erhabenheit zu verleihen. Mit dem ursprünglich von Henri van de Velde konzipierten Théâtre des Champs-Elysées (1911–1913) näherte sich Perret dem Ideal eines modernen Klassizismus an. Den Kern des Gebäudes bildete eine ausgefeilte Konstruktion mit Betontragwerk, die Fassade

Auguste Perret (mit Bart und Fliege) im Atelier in der Rue Raynouard 51–55, Paris, um 1937. Perret entwarf das Gebäude einschließlich einer Wohnung zur eigenen Nutzung.

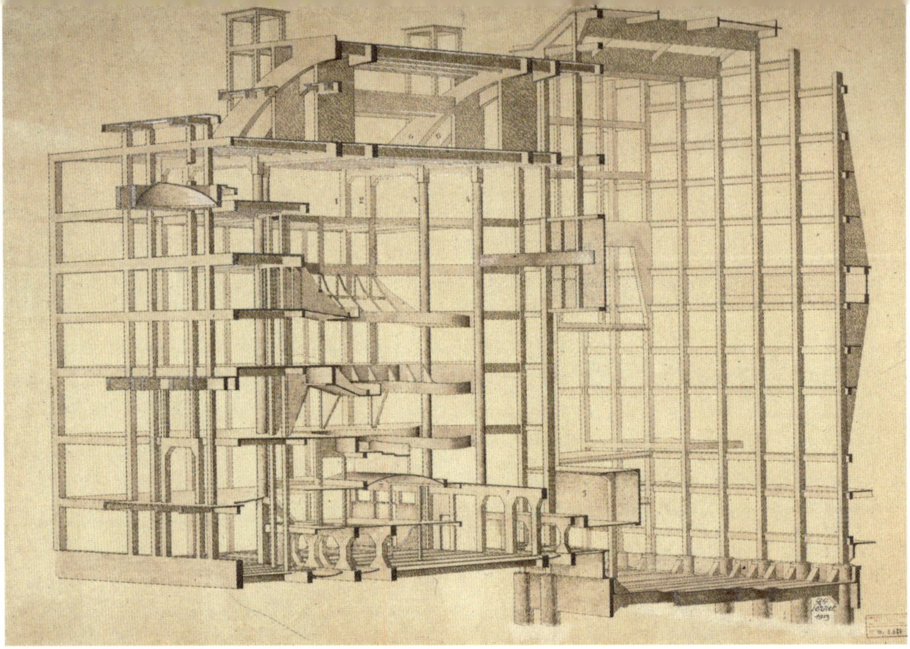

Oben: Théâtre des Champs-Elysées, Paris, 1911–1913: axonometrische Explosionsdarstellung, die das Tragwerk aus Stahlbeton erkennen lässt. Gegenüber: Innenansicht von Notre Dame du Raincy während des Baus, 1922–1924. Man erkennt die gewölbte Decke, die Stützpfeiler und die durchbrochenen Wände, alle aus Beton.

schmückten Flachreliefs des Bildhauers Antoine Bourdelle, das Innere der Kuppel Malereien des Künstlers Maurice Denis.

Die Kirche Notre Dame du Raincy (1922–1924) lässt eine für Perrets Werke typische Spannung erkennen, nämlich zwischen seinem Traditionsbewusstsein – das sich hier im Anknüpfen an die griechisch-gotische Tradition manifestiert – und seinem radikal modernen Ansatz, nicht zuletzt dem Bestreben, das Potenzial von Stahlbeton voll auszuschöpfen. Die in Raincy, einer Arbeiterstadt nordöstlich von Paris, gebaute Kirche besteht gänzlich aus unverkleidetem Stahlbeton und zeigt, dass sich mit Stahlbeton sowohl Monumentales als auch – dank der Zugfestigkeit – Filigranes schaffen lässt, hier in Form schlanker Säulen. Das Gebäude erregte seinerzeit große Aufmerksamkeit und wurde zu einem wichtigen Modell in der Diskussion um eine zeitgemäße Kirchenarchitektur im 20. Jahrhundert, das speziell den in Japan und den USA tätigen tschechischen Architekten Antonin Raymond beeinflusste. Die vorgehängten Wände der Kirche bestehen aus vorfabrizierten Betongittersteinen mit eingesetztem Buntglas nach Entwürfen von Maurice Denis, die von der Glaskünstlerin Marguerite Huré ausgeführt wurden. Im Hauptschiff stützen kegelförmige Säulen flache Gewölbedecken, die dem Innenraum ungewöhnliche Leichtigkeit und Anmut verleihen. Durch die Homogenität und klare Formensprache der Kirche avancierte Perret schon bald zu einem führenden Vertreter dieser neuen Architekturform.

In einem anderen Pariser Apartmenthaus, in der Rue Raynouard 51–55 (1930–1932), demonstrierte Perret seine Sympathie für das klassische Französische Fenster mit seinen am Menschen orientierten Proportionen und zelebrierte in seiner eigenen Penthouse-Wohnung die dezente Stadtwohnkultur des 16. Arrondissements. Wie das Ge-

Musée des Travaux Publics, Paris, 1936–1948, im Bau. Zu sehen ist hier das Treppenhaus in der Grand Hall.

bäude in der Rue Franklin 25a war auch das Apartmenthaus in der Rue Raynouard ein kühnes Projekt auf einem schwer zu bebauenden, in diesem Fall dreieckigen und stark abschüssigen Grundstück. Seinem Prinzip der Wirtschaftlichkeit folgend nutzte Perret hier jeglichen Spielraum, den ihm die Baugesetze ließen.

Perrets Musée des Travaux Publics (1936–1948), errichtet auf einem dreieckigen Grundstück am Place d'Iéna unweit des Palais de Chaillot, kündet besonders deutlich von seinem Interesse an einer neuen, dem Baustoff Beton adäquaten französischen Architektur. Mit welcher Kunstfertigkeit er Beton zu behandeln wusste, zeigen hier die eleganten Verzierungen, die verschiedenfarbigen Gesteinskörnungen und die mit dem Stockhammer geschaffenen Oberflächenstrukturen. Das Gebäude des Mobilier National (1946) wiederum, das als Lagerhalle und Restaurationswerkstatt für Möbel in Staatsbesitz diente, errichtete er in Form eines *hôtel particulier*.

Mit seinen späten Werken knüpfte Perret an ein frühes Interesse für Stadtentwicklung an. So war er verantwortlich für den Wiederaufbau Le Havres (1949–1956) nach dem Zweiten Weltkrieg. Um seine Ideen in großem Maßstab umsetzen zu können, hatte er bei diesem Projekt ein Team ihm ergebener Architekten um sich geschart. Perret selbst übernahm die Gestaltung des Stadtplatzes und der zentral gelegenen Kirche St-Joseph (1952), die an der Küste der Normandie als Leuchtturm dient. Perrets stadtplanerisches Konzept beruhte auf einem streng modularisierten und standardisierten Modell, in dessen Rahmen die Stadt bei Bedarf erweitert werden konnte.

KULTURELLER BEITRAG

Wie sein Kollege, der Dichter und Gesellschaftskritiker Paul Valéry, verstand auch Perret den Schaffensprozess als eine Form destillierter Erkenntnis. Für ihn ähnelte die Entstehung seiner Entwürfe dem poetischen Schreiben, ließ sie sich doch ebenfalls als ein Prozess der Wiederholung und syntaktischen Verfeinerung beschreiben, der kulturellen Gewohnheiten und Gegebenheiten unterworfen ist. Viele dieser kulturellen und sozialen Intentionen, wie auch die ihnen zugrundeliegenden Gestaltungsverfahren, hat Perret in seinen lakonischen Aphorismen zusammengefasst. Eine Sammlung dieser Maximen veröffentlichte er 1952 unter dem Titel *Contribution à une théorie de l'architecture.*

Perrets Werke entsprachen in kultureller Hinsicht gewissen Strömungen der Pariser Literaten- und Intellektuellenszene in der Zeit vor dem Zweiten Weltkrieg, die eine moderne Neuinterpretation der klassizistischen Tradition in Frankreich anstrebten. So findet sich etwa in Valérys sokratischem Dialog über Architektur, *Eupalinos oder der Architekt* (1921), ein Bekenntnis zu einem klassizistischen Ideal, das zwischen den dauerhaften Ambitionen französischer Kultur und den von Wandel und Innovation geprägten Übergangsphasen vermitteln kann. Man hat das Werk Perrets, der als Vorbild für Eupalinos gilt, als komplex und sogar rätselhaft beschrieben, als ein Werk, das die Prinzipien der Wirtschaftlichkeit des Bauens mit dem für die Moderne so charakteristischen Bestreben vereinbaren will, das technische und ästhetische Potenzial neuer Materialien auszuschöpfen. Insofern ist Perret ein Architekt und Baumeister, dessen Klarheit der Form gewissermaßen die Komplexität und Feinsinnigkeit seiner wahren Absichten verbirgt.

DAVID DUNSTER

LUDWIG MIES VAN DER ROHE

Der letzte grosse Erfinder der Form

1886–1969

Nach dem Tod von Le Corbusier 1965 verfasste Reyner Banham in *The Architectural Review* einen Nachruf mit dem Titel „The Last Formgiver" („Der letzte Formgeber"). Tatsächlich aber starb der letzte große Form-Erfinder erst 1969, woran auch Mies van der Rohes Widerrede („Form ist nicht Ziel unserer Arbeit") nichts ändert. Mies, geboren in Aachen als Sohn eines Steinmetzmeisters, besuchte keine Architekturschule, ging stattdessen bei Peter Behrens in die Lehre und gründete nach dem Ersten Weltkrieg ein kleines Architekturbüro in Berlin. 1938 emigrierte er aus Deutschland in die USA, um dort zu arbeiten und die neue Architekturabteilung am Illinois Institute of Technology aufzubauen. Er löste sich von seinen früheren Experimenten mit Betontragwerken und wandte sich jenen Stahl-Glas-Bauten zu, für die er vor allem bekannt ist. Schon vor seiner Emigration hatte er sich mit Hochhausprojekten beschäftigt, mit flexibler Wohnarchitektur (Mustersiedlung *Am Weißenhof*, Stuttgart, 1927) und dem offenen Grundriss für Einfamilienhäuser (Villa Tugendhat, Brünn, 1928–1930). Die Ergebnisse dieser Experimente lagen unter Verschluss, bis Mies sie – wie er in einem Brief an Erich Mendelsohn berichtet – in den USA wieder hervorholte. So hatte Mies, als sich in Chicago die Gelegenheit zum Bau von Hochhäusern ergab, bereits recht klare Ideen im Kopf. Diese Gebäude entstanden also keineswegs aus dem Nichts.

INNOVATIONEN

Die weltweit ersten Apartmenthäuser mit Stahlskelett, die 26-geschossigen 860–888 Lake Shore Drive Apartments, waren auch hinsichtlich des Tragwerks und der Gebäudeausstattung innovativ. Mies' Bauingenieur Frank Kornacker entwarf die Stahlkonstruktion, ohne deren Schwankungsverhalten genau einschätzen zu können. Ove Arup erzählte einmal von einer Party im obersten Stock, bei der stürmischer Wind das Wasser aus einem Waschbecken schwappen ließ. Solch abenteuerliche baustatische Planungen wären heute undenkbar. Zudem erwiesen sich die Luftabzugssysteme für die Bäder und Küchen als laut und unzuverlässig, sobald die leistungsschwachen Aufzüge in Betrieb waren. Auf die von Mies vorgesehene Klimaanlage wurde verzichtet, weil sie das Budget des Projektentwicklers Herbert Greenwald überstieg. Auch die Berücksichtigung ökologischer Standards hatte bei diesem Projekt noch experimentellen Charakter, sollte aber in den späteren Apartmenthäusern, die Mies für Greenwald baute, gelingen. Besonders umstritten aber waren die an den Fensterpfosten befestigten Stahlprofile, die konstruktionstechnisch offenbar nicht notwendig waren. Mies erläuterte dies im November 1952 in einem Interview des *Architectural Forum* wie folgt: „Erst nenne ich Ihnen den wahren Grund für diese Stahlprofile, und dann nenne ich Ihnen einen guten, an sich schon hinreichenden Grund. Es war sehr wichtig, den durch die Stahlprofile geschaffenen Rhythmus beizubehalten und im Rest des Gebäudes fortzusetzen. Wir haben uns ein Modell ohne vorgeblendete Profile [Doppel-T-Träger] an den Eckstützen angeschaut, und es sah nicht richtig aus. Das ist der wahre Grund. Der andere Grund ist, dass die Stahlprofile nötig waren, um die Plattenverkleidung der Eckpfeiler zu versteifen, damit sie sich nicht verformte. Außerdem brauchten wir sie zur Verstärkung, als die Profile an ihren Platz gehievt wurden. Das ist natürlich ein sehr guter Grund – aber der andere ist der wahre Grund."

Zur selben Zeit, als Mies die Lake Shore Drive Apartments entwarf, arbeitete er auch am Farnsworth House in Plano, Illinois (1945–1950), einem eingeschossigen Wochen-

860–888 Lake Shore Drive Apartments, Chicago, im Bau. Das Gebäude wurde 1951 vollendet.

endhaus mit stützenfreiem Innenraum, oberhalb der Überschwemmungsebene des Fox River. Dieser komplett verglaste Pavillon mit einem asymmetrisch platzierten Mittelblock aus Bädern und Küchenzeile ist zum Inbegriff des *minimal housing* geworden. Unmittelbar danach erhielt Mies den Auftrag für das Seagram Building (1954–1958), ein verglastes Gebäude mit bronzefarbenem Stahlskelett, das zurückgesetzt an der Park Avenue steht und New York dadurch den ersten neuen öffentlichen Platz seit vielen Jahren bescherte. Sein letztes großes Bauwerk führte Mies zurück nach Berlin, wo er für die Neue Nationalgalerie (1962–1968) eine eingeschossige Kunsthalle entwarf. Mit Blick auf seine bevorzugten Gebäudeformen – Turm, große Halle und Pavillon – ist man schnell geneigt, ihm Formalismus vorzuwerfen. Doch Mies konnte auch äußerst pragmatisch sein, wenn es darum ging, sich mit dem verfügbaren Baumaterial, der Form des zu bebauenden Grundstücks und den Wünschen der Auftraggeber zu arrangieren, ohne dabei dem großen Feind des Formalismus, dem Kompromiss, zum Opfer zu fallen, wie es anderen leicht geschehen wäre. Seine wenigen schriftlichen Aufzeichnungen, kaum mehr als flüchtige Anmerkungen, geben wenig Aufschluss über seine Person, doch einige Anekdoten lassen ihn als sanften, völlig unautoritären Menschen erscheinen, der stets

Grundriss des Farnsworth House, Plano, Illinois, 1951 – ein Wochenendhaus auf dem Land, das sich harmonisch in die Umgebung einfügt und heute zu den berühmtesten Häusern des 20. Jahrhunderts zählt.

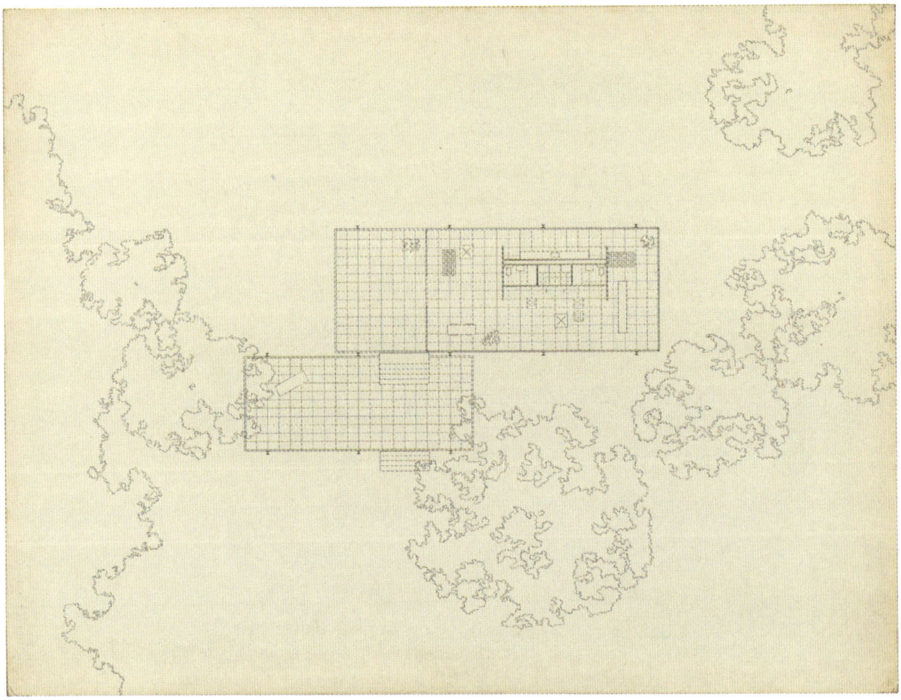

Neue Nationalgalerie, Berlin, 1962–1968. Mies' freispannender Glaspavillon auf dem Dach des Museums wird seinerseits von einem quadratischen Stahldach bedeckt, das auf acht äußeren Pfeilern ruht.

bereit war, alle Möglichkeiten zu berücksichtigen und intensiv zu erwägen. So müssen letztlich die Bauwerke für sich sprechen und beglaubigen, dass es einen Unterschied zwischen dem guten und dem wahren Grund gibt.

ZUKUNFTSVISION

Spätestens mit Mies' Tod 1969 begann sein Ansehen zu leiden: Schon bald galt er als Feind des Pluralismus, als Vater jener Stahl-Glas-Architektur, die den entstehenden Stadtlandschaften des späten 20. Jahrhunderts ihren Stempel aufdrückte, und deren Kritiker ihn, Mies, für die Anonymität der Städte verantwortlich machen. Dass Mies' Werk tatsächlich eine Architektur der Stille und Ordnung ist, haben – neben den vor einigen Jahren von Manfredo Tafuri vorgebrachten Argumenten – zuletzt 2001 zwei New Yorker Ausstellungen angedeutet: „Mies in Berlin" und „Mies in Amerika". Seine Architektur verbirgt zentrale Themen der Moderne – Funktion, Material und Konstruktion – hinter einer geordneten Oberfläche, die alle potenziellen Gebäudezwecke absorbiert. Damit steht sie im Gegensatz zu der *Anomie* des städtischen Lebens, zu jenem Chaos, das Mies in den 1920er und 1930er Jahren in Berlin erlebt hatte. Sein Werk ist so wertfrei wie nur irgend möglich. Genau deshalb ist Mies einer der größten Baumeister in der Geschichte der Architektur und nicht nur des 20. Jahrhunderts. So wie jene Baumeister, die im 15. und 16. Jahrhundert im Rahmen der archäologischen Wiederbelebung der Antike forschten und experimentierten und das neu erfanden, was wir heute klassische Architektur nennen, entwickelte Mies mit der Zeit eine architektonische Formensprache von großer Klarheit und schuf so die Grundlagen für die Werke der etwas unscharf als Rationalisten bezeichneten europäischen Architekten. Dieser zurückhaltende und doch so zielstrebige Architekt bietet uns auch heute noch eine beinahe zeitlose und hieratische Zukunftsvision, die weit über jene Zeit hinausreicht, in der seine Werke entstanden.

TIM BENTON

LE CORBUSIER

Aus Beton oder Stein, Holz oder Metall?

1887–1965

Es gibt eine Fotografie, die den jungen Charles-Édouard Jeanneret zusammen mit zwei Freunden zeigt, wie sie in Arbeitskitteln die Fassade seines ersten Bauwerks, der Villa Fallet (1907–1908), mit einem Sgraffito in Gestalt eines Tannenzapfenmusters versehen. Es ist mehr oder weniger die letzte dokumentierte Situation, in der Le Corbusier – wie er sich ab den 1920er Jahren nannte – bei einem seiner Bauprojekte selbst Hand anlegte. Er ließ sich auf Baustellen nur selten blicken und war mit der handwerklichen Ausführung seiner Werke oft unzufrieden. Dennoch darf Le Corbusier als ein großer Baumeister des 20. Jahrhunderts gelten. Nach seinen Entwürfen entstanden nicht nur über 70 Bauwerke, er schrieb auch mehr als 50 Bücher, die – teilweise in zahlreiche Sprachen übersetzt – anderen Architekten neue Möglichkeiten aufzeigten, über das Bauen nachzudenken. Einflussreich war Le Corbusier zum einen als Verfechter bestimmter Architekturprinzipien der Moderne: der Trennung von Tragwerk und Hülle, der Verwendung von Dachterrassen und großen Glasflächen sowie der räumlichen Öffnung im Innern. Zum anderen aber auch mit einer Gegenbewegung zur Moderne, die er bereits 1929 initiierte, als er sich auf natürliche Materialien wie Stein, Holz und Fliesen besann und dem Stahlbeton eine taktile Qualität verlieh, indem er die Abdrücke der Holzverschalung auf der Betonoberfläche unbehandelt ließ. Besonders nach dem Zweiten Weltkrieg wurde seine Architektur zunehmend skulptural und farbig. Generell aber entwickelte Le Corbusier seine baulichen Formen stets im Dialog mit dem Konstruktionsprozess.

PRINZIPIEN DER MODERNE

Im letztlich vergeblichen Bemühen um ein Patent für ein völlig neues Konstruktionssystem namens Dom-Ino-Haus fertigte der junge Jeanneret 1915 eine Skizze an, die das Grundprinzip der Moderne bereits zum Ausdruck bringt. Die Trennung von Tragwerk und Hülle bedeutete, dass jeder beliebige Teil einer Wand aus Glas bestehen und jede Innenwand in jedem Geschoss eine beliebige Form annehmen konnte. Diese Idee war so radikal, dass selbst Jeanneret ihr Ausmaß zunächst nicht völlig begriff. Seine nach dem

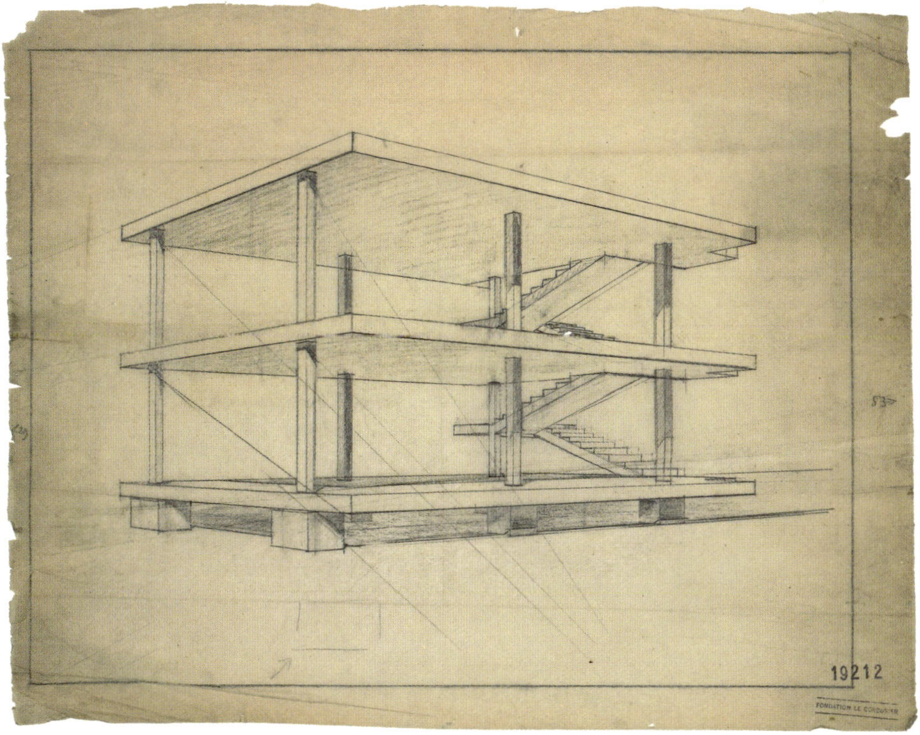

Oben: Entwurfszeichnung für die Patentanmeldung des Dom-Ino-Konstruktionssystems, 1915. Gegenüber: Octave Matthey, Charles-Édouard Jeanneret (Le Corbusier) und Louis Houriet bei der Arbeit im Giebel der Villa Fallet, 1907.

Dom-Ino-System entworfenen Häuser hatten noch keine sichtbaren Betonpfeiler, dafür noch konventionelle Fenster. Die sichtbaren Betonpfeiler – von Le Corbusier in den 1920er Jahren als „Pilotis“ bezeichnet – wurden später zu seinem Markenzeichen und generell typisch für die meisten Bauwerke der Moderne.

Dieses Grundprinzip beruhte auf der Idee des rationalen Bauens – der Idee, dass die Gestalt eines Gebäudes durch seine Konstruktion bestimmt sein sollte. Sie findet sich zusammengefasst in Le Corbusiers berühmten *Fünf Punkten zu einer neuen Architektur* (1926), in denen fünf Merkmale genannt werden: „Pilotis“ (dünne Stahlbetonsäulen), die das Gebäude über Bodenniveau anheben; eine freie Grundrissgestaltung dank der Pilotis, die nun die Gebäudelast tragen, was eine unterschiedliche Ausgestaltung der einzelnen Geschosse ermöglicht; eine freie Fassadengestaltung dank des unabhängigen Tragwerks; die *fenêtres en longeur* – Fensterbänder, die sich über die ganze Breite eines Gebäudes erstrecken; und der Dachgarten, also die dank eines Flachdachs wiedergewonnene nutzbare Gebäudegrundfläche.

In seinen Vorlesungen veranschaulichte Le Corbusier seine fünf Punkte anhand einer Skizze. Beim traditionellen Haus mit seinen tragenden Wänden musste jeder Etagengrundriss dem des darunterliegenden Stockwerks entsprechen. Zudem wurde das Tragwerk durch jede Außenwandöffnung geschwächt. Beim Stahlbetonbau dagegen konn-

Zeichnung, angefertigt während einer Vorlesung mit dem Titel „The Plan of the Modern House", gehalten in Buenos Aires im Oktober 1929.

ten Licht und Luft unter dem Gebäude durchströmen, was – wie Le Corbusier argumentierte – der Wirtschaftlichkeit, der Hygiene und einer ungehinderten Zirkulation zugute komme. Obwohl sich diese fünf Punkte aus der Konstruktionslogik ergaben, wurden sie schon bald zu einem Bündel von Stilmitteln, auf die Le Corbusier und viele seiner Epigonen in den 1920er und 1930er Jahren immer wieder zurückgriffen. Im Unterschied zu seinem früheren Lehrer Auguste Perret, einem überzeugten Vertreter der rationalistischen Architektur, legte Le Corbusier keinen besonderen Wert darauf, die Konstruktion seiner Gebäude in deren Hülle sichtbar zu machen. Das enorme Potenzial des Stahlbetonbaus eröffnete Le Corbusier zwar einen gewissen Spielraum, doch beurteilte er die Ergebnisse nach formalen und ästhetischen Gesichtspunkten, und nicht im Sinne des moralischen Urteils eines rationalistischen Architekten, der danach fragt, ob ein Gebäude „ehrlich" von seiner Konstruktion kündet.

Seit jeher hatte es in der westlichen Architektur den Anspruch gegeben, Konstruktion sichtbar zu machen, selbst wenn dabei der Konstruktionslogik Gewalt angetan werden musste. So entwickelte sich das griechische System der Flachdeckenkonstruktion (mit Säulen, die ein Gebälk stützen) im Römischen Reich (und später in der Renaissance) zu einer Erscheinungsform aus Pilastern und vorgesetzten Halbsäulen, die der eigentlichen Konstruktionslogik nicht mehr entsprach. Ein ähnlicher Formalismus schleicht sich durch die Umsetzung jener fünf Punkte auch in die Moderne ein. Le Corbusiers Villa Savoye in Poissy nahe Versailles (1923–1931) ist das Beispiel eines Bauwerks, in dem die Form über die Konstruktionslogik herrscht: Die Fassade der südöstlichen Zugangsseite erweckt den Anschein, als trage sie die darüberliegende Wand, während das darüberliegende Geschoss in Wirklichkeit über die Pilotis-Reihe auskragt.

Später wendete Le Corbusier dasselbe Prinzip auch auf andere Funktionen der Gebäudehülle an: um vor der blendenden Sonne und fremden Blicken zu schützen, eine gute Belüftung und eine schöne Aussicht zu ermöglichen. Als Sonnenblenden dienten ihm dünne vertikale Betonlamellen in fein strukturierten Formationen, die er *ondulatoires* nannte. Für Gebäudefassaden entwickelte er als Alternative die massivere *brise-soleil*,

Oben: Südostfassade von Le Corbusiers und Pierre Jeannerets Villa Savoye, Poissy (bei Versailles), 1928–1931. Unten: Kindergarten auf dem Dach der Unité d'Habitation, Marseille, 1945–1952, mit *brises-soleil* aus Beton.

einen Rahmen aus angeschrägten Betonlamellen, die den Einfall grellen Sonnenlichts verhinderten, zugleich aber Morgen- und Abendlicht passieren ließen. Am 5. September 1951 meldete er ein von ihm „vierte Wand" genanntes System zum Patent an, das – auf der Grundlage der Proportionen seines „Modulor" – Fassaden in Flächen aus Glas, Sperrholz oder Aluminium sowie in Lüftungsöffnungen gliederte und an der Innenseite Einbauelemente, etwa Schränke, vorsah.

STAHLBETON

Das Material, das man gemeinhin mit Le Corbusier assoziiert, ist Stahlbeton; tatsächlich experimentierte er ausgiebig, um dessen Potenzial als industrieller Baustoff zu ergründen. Im Fall der Wohnsiedlung in Pessac bei Bordeaux (1925–1926) überredete er den Bauherrn zur Anschaffung eines teuren Geräts der Marke Ingersoll-Rand, mit dem Beton auf ein Stahldrahtgeflecht gespritzt werden konnte. Allerdings erwies sich dieses Spritzbetonverfahren in der Praxis als unkontrollierbar und wurde bald schon durch jenes Verfahren ersetzt, das bei all seinen puristischen Villen aus den 1920er Jahren zur Anwendung kam: das manuelle Auftragen von Zementputz auf Mauern aus Porenbetonsteinen. Angesichts der damals verfügbaren Technik ließ sich nur so, per Hand, die perfekte Präzision des Maschinenzeitalters simulieren. Kurioserweise tauchte Spritzbeton später in der Kapelle von Notre Dame du Haut in Ronchamp (1950–1955) wieder auf, wo er für die geschwungenen Formen der Wände verwendet wurde.

War Stahlbeton anfangs ein Symbol des Fortschritts im Maschinenzeitalter und Triebfeder eines revolutionären Wandels, wurde er bald zum Beleg dafür, dass das menschliche Moment auch bei fortschreitender Modernisierung relevant bleiben würde. Der Umgang mit Beton machte eine Entwicklung durch: von der maschinellen Verarbeitung zur Handarbeit, von der bloßen Form zur taktilen Qualität, von der Perfektion zur Unvollkommenheit, von geometrischen zu biomorphen Formen. Man kann diese Entwicklung auf zweierlei Weise beschreiben: als eine Art alchemistischer Anverwandlung von Eigenschaften anderer Materialien (Holz, Stein, Ziegel) oder als Folge einer Unbestimmtheit, die dem praktischen wie theoretischen Umgang mit Beton wesentlich ist.

Le Corbusier verlor schon bald das Interesse an der Idee, Gebäude sollten möglichst schwerelos wirken und von unglaublich dünnen Stahl- oder Betonskeletten getragen werden. Beim Wohnheim, das er und sein Cousin Pierre Jeanneret für die Schweizer Studenten der Cité Universitaire in Paris schuf (1930–1931), verwarf er einen ersten Entwurf, der dünne Stahlstützen vorsah, und setzte stattdessen auf massive Betonpfeiler, die – wie er sagte – einem Hundeknochen nachempfunden waren, den er gefunden und aufbewahrt hatte. Er wollte die Dramatik der Konstruktion durch eine skulpturale Form ausdrücken. Diese organisch geformten Pfeiler weisen zum ersten Mal jene fein strukturierten Oberflächen auf, die von den ungehobelten Holzverschalungen herrühren, in denen sie gegossen wurden. Sichtbar sind in diesem Gebäude auch die Mauern aus grauem Sandstein (*pierre meulière*), der ansonsten in Paris überall dort als Baumaterial verwendet wurde, wo er vor den Blicken der Öffentlichkeit verborgen blieb. In der Penthouse-Wohnung, die Le Corbusier für sich in der Rue Nungesser et Coli (1931–1934) entwarf, ließ er sowohl die Außenmauer aus *pierre meulière* als auch die darin eingeschlossenen roten Backsteine des Kaminschachts unverhüllt, womit er einen schönen dekorativen Effekt erzielte. Die Verwendung von *pierre meulière* ermöglichte es Le Corbusier, mit der Farbe und Textur von Steinen zu arbeiten, ohne jenen akademischen Architekten folgen zu müssen, die in ihren klassischen Fassaden behauene Steine verwendeten.

Noch ein weiterer der fünf Punkte wurde obsolet: das Flachdach. Seit seinem Aufenthalt in Barcelona 1928 war Le Corbusier fasziniert von den katalanischen Gewölben

Notre Dame du Haut, Ronchamp, 1950–1955.

Haus für André und Suzanne Jaoul, Neuilly, Paris, 1951–1955: das Wohnzimmer.

aus Flachziegeln. In seinem Penthouse-Atelier schuf er Betongewölbe, die jenen in Fabrikhallen nachempfunden waren; das 1935 gebaute Wochenendhäuschen in La Celle-Saint-Cloud hatte ebenfalls ein Betongewölbe, das er mit Erde und Gras bedeckte, und auch der wunderbaren Villa Sarabhai im indischen Ahmedabad gab er ein Betongewölbe mit begrüntem Dach. In Paris aber kehrte er dann zum Ursprung seines Interesses für Gewölbe zurück: Für André Jaoul und dessen Sohn baute er zwei Häuser in Neuilly (1951–1955) mit echten katalanischen Ziegelgewölben, in denen Stahlseile gespannt waren. Die Wärme der Farben jener katalanischen Flachziegel und die umschließende Form der Gewölbe erzeugen eine deutlich größere Intimität als in Le Corbusiers Häusern aus den 1920er Jahren. Die zwei parallelen Gewölbe, das eine größer als das andere, dienen als restriktive Maßgabe für die funktionale Gestaltung des Grundrisses. Der rohe Beton der übergroßen Träger kontrastiert hier mit den roten Gewölben und den weißen Wänden. Verstärkt wird der überraschende Eindruck durch den lichtdurchfluteten Wohnbereich von doppelter Geschosshöhe.

FREUDE AN NEUEN MATERIALIEN

Ab 1929 fand Le Corbusier wieder zunehmend Freude daran, mit neuen Materialien, vielfältigen Texturen und komplexeren Formen zu arbeiten; im Gegenzug löste er sich immer mehr von den Ideen aus *Fünf Punkte zu einer neuen Architektur*, die er erst drei Jahre zuvor formuliert hatte. Das Sommerhaus, das er gemeinsam mit Pierre Jeanneret 1935 für Albin Peyron, den Leiter der Heilsarmee, in Les Mathes nördlich von Bordeaux entwarf, ist ein Meisterwerk an dezenter Raumgestaltung für ein einfaches, weitgehend unter freiem Himmel geführtes Leben in den Sommermonaten. Kleinere Schlafzimmer befinden sich auf der (östlichen) Rückseite, während das Hauptschlafzimmer und der gemeinsame Wohnbereich im ersten Stock über ein Fenster mit Ausblick auf das Meer verfügen, genauso wie das Esszimmer im Erdgeschoss. Bei gutem Wetter verbrachte die Familie ihre Zeit draußen auf Balkon und Terrasse, die beide überdacht waren. Das höl-

Le Corbusier und Pierre Jeanneret, Haus für Albin Peyron, Les Mathes (bei Royan), 1935.

zerne Gebälk des Hauses wurde vom japanischen Architekten Junzo Sakakura, einem damaligen Mitarbeiter Le Corbusiers, kunstvoll verfeinert.

Die letzte Hommage Le Corbusiers an das Material Holz war jene Hütte, die er 1949 für sich und seine Frau als Urlaubsdomizil auf den Felsen bei Roquebrune-Cap-Martin entwarf. In Zusammenarbeit mit seinem Lieblingszimmermann, dem Korsen Charles Barberis, schuf er einen extrem kompakten Grundriss auf Grundlage des Modulor-Maßes von 3,66 m. Alles hatte hier seinen Platz, die Oberflächen bestanden aus Sperrholzpaneelen und farbigen Isolierplatten. Obwohl viele Details handgearbeitet anmuten, war die ganze Hütte doch in Korsika hergestellt und per Bahn nach Roquebrune transportiert worden – der Zug hatte genau oberhalb des Hauses angehalten, so dass die angelieferten Platten abgeladen werden konnten. An diesem Ort, und in einer winzigen Bauhütte in der Nähe, arbeitete Le Corbusier während seiner letzten 15 Lebensjahre an vielen seiner Projekte; hier starb er auch 1965 beim Schwimmen im Meer.

Le Corbusiers Hütte bei Roquebrune-Cap-Martin, 1949, zur eigenen Nutzung konstruiert.

ANDREI GOZAK

KONSTANTIN MELNIKOW

Sprung ins Ungewisse

1890–1974

Konstantin Melnikow wurde in Moskau geboren. Von 1905 bis 1910 absolvierte er ein Grundlagenstudium an der Moskauer Fachschule für Bildende Kunst und Architektur, studierte anschließend Malerei und wechselte 1914 direkt ins vierte Studienjahr des Architekturkurses. Sein Architekturstudium beendete er 1917, ab 1920 hatte er eine Professur an den WchUTEMAS (den Höheren Künstlerisch-Technischen Werkstätten) inne, die in jenem Jahr aus dem Zusammenschluss seiner alten Schule mit der Stroganow-Kunstgewerbeschule entstanden waren. In den nächsten vier Jahren nahm Melnikow an diversen Wettbewerben für Bauprojekte in Moskau teil. Dazu zählten mustergültige Arbeiterhäuser (1922–1923), der Palast der Arbeit (1923), das Gebäude der Arkos Aktiengesellschaft und der Pavillon der Machorka Tabakgesellschaft für eine Landwirtschaftsausstellung 1923. Dieser Holzbau fand durch die Frische seiner Gestaltung große Beachtung in den Medien und auch bei anderen Architekten.

DAS „GROSSARTIGE JAHRZEHNT"

Holzbauten konzipierte Melnikow auch mit seinen Entwürfen für den Neuen Suchareswker Markt in Moskau (1924–1926; zerstört) und den Sowjetischen Pavillon auf der Pariser Kunstgewerbe-Ausstellung 1925. Melnikows Pariser Pavillon, ein Meilenstein in seiner baukünstlerischen Entwicklung, machte ihn international berühmt. Le Corbusier erklärte das Bauwerk zum „einzigen Pavillon der Ausstellung, den zu sehen sich lohnt". Der Erfolg bescherte ihm den Auftrag für eine Taxi-Garage in Paris mit 1 000 Stellplätzen, für die er zwei verschiedene Entwürfe anfertigte. Das Gebäude wurde nie gebaut, weckte aber Melnikows Interesse für die Parkhäuser, die man damals in Moskau plante und baute. Er begann, sich mit funktionalen Aspekten dieses Gebäudetyps zu beschäftigen und entwickelte schließlich ein Parksystem, das die Verwendung des Rückwärtsgangs überflüssig machte. Melnikow entwarf und baute zwei Parkhäuser in Moskau: die Busgarage in der Bachmetewskaja-Straße und die Lastwagengarage in der Nowo-Rjasankaja-Straße (1926–1929).

Melnikow in seinem Haus in der Kriwoarbatski-Gasse, Moskau, vollendet 1927.

Das Jahr 1927 zählt zu den produktivsten in Melnikows Karriere. Er entwarf eine Reihe von Arbeiterklubs, von denen sechs in den folgenden Jahren gebaut wurden: der Frunse-Klub (1927–1929), der Rusakow-Klub (1927–1929), der Klub der Kautschuk-Gummifabrik (1927–1929), der Klub der Swoboda-Fabrik (1927–1929) und der Klub der Burewestnik-Fabrik (1929–1931), allesamt in Moskau, sowie der Klub der Porzellanfabrik in Duljowo (1927–1928). Der berühmteste ist der Rusakow-Klub, dessen drei Sitzbereiche sich bei Bedarf in ein großes Auditorium verwandeln lassen. Ein weiterer, allerdings nie verwirklichter Entwurf galt dem Zujew-Klub (1927–1929). Er sah fünf miteinander verbundene Zylinder vor und war der Vorläufer für den Entwurf seines eigenen Hauses (1927) in der Kriwoarbatski-Gasse in Moskau. Die Idee einer „Einheit aus fünf Zylindern", schrieb Melnikow später, „habe ich beim herrlichen Duett unseres Hauses wieder aufgegriffen" (das Haus besteht aus zwei miteinander verbundenen zylindrischen Türmen).

Melnikows Sowjetischer Pavillon für die Exposition Internationale des Arts Décoratifs et Industriels Modernes, Paris, 1925.

1929 nahm Melnikow an einem internationalen Wettbewerb für einen Leuchtturm in Santo Domingo zu Ehren von Christopher Kolumbus teil. Sein Entwurf sah über die klassische Form der Denkmalarchitektur hinaus auch kinetische Elemente vor, die durch den Wind bewegt werden sollten. Die frühen 1930er Jahre waren schicksalhafte Jahre für Melnikow wie für die russische Avantgarde insgesamt: Die sowjetische Bürokratie begann einen Angriff auf die Kunst, der in völligem Totalitarismus endete. Sein „großartiges Jahrzehnt", wie Melnikow die Zeit von 1923 bis 1933 nannte, war vorbei. Aufträge blieben aus, und Melnikow musste die Leitung des Mossojwet-Architekturateliers Nr. 7 abgeben, in dem er seit 1933 gearbeitet hatte. Außerdem entzog man ihm die Lehrbefugnis für das Moskauer Architekturinstitut.

Konstantin Melnikow, der weltberühmte Architekt, einer von nur zwölf internationalen Vertretern auf der Mailänder Triennale 1933, geriet in Vergessenheit. Und sein Leben veränderte sich grundlegend. Er war gezwungen, Aufträge für Porträt- und offizielle Historiengemälde anzunehmen; so machte sich wenigstens sein Malereistudium bezahlt. Seine wichtigsten baukünstlerischen Werke dieser Zeit waren Wettbewerbsentwürfe für das Volkskommissariat für Schwerindustrie am Roten Platz in Moskau (1934) und für

Rusakow-Klub, Moskau, 1927–1929, einer von mehreren Arbeiterklubs, die Melnikow in Moskau und Umgebung schuf. Die drei vorstehenden Sitzbereiche ließen sich in ein einziges großes Auditorium umwandeln.

den Pavillon der UdSSR auf der Pariser Weltausstellung 1937. Für das erste Projekt gab es zwei herausragende Entwürfe, einen von Melnikow und einen von Iwan Leonidow – zwei anerkannte Meister ihres Fachs, die der Architektur im 20. Jahrhundert neue Entwicklungsmöglichkeiten eröffneten. Nach dem Zweiten Weltkrieg reichte Melnikow zahllose Wettbewerbsbeiträge ein, um im Bereich der Architektur wieder Fuß zu fassen. Einer dieser Entwürfe, für den Pavillon der UdSSR auf der Weltausstellung 1964 in New York, zeigt, dass seine Ideen an Frische nichts verloren hatten. Seine letzte Arbeit war ein 1967 eingereichter Wettbewerbsentwurf für das Moskauer Kinder-Kinotheater am Arbat. In seinen letzten Lebensjahren arbeitete Melnikow an einer Autobiografie mit dem Titel *Architektur meines Lebens*, die posthum veröffentlicht wurde.

ERFINDER UND ENTDECKER

Melnikows Werk lässt sich nicht in die engen Grenzen eines bestimmten Stils oder Trends zwängen und daher nur schwer in das übliche Schema der Architektur des 20. Jahrhunderts einordnen. Ebenso schwierig ist es, seine Formensprache in eine passende Terminologie zu kleiden. Über eines sind sich jedoch die meisten Kritiker einig: Melnikow verband als Architekt einen einzigartigen Erfindergeist mit energischem Temperament und einer ausgeprägten Flexibilität des räumlichen, bautechnischen und künstlerischen Denkens. Melnikow war ein bemerkenswerter Erfinder und Entdecker unbekannter Formen, insofern ist er nur mit Pablo Picasso vergleichbar, der ein Künstleratelier als Labor zur Erfindung neuer Formen ansah. Melnikow selbst schätzte nichts so sehr wie den „kraftvollen Geist des Künstlers", und seine Kreativität berührte alle Aspekte der Architektur, von der Funktionalität und Konstruktionsweise bis zur ästhetischen Form und künstlerischen Komposition. Vielleicht hätte er sich viele seiner technischen Erfindungen patentieren lassen können – etwa das in seinem Haus verwendete gitterartige, wabenförmige Mauerwerk oder auch sein besonderes Ein-und-Ausfahrt-System für Busgaragen und Parkplätze, sein System der „flexiblen Räume" zur Veränderung der Größe und Funktion von Klubräumen, seine dynamische Architektur der rotierenden Etagen für das Gebäude der *Leningrad Prawda* oder die klingenartigen Flügel im Entwurf für das Kolumbus-Denkmal. Wie aber hätte man Melnikows künstlerische und formale Entdeckungen zum Patent anmelden, das poetische Moment seiner Architektur bestimmen, deren unverwechselbare Handschrift festhalten können?

Die meisten Autoren, die sich mit Melnikow beschäftigt haben, nennen als Merkmale seiner Architektur deren „Frische", „Dynamik" und „Expressivität" – Merkmale, die in fast allen Entwürfen und Bauten Melnikows unverkennbar sind. Unterschiedliche räumliche Formen prallen auf originelle Weise zusammen; Vektoren und Kräfte streben in unterschiedliche Richtungen. Sein Werk ist voller Spannung, geprägt von Formwechseln, bewussten Symmetriebrüchen und den von ihm so geschätzten Diagonalen. Die interagierenden geometrischen Formen vermitteln den Eindruck von Unbeständigkeit und Unruhe, immer nahe am Zustand eines dynamischen Gleichgewichts. Wie also lässt sich dieses hoch komplexe Bild zusammenfassen? Die Antwort liefert vielleicht eine Inschrift an der Fassade seines Hauses: „Konstantin Melnikow, Architekt". Sie bringt seine einzigartige Individualität auf den Punkt. Sein ganzes Leben lang war Melnikow ein überzeugter Individualist, der sich allen Architektur-Bewegungen verweigerte. Seine Architektur wurzelt in den Experimenten seiner Vorläufer, im eigenen Land und im Ausland. Er lehnte die Idee der Imitation ab, und verteidigte umso leidenschaftlicher die Autonomie seiner Entwürfe und Ideen. Melnikow war mit unvergleichlicher Erfindungsgabe und ungestümer Phantasie gesegnet. Mit seiner Architektur erweiterte er, so formulierte er es selbst, die Grenzen des Möglichen.

RICCARDO DIRINDIN

PIER LUIGI NERVI

Wandlungen eines Ingenieurs

1891–1979

Wann immer Pier Luigi Nervi über seinen Beruf sprach, ließ er an einer grundlegenden Überzeugung keinen Zweifel: dass es beim Bauen darum gehe, auf bestmögliche Weise ein bestimmtes Ziel zu erreichen, also maximale Ergebnisse mit minimalem Aufwand zu erzielen – ein Prinzip, das in jeder Phase des Bauprozesses, von der Planung bis zur Ausführung, bedingungslos gelten sollte. Obwohl Nervi auch ästhetische Aspekte berücksichtigte und keineswegs für zweitrangig hielt, besteht sein Vermächtnis doch in dem, was aus seinem Grundsatz der technischen und ökonomischen Strenge erwuchs. Seine Werke, von Architekturkritikern und -historikern gerühmt und auch von der Öffentlichkeit sehr geschätzt, machten den italienischen Ingenieur noch zu Lebzeiten zu einer legendären Gestalt.

Nervi wurde in der norditalienischen Kleinstadt Sondrio geboren. Nachdem er 1913 sein Bauingenieurstudium an der Universität von Bologna abgeschlossen hatte, begann er seine berufliche Laufbahn 1923 in Rom, wo er als Mitinhaber die erste seiner zwei Baufirmen gründete. Noch bis in die 1950er Jahre hinein war Nervi als Konstrukteur zumeist im Rahmen seiner Arbeit als Bauunternehmer tätig. Erst spät in seiner Karriere, als er international bereits hoch geachtet und gefeiert wurde, übernahm er auch Aufträge, bei denen er ausschließlich als Konstrukteur oder bautechnischer Berater fungierte.

DER BAUTECHNISCHE KÜNSTLER

Von Anfang an konzentrierte sich Nervi auf die Planung und Errichtung von Bauten aus Stahlbeton. Schlagartig berühmt wurde er mit dem neuen Städtischen Stadion in Florenz, das er zwischen 1930 und 1932 entworfen und gebaut hatte und das von der nationalen wie internationalen Kritik hoch gelobt wurde. Die Beziehung der Architektur zum Ingenieurbau war damals in einem tiefgreifenden Wandel begriffen, der jenen Wall bröckeln ließ, mit dem Künstler im 19. Jahrhundert ihre Werke von bestimmten Ausdrucksformen des Industriezeitalters abgegrenzt hatten. Als die Entwicklung der Moderne sich verlangsamte und einige ihrer Grundsätze allmählich Wurzeln schlugen, begann die Architektur, sich produktiv mit dem Ingenieurbau auseinanderzusetzen. An diesem kulturellen Wandlungsprozess war Nervi wesentlich beteiligt. Nach dem Erfolg seines Florentiner Stadions machte er mit weiteren Bauwerken von sich reden. Und als Konstrukteur wie als Fachautor widmete er sich vor allem zweierlei Fragen: solchen der Technik und

Einer der Hangars, die Nervi in Orvieto, Orbetello und Torre del Lago Puccini zwischen 1939 und 1942 baute. Die Fotografie zeigt die reine Tragkonstruktion des Gebäudes, bevor es verkleidet wurde.

solchen der kreativen Form. Insofern war Nervi weltweit der erste Ingenieur, der als bautechnischer Künstler oder „Ingenieur-Architekt" in Erscheinung trat, und zwar mit fortschreitender beruflicher Entwicklung in zunehmendem Maß.

Nach dem Stadion in Florenz mit seinen berühmten architektonischen Elementen (dem Kragdach über der Haupttribüne, dem Marathonturm, den drei Wendeltreppen hinauf zu den unüberdachten Sitzplätzen) waren es Gebäude in Mittelitalien, die seinem Werk Profil verliehen: die Flugzeughallen der italienischen Luftwaffe zunächst in Orvieto (1935–1938) und später in Orvieto, Orbetello und Torre del Lago Puccini (1939–1942; zerstört 1944). Diese Hangars, von Kollegen, Kritikern und der Öffentlichkeit gleichermaßen mit großem Lob bedacht, sind bereits Vorboten jener Schaffensperiode nach dem Zweiten Weltkrieg, die seinen Ruf als höchst origineller und meisterhafter Dachkonstrukteur nachhaltig festigen sollte. Aber auch zwischen der ersten und der zweiten Gruppe von Hangars ist bereits ein entscheidender Fortschritt zu erkennen: Obwohl die Hallen in beiden Fällen auf einer geodätischen Konstruktion aus sich rechtwinklig kreuzenden Bögen basieren, handelte es sich bei ersteren um monolithische Bauten aus Ortstahlbeton, während bei den zweiten der Großteil der Bögen aus vorfabrizierten und vor

Ort montierten Trägerelementen bestand. Damit war das grundlegende Bauprinzip aller künftigen Werke Nervis etabliert: die Verwendung von Fertigbauteilen zum Zweck maximaler Wirtschaftlichkeit.

DER LEGENDÄRE BAUMEISTER

Wie Nervi selbst anmerkte, bot die Vorfabrikation in der Praxis zahlreiche Vorteile gegenüber der in wirtschaftlicher wie ästhetischer Hinsicht suboptimalen Holzschalung. Tatsächlich ließ sich mit der Massenfertigung von Bauteilen nicht nur die Bauzeit erheblich verringern (die oft ein entscheidender Faktor war), sondern auch „ein großer Formenreichtum, eine feine Oberflächenbehandlung und – durch die Wiederholung gleicher Bauteile – eine Rhythmik der Struktur" erzielen. Nervis Arbeiten in der Nachkriegszeit, in der er zu einem legendären Baumeister wurde, belegen diese enge Verbindung von Konstruktion und Ästhetik: Die Mehrzahl seiner als Meisterwerke geltenden Bauten waren das Ergebnis höchst effizienter Bauausführungen auf perfekt organisierten Baustellen (die ihrerseits gewissermaßen Meisterwerke waren).

Für die Vorfabrikation nutzte Nervi eine Art von Stahlbeton, die er selbst während des Zweiten Weltkriegs entwickelt und unter dem Namen „Ferro-Cemento" („Eisenzement") zum Patent angemeldet hatte. Dieser Baustoff entsteht durch eine leichte Bewehrung in Form dicht geschichteter Stahlgeflechte aus dünnem Draht, die mit Zementmörtel ummantelt werden. Das Ergebnis ist ein hoch elastisches und bruchfestes Material. Ferrocemento sollte, in unterschiedlicher Verwendung, eine entscheidende Rolle in Nervis weiterer Karriere spielen. Generell beschäftigte ihn vor allem die Konstruktion der Leibungen der traditionellen Dachtypen Flachdecke, einfaches Gewölbe und Kuppel. Für diese Dachtypen – wie auch für weitere, weniger bedeutende – fand Nervi drei verschiedene formale Lösungen. Im Fall der Flachdecke werden die Oberflächen von einer gegliederten Rippenstruktur durchzogen, die auf isostatischen Linien beruhen. Um diese komplexe Rippenstruktur aus Ortbeton herzustellen, brauchte es spezielle Eisenzementschalungen (die ihrerseits auf Gipsformen modelliert und als Module in allen identischen Abschnitten der Flachdecke wiederverwendet wurden). Ein frühes Beispiel für diese Art Dachkonstruktion ist das unterirdische Lagerhaus der Wollfabrik Gatti in Rom (1951). Gewölbe und Kuppeln dagegen konstruierte Nervi entweder mit rautenförmigen Mustern aus Diagonalverstrebungen oder mit wellenförmigen Oberflächen, deren Widerstandsfähigkeit durch ein feingeripptes Profil verstärkt wurde. In beiden Fällen bestanden die Dächer aus Ferrocemento-Fertigteilen, welche nach dem Einbau mithilfe von Stahlbetonrippen, die an bestimmten Stellen in diese Bauteile eingefügt waren, verbunden wurden. Berühmte Beispiele dieser Art der Dachkonstruktion sind Nervis zwei Ausstellungshallen in Turin (1947–1948 und 1949–1950) sowie die beiden Sporthallen für die Olympischen Spiele 1960 in Rom.

Nicht minder berühmt sind, schon seit ihrer Fertigstellung, weitere Konstruktionen Nervis, die sich in verschiedener Hinsicht von den oben beschriebenen Typen unterscheiden. Dazu zählen der Sitz der UNESCO in Paris (1952–1958; entworfen von Marcel

Breuer und Bernard Zehrfuss), das Pirelli-Hochhaus in Mailand (1955–1960; architektonische Gestaltung von Gio Ponti), das Flaminio Stadion sowie der Corso Francia Viadukt für die Olympischen Spiele in Rom, der Palazzo del Lavoro in Turin (ein für die „Italia 61", zur Hundertjahrfeier der Einheit Italiens, errichtetes Gebäude) und die Papierfabrik Burgo in Mantua (1961–1963).

Nervis steile Karriere gipfelte 1964 symbolträchtig in einem Auftrag Papst Paul VI., die Päpstliche Audienzhalle im Vatikan zu entwerfen. Hier galt es, Rücksicht zu nehmen auf die historisch wie künstlerisch höchst bedeutsamen Bauwerke in unmittelbarer Umgebung: Nervis Baustelle lag unweit des Petersdoms, im Schatten von Michelangelos Kuppel und mit Blick auf Berninis Kolonnaden. Doch Nervi, so der Papst in seiner Eröffnungsansprache am 30. Juni 1971, verfügte über „das Genie und die Tugend", auch diese höchst anspruchsvolle Aufgabe mit Bravour zu meistern. Auch mit der Audienzhalle erwies sich Nervi als ebenso kraftvoller wie nahbarer Meister seines Fachs. Der geniale Pragmatiker, Erfinder von Baussystemen und heldenhafte Herrscher über Großbaustellen war zugleich der Schöpfer von Formen, die fast immer leicht zu begreifen und mitunter auf eine konventionelle Weise faszinierend sind. All diese Merkmale machen nicht nur Nervis Größe aus, sie wurden vielmehr die Quintessenz einer Vorstellung vom Bauen, die mit dem Tod ihres Urhebers verloren gegangen ist.

Unterirdische Lagerhalle für die Wollfabrik Gatti, Rom, 1951.

Die Kuppel des Palazzetto dello Sport in Rom, im Bau, 1956–1957. Wo sie das Dach erreichen, werden die Stützpfeiler zu schlanken, die vorfabrizierten Elemente trennenden Rippen.

NEUE VISIONEN

Bei Anbruch der 1970er Jahre waren die Großmeister der Moderne – darunter Mies van der Rohe, Le Corbusier (die beide in den 1880er Jahren zur Welt kamen) und Frank Lloyd Wright (der 1867 geboren und 91 Jahre alt wurde) – bereits tot. Und zumindest in der westlichen Welt wurde das architektonische und städtebauliche Programm der Moderne in Teilen kritisch hinterfragt. Was der modernen Architektur schließlich neue Perspektiven eröffnete, waren die von Zuversicht und Dynamik geprägten Entwicklungen auf dem amerikanischen Kontinent. Die Arbeiten des finnisch-amerikanischen Architekten Eero Saarinen und des Brasilianers Oscar Niemeyer wiesen den Weg zu neuer Freiheit und Aussagekraft. Saarinen starb 1961, im Alter von 51 Jahren, als Niemeyer gerade in Brasiliens junger Hauptstadt Brasília (1956–1964) die spektakulären Ergebnisse seiner Auseinandersetzung mit dem ästhetischen Potenzial von Beton präsentierte. Der Brasilianer (geboren 1907) blieb bis ins 21. Jahrhundert hinein tätig. Louis Kahn, nach Wright wohl der bedeutendste amerikanische Architekt des 20. Jahrhunderts, starb 1974 und hinterließ Bauwerke von unvergleichlicher tektonischer Kraft. Seine Idee der „served and servant spaces" („bedienten und bedienenden Räumen") war eine Antwort auf die immer drängendere Frage nach dem Umgang mit der Gebäudetechnik in Großbauten und beeinflusste die Architekten der „Hightech"-Generation um Norman Foster. In Japan stand die Architektur für eine Weile ganz im Zeichen urbanistischer Utopien; einer der Visionäre war Kenzo Tange, der aus Ideen Le Corbusiers und heimischen Traditionen eine neue japanische Moderne schmiedete.

In der zweiten Hälfte des 20. Jahrhunderts profitierte die Architektur überdies vom wiederbelebten Dialog mit den Ingenieuren, die sich zunehmend aus der Rolle der reinen Zuarbeiter befreiten. Ove Arup wird man zum Beispiel mit der Bezeichnung „Zuarbeiter" kaum gerecht werden. Aufgewachsen in Deutschland bei seinen skandinavischen Eltern und ausgebildet in Dänemark gründete er ein weltweit erfolgreich tätiges Bauingenieurbüro mit Hauptsitz in London. Bei der Verwirklichung des außergewöhnlichen Entwurfs, den der dänische Architekt Jørn Utzon für das Opernhaus in Sydney (1956–1973) anfertigte, spielte Arup eine ebenso zentrale wie umstrittene Rolle. Unverkennbar verschwammen die alten Grenzen zwischen Architektur und Ingenieurbau, was auch daran abzulesen ist, wie schwer sich manche Protagonisten diesen Kategorien zuordnen lassen. Einer davon ist der gelernte Ingenieur Jean Prouvé, der neuen Fertigbautechniken den Weg bereitete und Materialien innovativ zu nutzen verstand – wovon nicht zuletzt seine ungewöhnlichen Glasfassaden zeugen. Zufrieden damit, als „Konstrukteur" zu gelten, unterrichtete er in den 1960er Jahren am Pariser Conservatoire National des Arts et Métiers und beeinflusste die neue Generation der Hightech-Architekten, etwa den Italo-

Amerikaner Richard Rogers (1933 in Florenz geboren) und Renzo Piano (1937 in Genua geboren), die Gewinner jenes Wettbewerbs für das Centre Pompidou in Paris (1971–1977), dessen Jury Prouvé vorsaß. Einfluss auf die Hightech-Architekten, speziell auf Norman Foster, hatte auch Richard Buckminster Fuller, der für seine geodätischen Kuppeln berühmt ist, aber auch als Prophet nachhaltigen Designs und als visionärer Umweltschützer Beachtung verdient. Foster selbst wurde nach dem Bau der Hongkong & Shanghai Bank (1981–1985) in Hongkong zu einem global tätigen und überaus produktiven Architekten. Er ist auch für eines der bekanntesten Bauwerke der jüngsten Zeit verantwortlich: den zusammen mit dem französischen Ingenieur Michel Virlogeux konstruierten Millau-Viadukt (2004) in Südfrankreich.

Die von Saarinen und Niemeyer entzündete Fackel des Expressionismus wird von Frank Gehry weitergetragen, dessen skulpturale Gebäude – darunter (Ende der 1990er Jahre) das Guggenheim-Museum in Bilbao und die Walt Disney Concert Hall in Los Angeles – auf ausgefeilter Ingenieurtechnik beruhen, die sich eines Hilfsmittels bedient, das vorigen Generation noch nicht zur Verfügung stand: des Computers. Gehrys Werk wird bisweilen mit dekonstruktivistischen Architekturtheorien in Verbindung gebracht, doch im Kern ist es eine phantasievolle Auseinandersetzung mit den baulichen Möglichkeiten von Beton und Stahl. Nicht nur die Architektur Gehrys, sondern auch jene jüngerer Kollegen wie Daniel Libeskind (geboren 1946 in Polen) und der Irakerin Zaha Hadid (geboren 1950 in Bagdad) wäre ohne den Sachverstand von Ingenieuren nicht realisierbar. Ein weiterer Vertreter dieser Generation, deren skulpturaler Ansatz orthodoxe Rationalisten entsetzt, ist der spanische Architekt Santiago Calatrava. Sein Ruhm verdankt sich außergewöhnlichen Brückenkonstruktionen, aber auch Opernhäuser, Bahnhöfe und Museen in aller Welt tragen seine unverwechselbare Handschrift. Ebenfalls zugleich Architekt und Ingenieur ist Frei Otto, der vor allem für seine leichtgewichtigen Zug- und Membrankonstruktionen bekannt ist, nicht zuletzt für das spektakuläre Dach des Münchner Olympiastadions von 1972. Aber genauso gerne hat Otto mit schlichteren Materialien wie Holz und Pappe gearbeitet. Die ökologischen Probleme des ausgehenden 20. Jahrhunderts haben auch in der Welt des Bauens alle Beteiligten vor neue Herausforderungen gestellt. Herkömmliche Bauweisen werden kritisch hinterfragt, Anpassungsfähigkeit, Wirtschaftlichkeit und Flexibilität gewinnen neue Bedeutung. Kengo Kuma interpretiert beispielsweise bestimmte japanische Bautraditionen neu und macht sie für ein Zeitalter fruchtbar, in dem die Verwendung natürlicher Materialien mehr als eine Modeerscheinung ist. Auch die Baumeister des 21. Jahrhunderts werden sich der dringlichen Aufgabe des nachhaltigen Bauens stellen müssen.

LORETTA LORANCE

R. BUCKMINSTER FULLER

KONSTRUKTIONEN FÜR DIE ZUKUNFT

1895–1983

R. Buckminster Fuller hat sich selbst als interdisziplinären und vorausblickenden Konstrukteur beschrieben: als jemand, der die Technologie seiner Zeit für gestalterische Lösungen in Antizipation künftiger Bedürfnisse nutzt. Inwieweit dieser Versuch erfolgreich war, mag umstritten sein – doch zweifellos hat Fuller es verstanden, ingenieurtechnische Methoden für gestalterische Lösungen fruchtbar zu machen. Er war ein erfolgreicher Erfinder und hielt zahlreiche Patente auf so unterschiedliche Dinge wie ein vorgefertigtes Badezimmer, eine neue Art der Landkarte, ein ausgefallenes Ruderboot namens „Rowing Needle" und den *octet truss*. Außerdem war er Geschäftsmann, Autor, Visionär, Mathematiker, Professor und Architekt. Fuller selbst mochte nicht als Architekt gelten: Er verachtete Architekten als traditionsverhaftete und rein ästhetisch denkende Fassadendekorateure, was ihn freilich nicht hinderte, in den 1970er Jahren die Goldmedaille des American Institute of Architecture entgegenzunehmen. Mit dieser Goldmedaille wird das Lebenswerk bedeutender Architekten geehrt, und Fuller erhielt sie sowohl für seine Leistungen auf dem Gebiet der Architektur, speziell die Entwicklung der geodätischen Kuppel, als auch für seinen humanitären Einsatz, vor allem sein Bemühen um einen Beitrag zum Überleben der Menschheit. Zu seinen Werken zählen diverse Entwürfe für massengefertigte Wohnhäuser, ein dreirädriges Auto sowie das World Game, das einen verantwortlichen Umgang mit den Ressourcen des Planeten lehren soll und von Fullers Sorge um die Zukunft zeugt.

Von solch hehren Zielen war Fuller anfangs weit entfernt. Seine Leistungen an der Milton Academy, einer Privatschule in Massachusetts, ermöglichten ihm zwar, ein Studium an der Harvard University zu beginnen, man verwies man ihn aber 1913 wieder wegen versäumter Prüfungen. Seine Eltern schickten ihn zur Arbeit in eine Textilfabrik nach Kanada, was für ihn – wie sich herausstellen sollte – weniger Strafe denn Anregung bedeutete: Hier entwickelte er sein Interesse an Maschinen und seine Erfindungsgabe. Das war nicht im Sinne seiner Familie, die gehofft hatte, die harte Fabrikarbeit würde ihn motivieren, sich in Harvard mehr anzustrengen. Nach seinem zweiten Verweis von der Universität 1914 beschaffte ihm ein Freund der Familie eine Anstellung als Kassierer beim Fleischwarenhersteller Armour & Company. 1917 verließ er die Firma, um bei den Reservisten der US-Marine anzuheuern und dort eine Offiziersausbildung zu beginnen.

Fuller am Black Mountain College, North Carolina, wo er 1948 und 1949 lehrte.

Es war formell die einzige Ausbildung, die Fuller nach der Schulzeit erhalten sollte. Alles Weitere lernte er, wie er auch in der Textilfabrik gelernt hatte: bei der Arbeit, durch die intuitive Aneignung bestehender Techniken und Routinen. Nach dem Ersten Weltkrieg irrte er eine Weile herum. Er ging wieder zu Armour & Company, arbeitete kurzzeitig als Lastwagenverkäufer und kehrte schließlich zu den Marine-Reservisten zurück. Abgesehnen von seinen Verpflichtungen als Reservist war Fuller arbeitslos, als ihn sein Schwiegervater, der Architekt James Monroe Hewlett, 1921 bat, mit ihm gemeinsam eine neue Firma namens Stockade Building System aufzubauen. Hewlett verschaffte Fuller damit nicht nur einen Job, sondern stellte auch die Weichen für dessen weitere Karriere, indem er ihn mit der Welt der industriellen Fertigung vertraut machte.

DIE DYMAXION-PROJEKTE

Die Massenherstellung spielte eine zentrale Rolle in Fullers Wohnraumkonstruktionen. Eine Verbindung von industrieller Fertigung und Ingenieurskunst schien ihm der optimale Weg, um „mehr mit weniger" zu erreichen, also ein maximales Ergebnis mit minimalen Mitteln zu erzielen. Das Konzept stammte von Hewlett, der es seinem Schwiegersohn bei der Gründung von Stockade vorgestellt hatte. Stockade war eine Baustoffhandlung und Baufirma und auf eine kostengünstige Leichtbauweise mit robusten Faserbetonblöcken spezialisiert, die Hewlett während des Ersten Weltkriegs erfunden hatte. Merkmale dieser Bauweise sollten sich auch in Fullers Entwürfen für massengefertigte Wohnhäuser wiederfinden, angefangen mit seinem ersten eigenständigen Projekt, dem Dymaxion House (1927–1929), über die Dymaxion Deployment Unit (1940) und die Dymaxion Dwelling Machine (Wichita House, 1945–1946) bis hin zur geodätischen Kuppel (1945–1949).

Die Stockade Company produzierte massenhaft Betonblöcke, mit denen Häuser gebaut werden konnten. Fuller aber beschäftigte sich schon bald mit der Idee der Massenfertigung ganzer Häuser – ein Projekt, aus dem schließlich das Dymaxion House hervorging, noch bevor Fuller 1927 die Firma verlassen musste. Der Begriff Dymaxion – ein Amalgam aus den Wörtern „dynamism", „maximum" sowie „ion" – sollte die dem Haus zugrundeliegende Philosophie zum Ausdruck bringen und ist seither aufs Engste mit Fullers Namen verbunden. Das Dymaxion House unterschied sich von anderen massengefertigten Häusern jener Zeit durch seine Vollausstattung, ähnlich wie bei heutigen Mobilheimen oder Modulhäusern. Zu den konventionelleren Modellen auf dem Markt zählten jene von Howard Fisher, der wie Fuller die Produktionsweise von Autos auf Häuser übertragen wollte, oder die von Sears Roebuck & Company, die im Wesentlichen aus einem Tragwerk samt Gebäudehülle bestanden. Das Dymaxion House ging zwar nie in Serie und machte seinen Erfinder auch nicht zum Unternehmer, brachte aber Fullers Karriere ins Rollen. Zudem wusste er das Interesse der Medien am Dymaxion House für weitere Projekte zu nutzen. Machte Fuller Anfang der 1930er Jahre nur in Chicago und Manhattan von sich reden, fand er gegen Ende des Jahrzehnts landesweit Beachtung, spätestens seit den 1950er Jahren auch international.

Fullers Weg zu internationalem Ruhm war holprig und mit Fehlschlägen gepflastert. So entwarf er eine metallene Badezimmereinheit (1937), von der am Ende nur zwölf Stück hergestellt wurden. Sein dreirädriges Auto, die Dymaxion Transportation Unit, war ein vielversprechendes Projekt, bis es 1933 unweit des Eingangs zum Weltausstellungsgelände in Chicago unglücklich verunfallte; die negativen Schlagzeilen verhinderten letztlich die Serienproduktion. Fuller übernahm die Zeitschrift *T-Square*, benannte sie in *Shelter* um und propagierte darin seine Vorstellungen von einer durch Standardisierung und Massenfertigung geprägten Architektur, vor allem in einer Artikelserie mit dem Titel „Universal Architecture". *Shelter* wurde bald eingestellt, was Fuller nicht davon abhielt, weiter für industrielle Verfahren in der Architektur zu werben und in seinen Vorträgen gegen die Ästhetik des Internationalen Stils zu wettern. Er nannte das Dymaxion House eine „machine for living" – im Unterschied zur „machine for living in" (machine à habiter), wie Le Corbusier seine Villa Savoye (1929–1931) bezeichnet hatte. Beide suchten nach einer dem Maschinenzeitalter angemessenen Bezeichnung, doch Fuller wollte die Maschinen in den Dienst der Menschen stellen, während Le Corbusier mit Maschinen ein künstlerisches Ideal zu verwirklichen suchte. Es entbehrt nicht der Ironie, dass sich in Fullers Wohnhaus-Entwürfen die Entwicklung des Internationalen Stils spiegelt: Im Dy-

Fullers Entwurf für das experimentelle Dymaxion House, 1927–1929, eine massengefertigte, sechseckige und eingeschossige Wohneinheit, die mit Seilen an einem zentralen Mast aufgehängt ist.

maxion House etwa finden sich Elemente aus Le Corbusiers *Fünf Punkte zu einer neuen Architektur* (1926), während geodätische Kuppeln wie das Woods Hole Restaurant (1954) gewissermaßen halbkugelartige Versionen jener für die Moderne der 1950er Jahre so typischen rechteckigen Metall-Glas-Gebäude sind, als deren Inbegriff Mies van der Rohes Farnsworth House (1945–1950) gelten kann.

Anders verhält es sich da mit Fullers Dymaxion Deployment Unit, seinem – auch als Grain Bin House bekannten – ersten erfolgreich patentierten und massengefertigten Haus. Es basierte auf runden Getreidesilos aus geriffeltem Metall, die von der Butler Manufacturing Company gefertigt wurden – womöglich eine ironische Anspielung auf jene amerikanischen Getreidesilos, von denen sich Walter Gropius Anfang des 20. Jahrhunderts hatte inspirieren lassen. Die Grain Bin Houses waren kleine, zu Einfamilienhäusern oder besser gesagt, Behausungen umfunktionierte Getreidesilos. Nach dem Kriegseintritt der USA im Jahr 1941 kamen sie als militärische Unterkünfte zum Einsatz, ihre Produktion litt jedoch unter den kriegsbedingten Beschränkungen der Stahlverarbeitung.

Ein weiterer Wohnhaus-Entwurf Fullers, der in geringen Stückzahlen realisiert wurde, war die Dymaxion Dwelling Machine. Mit diesem Projekt hatte er gegen Ende des Krieges begonnen, in der Hoffnung, die Produktion der Häuser könnte die Fließbänder nach Kriegsende am Laufen halten und den heimkehrenden Soldaten Jobs bieten. So ließ Fuller die Flugzeugwerke der Beech Aircraft Corporation in Wichita, Wisconsin, umrüsten, um dort Wohnhäuser statt Flugzeuge zu produzieren. Dieses Haus, gemeinhin als Wichita House bekannt, war eine Weiterentwicklung des ersten Dymaxion-Hauses. Wie dieses war auch das Wichita House eine Metallkonstruktion mit einem Fensterband und nichttragenden Wänden, aufgehängt an einem zentralen Mast. Doch es war rund statt sechseckig, hatte keine Dachterrasse und nur geringen Abstand zum Erdboden, hing also nicht – um einen Autoparkplatz zu schaffen – ein ganzes Stockwerk höher in der Luft. Vom Wichita House wurden nur zwei Exemplare hergestellt: Die US Air Force kaufte sie, verkaufte sie dann aber wieder zurück an Fullers Firma. Schließlich erwarb William Graham die beiden Prototypen, fügte sie zusammen und stellte sie auf ein Fundament. Heute befindet sich das restaurierte Wichita House im Henry Ford Museum in Dearborn, Michigan; und nach wie vor ist umstritten, warum es nie in Serie ging. Eine Erklärung lautet, Fuller habe die Serienproduktion aus Angst vor einem weiteren Fehlschlag nicht vorangetrieben. Vielleicht haben aber auch Schwierigkeiten mit der Finanzierung eine Rolle gespielt. Obwohl das Wichita House, wie schon das erste Dymaxion House, nur in geringer Stückzahl hergestellt wurde, half es Fuller doch bei der Arbeit an weiteren, erfolgreicheren Projekten, etwa den geodätischen Kuppeln.

DIE GEODÄTISCHE KUPPEL

Eine der bedeutendsten Innovation in der Architektur des 20. Jahrhunderts ist die geodätische Kuppel: eine geschlossene, selbsttragende Halbkugel aus tetraederförmigen Fertigbauteilen. Da die geodätische Kuppel ohne inneres Tragwerk auskommt, hat sie ein optimales Verhältnis von Innenraum und Außenfläche. Die Konstruktion, die theoretisch beliebig groß sein kann, geht zurück auf Fullers Beobachtung eines (vektoriellen) Kräftesystems in den Tetraeder-Gittern bestimmter organischer Verbindungen. Inspiriert wurde er außerdem durch das Werk von Walther Bauersfeld, dessen Zeiss-Planetarium in Jena (1923) mehr als 25 Jahre vor Fullers Konzept der geodätischen Kuppel entstand; Fuller erhielt das Patent für seine Konstruktion 1954.

Erstmals hatte sich Fuller im Sommer 1948 als Dozent am Mountain College in North Carolina mit der geodätischen Kuppel beschäftigt. Für die Kuppelkonstruktion experimentierte er mit verschiedenen, für selbsttragende Systeme unüblichen Materialien, etwa mit Pappe und Sperrholz. Seine bevorzugten Materialien aber waren Aluminium und Kunststoff, die er zum Beispiel bei der Kuppel des Woods Hole Restaurants verwendete. Er experimentierte auch mit der Konstruktion als solcher und entwarf unter anderem 1948 eine faltbare Kuppel mit Gelenken, den Necklace Dome. Welch riesige Innenräume geodätische Kuppeln umspannen können, zeigte der mittlerweile zerstörte Union Tank Car Company Dome in Baton Rouge, Louisiana (1958). Diese eingeschossige Kuppel hatte einen Durchmesser von 117 m, eine Höhe von 38,10 m und umschloss

Union Tank Car Company Dome, Baton Rouge, Louisiana, 1958 (zerstört 2007). Diese undurchsichtige, eingeschossige Konstruktion umschloss eine Fläche von rund 10 777 m².

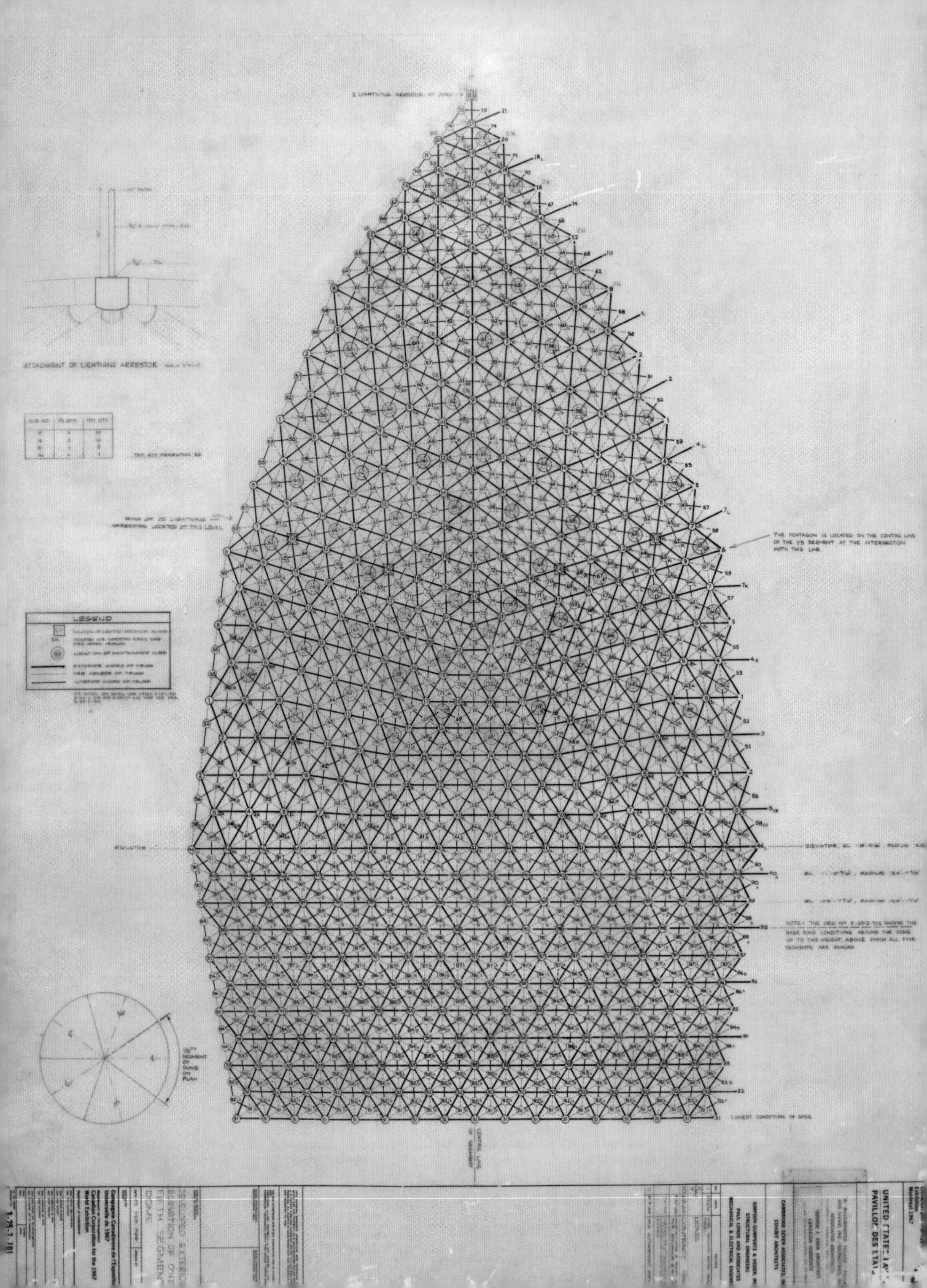

ATTACHMENT OF LIGHTNING ARRESTOR
LEGEND
EQUATOR
THE PENTAGON IS LOCATED ON THE CENTRE LINE OF THE 1/5 SEGMENT AT THE INTERSECTION WITH THIS LINE
LOWEST CONDITION OF BASE
CENTRE LINE OF SEGMENT
1/5TH SEGMENT OF DOME ON PLAN
UNITED STATES PAVILION
Montreal 1967
CAMBRIDGE SEVEN ASSOCIATES, INC.
EXHIBIT ARCHITECTS
PAUL LOUCKS AND ASSOCIATES
MECHANICAL & ELECTRICAL ENGINEERS
DEVELOPED EXTERIOR ELEVATION OF ONE FIFTH SEGMENT DOME
World Exhibition

Oben: Die geodätische Kuppel, die den Pavillon der USA auf der Expo '67 in Montreal umhüllt. Gegenüber: Zeichnung eines Kuppelsegments für den Pavillon der USA. Die fertige Konstruktion bestand aus einem Stahlrohrrahmen, der annähernd 2000 Acrylwaben einfasste.

eine Fläche von 10 770 m². Ihre Hülle war undurchsichtig, im Unterschied zu jener des restaurierten Pavillons der USA auf der Expo '67 in Montreal, die mit ihrer Transparenz, Offenheit und sichtbaren Tragstruktur ein typisches Bauwerk der Moderne ist.

Es gibt Varianten der geodätischen Kuppel, etwa den Fly's Eye Dome (1965) oder den aus Kunststoff und Glasfasern gebauten Radome (1954), doch bleibt das Grundprinzip immer dasselbe. Dieses Grundprinzip nutzte Fuller auch bei der Entwicklung anderer Konstruktionen. Mit geodätischen Kuppeln verwandt sind Tensegrity-Tragwerke, wie sie der amerikanische Bildhauer Kenneth Snelson in Form von Skulpturen schuf und bei denen die Druckstäbe nur durch Zugseile miteinander verbunden sind. Ein weiteres Beispiel ist der *octet truss*, ein besonderes Raumfachwerk, das Fuller 1961 patentieren ließ. Bei all ihren Vorzügen hat die geodätische Kuppel auch einen entscheidenden Nachteil: Ihre Halbkugelform beschränkt ihre Nutzung – sie eignet sich hauptsächlich für Gewerbegebäude (Ford Rotunda, Dearborn, Michigan, 1953) oder Freizeiteinrichtungen (Botanical Garden Climatron, St. Louis, Missouri, 1960). Allerdings diente sie einigen Leuten auch als Wohngebäude – nicht zuletzt Fuller selbst (Fuller House, Carbondale, Illinois, 1960).

PHILOSOPHIE UND SOZIALES PROGRAMM

Fullers Philosophie beschränkte sich nicht auf das Ziel, massenhaft herstellbare Häuser und Unterkünfte zu entwerfen. Mit seinem Werk hatte er sich generell dem sozialen Programm der Moderne verschrieben, die Welt durch besseres Design zu einem besseren

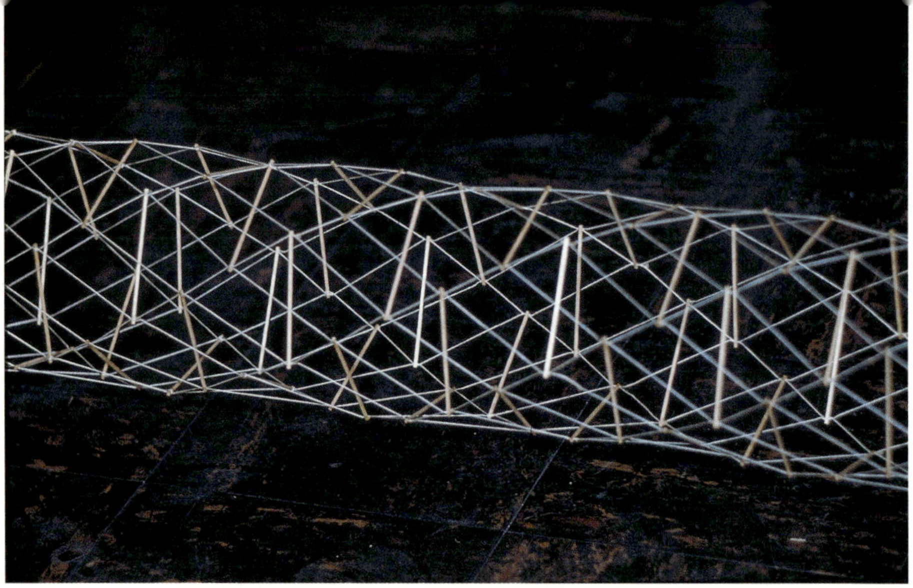

Eine Röhrenvariante von Fullers sogenanntem *octet truss*, patentiert 1961: ein schlichtes, aber extrem stabiles Konstruktionssystem auf der Basis von Oktaedern und Tetraedern.

Ort zu machen. Er wollte die Technik in den Dienst der Menschheit stellen, um „mehr mit weniger" zu erreichen. Und er bemühte sich, den Menschen klar zu machen, dass die Erde ein geschlossenes System mit begrenzten Ressourcen ist. Daraus resultierte beispielsweise sein Anspruch, beim Bau von Gebäuden keinen Müll zu produzieren. Fuller war überzeugt, dass die industrielle Fertigung das Bauen effizienter machen würde. Zur Verdeutlichung seiner Ansichten hielt er unzählige Vorträge und schrieb über 15 Bücher. Sein erstes, *4D Timelock* (1928), war eine Mischung aus Unternehmensprospekt und Architektur-Essay, und schon hier sprach er viele jener Ideen an, die er sein Leben lang weiterentwickeln sollte. Seine späteren Bücher waren eher esoterischer Natur; *Critical Path* (1981) zum Beispiel skizzierte die diversen moralischen, ökonomischen und ökologischen Krisen, von denen die Welt bedroht sei, und machte Vorschläge zu deren Bewältigung. Außerdem entwickelte er Synergetics (die Geometrie des Denkens), eine neue Art der Mathematik auf Basis des Tetraeders, die zu einem Verständnis der Prinzipien des Universums beitragen sollte. Fuller wollte die gebaute Umwelt umgestalten, denn er hatte erkannt, dass er die Menschen nicht ändern konnte.

PETER JONES

OVE ARUP

Der Aussenseiter und die Kunst des Unmöglichen

1895–1988

Ove Arup war Zeit seines erwachsenen Lebens ein Philosoph. Allerdings kein akademischer Philosoph, der in nebulösem Fachjargon obskure Probleme behandelte, sondern ein unentwegt fragender und kritischer Geist, der sich mit sämtlichen moralischen, sozialen und politischen Themen seiner Zeit beschäftigte. Das philosophische Hinterfragen kennzeichnet auch sein Verständnis von ingenieurtechnischen Problemen, Beratertätigkeiten und Geschäftspraktiken, von Architektur, Design, Geschmack und von der Umwelt des Menschen. 50 Jahre lang veröffentlichte Arup alljährlich Texte im Umfang von durchschnittlich rund 50 000 Wörtern. Ab den 1920er Jahren plädierte er für eine radikale Reform der Ausbildung und Arbeitsweise von Architekten wie Ingenieuren. Ingenieure, fand er, sollten grundlegenden Unterricht in Zeichnen, Entwurfsplanung und Ästhetik erhalten; Architekten wiederum in Ingenieurwissenschaften, Philosophie und selbstkritischer Kommunikation. Außerdem sollten beide Gruppen lernen, bei Aufträgen von Beginn an sowohl miteinander als auch mit den Kunden zu kooperieren. Arup hegte eine starke Abneigung gegen das Geschwafel und die selbstbetrügerische Arroganz von Architekten, die sich hinter der Maske des romantischen Künstlers versteckten. Aber ebenso sehr verachtete er die banausische Ignoranz und soziale Verantwortungslosigkeit von Ingenieuren sowie den beschränkten Horizont und Anspruch ihres beruflichen Denkens. 1970 sagte er dazu: „Die Ausdrücke ‚Architekt', ‚Ingenieur' und ‚Baumeister' sind mit Assoziationen aus längst vergangenen Zeiten belastet ... und für eine Beschreibung oder Diskussion der gegenwärtigen Verhältnisse ungeeignet." So hat uns Arup nicht nur das weltweit tätige Ingenieurbüro namens Arup Associates hinterlassen, er wirkt auch in den radikalen Veränderungen nach, die in Ausbildung und Berufsethos von Architekten und Ingenieuren allmählich um sich greifen.

Arup war überzeugt, dass die Begriffe und Kategorien, die wir zur Strukturierung unseres Denkens entwickeln, zwangsläufig unsere bestehenden Meinungen, Interessen und Absichten spiegeln, sich jedoch in neuen Kontexten allesamt mehr oder weniger als

Arup auf dem Dach der Coventry Cathedral, an deren Bau er als technischer Berater mitwirkte, 1951–1962.

Berthold Lubetkins Pinguinbecken im Londoner Zoo im Bau, 1934. Arup war an diesem Projekt als technischer Berater beteiligt.

überholt, untauglich oder hinderlich erweisen. Die von uns gezogenen Grenzen zwischen den Fachdisziplinen, so Arup, mögen unserer Konzentration dienen, unseren Blick weiten können sie jedoch nicht. Er war ein Gegner jeglicher Theorien und Ideologien, sei es in Politik, Religion, Kunst oder Wissenschaft, denn auch sie, meinte er, seien nur Provisorien und hemmten das kritische Denken. Da wir in keiner Situation vor Irrtümern gefeit seien, bestehe der einzige legitime Ansatz im unentwegten, selbstkritischen Hinterfragen. Aus diesem Grund hielt er die Verweigerung des Denkens für die unmoralische Handlung schlechthin.

AUSBILDUNG UND ERSTE AUFTRÄGE

Ove Nyquist Arup wurde im englischen Newcastle upon Tyne geboren. Seine Eltern waren Johannes Arup, der dänische Konsulatsveterinär, und dessen zweite Frau Mathilde, eine Norwegerin. Kurz nach der Geburt des Kindes wurde Johannes Arup mit der Familie nach Hamburg entsandt, wo Ove seine ersten zwölf Lebensjahre verbrachte und deutschsprachig aufwuchs. Später studierte er neun Jahre lang an der Kopenhagener Universität, zunächst Philosophie, dann Mathematik und schließlich Bauwesen. 1922 erhielt er eine Anstellung bei Christiani & Nielsen, einem dänischen Unternehmen, das sich auf Stahlbetonbau spezialisiert hatte. Nachdem er anfangs in der Hamburger Niederlassung tätig war, ging er 1924 als Chefingenieur nach London. Unter den vielen Ingenieuren dort fühlte sich Arup, der mehrsprachige und hoch gebildete Intellektuelle, als „Außenseiter" – ein Image, das er schon bald kultivierte. Anfang der 1930er Jahre traf er den Architekten Berthold Lubetkin, mit dem er als technischer Berater mehrere Projekte verantwortete: das Gorillahaus und das Pinguinbecken des Londoner Zoos im Regent's Park, das Finsbury Health Centre (1935–1938) und das als „Highpoint One“ bekannte Wohngebäude in Highgate (1933–1935) im Norden Londons .

Ab 1934 machte sich Arup für die Verwendung von Stahlbeton stark, der ihm vor allem für Wohnsiedlungen geeignet schien: Fertigbauteile, so die Idee, könnten sowohl Herstellungs- und Baukosten senken als auch der architektonischen Gestaltung neue Freiheiten bieten. Mit einem Cousin gründete er in London eine eigene Firma und erarbeitete Entwürfe für Arbeiterwohnungen, Industriesilos und Wassertürme. Als sich 1937 ein Krieg in Europa abzeichnete und die britische Regierung mit dem Air-Raid Precaution Act landesweit Luftschutzmaßnahmen veranlasste, beauftragte das London Borough of Finsbury Arup mit dem Entwerfen von Luftschutzbunkern. Sein Plan sah einen Doppel-Helix-Luftschutzkeller mit Ein- und Ausgangsrampen vor, dessen Konstruktion und Dimensionen eine Nachkriegsnutzung als Tiefgarage erlaubten. Konstruktionsprinzip war die von ihm entwickelte umgekehrte Kletterschalung: Der gewaltige Betonzylinder im Erdboden sollte durch fortschreitende Vertiefung und Betonierung des Bohrlochs geschaffen werden. Doch die Regierung lehnte seinen Vorschlag ab, so dass kein einziger seiner zukunftsweisenden Zivilschutzbunker je gebaut worden ist. Gleichwohl wurde Arup in eine staatliche Kommission für den Fertighausbau berufen und außerdem in geheimer Mission mit dem

Arups Entwurf für die Doppel-Helix-Luftschutzkeller in Finsbury (1938), die nach dem Krieg als Tiefgaragen nutzbar gewesen wären.

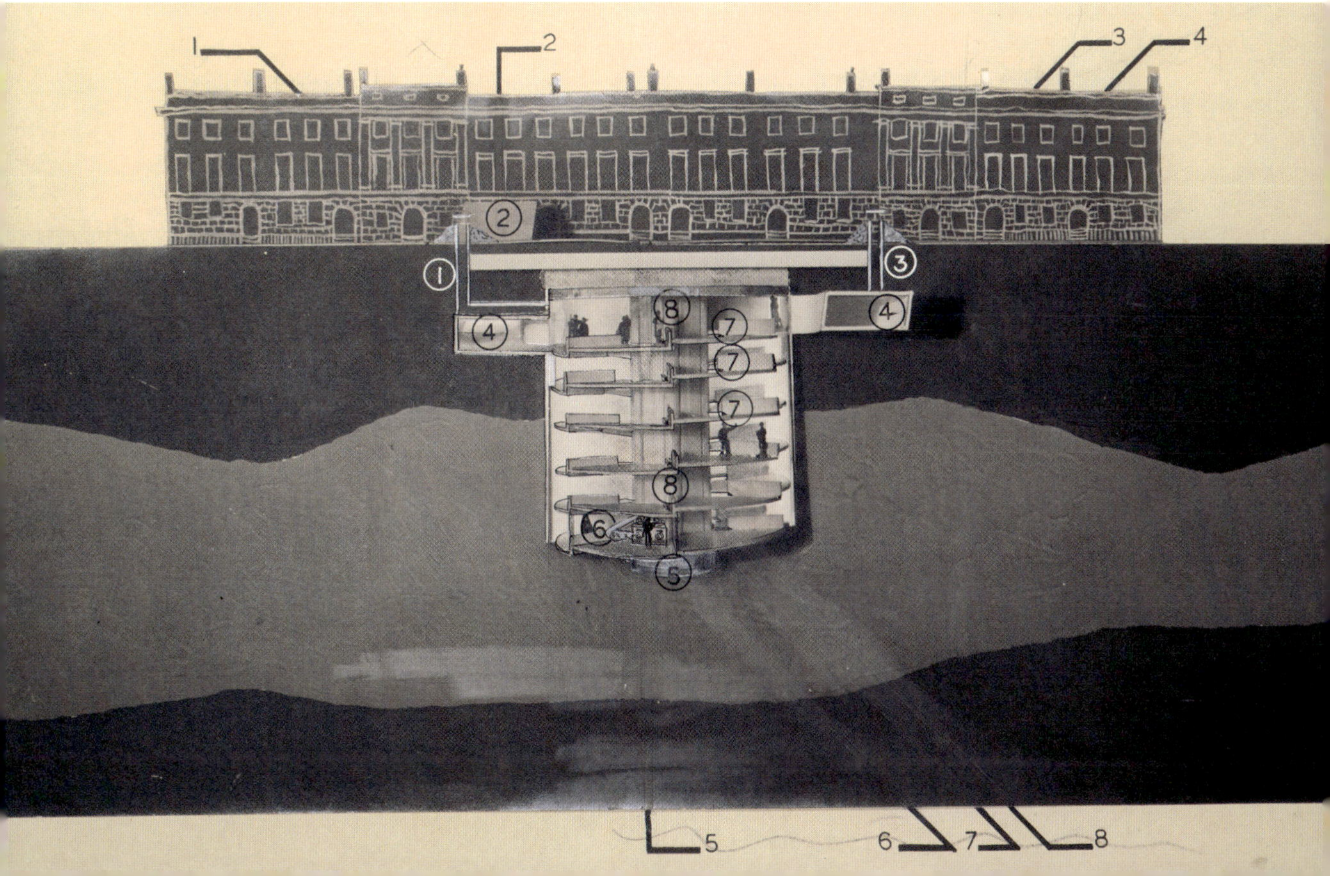

Entwurf und Bau des unterirdischen Hauptquartiers der RAF Coastal Command bei Harrow beauftragt, wie auch mit dem Entwurf eines Rammschutzes für jene schwimmenden Anlegestellen, die 1944 bei der Landung der Alliierten in der Normandie zum Einsatz kamen. Arup engagierte sich auch in der dänischen Widerstandsbewegung, unter anderem mit einer bemerkenswerten Ansprache aus dem Funkhaus der BBC in London.

INNOVATIVES INGENIEURBÜRO

1946, im Alter von 51 Jahren, gründete Arup die Ove N. Arup Consulting Engineers, ein Ingenieurbüro mit fünf Mitarbeitern. Dessen Umsatz stieg von 3000 britischen Pfund im ersten Jahr auf über 100 Mio. Pfund im Jahr 1988, das Jahr, in dem Arup starb, und betrug 2009 bereits 900 Mio. Pfund – da war aus der kleinen Firma ein weltweit tätiger Konzern mit über 10 000 festangestellten Mitarbeitern und 92 Niederlassungen in 37 Ländern geworden. Arups Kollege Sir Alan Harris, ein Bauingenieur und Pionier des Spannbetonbaus, merkte 1960 an: „Ingenieure, die mit guten Architekten in Harmonie und gemeinsamer Anstrengung zusammenarbeiten, sind wirklich eine neue Spezies. Sie schaffen und sind geschaffen durch eine neue Architektur und, Gott sei Dank, neue Architekten. Und diese neuen Verhältnisse verdanken sich weitgehend einer Person, nämlich Ihnen.“

Zu den ersten Bauprojekten von Arups Ingenieurbüro zählten große Betonschalenbauten wie Busgaragen, aber auch Apartmentgebäude in Stahlbetonbauweise. Mit einem Schlag weltberühmt wurde sein Büro 1956 durch den internationalen Wettbewerb für ein als Konzertsaal, Opernhaus und Theater dienendes Mehrzweckgebäude im australi-

Unten: Skizze des Opernhauses in Sydney (1956–1973) von Jørn Utzon. Gegenüber: vorgefertigte Betonplatten werden auf die Rippen des Opernhauses in Sydney montiert, um 1966. Arups Team nutzte bereits Computer zur Analyse der komplexen Schalenkonstruktion.

schen Sydney. Der Siegerentwurf, eine Reihe wunderbarer Bleistiftskizzen, stammte von einem noch unbekannten dänischen Architekten, dem 38-jährigen Jørn Utzon, der, wie sich herausstellte, nur über geringe mathematischen Kenntnisse und fast gar kein bautechnisches Wissen verfügte, und zudem keinerlei Ahnung von Musik hatte (er war bis dahin noch nie in der Oper gewesen). Arup hielt Utzon für ein gestalterisches Genie. Doch der Architekt blieb Entscheidendes schuldig, etwa maßstabgerechte Bauaufnahmezeichnungen, proportionale Details, Angaben zu Bauverfahren, Innenausbau und Kosten, woraufhin Arup ihm recht bald mitteilte, dass sich die per Hand skizzierte Form des Gebäudes mit Spannbeton nicht verwirklichen ließ. Andere technische Gutachter bemängelten, dass der Entwurf die vom Auftraggeber geforderte Sitzplatzkapazität um fast ein Drittel verfehlte. Utzon unterließ es, seinen Auftraggeber, die Regierung von New South Wales, zu warnen, was ein Jahr voll frustrierender Verzögerungen und Streitereien sowie eine beträchtliche Kostensteigerung zur Folge hatte. Als sich Utzon 1966 aus dem Opernhaus-Projekt zurückzog, stellte man fest, dass so gut wie keine fertigen Architekturzeichnungen für das Innere des Gebäudes oder andere Gebäudeteile existierten. Ein weiteres, gleichermaßen unerfahrenes Architektenteam arbeitete an der Fertigstellung des Baus, der schließlich 1973 von Queen Elizabeth II. eröffnet wurde. Mittlerweile ist er eine Touristenattraktion und ein Wahrzeichen Australiens geworden, doch trotz zahlreicher Änderungen in den letzten 50 Jahren leidet er weiterhin unter einer mangelhaften Funktionalität und bescheidenen Akustik. Die größtenteils von einer Lotterie getragenen Gesamtkosten beliefen sich – statt auf die ursprünglich veranschlagten, völlig unrealistischen 7 Mio. – am Ende auf 102 Mio. australische Dollar. Innovativ beim Bau des Opernhauses war unter anderem der Einsatz früher Computer, die Arup zur Berechnung der komplexen Formen des Gebäudes, zur Darstellung dreidimensionaler Formen und zur Absteckung nutzte, sowie die Verwendung von Epoxidharzklebstoffen zur Verbindung der Betonfertigteile.

Während dieser unendlichen Baugeschichte in Sydney war Arup als technischer Berater auch am Bau der Coventry Cathedral (1951–1962) und der Sussex University (1960er Jahre) beteiligt, die beide von Basil Spence entworfen worden waren. Sieht man von einer Fußgängerbrücke in Durham (1961) ab, war er persönlich in kein weiteres Bauprojekt mehr unmittelbar involviert. Dafür trug seine beständig expandierende Firma die Verantwortung für zahlreiche prestigeträchtige Bauwerke: vom Centre Pompidou in Paris (1971–1977) über die neuen Hauptverwaltungen von Lloyds in London (1978–1985) und der Hongkong & Shanghai Banking Cooperation in Hongkong (1981–1985) bis zur Millennium Bridge über die Themse (2000; wiedereröffnet 2002), für mehrere Flughäfen und Bahnhöfe, den Kanaltunnel (der Verbindung zwischen Großbritannien und dem europäischen Kontinent) und die Stadien für die Olympischen Sommerspiele 2008 in Peking. Arup wurde vielfach geehrt, unter anderem zum Ritter geschlagen und mit der Goldmedaille des Royal Institute of British Architects ausgezeichnet. All diese Ehrungen bestärkten nur den Enthusiasmus, mit dem er sich der „Kunst des Unmöglichen“ widmete.

ROBERT MCCARTER

LOUIS I. KAHN

Architekt der Poetik des Handelns und Bauens

1901–1974

Das Werk von Louis I. Kahn kann mit Recht als einflussreichster Einzelbeitrag zur Weltarchitektur in der zweiten Hälfte des 20. Jahrhunderts angesehen werden. Kahn definierte die moderne Architektur neu, indem er bei der baulichen Gestaltung das menschliche Handeln – in der Tradition früherer Architektur – wieder als relevanten Faktor begriff und zugleich das Primat der Konstruktion bekräftigte. Mitte des 20. Jahrhunderts teilte Kahn die Ansicht vieler Kollegen, moderne Architektur habe sich zu sehr von ihren Wurzeln entfernt. Doch er war es mehr oder weniger allein, der die Frage der Konstruktion wieder an ethische Imperative knüpfte und den Prozess der räumlichen Gestaltung von seinen antiken Ursprüngen her dachte.

Kahn wurde auf der Ostseeinsel Saaremaa geboren, die heute zu Estland gehört. 1906 emigrierte seine Familie in die USA und ließ sich in Philadelphia nieder. Kahn studierte an der University of Pennsylvania, wo er von Paul Cret in klassischer Beaux-Arts-Tradition ausgebildet wurde, bevor er sich nach Abschluss des Studiums der Moderne zuwandte. Kahns erste Entwürfe galten überwiegend Projekten des sozialen Wohnungsbaus. Doch schon in der Zeit des Zweiten Weltkriegs beschäftigten ihn Zweifel am Vermögen des anti-monumentalen Internationalen Stils, zeitgenössischer Kultur und öffentlichen Einrichtungen eine Form zu geben. Für Kahn war Monumentalität, indem sie ein Gefühl von Ewigkeit vermittelte, eine spirituelle Qualität von Architektur – eine Qualität, die er in den Monumentalbauten der Vergangenheit verkörpert sah. Entscheidende Bedeutung für gelungene Monumentalarchitektur maß er der konstruktiven Perfektion und dem Charakter des Materials bei. Eben diese Aspekte sollten sich als zentrale Themen für Kahns Karriere erweisen.

KONSTRUKTION, MASSE UND RAUM

Seit 1947 an der Yale University tätig, erhielt Kahn 1950 eine Einladung an die American Academy in Rom. Dieser kurze, von historischen Studien geprägte Aufenthalt war ein Schlüsselerlebnis für Kahns Entwicklung zu einem der bedeutendsten modernen Architekten seiner Zeit. Das Gefühl von Ewigkeit, das massive Bauten vermitteln, und die mit durchgehendem Mauerwerk geschaffenen Räume beeindruckten ihn nachhaltig. Nach diesem Jahr im Ausland hatte Kahn leichten Tragwerken aus Stahl abgeschworen und setzte fortan allein auf Beton und Mauerwerk. Aus Rom zurückgekehrt entwarf und baute er die Yale University Art Gallery in New Haven (1951–1953), sein erstes bedeutendes Werk. Für dessen innovative Deckenkonstruktion hatte sich Kahn von den geodätischen Kuppeln Buckminster Fullers inspirieren lassen, doch ist dem freiliegenden Dreiecksgitter aus Gussbetonbalken eine Kraft und Schwere eigen, die mit der von Fuller idealisierten Leichtigkeit nichts zu tun hat. Die stark strukturierte Geschossdecke, in der Teile der Gebäudetechnik verborgen sind, steht auch im Gegensatz zu den strukturell und räumlich neutralen Deckenplatten, wie sie für Gebäude des Internationalen Stils typisch sind. Für Kahn war es ein moralisches Gebot, die Konstruktion eines Gebäudes nicht zu verschleiern: Materialien, Fugen und Baumarkierungen sollten sichtbar bleiben – als die einzigen Ornamente, die moderner Architektur angemessen sind.

Kahn in der Yale University Art Gallery, New Haven, 1951–1953.

Das Badehaus für das Jüdische Gemeindezentrum in Trenton, New Jersey, war ein kleines, aber wichtiges Projekt, mit dem Kahn – wie er sagte – „sich selbst als Architekt gefunden hat“. In ihrer kreuzförmigen Anlage bilden vier Pavillons in ihrer Mitte einen nicht überdachten Hof; jeder Pavillon besteht aus vier mächtigen, als Eckpfeiler dienenden Betonblöcken, auf denen ein leichtes, pyramidenartiges Holzdach ruht. Das Badehaus ist zugleich modern, nämlich durch die verwendeten Materialien, und archaisch, durch die Gestaltung als Ort der Begegnung von Himmel und Erde. Das Gemeindezentrum selbst wurde nie gebaut, doch veranschaulicht das Raster der individuell konzipierten Baukörper bereits Kahns Idee, dass jede Gebäudefunktion einen eigenen, klar abgegrenzten Raum haben müsse, mit individueller Gestaltung und individuellem Licht – das genaue Gegenteil des „offenen Grundrisses“, der für den Internationalen Stil so typisch ist.

1957 erhielt Kahn einen Lehrauftrag an der University of Pennsylvania und begann mit zwei Ingenieuren zu kooperieren: an der Universität mit Robert Le Ricolais, einem visionären Baupoeten, und in seinem Büro mit August Komendant, einem Experten für den Bau mit Fertigteilen aus Spannbeton. Der Entwurf für die Richards Medical Research Laboratories an der University of Pennsylvania (1957–1965) sah ein Bauwerk vor, an dem Konstruktion wie Funktion ablesbar sind. Jeder der fünf Labortürme mit quadratischem Grundriss besteht aus einer freitragenden Konstruktion aus Spannbetonfertigteilen, an deren Seiten sich mittig jeweils konstruktiv unabhängige, tragende, gemauerte Servicetürme befinden, wodurch die Laborebenen von allen Tragstrukturen oder Versorgungsanlagen befreit sind. So exemplifiziert das Gebäude Kahns Idee der durch „dienende Räume“ (Versorgungsanlagen und Tragwerk) gebildeten „bedienten Räume“ (primäre Gebäudefunktionen).

GEBÄUDENUTZUNG, KONSTRUKTION UND LICHT

In der First Unitarian Church in Rochester, New York (1959–1969) verschmolz Kahn die leichten, lichtdurchlässigen Gewölbe gotischer Kathedralen und die massiven, dunklen Mauern mittelalterlicher Burgen zu einem durch und durch modernen Bauwerk. Den Kirchenraum bildet ein zentraler, von oben beleuchteter Saal, der von massiven Wänden aus nichttragenden Betonblöcken umschlossen und mit einer leicht geknickten Gussbetondecke überspannt ist, die in den Ecken große Oberlichter formt. Zugänglich ist der Saal durch einen umlaufenden Wandelgang, der seinerseits von Klassenräumen umschlossen ist, so dass den inneren Kirchenraum eine dicke Schutzschicht umgibt, in deren gemauerter Außenwand kantige Vorsprünge für Schatten sorgen. Dieses Konzept der Umbauung funktional primärer Räume mit schattenspendenden Mauern, das Kahn als das „Umwickeln von Gebäuden mit Ruinen“ beschrieb, findet sich auch in seinem Entwurf für das Salk Institute in La Jolla, Kalifornien (1959–1965). Das nicht realisierte Meeting House war als eine Ansammlung unabhängiger Raum-Gebäude um einen zentralen würfelförmigen Saal geplant, dessen äußere Räume die verglasten Räume im Innern als Betongehäuse ummanteln und beschatten sollten. Die Salk Institute Laboratories bestehen aus alternierenden pfeilerlosen Laborebenen und Versorgungsebenen mit Betonskelett; Grundmaterial des gesamten Baus ist fein ausgeführter Gussbeton. Zwischen den zwei turmartigen Laborgebäuden, in denen sich die Büros der Wissenschaftler befinden, hatte Kahn ursprünglich einen Garten vorgesehen, doch überzeugte ihn der mexikanische Architekt Luis Barragán von der Idee eines gepflasterten Platzes unter freiem Himmel und mit Blick aufs Meer. Dieser Platz, der keinerlei vorgeschriebenen Zweck erfüllt, zählt auch heute noch zu den kraftvollsten und bewegendsten Räumen, die je geschaffen wurden.

Das Indian Institute of Management in Ahmedabad (1962–1974) sowie das Gebäude der Nationalversammlung in Dhaka, der Hauptstadt von Bangladesch (1962–1983), sind eindrückliche Beispiele für Kahns Idee vom „Grundriss als Gemeinschaft von Räumen", in der die Lagebeziehung zwischen den einzelnen Räumen deren kollektive Funktion zum Ausdruck bringt. Für den Gesamteindruck des Gebäudes genauso wichtig wie die funktional primären Räume sind die von Kahn als „Architektur der Verbindung" bezeichneten sekundären Räume wie Flure, Arkaden, Treppenhäuser und Vorhallen. Kahn war überzeugt, dass nicht nur in Seminarräumen und im Plenarsaal gelernt beziehungsweise Politik gemacht wird, sondern auch in Foyers, Gängen, Cafeterias und auf den Höfen. Mit jenen Gebäuden, bei denen Stahlbetonzuganker dem Gewölbeschub tragender Backsteinbögen entgegenwirken, machte Kahn „Ziegel zu etwas Modernem", wie er es selbst einmal formulierte. Bei der Philipps Exeter Academy Library in Exeter, New Hampshire (1965–1972) kehrte Kahn die traditionelle Struktur von Bibliotheken – ein von Magazinen umgebener zentraler Lesesaal – einfach um. Entstanden ist ein Gebäude-im-Gebäude: Eine äußere Ziegelhülle, in der die Leseräume untergebracht sind, umgibt die Magazinbereiche aus Beton im Innern. So lässt sich, wie Kahn sagte, „das Buch zum Licht tragen" – aus dem Schutz der Dunkelheit der inneren Magazine ins natürliche Licht der äußeren Leseräume. Im Zentrum der Bibliothek befindet sich der wichtigste Raum des Gebäudes, die vom Boden bis zum Dach reichende Eingangshalle, in der riesige runde Betonöffnungen den Blick auf die Bücher freigeben und den Zweck des Gebäudes betonen.

Das Kimbell Art Museum in Fort Worth, Texas (1966–1972) gilt zurecht als Kahns bedeutendstes gebautes Werk. Es besticht durch eine Reihe von jeweils 30,50 m langen Tonnendächern, die im Scheitel einen Spalt haben, durch den Licht einfallen kann, das von Deflektoren aus Aluminium ätherisch-silbrig an die Unterseite der Gewölbe gelenkt wird. Das Kimbell Art Museum ist nicht nur Kahns schönstes Bauwerk, sondern auch dasjenige, bei dem sein Konzept der Beziehung von Licht und Konstruktion am konsequentesten umgesetzt ist: So wie das Sonnenlicht hier in die Innenräume fällt, akzentuiert es die konstruktiven Elemente. Das Kimbell Art Museum ist auch das beste Beispiel für Kahns elegante Umgebungsgestaltung. Vom Eingangsbereich gelangt man hier mit

Der Wandelgang des National Assembly Building, Dhaka, 1962–1983. Das haushohe, tageslichterhellte Atrium bildet einen „Verbindungsraum" zwischen dem Plenarsaal zur Linken und den Büros zur Rechten.

zunehmender innerer Ruhe durch abgesenkte Skulpturengärten und eine überwölbte Loggia, an Kaskadenbändern entlang, durch einen mit Kies bedeckten und rasterförmig mit Bäumen bepflanzten Innenhof in das Herzstück – den eigentlichen Ausstellungsbereich. Kahn hat insgesamt nur rund ein Drittel seiner Entwürfe verwirklicht, und viele seiner größten Werke wurden nie gebaut: das Jüdische Gemeindezentrum in Trenton, das Salk Institute Meeting House, die US-Botschaft in Angola, die Mikveh Israel Synagoge, das Mutterhaus der Dominikanerinnen, der Palazzo die Congressi und die Hurva Synagoge. All diese ungebauten Entwürfe zusammengenommen bilden ihrerseits einen der bedeutendsten Beiträge zur Architektur des 20. Jahrhunderts.

Eingangsgalerie des Kimbell Art Museum, Fort Worth, 1966–1972. Dieses „ideale Museum" besteht aus einer Reihe tageslichterhellter Räume mit markant gewölbten Decken aus Beton und flexibler Raumaufteilung.

JEAN PROUVÉ

Konstruktive Phantasie

1901–1984

Ein Tragwerk wie ein Rückgrat, mit der Kraft, Belastbarkeit und Flexibilität eines Skeletts, dazu eine Haut: Das war Jean Prouvés Vorstellung vom Bauen. In all den Jahren, die er in seinen Werkstätten damit zubrachte, zu entwerfen und zu konstruieren, entwickelte er etliche elementare „Skelette" (Portalrahmen, Schalenkonstruktionen, Stützen, tragende Kerne, STOOLS/Hocker) und sie umhüllende „Häute" in Form flexibler, verschiebbarer, massiver oder verglaster Vorhangfassaden aus Holz, Neopren oder Metall, die am Tragwerk befestigt waren. Dies war der pragmatische und sehr eigene Weg, auf dem er im 20. Jahrhundert beharrlich voranschritt.

Jean Prouvé, als Architekt ein Autodidakt, kam in einer Künstlerfamilie zur Welt: Sein Vater Victor war Maler, Bildhauer und neben Émile Gallé Begründer der als „Schule von Nancy" bekannten Art-Nouveau-Bewegung. Nach Gallés Tod 1904 wurde Victor Prouvé deren führende Kraft. Sein Ziel war es, Künstler mit Handwerkern und Unternehmern zusammenzubringen und ein Bündnis von Kunst und Industrie zu schmieden, um der breiten Bevölkerung bestmögliche Produkte zu bieten. Gesundheitliche Probleme und der Erste Weltkrieg verhinderten, dass Jean die von ihm angestrebte Ausbildung zum Ingenieur absolvieren konnte. Andererseits hielt er es für „das größte Glück seines Lebens", „so schnell ans Arbeiten gekommen" zu sein. Er machte eine Lehre als Kunstschmied bei Émile Robert und danach bei Adalbert Szabo, jeweils in Paris, wo er sich beim Kunstkritiker André Fontaine einquartiert hatte, der ein Freund seines Vaters war. Bei Fontaine lernte er andere Intellektuelle kennen, die der Philosophie der „Schule von Nancy" anhingen – der Idee, dass „der Mensch zum kreativen Schaffen auf der Welt sei" und die Werke anderer niemals kopiert werden sollten.

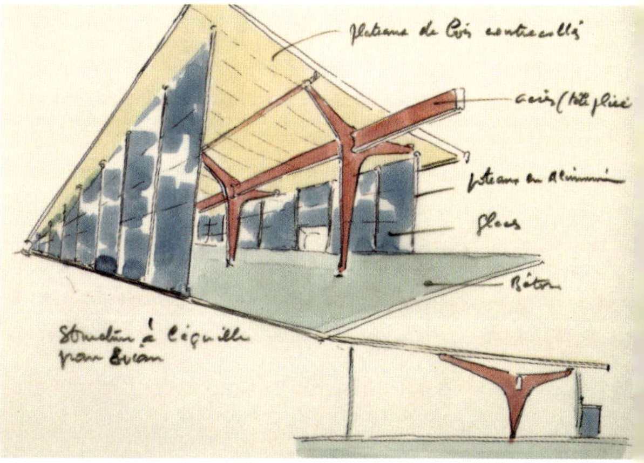

Das Tragwerk der Trinkhalle in Evian, das Prouvé 1956–1957 für den Architekten Maurice Novarina fertigte (die Zeichnung stammt aus dem Jahr 1982).

DAS ZIEL: INDUSTRIALISIERUNG DES BAUENS

Jean Prouvés Annäherung an sein Ziel der Industrialisierung des Bauens vollzog sich in drei Etappen. 1924 eröffnete er seine erste Metallwerkstatt in Nancy, wo er vor allem mit Hammer, Amboss und Esse arbeitete. Schon bald interessierte er sich für rostfreien Stahl, stellte Mitarbeiter ein und schaffte sich leistungsfähige Maschinen an, darunter Pressen, mit denen er dünne Metallbleche falten und dadurch versteifen konnte. „Ich bin nur ein Metallbieger", pflegte er im Scherz zu sagen. Ende der 1920er Jahre begann Prouvé, nachdem er aus rostfreiem Stahl bereits Beleuchtungskörper und Treppengeländer hergestellt hatte, mit der Fertigung von Möbeln aus gefalzten Blechen. Er fasste sich ein Herz und wandte sich an den Architekten Robert Mallet-Stevens, zeigte ihm seine Skizzen und erhielt den Auftrag für das Eingangstor einer Privatvilla (1926). Das ermutigte ihn, das „kunsthandwerkliche Schmieden" aufzugeben und stattdessen seine Ideen von Architektur zu verwirklichen. 1931 wurde ihm klar, dass dies im bestehenden Rahmen nicht möglich war. Wollte er in industriellem Maßstab fertigen, musste er seinen Betrieb erweitern, neue Maschinen anschaffen und weitere Mitarbeiter einstellen. Dazu gründete er die Firma *Ateliers Jean Prouvé*, unter deren Namen er fortan seine Entwürfe vermarktete und zahlreiche Patente anmeldete. Seinen sozialethischen Vorstellungen entsprechend führte er das Modell der gemeinsamen Geschäftsleitung ein, das seinen Mitarbeitern mehr Verantwortung beimaß, ein Mitspracherecht gewährte und sie am Gewinn beteiligte.

Fasziniert von jedweder Technologie verfolgte Prouvé auch begeistert den technischen Fortschritt des Auto- und Flugzeugbaus und stellte sich schließlich die Frage: Warum beschäftigt sich niemand ebenso intensiv mit dem Hausbau? „Würden Flugzeuge genauso konstruiert wie Häuser", so seine Einschätzung, „würden sie nicht fliegen." Prouvé wollte die Vorteile industrieller Fertigung nutzen, um bestmögliche Wohnverhältnisse zu schaffen, mit besonderem Augenmerk auf Materialien und Kosten und Achtsamkeit gegenüber der Natur. Oft griff er auf Pilotis (Stützpfeiler) zurück, damit der Boden unter einem Gebäude, sollte dieses später wieder entfernt werden, nicht unnötig beschädigt wäre. Seine wichtigsten Werke aus den 1930er Jahren weisen ihn als Meister der Planung und Realisierung innovativer Bauten aus. Eines davon ist das gemeinsam mit den Architekten Eugène Beaudouin und Marcel Lods geschaffene Maison du Peuple in Clichy (1936–1939), bei dem ein Metalltragwerk (mit beweglichen Dach- und Deckenelementen) die Konstruktion der wahrscheinlich ersten Vorhangfassade aus beweglichen Metallplatten ermöglichte. Frank Lloyd Wright besichtigte das Bauwerk 1939 und äußerte seine Bewunderung.

Anfang der 1940er Jahre baute Prouvé Häuser, in denen ein Portalrahmen als tragendes Element diente. Mittels gefalzter Bleche gefertigt stützte er einen Metallträger, an den sich per Nietverbindung verschiedene Fassadenelemente anbringen ließen, so dass das Gebäude einen freien Grundriss erhielt – tragende Wände waren nicht mehr nötig. Alle für diese Konstruktion erforderlichen Bauteile wurden in Prouvés Werkstätten entworfen, getestet und gefertigt, danach mit Lastwagen zur Baustelle transportiert, wo sie innerhalb eines Tages montiert werden konnten. Der Portalrahmen ließ sich auch bei der

Möbelherstellung verwenden, für die sich Prouvé nach wie vor sehr interessierte: „Es ist genauso aufregend, ein Möbelstück zu entwerfen, wie einen 300 m hohen Turm."

1947 verlagerte er seinen weiterhin unter dem Namen *Ateliers Jean Prouvé* firmierenden Betrieb nach Maxéville am Stadtrand von Nancy, wo mit rund 200 Beschäftigten bereits in industriellem Maßstab produziert werden konnte. Wegen des Stahlmangels in den Nachkriegsjahren wandte sich Prouvé dem Aluminium zu. Er überarbeitete und verbesserte das Konzept des Portalrahmen-Hauses, dessen Bauteile allesamt industriell aus Metall hergestellt waren, und entwarf komplett vorgefertigte Gebäude, deren Einzelteile per Flugzeug nach Afrika exportiert wurden. In jener Zeit konstruierte er auch Sheddächer und Schalendächer, die als selbsttragende Konstruktionen dem Prinzip seiner Fassadenplatten ähnelten. Außerdem entwarf er diverse Möbel, vor allem für Hochschulbauten.

Im Jahr 1952 übernahm ein Aluminiumunternehmen die Anteilsmehrheit an Prouvés Firma. Ohne Erfahrung im Baugeschäft und getrieben vom Wunsch nach möglichst großem Aluminiumabsatz kollidierten die neuen Mehrheitseigner mit dem Anspruch des Architekten, hohe Qualität zu niedrigen Kosten anzubieten. Schweren Herzens zog sich Prouvé aus der Firma zurück und gab seine Arbeit in Maxéville auf: „Ich glaube wirklich, dass mir in meinem Leben ein großes Glück beschieden war: das Glück, über einen eigenen Handwerksbetrieb zu verfügen ... mein ganz eigenes Werkzeug. Ich habe diese Werkstatt aus dem Nichts aufgebaut. Ich habe sie ständig erweitert, bis sie zu einem ansehnlichen, mit modernsten Maschinen ausgestatten Betrieb wurde. Alle Mitarbeiter – 1952 waren es rund 200 – sind meine Freunde gewesen."

Die Markthalle der Maison du Peuple, Clichy, 1936–1939, mit seiner revolutionären Vorhangfassade aus Metallplatten.

DIE LETZTE ETAPPE

1956 begann die dritte Etappe der Karriere Jean Prouvés: die Arbeit in seinem Konstruktionsbüro in Paris, wo er allerdings keinen direkten Kontakt mehr zur Produktion hatte – ein Verlust, den er bis zuletzt bedauerte. Er machte sich sofort wieder auf die Suche nach innovativen Lösungen und entwarf den Pavillon zur Jahrhundertfeier von Aluminium Français (1954), ein Gebäude mit einem Tragwerk aus Aluminiumguss. Es folgte die Trinkhalle in Evian (1956–1957), die auf Stützkonstruktionen basierende Schule in Villejuif (1956–1957) und das Abbé-Pierre-Haus mit einem Tragwerk, das sich vollständig vorfabrizieren und zur Baustelle transportieren ließ (1956). Zudem wurde er von der Compagnie Industrielle de Matériel de Transport (CIMT) angeheuert – einer Firma, die das Ende der Expansion des Schienenverkehrs vorausgesehen hatte und nun in der Baubranche Fuß fassen wollte. Für die CIMT entwarf Prouvé zahlreiche Fassadenelemente für Schul- und Universitätsgebäude sowie das Rathaus von Grenoble (1964–1968). Hinzu kamen Gebäude, für die er auch das Tragwerk konstruierte, etwa der Palais des Expositions in Grenoble (1967) und Tankstellen der Firma Total. Außerdem war er als

Das nackte Tragwerk von Prouvés demontierbarer Schule in Villejuif, 1956–1957, im Bau.

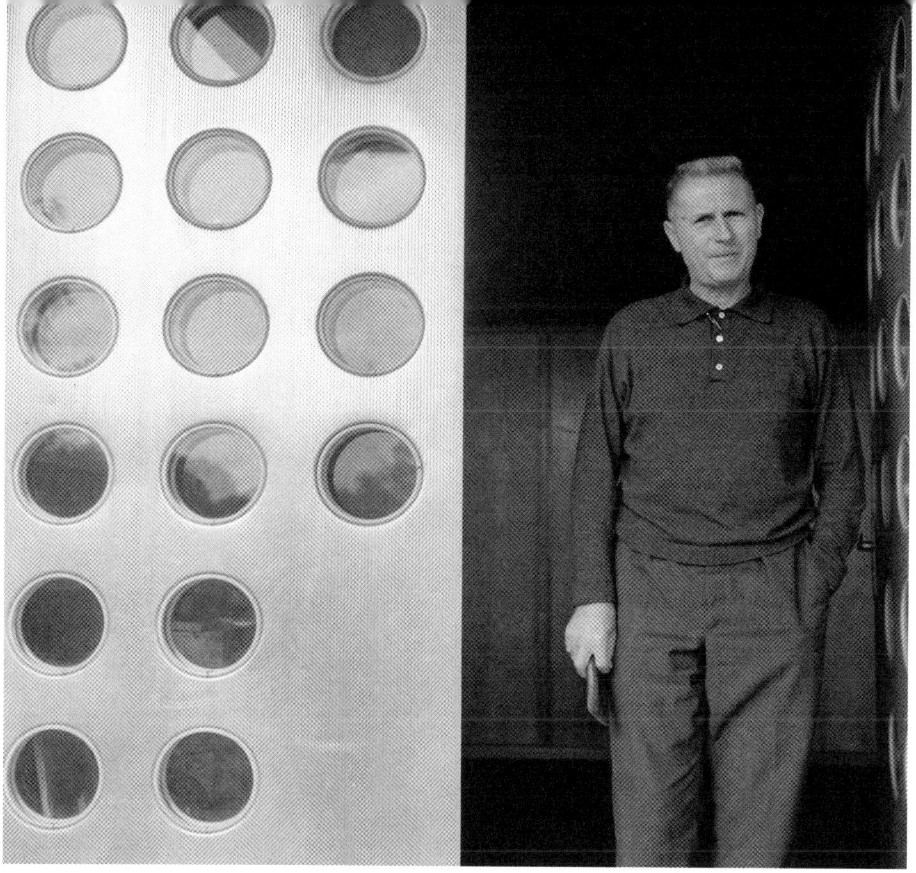

Prouvé im Jahr 1962 vor seinem Haus in der Rue Augustin-Hacquard, Nancy – einem Gebäude, mit dem er das Potential des Bauens mit Blech veranschaulichen wollte.

technischer Berater an mehreren Großprojekten beteiligt, so an den Fassaden des Centre National des Industries et des Techniques (CNIT) (1956) und des Tour Nobel (1968), beide im Pariser Stadtteil La Défense, deren Konstruktion jeweils aus einem Kern und Vorhangfassaden mit abgerundeten Ecken bestand.

Seine Vorlesungen am Conservatoire National des Arts et Métiers (CNAM) in Paris (1957–1970), in denen er über verschiedene Konstruktionssysteme sprach, fanden bei Architekturstudenten wie bei professionellen Architekten großen Anklang. Gegen Ende seines Lebens war Prouvé mit seiner Arbeit tatsächlich in die industrielle Produktion eingebunden – so, wie er es von Anfang an gewünscht hatte, auch wenn er weiterhin die direkte Beteiligung am Bauprozess vermisste. Auf das Ansinnen, ihn in ein Architektenlexikon aufzunehmen, reagierte er mit den Worten: „Ich bin kein Architekt und auch kein Ingenieur. Ich bin Fabrikarbeiter."

STYLIANE PHILIPPOU

OSCAR NIEMEYER

Radikaler Kritiker der orthodoxen Moderne

GEBOREN 1907

Im Pantheon der großen Baumeister nimmt Oscar Niemeyer einen besonderen Platz ein: als herausragender Vertreter einer innovativen nationalen Interpretation moderner Architektur, aber auch als radikaler Kritiker orthodoxer ästhetischer Formeln und moralisierender Ideologien der Moderne. Niemeyer, der auch mit über hundert Lebensjahren noch als Architekt arbeitet, hat mehr als 600 Gebäude entworfen und erforscht seit über siebzig Jahren das konstruktive und formale Potenzial von Stahlbeton. Als Nutznießer brasilianischer Hochtechnologie im Stahlbetonbau und in enger Zusammenarbeit mit engagierten Bauingenieuren fand Niemeyer im Stahlbeton ein ideales Material für das, was er als Architektur „des Spektakels ... der plastischen Freiheit und ... der Erfindungsgabe" bezeichnet. Diese Architektur wurzelt in ursprünglichen Traditionen und der tropischen Landschaft Brasiliens und bildet einen Gegenentwurf zur vorherrschenden Architektur glatter weißer Wände, gerader Linien und rechter Winkel, die für ihn „einer europäischen Ethiktradition entsprungen ist". Niemeyer geht es vorrangig um das sinnliche Erleben von Architektur, und so strebt er durch eine Verbindung baukünstlerischer, bautechnischer und topografischer Aspekte nach möglichst fließenden Formen. Mit Beton, einem für Brasilien in ökonomischer wie technologischer Hinsicht besonders geeigneten Baustoff, konnte Niemeyer seine Vorstellung verwirklichen: eine „neue" und „kühnere Architektur" für Brasilien, die sowohl der unverkennbaren Modernität des Landes als auch der Emanzipation von westlichen Vorbildern Ausdruck verlieh.

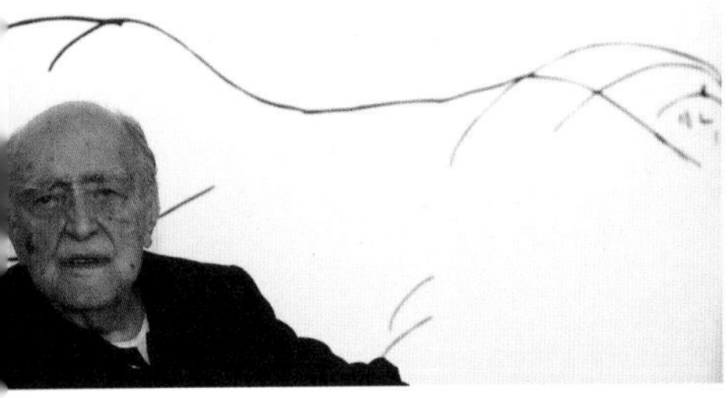

BRASILIENS ARCHITEKTONISCHE MODERNE

Der als Oscar Ribeiro de Almeida de Niemeyer Soares Filho in Rio de Janeiro geborene Niemeyer betont stets seine „vielfältigen ethnischen Wurzeln", mit anderen Worten: sein brasilianisches Wesen, wie es dem Selbstverständnis des Landes als ethnischer Schmelztiegel entspricht. Von 1929 bis 1934 studierte er an der Escola Nacional de Belas Artes, wo Lúcio Costa, der Doyen der modernen brasilianischen Architektur, einen „Praxiskurs" etabliert und Gregori Warchavchik als Professor engagiert hatte, einen Vorreiter der Moderne in Lateinamerika, dem Affonso Eduardo Reidy als Assistent zur Seite stand. Der kurzlebige Kurs wurde von der Beaux-Arts-Mehrheit an der Escola heftig kritisiert, fand aber großen Anklang bei den Studierenden, von Costa beschrieben als „eine Truppe von Puristen, die sich dem leidenschaftlichen Studium von Walter Gropius, Ludwig Mies van der Rohe und vor allem Le Corbusier widmete". 1936 stieß Niemeyer zu jenem Architektenteam, das den weltweit ersten staatlich finanzierten Wolkenkratzer der Moderne entwarf: das Ministerium für Bildung und Gesundheit in Rio de Janeiro (1936–1944). An diesem Projekt war Le Corbusier im ersten Jahr als Berater beteiligt; Costa hatte die Leitung inne, bevor Niemeyer sie übernahm. Der neue Sitz des Ministeriums, das sich die Schaffung des „neuen, zugleich brasilianischen und modernen Menschen" zur Aufgabe gemacht hatte, war das erste Bauwerk, bei dem Le Corbusiers *Fünf Punkte zu einer neuen Architektur* vollständig Berücksichtigung fanden. Allerdings wurden sie hier mit landestypischen Materialien und Gestaltungselementen der Kolonialarchitektur kombiniert: mit handbemalten *azulejos*, mit Anspielungen auf Brasiliens Landschaft und Barockbauten, mit sinnlichen Kurven, Sonnenblenden und kräftigen Farben aus der maurischen Tradition der portugiesischen Architektur und mit eigens in Auftrag gegebenen Werken brasilianischer Künstler; die tropischen Gärten von Roberto Burle Marx schließlich zeugten vom Wunsch nach Überwindung des prosaischen Funktionalismus.

Das Ministeriumsgebäude, Symbol und Manifest der brasilianischen Moderne und vom amerikanischen Architekten Philip L. Goodwin als „schönstes Regierungsgebäude der westlichen Hemisphäre" gepriesen, verkörperte überzeugend die Hybridität der brasilianischen Staatsidee. Es vereinte in sich alle Aspekte der modernen brasilianischen Kunst der 1920er Jahre, die in den Bewegungen des Pau-Brasil und der Antropophagie bereits ein Konzept der Verbindung von Heimischem und Fremdem entwickelt hatte: die Durchdringung der „zivilisierenden" Importe mit dem, was gemeinhin als das Tropische und irrational Primitive galt. Die Strategie der antikolonialistischen Antropophagie-Bewegung, die europäische Moderne mit dem dionysischen *espirito de brasilidade* zu infi-

Gegenüber: Oscar Niemeyer in seinem Atelier in Rio de Janeiro, Dezember 2007.
Unten: São Francisco de Assis, Pampulha, Belo Horizonte, 1940–1943.

zieren, machten sich auch Costa und Niemeyer beim brasilianischen Pavillon der Weltausstellung 1939 in New York zu eigen. Doch es war schließlich Niemeyers wegweisender Freizeitkomplex an einem künstlichen See in Pampulha (1940–1943), einem neuen Vorort von Belo Horizonte, der *L'Architecture d'Aujourd'hui* 1946 verkünden ließ, Niemeyer wende sich ab vom „Triumph der geraden Linie" und „monumentalen Cartesianismus" des Ministeriums und von der „Corbusier'schen Schule", hin zu einer „Bejahung seiner eigenen Originalität" im „Triumph der Kurve".

DER TRIUMPH DER KURVE

Niemeyer spricht von der „Tropikalisierung" all dessen, was er von Le Corbusier gelernt hat und betont immer wieder, sein architektonisches Werk beginne „mit Pampulha, das ich mit sinnlichen und überraschenden Kurven entworfen habe". Der vom damaligen Bürgermeister Belo Horizontes, Juscelino Kubitschek, in Auftrag gegebene Komplex umfasste eine kleine Kirche (Brasiliens erstes offizielles Baudenkmal der Moderne), ein meisterhaft gestaltetes Kasino mit üppiger Innenausstattung, ein Restaurant und einen herrlichen Tanzsaal mit einem sich schlängelnden Betonvordach, einen Yacht-Club, einen Golf-Club sowie ein (nicht realisiertes) Hotel mit hundert Zimmern. Die Anlage in Pampulha, Niemeyers ganz persönliches Architekturmanifest, erklärte Luxus, Vergnügen, Schönheit und Sinnlichkeit ausdrücklich für erstrebenswert. Feinste Materialien, raffinierte Handwerkstechniken und gezielt eingesetztes Dekor verbinden sich hier mit Burle Marx' eindringlichen Bildern tropischer Natur und weiteren Kunstwerken zu einem einzigartigen Werk. Es entsprang der Vision einer modernen Nationalarchitektur mit sinnlichen Kurven und tropischen Motiven, die als typisch brasilianisch galten. Verkörperte die Loos'sche Figur des englischen Gentleman den „wahren modernen Stil" des apollinischen Europas, so fand Niemeyer in der erotisierten Figur der brasilianischen Frau afrikanischer Abstammung, der *mulata*, die Inkarnation des dionysischen *espirito de brasilidade*: „Mein Werk beruht nicht auf der Idee ‚form follows function', sondern auf der Idee ‚form follows beauty', oder noch treffender: ‚form follows feminine'."

Bei der gemeinsam mit dem Bauingenieur Joaquim Cardozo gebauten Kirche São Francisco de Assis in Pampulha nutzte Niemeyer Parabolbögen als form- und raumdefinierende Elemente. In vielen seiner späteren Projekte, die während der 1950er Jahren in den rasant wachsenden Stadtzentren Brasiliens entstanden, finden sich Schalenkonstruktionen und unterschiedlich angeordnete vertikale Stützen. Der geschwungene Baukörper seines 40-geschossigen Edifício COPAN (1951–1966) mit Wohnraum für 5000 Personen ist gezielt mitten im Zentrum von São Paulo platziert, der führenden Industrie- und Finanzmetropole Lateinamerikas. Das Gebäude widersetzt sich der Dichotomie einer privaten, weiblichen Welt der Geborgenheit und Lust einerseits sowie einer öffentlichen, vertikalen, harten, männlichen Welt der Arbeit und Macht andererseits und hinterfragt damit auch die konstruierten Geschlechtergegensätze der amerikanischen Stadt. Wie beim COPAN-Gebäude ist auch bei Niemeyers Edifício Liberdade (1954–1960) in Belo Horizonte die Dynamik mittels durchgehender, horizontaler *brises-soleil*

Edifício Liberdade, Belo Horizonte, 1954–1960 (später zu Ehren des Bruders des Architekten in „Edifício Niemeyer" umbenannt). *Brises-soleil* ziehen sich die gesamte Massivwand entlang, die mit schwarz-weißen Zementziegeln von Athos Bulcão verkleidet ist.

aus Beton akzentuiert, die am verglasten Teil der Fassade als Sonnenblenden dienen, sich aber auch entlang der gefliesten Mauern erstrecken: Ästhetische Aspekte triumphieren hier über den eigentlichen Zweck des baulichen Elements.

1954 berichtete die *Architectural Review* in ihrer Oktober-Ausgabe, Niemeyers neues Gebäude in Rio de Janeiro sei das „vorrangige Gesprächsthema" ausländischer Besucher der São Paulo Art Biennale 1953, die den simultanen Rhythmen der polymetrischen Architektur nichts abgewinnen könnten. Niemeyers Meisterwerk auf dem Gebiet der Wohnarchitektur, die Casa das Canoas (1952–1953), scheint aus nichts als einem frei geformten Betonkragdach zu bestehen, mit einem Pool inmitten eines tropischen Gartens, der sich nahtlos in die wunderschöne Landschaft fügt. In diesem Haus sicherte sich Brasiliens emsiger Präsident Juscelino Kubitschek 1956 Niemeyers Unterstützung bei der Realisierung seines ehrgeizigsten Projekts: des Baus von Brasília, einer kompromisslos modernen Stadt, die das „Neue Zeitalter Brasiliens" einläuten sollte.

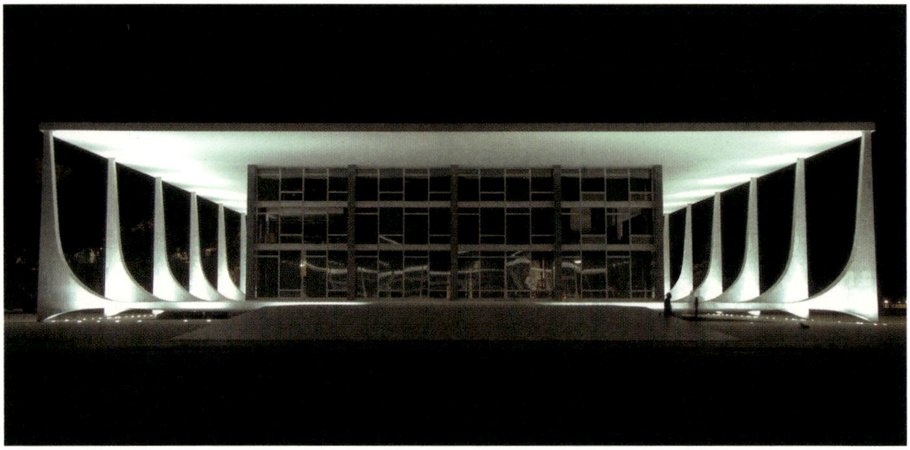

Oberster Gerichtshof, Praça dos Três Poderes, Brasília, 1958–1960.

AUF DEM WEG ZU EINER DEMOKRATISCHEREN ARCHITEKTUR

Die am 21. April 1960 eingeweihte neue Hauptstadt war als Symbol der nationalen Einheit gedacht. Mit der Wahl Niemeyers war zugleich der Baustil bestimmt, in dem die Architekten und Politiker des 20. Jahrhunderts ihre Vorstellungen von einem unverwechselbar brasilianischen und zugleich modernen Staat ausgedrückt wissen wollten. Angesiedelt auf dem zentralen Hochplateau des Landes und damit fernab der tropischen Küstenparadiese mit ihrem europäischen Kulturerbe, bezog sich Niemeyers Architektur für das „wahre Brasilien“, das Landesinnere, bewusst auf Meilensteine der Architekturgeschichte, um die Autonomie der brasilianischen Architektur zu bekräftigen und „die Vergangenheit von morgen ... zu schaffen“. Sowohl Lúcio Costas Masterplan als auch Niemeyers Profanarchitektur für „die Akropolis des neuen Brasiliens“ waren beseelt vom Wunsch nach Monumentalität. Doch statt massiv, behäbig und schwer muteten Brasílias säulenbestandene Paradebauten leicht, elegant und grazil an. Während die Individualität ihrer einzelnen Elemente – die weißen, marmorverkleideten Säulen – betont wurde, waren diese Elemente zugleich dem einheitlichen Ganzen untergeordnet, als Abbild der demokratischen Polis.

In den Jahren, die Niemeyer auf Druck der 1964 in Brasilien an die Macht gelangten Militärs im ausländischen Exil verbrachte, schuf er mittels brasilianischer Ingenieurskunst sowie europäischer Hochtechnologie und Fachkräfte Gebäude von provokanter Ästhetik und kühner Konstruktion. Die betont rhythmischen Sichtbetonarkaden des Mondadori-Verlagsgebäudes in Segrate bei Mailand (1968–1975) ähneln jenen des Palácio do Itamaraty (Außenministerium, 1962–1970) in Brasília, doch arbeitete Niemeyer in Segrate mit einem Zufallsmoment. Die 22 unterschiedlich weiten und gewölbten Parabolbögen sind aus jedem Blickwinkel heraus durch einheitliche Elemente miteinander verbunden. Niemeyers „moderne Version des griechischen Tempels“ zählt zu seinen bedeutendsten Werken.

Getrieben vom Wunsch, die Beziehung von Einzelgebäude und Stadt immer wieder auf neue Weise zu thematisieren, löste sich Niemeyer – in Frankreich und nach dem Ende der Diktatur in den 1980er Jahren auch in Brasilien – allmählich von der Idee einer lediglich schönen Architektur zugunsten einer dezidiert demokratischen Architektur. So maß er nun dem öffentlichen städtischen Raum als Grundvoraussetzung für die Wahrnehmung der Bürgerrechte entscheidende Bedeutung bei. In einer für Niemeyer typischen Umkehrung der üblichen Hierarchien von Raum und Nutzung sind seine späten Profanbauten wie das Museum für zeitgenössische Kunst in Niterói (1991–1996) und das NovoMuseu (2001–2002) in Curitiba von Rampen dominiert, die die Menschen einladen, sie über ihre eigentliche Funktion hinaus als Promenaden zu nutzen. Diese langen, sich gelassen schlängelnden Rampen betonen den öffentlichen Charakter der Gebäude und sind zugleich architektonische Metaphern für Brasiliens legendäre Strände – Projektionsflächen des Niemeyer'schen Ideals eines glücklichen Leben.

Museum für zeitgenössische Kunst, Niterói, 1991–1996.

JAYNE MERKEL

EERO SAARINEN

Überschwang und technologische Innovation

1910–1961

Im Laufe seiner kurzen, aber ergiebigen Karriere schuf Eero Saarinen nicht weniger als ein halbes Dutzend campusartige Firmensitze, zahlreiche innovative Hochschulgebäude, einen höchst originellen Wolkenkratzer, einen experimentellen Theaterbau, zwei ungewöhnliche US-Botschaften, mehrere wegweisende Kirchen und drei atemberaubende Flughäfen. Zehn bedeutende Bauprojekte waren auf den Weg gebracht, als er 1961 an einem Gehirntumor starb.

Eero Saarinen wurde in Helsinki geboren und zog 1923 mit seinen Eltern, dem frühmodernistischen Architekten Eliel Saarinen und der Bildhauerin und Weberin Loja Saarinen, in die USA. Kamen Saarinens erste Aufträge noch über die väterliche Firma zustande, machte ihn 1947/1948 sein eigenständiger Erfolg beim Wettbewerb für den Bau des St. Louis Gateway Arch mit einem Schlag zum begehrtesten US-Architekten seiner Generation. Der parabolische Bogen mit dreieckigem Profil – 192 m hoch, was der Höhe eines 62-geschossigen Gebäudes entspricht – entstand in Koproduktion mit dem Ingenieur Fred Severud. Seine Verkleidung aus rostfreiem Stahl unterstützt die innere Betonkonstruktion und das Stahlgerüst im Kern, mit dessen Hilfe der Bogen errichtet wurde. Fertiggestellt war er erst 1965.

TECHNISCHE ERFINDUNGEN

Nach dem Gewinn des Arch-Wettbewerbs übernahm Saarinen im Namen der elterlichen Firma den Auftrag zum Bau des General Motors Technical Center in der Nähe von Detroit (1948–1950), ein Projekt auf einem 130 Hektar großen Areal mit 25 Gebäuden und einem Budget von 100 Mio. US-Dollar. Anstelle des ursprünglich vorgesehenen Art-Deco-Designs, das sich als zu teuer erwiesen hatte, schuf Saarinen einen Entwurf im Internationalen Stil, der von Mies van der Rohes Werken am Illinois Institute of Technology inspiriert war, jedoch ein leichteres Tragwerk vorsah, außerdem eine glänzende, halbkugelförmige Edelstahlkuppel und einen großen spiegelnden Wasserturm in einem riesigen Wasserbecken. Der Entwurf bestach durch zahlreiche technische Innovationen,

Nachdem Eero Saarinen den Wettbewerb zur Konstruktion des Gateway Arch in St. Louis 1948 gewonnen hatte, vergingen noch 17 Jahre, bis der Bogen – mithilfe des Ingenieurs Fred Severud – errichtet war.

Saarinen an einem Modell der Morse and Stiles Colleges, Yale University, 1958–1962, in deren Betonverkleidung Natursteine eingefügt sind, die eine Beziehung zu den bestehenden Gebäuden schaffen sollen. Gegenüber: Skizze der David S. Ingalls Eissporthalle an der Yale University, 1956–1959, die jene fließende Gestalt der Konstruktion erahnen lässt, die Saarinen vorschwebte.

die teilweise der Autoindustrie entlehnt waren, etwa Neopren-Einglasungen (wie sie auch bei Windschutzscheiben Verwendung finden), mit denen extrem dünne Verbundplatten aus Glas und Emaille in ihren Aluminiumrahmen befestigt wurden. Diese vorfabrizierten Außen- und Innenwände waren wind- und wasserdicht und erlaubten es, das Glas oder die Platten im Fall einer veränderten Gebäudenutzung wieder herauszulösen. Stirnwände waren mit lasierten Ziegeln in hellen Farben verkleidet, und die Zeichenräume hatten Leuchtdecken aus speziellen, modularen Kunststoffschalen. „All diese Neuerungen“, schrieb Saarinen später, „wurden zu Bestandteilen der modernen Architektursprache.“

Während die Arbeiten am General Motors Technical Center noch in vollem Gange waren, entwarf Saarinen eine zylindrische, von einem Graben umgebene Ziegelkapelle sowie das Kresge Auditorium für das Massachusetts Institute of Technology (1950–1955). Dessen dünnwandige Betonkuppel besteht aus einer einzigen angeschnittenen Schale – einer Achtelkugel –, die zwickelförmig auf drei Punkten lagert; mächtige Stützpfeiler lassen die Kuppel scheinbar schwerelos schweben. Einige Jahre später schuf Saarinen an seiner Alma Mater, der Yale University, die noch kühnere David S. Ingalls Eissporthalle (1956–1959). Bei dieser Konstruktion verläuft mittig ein gebogenes Rückgrat aus Beton, über das ein Netz aus Stahlseilen gehängt ist – wie ein Laken über eine Wäscheleine. Das Gebäude ist mit einer gummiartigen Schicht überzogen und mit Beton stabilisiert. Für einen weiteren Auftrag in Yale, den Bau der Studentenwohnheime der Morse and Stiles Colleges (1958–1962), entwickelte Saarinen einen neuartigen Beton, in den große Natursteine eingefügt waren, was der Fassade eine rustikale Anmutung verlieh und sie auf ungewöhnliche, moderne und kostengünstige Weise den älteren Yale-Gebäuden im Stil der „Collegiate Gothic" anglich.

Nachdem Saarinen bei verschiedenen Projekten mit den reflektiven Eigenschaften von Stahl und Glas experimentiert hatte, entwickelte er für die Bell Telephone Laboratories in Holmdel, New Jersey (1957–1962), das erste vollverspiegelte Glas, das diesen großen kastenförmigen Bau in der Landschaft „verschwinden" ließ. Beim John Deere & Co Administration Center in Moline, Illinois (1954–1964), setzte er – mit der Hilfe seines Mitarbeiters John Dinkeloo, eines genialen Technikers, der an vielen Innovationen der Firma beteiligt war – erstmals korrosionsbeständigen Kortenstahl als Baustoff ein. Saarinens Wolkenkratzer für die Firmenzentrale der Columbia Broadcasting Systems (CBS) in New York (1960–1965) war eine radikale Abkehr vom damals vorherrschenden Mies'schen Typus. Das mit schwarzem Granit verkleidete Gebäude wird im Kern und an den Ecken von Stahlbetonpfeilern getragen, statt von jenem einheitlichen Gitter aus Stahlpfeilern, das sich in anderen New Yorker Wolkenkratzern findet. Die Fassade ist durch Eckprofile gegliedert, und der ganze Turm scheint aus dem Boden empor und geradewegs in den Himmel zu wachsen.

MEISTERWERKE DES FLUGHAFENBAUS

Saarinens Meisterwerke jedoch waren der TWA-Terminal, in bester Lage auf einem keilförmigen Areal gegenüber dem Eingang des Idlewood Airports (des heutigen John F. Kennedy Airports) in New York (1956–1962), und der weitläufige Dulles International Airport in Chantilly, Virginia, in der Nähe von Washington D.C. (1958–1963). Beide entstanden in Kooperation mit dem Ingenieurbüro Ammann & Whitney, die mit Saarinen auch beim Athener Flughafen (1960–1969) zusammenarbeiteten. Die dramatische Flughafenhalle des Dulles Airports besteht aus einem gigantischen offenen Raum mit einem Seildach, das zwischen zwei Reihen von je acht rippenförmigen Betonpfeilern aufgespannt ist, die nach außen geneigt sind und so dem Zug der Stahlseile entgegenwirken. Die aufwärts gebogenen Dachkanten bilden ein schattenspendendes Vordach über den großen Glasflächen, die mit ihren abgerundeten Ecken an Flugzeugfenster erinnern. Da die Pfeiler auf der Vorderseite mit 19,80 m höher sind als jene auf der Rückseite mit 12,20 m, hat die Halle eine asymmetrische Gestalt, die dem Innenraum große Lebendigkeit verleiht. Als erster ausschließlich für Düsenflugzeuge gebauter Flughafen wartet der Dulles Airport mit einer Innovation auf: mit mobilen Lounges, die die Passagiere zu den Flugzeugen bringen und ihnen den Gang zu Flugsteigen ersparen, die teilweise fast einen Kilometer entfernt liegen.

Die Innovationen des TWA-Terminals sollten die Flughafen-Architektur noch nachhaltiger prägen. Abfliegende Passagiere verabschiedeten sich hier schon am Eingang von ihrem Gepäck, das dann ebenerdig zu den Flugzeugen transportiert wurde, während die Passagiere in einem eindrucksvollen Spaziergang durch oberirdische röhrenförmige Tunnel zu den Flugsteigen in den 38 m entfernten „Fingern“ gelangten. Den ankommenden Passagieren war ein eigener Gebäudeflügel zugedacht, in dem sie auf den ersten Gepäckförderbändern der Geschichte ihre Koffer in Empfang nahmen. Treffpunkt aller Passagiere war die weite, zweigeschossige und gewölbte Lobby. Es war dieser Raum voller Rundungen – mit Fußböden, die sich zu Wänden krümmen, die ihrerseits nahtlos zu Decken werden, und ausgestattet mit geschwungenen Bänken, gewölbten Schaltern, runden Bodenfließen –, der diesen Terminal zu einem der aufregendsten und beliebtesten Bauwerke der USA machte.

Der TWA-Terminal, dessen äußere Form einem Vogel ähnelt, besteht aus vier doppelt gewölbten Schalen aus Stahlbeton, die auf drei Punkten lagern. Sie sind verbunden durch zwei 15,50 m hohe bogenförmige Stützen, die an ihrem Schnittpunkt von einer Platte stabilisiert werden. Die Spannweite beträgt zwischen 36,60 m und 61 m, die längste trägerlose Entfernung zwischen den Schalenspitzen rund 95 m. Das leichte Schirmgewölbedach aus Stahlbeton hat eine Stärke von 18 cm an den Kanten bis zu rund 100 cm an den Stellen, wo die Flügel auf den Beton treffen, der rund 1 m dick ist. Die Dachflügel kragen rund 25 m aus.

Mit dem TWA-Terminal gelang Saarinen ein Bauwerk, das der aufregenden Erfahrung des Reisens Ausdruck verleiht, statt ein statischer, umschlossener Raum zu sein. Doch verdankte sich dieser Erfolg einem riesigem Aufwand: Saarinens Büro brauchte 5 500 Personenstunden für die Anfertigung der Detailzeichnungen – Schnittdarstellungen der Hauptgebäudeteile – und stimmte jeden einzelnen Schritt mit dem Ingenieur Abba Tor ab. Die Baufirmen mussten für jede Rippe und jedes Verbindungsstück eigene Betonguss-Schalungen anfertigen. Zwar wurden einzelne Berechnungen per Computer

Der kühne, komplett mit runden Formen gestaltete Innenraum des TWA-Terminals am John F. Kennedy Airport in New York, 1956–1962.

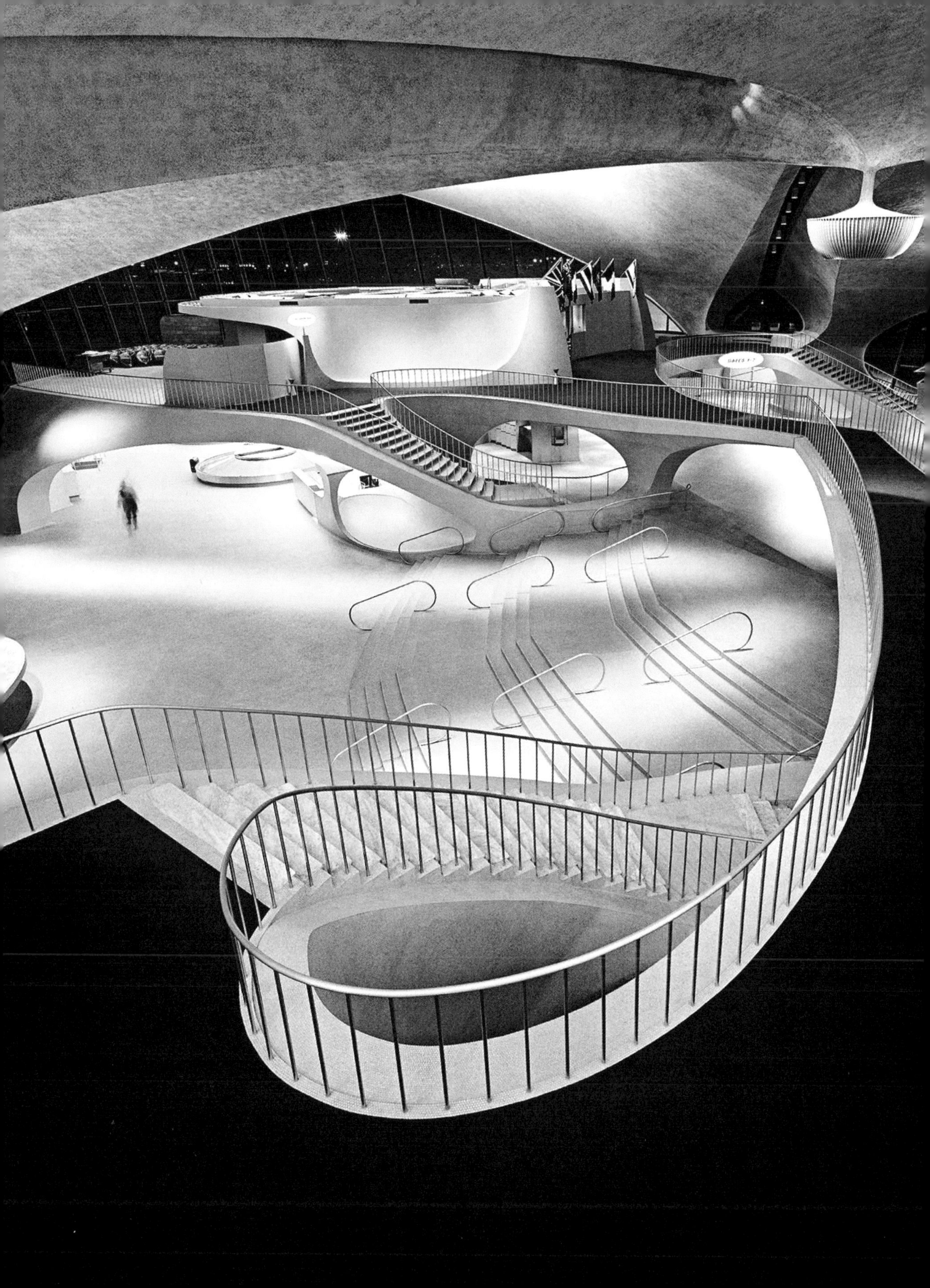

Das Betonhängedach des Dulles International Airports, 1958–1963, entworfen in Zusammenarbeit mit dem Ingenieurbüro Ammann & Whitney, wölbt sich zwischen auswärts geneigten Kolonnaden unterschiedlicher Höhe.

durchgeführt, doch gab es damals noch keine rechnergestützte Konstruktion, so dass die Berechnungen für Form und Konstruktion der dünnen Schalen und der Stützen manuell erfolgten.

Jedes Gebäude Saarinens war einzigartig, geschaffen jeweils im Hinblick auf einen bestimmten Kunden und Ort, so dass er nie einen unverkennbaren Stil entwickelte. Insofern lässt sich sein Werk schwer einordnen, was ein Grund dafür ist, dass er schon bald nach seinem Tod in Vergessenheit geriet. Zudem ist sein Werk so stark vom Zeitgeist geprägt, dass es an Bedeutung verlor, als sich die Zeiten wandelten. Obwohl Saarinen mit seiner Architektur stets Kunstwerke schaffen wollte, fühlte er sich seinen Kunden so sehr verpflichtet, dass er Entwürfe bisweilen fünf oder sechs Mal umarbeitete, manchmal sogar noch nach Beginn der Bauarbeiten. Dieselbe Loyalität zeigte Saarinen gegenüber den Mitarbeitern seines Büros. In Zeiten, in denen Arbeitstage von neun bis fünf noch die Norm waren, machten dort 60 hochqualifizierte Architekten aus aller Welt wie selbstverständlich Überstunden, weil umgekehrt auch Saarinen seine Mitarbeiter – so formulierte es einer von ihnen – „nie, wirklich nie, im Stich ließ“. Es ist erfreulich, dass das Interesse an Saarinen in den letzten Jahren wieder erwacht ist und seine außergewöhnlichen Leistungen neue Wertschätzung erfahren.

FREI OTTO

Erfinder von Zug- und Membrankonstruktionen

GEBOREN 1925

Frei Otto wurde in Sachsen als Sohn eines Steinmetzen und Bildhauers geboren. Seine Mutter gab ihm den ungewöhnlichen Namen „Frei", und die Bedeutung dieses Adjektivs sollte zu seinem Lebensthema werden. Als junger Mann erlebte er den Kult und die Monumentalarchitektur des Nationalsozialismus und flog als Pilot über brennende Städte. Diese Erfahrungen haben ihn geprägt: Seit jeher strebt er nach einer leichtgewichtigen, natürlichen und anpassungsfähigen Architektur für eine demokratische Gesellschaft.

Frei Otto mit einem Modell seines Projekts „City of the Arctic", 1970. Sein Entwurf sah ein riesiges Seilnetz-Dach vor, das eine Stadt von bis zu 40 000 Einwohnern vor dem extremen Klima schützen sollte.

Konstruktion des Seilnetz-Dachs für den Pavillon der Bundesrepublik Deutschland, Expo '67, Montreal.

HÄNGENDE DÄCHER

Als Architekturstudent an der Technischen Universität in Berlin erhielt Frei Otto 1950 ein Stipendium für einen Studienaufenthalt in den USA, wo er Werke von Großmeistern der modernen Architektur zu Gesicht bekam, darunter Frank Lloyd Wright und Erich Mendelsohn. Fasziniert aber war er besonders von Matthew Nowickis Entwurf einer Sporthalle in Raleigh, North Carolina, der unter anderem ein von Stahlseilen getragenes Dach vorsah. Damit war Ottos Interesse an der Konstruktion großflächiger Dächer geweckt. Seine eigenen diesbezüglichen Studien wurden 1954 in einer Dissertation mit dem Titel *Das hängende Dach* veröffentlicht, in der er das noch unerkannte architektonische Potential von Zeltkonstruktionen auslotete, die bis dato als kurzlebig, billig und instabil gegolten hatten. Mit einem 1955 als Musikpavillon für die Bundesgartenschau in Kassel konstruierten Vierpunktsegel, dessen zwei Hoch- und zwei Tiefpunkte für eine stabile Sattelform sorgen, etablierte Otto die Architektur zugbeanspruchter Konstruktionen in den folgenden Jahrzehnten als kraftvollen Baustil von hoher formaler Qualität.

Bei seinen Experimenten mit zugbeanspruchten Konstruktionen in Form von Satteln, Spitzen, Bögen und Wellen gelangte Otto zur Überzeugung, dass Membranen nicht per Entwurf vorgegeben werden könnten, sondern in einem vorgegebenen Raum von sich aus Gestalt annehmen müssten, in einem natürlichen Optimierungsprozess, den er „Formfindung“ nannte. Ab 1958 betrieb er seine Forschungen an der von ihm gegründeten Entwicklungsstätte für den Leichtbau in Berlin-Zehlendorf. Da Spannweite wie Tragfähigkeit einer Membran begrenzt sind, machte sich Otto an die Entwicklung weitgespannter leichter Konstruktionen aus geschwungenen, sattelförmigen Seilnetzen. Seine ersten Seilnetz-Dachkonstruktionen entstanden 1964 für die Schweizerische Landesausstellung in Lausanne. Im selben Jahr bot Fritz Leonhardt Otto die Leitung des neu gegründeten Instituts für Leichte Flächentragwerke (IL) in Stuttgart an, an dem Otto bis zu seiner Emeritierung 1991 tätig war. Das IL ist die weltweit einzige Einrichtung ihrer Art, an der Grundlagen von Architektur und Bauingenieurwesen erforscht werden. Die zahlreichen Publikationen, Konferenzen und Forschungsprojekte des IL haben mitgeholfen, Frei Ottos Ideen in aller Welt zu verbreiten.

Am IL fanden auch Forschungen zur Technik und zum Potential von Stahlseilnetz-Konstruktionen statt. Als Frei Otto zusammen mit Rolf Gutbrod den Wettbewerb zum Bau des Pavillons der Bundesrepublik Deutschland auf der Expo ’67 in Montreal gewann, baute er auf dem Campus der Universität Stuttgart einen Prototypen der geplanten Stahlseilnetz-Konstruktion, der später zum Domizil des IL wurde. Der Zeltdach-Pavillon in Montreal, der als Visitenkarte eines neuen, offenen und demokratischen Deutschlands galt, brachte ihm internationale Anerkennung ein und beeinflusste den Architekten Günter Behnisch bei seinem Entwurf der Zeltdächer über den Sportstätten im Olympiapark München, an deren Konstruktion Otto mitwirkte (1968–1972).

ANPASSUNGSFÄHIGES BAUEN

Bereits 1959 veröffentlichte Otto ein Manifest zum „anpassungsfähigen Bauen“ – einem Thema, das in seinem Werk zentrale Bedeutung erlangen sollte. Seine Experimente mit Membranen und Seilnetzen führten ihn zu grundsätzlichen Überlegungen hinsichtlich leichter und anpassungsfähiger Bauwerke. Während konventionelle Baumethoden fast immer auf langlebige und beständige Gebäude abzielen, die nur schwer oder gar nicht verändert werden können, erkannte Otto einen Bedarf an wandelbaren Bauten und an Baumethoden, die jene ermöglichten. So suchte er nach Formen von Architektur, die sich leicht verändern oder abbauen ließen, falls ihre Nutzer oder ihre Nutzungsweisen wechselten.

Zentrales Element anpassungsfähigen Bauens waren faltbare Dächer, die auf Wetterveränderungen reagieren und binnen Kurzem überdachte Räume schaffen konnten. Frei

Zeltdächer über den Sportstätten im Olympiapark München, entworfen in Zusammenarbeit mit Günter Behnisch, 1968–1972.

Otto war einer der ersten Architekten, die sich wieder für die seit der Antike bekannte Bauform eines verschließbaren Dachs interessierten. Seine erste große bewegliche Überdachung mit elektrischem Antrieb konstruierte er 1965 für ein Freilufttheater in Cannes; ein ähnliches Dach schuf er kurz darauf für ein Theater in der Stiftsruine Bad Hersfeld (1967–1968). Es folgten verschließbare Membranen für Schwimmbäder in Paris, Lyon und Regensburg, deren Tragmechanismus auf dem Prinzip des Regen- oder Sonnenschirms beruht. Frei Otto hat aus einem funktionalen Element eine eigene Art der Architektur gemacht und diese seit den 1970er Jahren kontinuierlich weiterentwickelt.

Neben der weiteren Entwicklung von Membran- und Seilnetz-Konstruktionen widmete sich Frei Otto in den 1960er Jahren auch Gitterschalen, deren Konstruktionsmethode auf dem Umkehrprinzip und der Verdrehung einer gitterartigen Struktur zu einer doppelt gewölbten Schale beruht. Das Umkehrprinzip basiert auf der Tatsache, dass hängende Seile, Ketten oder Netze ihre eigene, den Gesetzen der Physik entsprechende Form finden. Dreht man diese hängenden, rein zugbeanspruchten Gebilde um, ergeben sich Formen für Bögen, Gewölbe und Kuppeln, die rein druckbeansprucht sind. Das zweite Konstruktionsprinzip von Gitterschalen hat mit dem Bauprozess zu tun: Ein flaches Gitter aus dünnen Latten lässt sich, sofern alle Gitterknoten flexibel sind, in eine doppelt gewölbte Form bringen. Hat das Gitter die gewünschte Form angenommen, kann die Konstruktion durch Fixierung der Knoten und Kanten in eine starre Schale verwandelt werden. Nach ersten Gitterschalen-Konstruktionen an der University of California in Berkeley (1962) und auf der DEUBAU Baufachmesse 1962 in Essen schuf Frei Otto mit Carlfried Mutschler die Multihalle in Mannheim (1975), ein Gebäude mit einer Dachfläche von 9 500 m^2, das in seiner kraftvollen Gestalt und einfachen Bauweise mit den Seilnetz-Konstruktionen in Montreal und München vergleichbar ist.

Großschirme für die Bundesgartenschau, Köln, 1971. Das Tragwerk befindet sich oberhalb der Membran, die sich pneumatisch ausfahren lässt.

Der Japanische Pavillon auf der Expo 2000 in Hannover, nach einem Entwurf von Shigeru Ban in Zusammenarbeit mit Frei Otto. Die Gitter-Konstruktion besteht aus stabilen Pappröhren.

In seinem 1962 erschienenen Buch *Zugbeanspruchte Konstruktionen* bezeichnete Otto Luft als das leichteste aller Baumaterialien: Die Verwendung von Luft als tragendes Element sei das Nonplusultra der Leichtbauweise. In Zusammenarbeit mit der Firma Stromeyer schuf er 1966 für einen Technologiekonzern in Köln sein erstes pneumatisches Gebäude. Es folgten viele weitere auf dem pneumatischen Prinzip basierende Bauwerke, darunter Traglufthallen für Schwimmbäder, Lagercontainer, Luftschiffe und riesige Membranhüllen für extreme klimatische Bedingungen, wie in seinem „City in the Arctic"-Projekt (1970) mit Kenzo Tange.

Lange vor der heutigen Umweltschutzbewegung befasste sich Frei Otto bereits wissenschaftlich mit Fragen des Umweltschutzes und den Auswirkungen menschlichen Handelns auf ökologische Systeme. So beschäftigte er sich schon in den frühen 1950er Jahren mit dem, was heute Passivhaustechnik genannt wird. Zunächst untersuchte er die

Möglichkeiten, Gebäude ausschließlich durch Sonnenlicht zu heizen. 1967 baute er dann, gemeinsam mit Rob Krier, in Warmbronn für sich selbst ein Haus samt Werkstatt, das als Deutschlands erstes Passivsolarhaus gilt. 1987 folgten die für die Internationale Bauausstellung errichteten „Ökohäuser" in Berlin-Tiergarten. Ökologisches Bauen bedeutete für Otto, die Umwelt zu schonen, durch Gärten die Lebensqualität zu erhöhen, Wohnräume vielseitig und anpassungsfähig zu gestalten und auf Energieeinsparung zu achten. Mit natürlichen Bauweisen wollte er eine Architektur schaffen, die den Bedürfnissen der Menschen auf nachhaltige Weise gerecht wird und dabei die Umwelt möglichst wenig belastet.

Wie kaum jemand nach ihm hat Frei Otto sein Leben lang interdisziplinär geforscht. Auf die Frage, wie er beruflich einzuordnen sei, sagte er einmal: „Manche nennen mich auch Ingenieur. Vom Herzen bin ich Gestaltsucher und manchmal auch Gestaltfinder, der sich der Unvollkommenheit seines Tuns und seiner Produkte bewusst ist ... Ich versuche, Natur zu verstehen, auch wenn ich eingesehen habe, dass Natur wohl nie von einem Lebewesen, das selbst ein Objekt der Natur ist, verstanden werden kann. ‚Weniger ist mehr', dieses Sprichwort faszinierte mich: Weniger Häuser, weniger Material, weniger Beton und weniger Energie verbrauchen, aber menschlich bauen, unter Verwendung dessen, was vorhanden ist: Erde, Wasser, Luft. Naturnah bauen und aus wenig viel machen, vor dem ersten Strich einer Zeichnung kritisch beobachten und nachdenken. Lieber gar nicht bauen, als zu viel bauen!"

Frei Otto hat gewiss nicht zu viel gebaut. Und doch hat sein Werk einen Einfluss auf Architektur und Tragwerksplanung, den nur wenige Architekten des 20. Jahrhunderts für sich beanspruchen können.

KENNETH POWELL

FRANK GEHRY

Schöpfer ikonischer Bauten voller Ausdruckskraft

GEBOREN 1929

Kein amerikanischer Architekt, dessen Werk in die letzten Jahrzehnte des 20. und die ersten Jahre des 21. Jahrhunderts fällt, ist weltweit annähernd so berühmt wie Frank Gehry. Der gebürtige Kanadier, der seit seiner späten Jugend in Los Angeles lebt, verbindet die Suche nach technischen und konstruktiven Innovationen mit einer bisweilen verspielten, aber stets tiefsinnigen Verarbeitung der amerikanischen Bautradition – eine Verbindung, die an den größten amerikanischen Architekten der ersten Hälfte des 20. Jahrhunderts erinnert, an Frank Lloyd Wright.

Gehry wurde (als Frank Goldberg) in Toronto geboren und zog 1947 mit seinen Eltern nach Los Angeles, wo er an der University of Southern California Architektur studierte, bevor er für eine Reihe ortsansässiger Architekturbüros arbeitete. 1962 gründete Gehry in Santa Monica sein eigenes Büro. Sein Frühwerk steht unter dem Einfluss Frank Lloyd Wrights und der Kalifornischen Modernisten wie Richard Neutra, Rudolph Schindler und Raphael Soriano. Doch schon gegen Ende der 1960er Jahre hatte sich seine Architektur in eine andere Richtung entwickelt. Das zeigt sich in Projekten wie der O'Neill Hay Barn in San Juan Capistrano und dem Davis Studio and Residence in Malibu. Letzteres war ein Auftrag des Malers Ron Davis, der zu einem Kreis von Künstlern der Westküste gehörte, mit denen Gehry Kontakt pflegte und Ideen austauschte. Bei beiden Bauwerken verwendete Gehry billige Materialien wie Bauholz und Wellblech, und der Grundriss der Gebäude in Malibu kündete bereits vage jene gestalterische Freiheit und Ablehnung rechteckiger Formen an, die Gehrys spätere ikonische Werke kennzeichnen. Die Expressivität, die Gehry an den Werken von Alvar Alto und Hans Scharoun so bewunderte, hatte Eingang in seine eigenen Arbeiten gefunden.

Doch das Projekt, das Gehry berühmt machen sollte, war das Wohnhaus in Santa Monica, das er 1977–1978 als eigenes Domizil baute – oder vielmehr ausbaute. „Das Haus, das den Architekten Gehry geschaffen hat", wie es ein Kritiker einmal formulierte, war in Gehrys Worten

Frank Gehry (links) bei der Arbeit in seinem Atelier in Los Angeles, wo erste Skizzen und Pappmodelle entstehen.

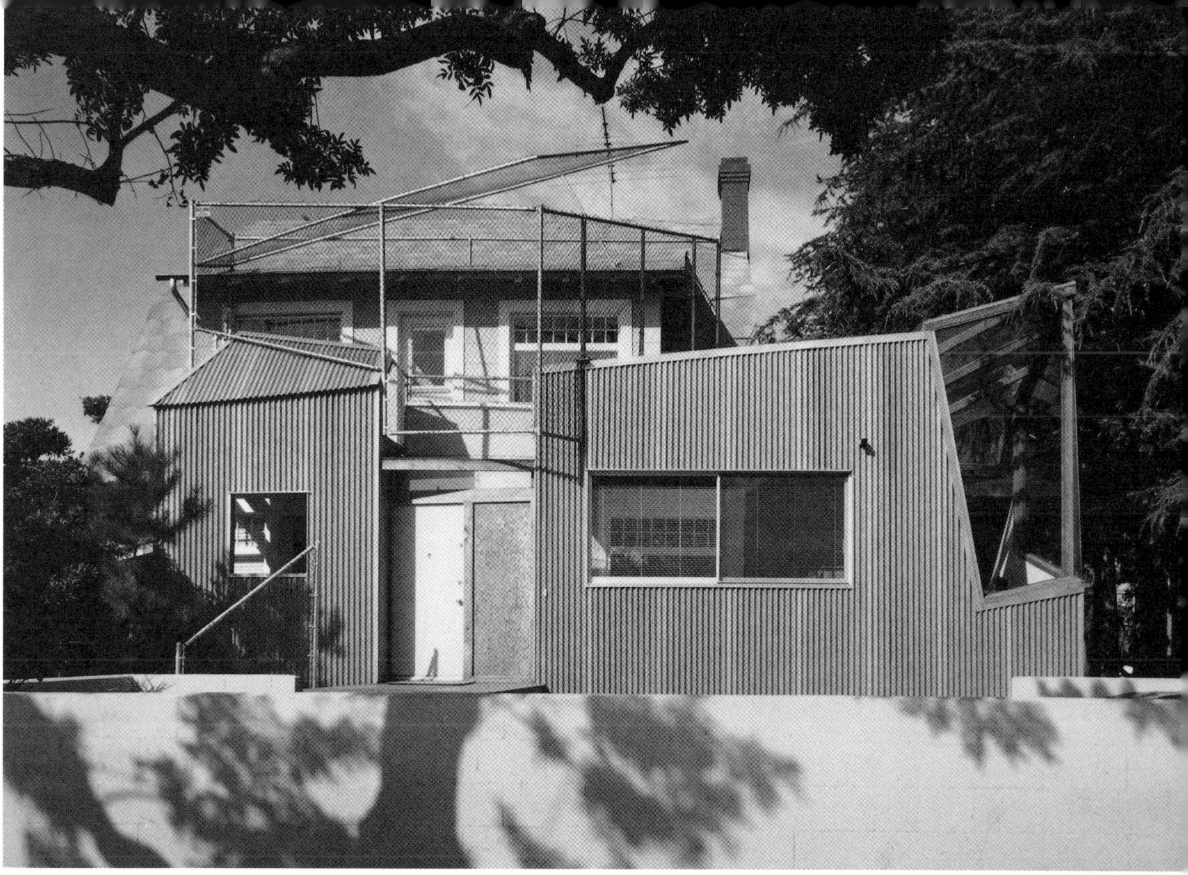

Gehrys Wohnhaus in Santa Monica. Nachdem er es 1977–1978 erweitert und umgebaut hatte, wurde es zu einem Kultbauwerk der Moderne und zu einer Pilgerstätte für Architekten.

„nur ein blödes kleines Haus“, ein typisches Heim der Mittelschicht, wie es von den Vertretern der Moderne lange Zeit verachtet worden war, bevor es in den Schriften von Robert Venturi und Denise Scott Brown zu neuen Ehren kam. Gehry baute das Haus von Grund auf um, indem er „es aufbrach, bestimmte Teile freilegte und andere verhüllte“. Er umgab es mit einer Haut aus Wellblech und Maschendraht, die von großen, verglasten Öffnungen mit bizarren Winkeln durchbrochen wurden, gestaltete die Innenräume um und legte das hölzerne Tragwerk frei. Das Haus fand internationale Beachtung.

Zeitgleich war Gehry mit einem rein kommerziellen Projekt beschäftigt, dem Einkaufszentrum Santa Monica Place, das ihn erkennen ließ, „wie wenig Interesse ich daran habe, dem Markt zu gefallen“. Der Campus der Loyola Law School, an dem er ab 1978 über zwei Jahrzehnte lang arbeitete, nahm deutlich Bezug auf die Umgebung in Downtown Los Angeles, mit unverkennbaren Anklängen an die klassizistische Architektur, die man auch als Kommentar zum postmodernen Zeitgeist verstehen konnte. Das Projekt schloss den Umbau bestehender Gebäude ein – für Gehry generell ein wichtiges Thema, wovon unter anderem die gelungene Umwandlung eines Lagerhauses in ein temporäres Domizil des Los Angeles Museum of Contemporary Art (1983) zeugt. In den 1980er Jahren widmete sich Gehry ganz unterschiedlichen Projekten: spektakulären Wohnhäusern (darunter die opulente Schnabel Residence in Brentwood), dem Design von Möbeln aus Bugholz und Pappe sowie von Fischlampen (Fische wurden ein dauerhaftes Motiv in seinen Werken), dem Firmensitz der Werbeagentur Chiat Day in Venice, Los Angeles, und den Büros der Disney Corporation in Anaheim.

INNOVATIONEN MIT RECHNERUNTERSTÜTZTER KONSTRUKTION

Nachdem er längst als führender Vertreter einer neuen Schule des West-Coast-Designs galt, erhielt Gehry 1988 den Auftrag für ein Projekt außerhalb Kaliforniens: die Verwaltungs- und Ausstellungsgebäude des Möbelherstellers Vitra in Weil am Rhein. Spielten seine früheren Bauten noch mit dem Kontrast geometrischer Formen, geschaffen aus den für amerikanische Vorortsiedlungen und Farmgebäude typischen Materialien, trat Gehry mit dem Vitra-Projekt ausdrücklich als skulpturaler Architekt in Erscheinung, dessen weiß verputztes und mit Metall verkleidetes Gebäude nicht zuletzt an Le Corbusiers Kapelle in Ronchamps erinnerte. Mit diesem Projekt änderten sich auch die Arbeitsweisen in Gehrys expandierendem Büro: Basierten seine Entwürfe zuvor wesentlich auf Zeichnungen und physischen Modellen, ging die neue Ausrichtung seiner Architektur mit einer zunehmenden Nutzung rechnerunterstützter Konstruktion (CAD) einher – einer innovativen Technologie, die in den 1980er Jahren in den USA entwickelt worden war –, wie auch mit einer veränderten Zusammenarbeit mit Bauingenieuren und Bauunternehmen. Nach Gehrys Auffassung hat der Architekt durch die neue Technik das Primat im Entwurfsprozess zurückgewonnen: „Sie macht die Architekten eher zu Eltern und den Bauunternehmer zum Kind – womit die Verhältnisse des 20. Jahrhunderts umgekehrt sind.“ Mit CAD-Zeichnungen konnten Produzenten maßgearbeitete Bauteile herstellen, von Stahlrahmen bis zu Verkleidungsplatten.

Vitra Produktionsstätte und Design Museum in Weil am Rhein, 1987–1989.

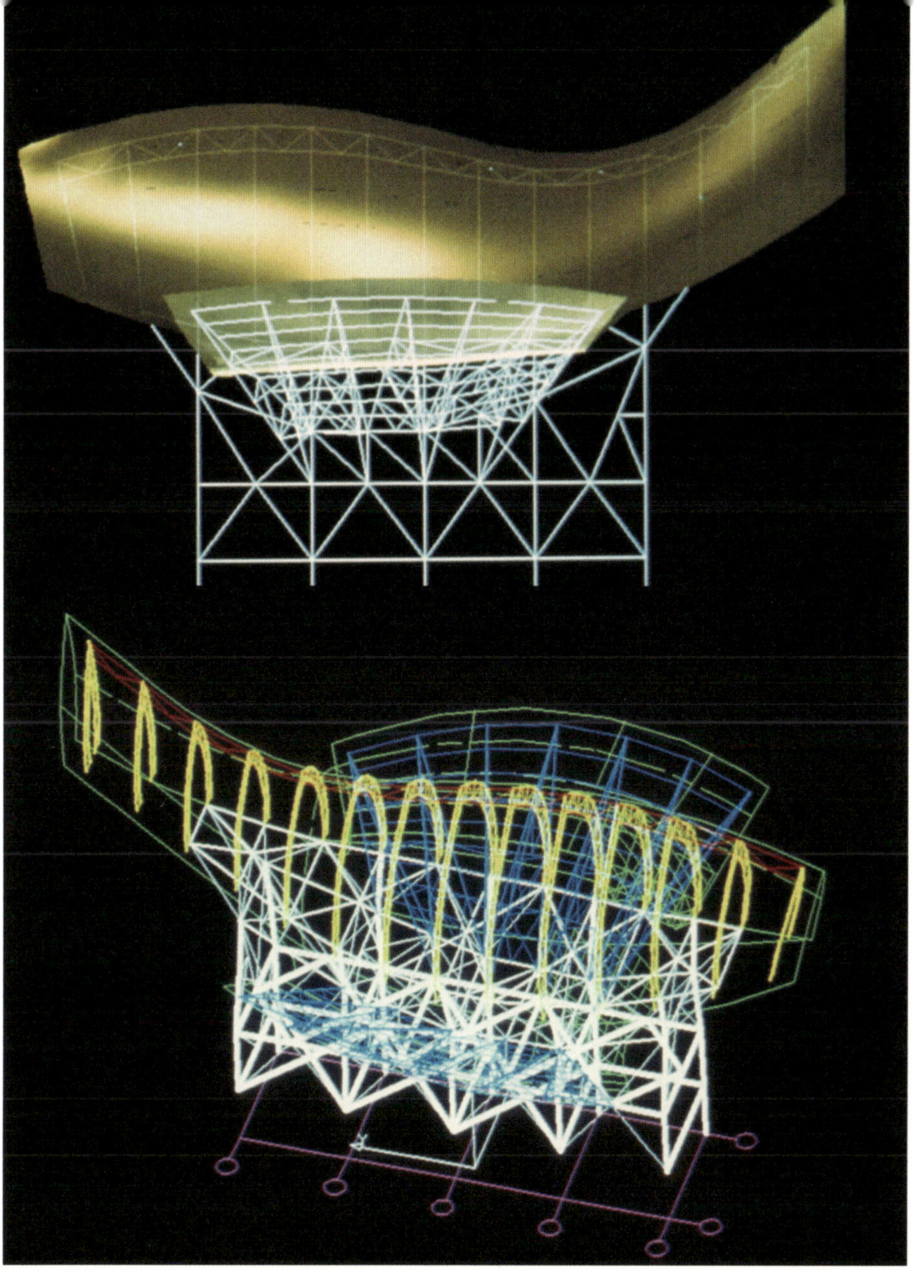

Gehrys intensive Beschäftigung mit Fischen findet ihren Ausdruck in dieser ungewöhnlichen, 54 m langen Konstruktion für Barcelonas Hafenviertel. Der Auftrag war Teil eines Projekts zur Wiederbelebung des heruntergekommenen Viertels anlässlich der Olympischen Sommerspiele 1992.

In der Tat war Gehrys Büro bahnbrechend beim Einsatz von Computern, und diese sollten auch die weitere Entwicklung seiner Architektur maßgeblich beeinflussen. Sie gaben ihm die Freiheit zur Konstruktion von Formen, wie sie etwa Jørn Utzon beim Entwurf des Opernhauses von Sydney angestrebt hatte, die aber mit den begrenzten technischen Möglichkeiten Mitte des 20. Jahrhunderts noch nicht realisierbar gewesen waren. Das

erste Projekt, bei dem Gehry die CAD-Technik – einschließlich eines neuen, ursprünglich für die Luftfahrtindustrie entwickelten Programms, das dreidimensionale Computermodelle von Gebäuden ermöglichte – umfassend nutzte, war die gigantische Fischskulptur für die Olympischen Sommerspiele 1992 in Barcelona. Trotz allem aber beginnt der Entwurfsprozess für Gehry nach wie vor mit der Skizze und dem physischen Modell – der Computer erschafft keine Formen, sondern ermöglicht nur ihre Verwirklichung.

DER TREND ZUR „IKONISCHEN" ARCHITEKTUR

Anfang der 1990er Jahre galt Gehrys Architektur schlicht als „dekonstruktivistisch" und wurde einer baukünstlerischen Schule zugeordnet, mit deren philosophischem Programm Gehry – ein pragmatischer und intuitiver Designer ohne die theoretischen Anliegen von Architekten wie Bernard Tschumi, Daniel Libeskind und Peter Eisenman – nichts zu tun hatte. Gleichwohl machte ihn der skulpturale Charakter seiner Werke zu einer führenden Figur des Trends zur „ikonischen" Architektur, in deren Bauwerken – wie rationalistische Kritiker beanstanden – das Streben nach der einprägsamen Form wichtiger geworden war als die Erfüllung der gestellten Aufgabe. Gehry hatte das Glück, dass ihn eine Reihe mutiger Auftraggeber bei Projekten unterstützten, mit denen ganz eigene Raumwirkungen gelangen. Zu ihnen zählt auch Thomas Krens von der Guggenheim Foundation, die Gehry mit dem Entwurf des Guggenheim Museums in Bilbao beauftragte, eines Museumsbaus, dem eine zentrale Rolle bei der Wiederbelebung der baskischen Stadt zugedacht war und der seit seiner Eröffnung im Jahr 1997 Millionen von Besuchern angezogen hat. Das mit Titan verkleidete Museum verkörperte seinerzeit das Höchstmaß jener Freiheit, die der Architektur durch den Computer gegeben war. Das zentrale, 50,30 m hohe Atrium erinnert in seiner Dramatik an Wrights Atrium im New Yorker Guggenheim Museum. Gehrys Walt Disney Concert Hall in Los Angeles – 1988 in Auftrag gegeben, aber erst 2003 eröffnet – war Teil eines Stadtentwicklungsprojekts für das Viertel Bunker Hill. Inspiriert wurde er bei diesem Bau unter anderem von Scharouns Philharmonie in Berlin (1956–1963), doch das ungewöhnliche Nebeneinander von – in diesem Fall edelstahlverkleideten – Formen ist purer Gehry.

Dass 2002 der spektakuläre Plan für ein neues Guggenheim Museum in Lower Manhattan fallengelassen wurde, war eine große Enttäuschung für Gehry; genauso die Einstellung eines Stadionprojekts in Brooklyn mit einem Budget von 1 Mrd. US-Dollar. Er musste sich stattdessen mit dem Bau von New Yorks höchstem Wohngebäude „begnügen", dem 76-geschossigen Beekman Tower (2011), nahe der Brooklyn Bridge. Eine weitere Ehre bedeutet der Auftrag für den Entwurf des Nationaldenkmals für Präsident Dwight D. Eisenhower, das auf einem Areal in Washington, D. C., entstehen soll. Noch im Alter von 80 Jahren war er an Kulturbauprojekten in aller Welt beteiligt. Die 2010

Das 1997 eröffnete Guggenheim Museum in Bilbao ist wohl Gehrys bekanntestes Projekt. Das titaniumverkleidete Gebäude liegt am Flussufer unweit des historischen Stadtzentrums.

fertiggestellte New World Symphony Hall in Miami scheint einen weiteren Richtungswechsel in Gehrys Werk zu markieren, fort von einer skulpturalen, hin zu einer deutlich unaufgeregten Ästhetik – wenngleich die als Projektionsfläche dienende Außenfront des Gebäudes eine durchaus dramatische Geste ist. Hätte Gehry kaum mehr als das Guggenheim Museum in Bilbao gebaut – das zu den wenigen Gebäuden zählt, die weltweit im öffentlichen Bewusstsein verankert sind – würde er immer noch als großer Baumeister gelten dürfen. Doch Gehry ist, was den baukünstlerischen wie bautechnischen Bereich angeht, ein halbes Jahrhundert lang ein ständiger Innovator gewesen und Schöpfer einer langen Reihe außergewöhnlicher Bauwerke. Er ist ganz ohne Zweifel der berühmteste und einflussreichste amerikanische Architekt der Gegenwart.

Die New World Symphony Hall, Miami, 2010. Dem Äußeren fehlt Gehrys Markenzeichen, die konstruktive Verrenkung, dafür zeichnet sich das Gebäude durch Innovationen wie eine mehrgeschossige Projektionsfläche an der Fassade aus, auf der die innen stattfindenden Konzerte übertragen werden.

BOTOND BOGNAR

KENZO TANGE

Architekt der Megastruktur

1913–2005

Kenzo Tanges Aufstieg zu einem der bedeutendsten Architekten Japans vollzog sich während des Wiederaufbaus der Nachkriegsjahre, bei dem er als Architekt wie als Stadtplaner eine wichtige Rolle spielte. 1949 gewann er den Wettbewerb für das Friedenszentrum in Hiroshima, wo er den Friedenspark entwarf und 1955 das berühmte Friedensmuseum vollendete. Das Gebäude mit seinem rohen Stahlbeton ist nicht nur unverkennbar von Le Corbusier beeinflusst, sondern weist auch Elemente traditioneller japanischer Architektur auf und begründete Tanges nationales wie internationales Renommee. Mit der Zurschaustellung der tektonischen Reinheit seines Tragwerks läutete das Museum zudem eine japanische Architekturbewegung ein, deren Motto lautete: „Beton ist unser Material". Stahlbeton ist ein für Japan besonders geeigneter Baustoff, da er Erdbeben wie auch Bränden widerstehen kann, von denen das Land immer wieder heimgesucht wird. Neben der wachsenden Vorliebe der modernen Architektur für konstruktive Rationalität war dies ein Grund für die Entwicklung einer japanischen Architektur, in der konstruktive und bautechnische Erwägungen eine zentrale Rolle spielten.

Tange wurde in Osaka geboren und studierte von 1935 bis 1938 Architektur am Institut für Bauwesen der Universität Tokio. Anschließend arbeitete er vier Jahre lang im Büro von Kunio Maekawa, einem Schüler Le Corbusiers. 1942 kehrte er für ein Aufbaustudium an die Universität zurück, wurde nach seinem Abschluss 1946 zunächst wissenschaftlicher Assistent und 1963 schließlich Professor. Als Hochschullehrer setzt er seine praktische Architektentätigkeit in einem Entwurfslabor fort, das er an der Universität gegründet hatte. So wie er zuvor von den praktischen Erfahrungen in Maekawas Büro profitiert hatte, profitierten nun viele japanische Architekturstudenten von der Arbeit in Tanges Labor, das ab 1961 als „Kenzo Tange & URTEC" firmierte. Zu seinen Studenten und frühen Mitarbeitern zählten Arata Isozaki, Kisho Kurokawa und Fumihiko Maki, die allesamt international renommierte Architekten wurden.

Tanges Architektur ist nachhaltig von den Umständen geprägt, unter denen er seine Karriere begann und sich als Architekt entwickelte. Nach dem Ende des Zweiten Weltkriegs erforderte der Wiederaufbau des kriegszerstörten Landes gewaltige Anstrengungen. Ganze Städte und die komplette Infrastruktur mussten neu geschaffen werden. Die Materialknappheit und beschränkten finanziellen Mittel der Nachkriegszeit zwangen zu wirtschaftlichem Bauen und architektonischer Rationalität. Dies förderte die Verbreitung einer modernen Architektur, die sich durch zurückhaltende und sogar minimalistische Gestaltung auszeichnete. Einen weiteren Schub erfuhr die moderne Architektur in

Japan in den 1960er Jahren, als das Land die Nachkriegszeit überwunden hatte und seine Wirtschaft rasant zu wachsen begann. Dieser einzigartige Aufschwung, das „japanische Wirtschaftswunder", ging mit einem beachtlichen technologischen Fortschritt einher, der gleichfalls starken Einfluss auf Architektur und Stadtplanung hatte.

STADTPLANUNG UND STÄDTEBAU

Tange hatte bereits als Student begonnen, sich für Stadtplanung und Städtebau zu interessieren, und seine Bauwerke seit jeher unter Berücksichtigung städtebaulicher Aspekte entworfen. Schon sein frühes Projekt in Hiroshima hatte eine städtebauliche Dimension, ging es doch um die Bebauung eines großen städtischen Areals. Als weitere Beispiele können Tanges Stadtverwaltungsbauten gelten, die im Rahmen eines staatlichen Programms zur landesweiten Förderung demokratischer Institutionen entstanden. Dazu zählen das Verwaltungsgebäude der Präfektur Tokio (1957), das Verwaltungsgebäude der Präfektur Kagawa in Takamatsu (1958) und das Rathaus in Kurashiki (1960). Diese Gebäude sind in ihren Städten nicht nur kraftvoller und markanter Mittelpunkt, sondern waren auch innovativ, was ihre tektonische wie räumliche Gestaltung anbelangt. Zwar beruhten sie im Kern auf der Pfosten-Riegel-Bauweise der japanischen Holzarchitektur, doch war diese hier auf die Konstruktion großer oder (was das Gebäude in Kurashiki angeht) gar monumentaler Betonbauten übertragen.

Die rasante Industrialisierung und die rasch wachsende Wirtschaft des Landes gingen mit einer explosionsartigen Verstädterung einher: Massenhaft zogen Menschen vom Land in die Städte, in die Wirtschaftszentren Japans. Das galt vor allem für Tokio. Diese unkontrollierte Verstädterung führte zu einem Bevölkerungsanstieg, den die japanischen Städte mit ihrer traditionell dichten Baustruktur nicht verkraften konnten und der gravierende ökologische Probleme wie Luft-, Wasser- und Lärmverschmutzung mit sich brachte. Im Bewusstsein dieses Dilemmas suchten Kenzo Tange und die mit ihm arbeitenden jungen Architekten nach innovativen Lösungen. Sie waren überzeugt, dass eine rücksichtslose Industrialisierung die japanischen Städte an den Rand einer Umweltkatastrophe führen würde, dass aber industrielle Technologien, setzte man sie in Architektur und Städtebau sinnvoll ein, auch viele der Probleme entschärfen könnten. Vor diesem Hintergrund schlossen sich 1960 mehrere junge Architekten in der Bewegung der Metabolisten zusammen, die für Flexibilität sowie einfache und systematische Erweiterbarkeit der gebauten Umwelt eintraten. Tange beeinflusste und unterstützte die Bewegung erheblich und ließ sich umgekehrt durch deren Ideen inspirieren.

1960 entwickelte er, gemeinsam mit einigen seiner Schüler, einen umfassenden städtebaulichen Masterplan, seinen berühmten „Plan für Tokio". Dieser sah eine Bebauung teilweise über der bestehenden Bausubstanz und teilweise über dem Wasser der Tokioter Bucht vor. Entstehen sollte ein megastrukturelles Gebilde, das sich geradlinig über eine Entfernung von 30 Kilometern erstreckte. Gemäß Masterplan befanden sich alle öffentlichen Einrichtungen zwischen gewaltigen, parallel und in einer großen Schleife verlaufenden Brücken, die als Infrastruktur des städtischen Verkehrs dienten, und von denen die Wohngebiete abzweigten. Tange gestaltete die öffentlichen Bauten wie auch die Wohngebäude als riesige Megastrukturen und verwischte so den Unterschied zwischen Architektur und neuer Stadt. Große, beeindruckende physische Modelle zeigten, wie detailliert Tange seine Vorstellungen ausgearbeitet hatte.

Zwar wurde der „Plan für Tokio“ nie realisiert, doch konnte Tange viele der darin enthaltenen Ideen in spätere Architekturprojekte einarbeiten. Einige der Gebäude des Masterplans, deren Entwürfe von Tange und Isozaki stammten, standen über Bodenniveau auf konstruktiven Schächten. Diese dienten einerseits als vertikales Stützsystem, andererseits der Gebäudetechnik und -erschließung, unter anderem dem Senkrechtverkehr. Diese Lösung der Nutzung gewaltiger hohlzylindrischer Versorgungsschächte als Pfeiler wurde zu einem Modell für zahllose folgende Entwürfe. Das Rundfunk- und Pres-

Rathaus Kurashiki, 1960. Der in einigen Details an Le Corbusier erinnernde massige Bau aus Stahlbeton ist ein frühes Beispiel für Tanges megastrukturelle Architektur.

sehaus Yamanashi in Kofu ist vielleicht das beste Beispiel für diese von Tange entwickelte Lösung. Der monumentale Bau wird erhöht und gestützt von 16 vertikalen, unterschiedlich hohen Versorgungsschächten aus Beton, zwischen denen die einzelnen Geschosse brückenartig als geschlossene Raumeinheiten eingefügt sind, was dem Baukörper als Ganzem etliche Lücken und Hohlräume beschert. Diese poröse, megastrukturelle Matrix mit ihrer großen Flexibilität hinsichtlich interner Erweiterungen war quasi die revolutionäre Verwirklichung einer „Stadt in der Luft".

Dasselbe System verwendete Tange auch in Projekten wie dem viel kleineren, 1967 gebauten Rundfunk- und Pressehaus Shizuoka und der 1970 gebauten Botschaft von Kuwait, beide in Tokio. Die dreidimensionale strukturelle Matrix taucht, wenn auch in abgewandelter Form, sogar 1996 noch einmal in einem Werk Tanges auf: in der Zentrale des Fernsehsenders Fuji in Tokio.

Gegenüber: Tange vor seinem berühmten „Plan für Tokio" (1960). Der unverwirklichte Entwurf für die Tokioter Bucht sah riesige Brückenkonstruktionen für den städtischen Verkehr und große Gebäude auf Pilotis vor. Unten: Das nur von 16 zylindrischen Schächten gestützte Rundfunk- und Pressehaus Yamanashi in Kofu, vollendet 1966, ist der Inbegriff einer Megastruktur.

Tanges Nationalgymnasien für die Olympischen Sommerspiele 1964 in Tokio. Mit ihren einzigartigen Hängekonstruktionen, aus denen sich eindrucksvolle Innenräume ergeben, markieren sie den Höhepunkt seiner wohl kreativsten Karrierephase.

ÖFFENTLICHE PRESTIGEPROJEKTE FÜR NATIONALE GROSSVERANSTALTUNGEN

Der Auftrag zum Entwurf eines Sportstättenkomplexes für die Olympischen Sommerspiele 1964 in Tokio, der berühmten „Nationalgymnasien“, bot Tange Anfang der 1960er Jahre die Gelegenheit, sich einer anderen Art von Tragwerkslösung zu widmen. Er verwendete hier Hängekonstruktionen, in denen gebündelte Stahlseile die Dächer der beiden Sporthallen tragen und umfassen. In Zusammenarbeit mit dem kongenialen Ingenieur Yoshikatsu Tsuboi konstruierte Tange die größere Sporthalle mit zwei Pylonen aus Stahlbeton in einem Abstand von 126 m und zwei dazwischen gespannten Hauptseilsystemen, die zu beiden Seiten im Boden verankert waren. Untergeordnete Systeme verbinden diese Hauptseile mit der „Tonne“ aus Beton, die den oberen Rand der Zuschauerränge bildet. Die kleinere Sporthalle konstruierte er mit einem einzigen Pylonen, von dem aus das Hauptseil mittels stählerner Stützstangen spiralförmig nach außen verläuft.

Mit seinen neuartigen, beeindruckend rundlichen Formen, die entfernt auch an die sanft geschwungenen Dächer buddhistischer Tempel erinnern, gilt dieser Gebäudekomplex – damals der weltweit größte seiner Art – heute zurecht als eines der wichtigsten Werke moderner Architektur des 20. Jahrhunderts.

Ein weiteres Großereignis auf japanischem Boden, die Expo 1970 in Osaka, bot Tange Gelegenheit zum Bau seiner größten und wohl bedeutendsten Megastruktur. Man betraute ihn mit dem Masterplan für die gesamte Anlage sowie mit dem Entwurf der Infrastruktur, einschließlich der zentralen „Festival Plaza". Die Expo sollte als Schaufenster für Japans technologischen Fortschritt in den 1960er Jahren dienen, und so gestaltete Tange – erneut unter der Mitarbeit Tsubois – die Plaza mit einer gigantischen stählernen Raumfachwerk-Konstruktion als „Dach". Es war ein technologisches und bautechnisches Bravourstück von nie dagewesenen Ausmaßen. Die Konstruktion hatte eine Grundfläche von 108 x 292 m und wurde von sechs massiven Stahlgitterpylonen in einer Höhe von 30 m getragen. Komplett am Boden montiert, war sie mit Hydraulikhebern in Position gehievt worden. Indem Tange diese gewaltige Megastruktur so konstruierte, dass darin mehrere experimentelle Fertig-Kapselhäuser ausgestellt werden konnten, spielte er mit dieser Megastruktur auch auf seine frühe Vision einer „Stadt in der Luft" an.

Das Raumfachwerk-Dach über der Festival Plaza auf der Osaka Expo, 1970. Mit seinen gigantischen Ausmaßen spielte es auf eine visionäre „Stadt in der Luft" an.

KENNETH POWELL

NORMAN FOSTER

Innovative Lösungen hinsichtlich Konstruktion und Material

GEBOREN 1935

Die Christopher Wren gewidmete Steintafel in der Londoner St. Paul's Cathedral trägt die berühmte Inschrift „Si monumentum requiris, circumspice" – „Wenn Du ein Denkmal suchst, sieh Dich um". Es ist schwer zu sagen, wo ein entsprechendes Denkmal zu Ehren von Norman Foster stehen könnte, der neben Wren und Edwin Lutyens zu den herausragenden Gestalten der britischen Architekturgeschichte zählt. Im Unterschied zu seinen beiden berühmten Vorläufern hat Foster weltweit Spuren hinterlassen: Er hat in über 30 Ländern gebaut, unter anderem in China, Japan, den USA, Australien, im Nahen Osten und in ganz Europa. Konstruktive Neuerungen, eine innovative Materialverwendung, das Streben nach einer einprägsamen, aber im Kern rationalen Form sowie, in zunehmendem Maß, die Suche nach niederenergetischen und nachhaltigen Bauweisen – dies sind die Charakteristika von Fosters Architektur.

Norman Foster wurde in Stockport, unweit von Manchester, als Kind einer Arbeiterfamilie geboren. Als 16-Jähriger fand er zunächst eine Anstellung als Bürokraft im Rathaus von Manchester, doch im Anschluss an den Militärdienst bei der Royal Air Force begann er an der Universität Manchester ein Architekturstudium. Nach dem Examen erhielt Foster ein Stipendium für ein Masterstudium an der Yale School of Art and Architecture, wo der charismatische Paul Rudolph das Zepter schwang und Vincent Scully sowie Serge Chermayeff als Dozenten tätig waren. Die Erfahrungen in den USA, wo er von 1961 bis 1963 studierte und arbeitete, prägten ihn: Foster wurde inspiriert von der Energie und Zuversicht des Landes, aber auch von den Bauwerken Frank Lloyd Wrights, Mies van der Rohes und Louis Kahns, die er dort mit eigenen Augen sah. In Yale lernte er Richard Rogers kennen, mit dem er nach der Rückkehr nach England das Architekturbüro *Team 4* gründete (die anderen Partner waren Fosters spätere Ehefrau Wendy Cheesman und deren Schwester Georgie). In den vier Jahren des Bestehens von *Team 4* wandten sich Foster wie auch Rogers vom traditionellen „Nassbau" ab und der Leichtbauweise mit Stahl und Glas zu. Für diesen Wandel im Architekturansatz waren nicht zuletzt amerikanische Vorbilder verantwortlich, darunter die West Coast Case Study Houses und die Werke Mies van der Rohes.

Fosters vielleicht bedeutendstes Werk aus der Zeit bei *Team 4* war das Fabrikgebäude der Reliance Controls Ltd. in Swindon (vollendet 1966, zerstört 1991), ein flexibler Container mit offenem Grundriss, der bereits andeutete, welche Richtung Fosters Architektur nehmen sollte. Seine Werke bei *Team 4* sowie die großen Projekte von *Foster Associates*, dem 1967 mit Wendy Foster gegründeten Büro, entstanden in Zusammenarbeit mit dem Bauingenieur Anthony Hunt. Zu nennen sind vor allem das Verwaltungsgebäude von Willis Faber & Dumas in Ipswich (1974) und das Sainsbury Centre for Visual Arts auf dem Campus der University of East Anglia am Stadtrand von Norwich (1977). Der Bau ist ein Paradebeispiel für die integrierende Hülle, den „eleganten Schuppen", den er erstmals bei der Reliance-Controls-Fabrik verwirklichte und in den 1980er Jahren für den Londoner Flughafen Stansted (eröffnet 1991) weiterentwickelte. Charakteristisch für diese Projekte ist die raffinierte Integration von Versorgungsanlagen sowie der Umgang mit dem Tageslicht – ein dauerhaftes Anliegen Fosters (der eingestandenermaßen „eine besondere Leidenschaft für natürliches Licht" hegt).

DER WEG ZUM WELTWEIT TÄTIGEN ARCHITEKTEN

Foster sollte mit Hunt noch bei weiteren Projekten zusammenarbeiten, doch der Auftrag für die Firmenzentrale der Hongkong & Shanghai Banking Corporation (HSBC) in

Das Sainsbury Centre der University of East Anglia, Norwich, 1977. Es war nicht nur die radikale Verwirklichung eines Kunstmuseums, in dem verschiedene Kunstobjekte in ungezwungenem Rahmen betrachtet werden können, sondern bot außerdem noch Seminarräumen Platz.

Hongkong, den er 1979 als Sieger eines Wettbewerbs erhielt, war der Beginn einer langwährenden Zusammenarbeit mit Ove Arup. Arup war weltweit tätig, und mit dem Projekt in Hongkong wurde auch Fosters Büro zu einem Global Player. Der 1985 fertiggestellte Bau galt weithin als „teuerstes Gebäude aller Zeiten". Während die meisten Partner aus Fosters Büro nach Hongkong umzogen, blieb er selbst in London und legte dort das Fundament für künftige Erfolge. Mit der Einstellung des von ihm geplanten Projekts der BBC-Rundfunkzentrale im Herzen Londons musste Foster zwar eine herbe Enttäuschung einstecken, doch hatte ihn das HSBC-Gebäude da bereits zu einem der international führenden Architekten gemacht. Mit diesem Projekt begann, im Nachhinein betrachtet, auch seine Neuerfindung des Hochhauses. Die flexiblen Arbeitsräume, die schon das Gebäude für Willis Faber & Dumas auszeichneten, sind hier zu einer Bürofläche von insgesamt 100 000 m^2 gestapelt; im Kern erhebt sich ein 10-geschossiges Atrium, auf dessen Dach eine „Sonnenschaufel" Tageslicht ins Innere lenkt.

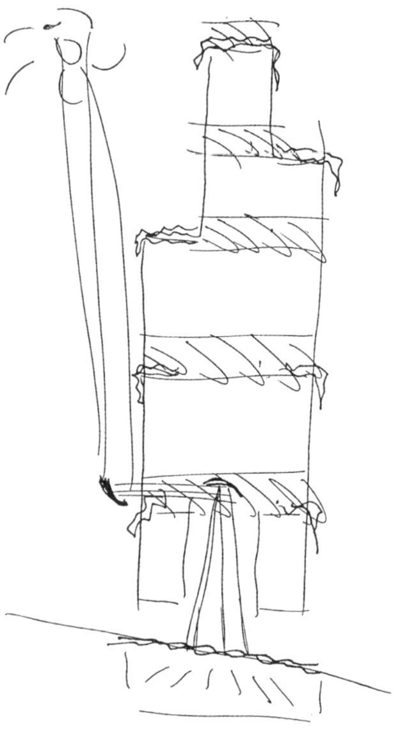

Ebenso innovativ, wenngleich in anderer Hinsicht, war der Büroturm der Commerzbank in Frankfurt. Fosters Entwurf, mit dem er sich 1991 in einem Wettbewerb durchsetzte, besticht durch innenliegende „Turmgärten", die Teil eines Lüftungssystems sind, das zu einem wegweisenden Modell für natürliche Lüftung in Bürohochhäusern wurde. Erfahrungen aus dem Bau des Commerzbank-Turms flossen auch in das Bürohochhaus für Swiss Re in der City of London ein. Dieses 2004 fertiggestellte und gemeinhin „Gurke" genannte Gebäude macht mittlerweile dem Big Ben und der St. Paul's Cathedral den Rang des Wahrzeichens von London streitig. Foster ist ein unbeirrter Verfechter des Hochhausbaus, ungeachtet der Einstellung des visionären Millenium-Tower-Projekts, das sowohl für die Tokioter Bucht als auch für die City of London geplant gewesen war (in London für jenen Ort, an dem schließlich die „Gurke" gebaut wurde). 2006 erhielt er den Auftrag zum Entwurf eines 78-geschossigen Hochhauses auf dem Ground-Zero-Gelände in Manhattan; dessen Bau verzögerte sich jedoch um etliche Jahre, so dass Foster sich mit dem bescheideneren Hearst Tower begnügen musste.

Obwohl Foster bis 1991 kein größeres Bauwerk in London verwirklicht hatte, brachte ihm sein internationaler Erfolg bereits 1983 die Royal Gold Medal for Architecture ein; es folgten der Ritterschlag (1990), der Order of Merit (1997) und schließlich die Peers-

Oben: Diese Skizze für die Hongkong & Shanghai Bank (1981–1985) zeigt das „Kleiderbügel"-System, dem das Gebäude weitgehend seinen unverwechselbaren Charakter verdankt. Gegenüber: Obwohl inzwischen von später errichteten Hochhäusern umringt, ist das Bankgebäude nach wie vor ein markantes Element der Hongkonger Silhouette und ein Schlüssel-werk der Architektur des späten 20. Jahrhunderts.

würde auf Lebenszeit (1999). Zu seinen zahlreichen internationalen Auszeichnungen zählt auch der Pritzker Prize (1999). Seit Beginn der 1990er Jahre hat Fosters Büro (heute *Foster + Partners*) etliche Projekte in London realisiert, darunter gewerbliche Bauten, die von den Dimensionen seiner Firma zeugen: Im Jahr 2009 hatte das Büro 25 Niederlassungen (darunter einige temporäre) in aller Welt und insgesamt 1400 Mitarbeiter. Innerhalb von vierzig Jahren ist Fosters Büro damit von einer Experimentalwerkstatt zu einem internationalen Unternehmen geworden. Zwangsläufig tragen nicht alle gewerblichen

Norman Fosters 2004 fertiggestellter Bau für die Swiss Re in London zeichnet sich nicht nur durch seine eigenwillige Form aus, sondern auch durch sein Niedrigenergiekonzept.

Projekte des Büros die Handschrift eines der führenden Architekten der Welt – das HSBC-Hochhaus in Canary Wharf in den Londoner Docklands (fertiggestellt 2002), eindrucksvolles Beispiel für die Treue von Fosters Kunden, weist keines der innovativen Merkmale seines Vorläufers in Hongkong auf. Gleichwohl ist es immer noch weit aufwändiger gestaltet als die meisten anderen Neubauten in Canary Wharf. Foster war persönlich stärker an jenen Londoner Projekten beteiligt, die mit der Transformation des öffentlichen Raums zu tun hatten, etwa der Millennium Bridge, die die City mit Southwark verbindet (2000; wiedereröffnet 2002), dem Great Court im British Museum (2000) und der Umgestaltung des Trafalgar Square (2001–2004). Ein besonders bedeutendes Projekt waren die Sackler Galleries (1985–1991) in der Royal Academy of Arts, in der Foster nicht nur einen neuen Ausstellungsraum schuf, sondern auch neue Zugangsbereiche zwischen den einzelnen historischen Gebäuden.

UMBAUTEN UND VERKEHRSBAUWERKE

All diese Erfahrungen kamen auch dem Umbau des Berliner Reichstagsgebäudes zum Parlamentssitz des wiedervereinigten Deutschlands zugute. Es war durchaus beachtlich, dass sich ein ausländischer Architekt den Auftrag für dieses Symbol deutscher Identität sichern konnte. Allerdings wurde Fosters erster Vorschlag – der das restaurierte Gebäude zum Mittelpunkt eines von einer gewaltigen Stahl-Glas-Hülle geschaffenen öffentlichen Raumes machte – als zu radikal empfunden. Außerdem war er zu teuer. Zur verwirklichten Variante (vollendet 1999) gehört auch eine neue Version der zerstörten Reichstagskuppel, was als Zugeständnis an jene verstanden werden kann, die eine weitgehende Rekonstruktion des Gebäudes in seinem Zustand vor der Zerstörung 1945 wünschten. Doch Fosters Kuppel ist keineswegs ein leeres Symbol, sondern, wie er sagt, „ein Zeichen dafür, dass sich etwas geändert hat“. In der Kuppel gibt es eine öffentlich zugängliche Rampe, die in die Spitze des Gebäudes führt und zu einer der größten Besucherattraktionen Berlins geworden ist. Im Innern der Kuppel befindet sich eine weitere „Sonnenschaufel“, die das Tageslicht kontrolliert im darunter liegenden Plenarsaal verteilt. Die Wiederbelebung und Erweiterung historischer Bauten ist ein wichtiger Teil von Fosters Arbeit geworden: Auf seine Arbeiten an der Royal Academy und am British Museum folgten Großprojekte für das Museum of Fine Arts in Boston und die Smithsonian Institution in Washington, D.C., bei denen er sich die Erfahrungen beim British Museum und beim Reichstag zunutze machte. Fosters dezenter, minimalistischer Ansatz hat sich als Methode eines historisch sensiblen Bauens etabliert – auch das Carré d'Art (1993) in Nîmes gesellt sich überaus harmonisch zur Maison Carré, den besterhaltenen aller römischen Tempel.

In Deutschland war Foster bislang besonders aktiv, sowohl im Bereich der ökologischen Gebäudegestaltung – beispielsweise mit einer Reihe von Bürogebäuden in Duisburg (1991–2003) – als auch im Verkehrsbau. Der Umbau des Dresdner Hauptbahnhofs (vollendet 2005), der nach der Bombardierung im Krieg ausgebrannt war, ist eines von vielen Foster-Projekten in diesem Bereich. Zu ihnen zählen auch die spektakuläre U-Bahn-

eine effiziente und elegante Form. Eines seiner berühmtesten jüngeren Projekte ist der Millau-Viadukt (vollendet 2004) in Südfrankreich, auf dem die Autobahn A75 in einer Höhe von 270 m über dem Fluss Tarn verläuft. Verantwortlicher Bauingenieur dieser Brücke, der höchsten der Welt, war der Franzose Michel Virlogeux, doch für die außergewöhnliche Eleganz der Konstruktion ist Foster verantwortlich.

FORTWÄHRENDE INNOVATION

Fosters Büro ist nicht nur Zentrale einer weltweit höchst erfolgreichen Firma, sondern auch Forschungs- und Innovationszentrum. Foster selbst hat sich immer schon geweigert, das Naheliegende zu tun. In den 1970er Jahren revidierte er Entwürfe für das Sainsbury Centre, als die ingenieurtechnischen Planungen schon in vollem Gange waren. Und mit der Bitte an die Auftraggeber um Vertrauen in seinen Instinkt verwarf er urplötzlich Pläne für ein mastgetragenes Dach des neuen Wembleystadions (vollendet 2007) zugunsten einer an einem riesigen Bogen aufgehängten Konstruktion, die inzwischen zu einem weiteren Wahrzeichen Londons geworden ist. Das Interesse für nachhaltiges Bauen, das sein Büro seit den 1970er Jahren auszeichnet, prägt seine Arbeit heute stärker denn je. Spektakuläres Ergebnis dieses Interesses ist die Ökostadt Masdar (im Bau) in Abu Dhabi, die von Foster + Partners als CO_2-neutrale Musterstadt auf sechs Quadratkilometern für eine Bevölkerung von 50000 Menschen geplant ist.

2010 hat Norman Foster seinen 75. Geburtstag gefeiert. Obwohl er die meiste Zeit im Ausland lebt, ist er nach wie vor die aktive Galionsfigur seines Londoner Büros. Seine großen Leistungen, nicht zuletzt sein Beitrag zu Londons Rang als einer Welthauptstadt der Architektur, sind unbestreitbar. Von den über 1000 Projekten, mit denen sein Büro seit den 1960er Jahren befasst war – darunter knapp 250 realisierte Gebäude –, hat er selbst etliche herausragende Werke verantwortet. Es ist Fosters Persönlichkeit und sein weiterhin bestehender Einfluss auf die Arbeit seines Büros, die dessen Erfolg im Vergleich mit der Konkurrenz begründen – ein Erfolg, der Fosters Stellung in der Architekturgeschichte bestätigt.

Fosters Masterplan für die Musterstadt Masdar in Abu Dhabi zielt auf ein nachhaltiges urbanes Leben der Zukunft. Die Stadt mit ihren bis zu 50000 Bewohnern soll durch erneuerbare Energien versorgt werden.

ALEXANDER TZONIS

SANTIAGO CALATRAVA

UNIVERSELLER KONSTRUKTEUR

GEBOREN 1951

In der heutigen Zeit, die geprägt ist von Spezialisierung und einer Fragmentierung des Wissens, verdienen nur wenige Konstrukteure das Attribut „universell". Einer von ihnen ist zweifellos Santiago Calatrava. Nicht nur erfolgreich, sondern auch scheinbar mühelos konstruiert er die unterschiedlichsten Dinge, große wie kleine, von Brücken, Gebäuden und Gebäudekomplexen bis zu Möbeln, Keramiken und Skulpturen. Nicht nur gelingen ihm traumartige, lustbetonte, visuelle Analogien, er nutzt dabei auch neueste Technologien und wissenschaftliche Analysemethoden. Mit seinem holistischen Ansatz hat Calatrava gezeigt, dass Verkehrsbauten nicht zwangsläufig teuer, langweilig und ökologisch bedenklich sein müssen, sondern auch kulturell bedeutsam und sogar poetisch, identitätsstiftend und dem Gemeinsinn dienlich sein können.

Santiago Calatrava Valls wurde 1951 im Dorf Benimamet geboren, das heute zu Valencia gehört. Die Welt seiner Kindheit war eine im Verschwinden begriffene agrarische Welt, verdunkelt vom diktatorischen Franco-Regime, aber auch voller Naturschönheit und reich an Schätzen der Architekturgeschichte. Calatrava studierte an der Kunstgewerbeschule und der Architekturhochschule in Valencia und ging, nach seinem Abschluss 1975, nach Zürich, wo er ein Ingenieurstudium an der Eidgenössisch Technischen Hochschule (ETH) begann. Seine Dissertation *Zur Faltbarkeit von Fachwerken* (1981) war eine interdisziplinäre Studie an der Schnittstelle von Topologie, Mechanik und Bauingenieurwesen zur Lösung eines praktischen Problems: Wie lassen sich dreidimensionale schirmartige Körper falten, mit denen man ein großes Areal überspannen will, wenn man sie zunächst in ebene Flächen oder gar in einen linearen „Stock" – ähnlich einem geschlossenen Regenschirm – transformiert? Die Arbeit hatte eine eindeutig technologische Aus-

Faltbare Struktur aus Calatravas Dissertation *Zur Faltbarkeit von Fachwerken*, 1981.

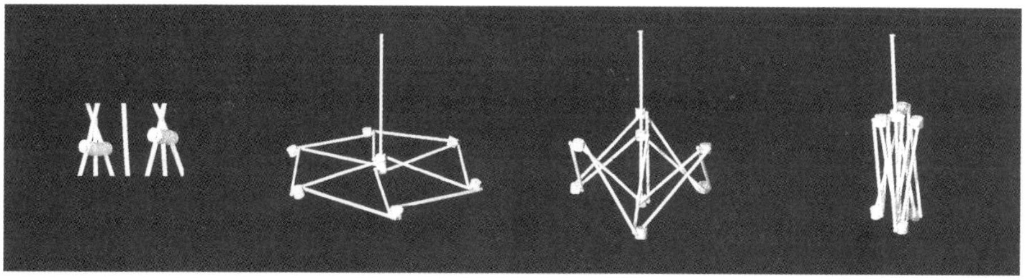

richtung: Auch die NASA beschäftigte sich damals mit dieser Frage, im Hinblick auf komplexe Geräte, die sich beim Transport in einer Raumkapsel kompakt verstauen und im Weltall wieder öffnen ließen. Für Architekten wiederum ergaben sich Möglichkeiten zur Konstruktion von Dächern, die man auf Wunsch öffnen und schließen konnte, und die in ihrer Flexibilität vielfältig verwendbar waren. Aber es gab auch einen ästhetischen Aspekt: die Aussicht, den Begriff der Bewegung – das dynamische Raumkontinuum – in ikonische Bauwerke übersetzen zu können, wie es schon Futuristen und Konstruktivisten angedacht hatten. In seiner Dissertation versuchte Calatrava, das Problem analytisch zu lösen, indem er eine Methode zur Konstruktion solcher Strukturen entwickelte – von einfachen bis hin zu sehr komplexen. Zwar waren die praktischen Anwendungsmöglichkeiten seiner Studie begrenzt, dennoch wirkte sie sich stark auf seine Arbeit aus: Sie befähigte ihn, sich neuartige Konstruktion vorzustellen, die sich selbst bewegen, Bewegung aufnehmen oder aber zum Ausdruck bringen.

Während seiner letzten Jahre an der ETH und in den ersten Jahren nach Gründung seines Büros in Zürich war Calatrava an mehreren theoretischen Brückenbauprojekten beteiligt, die wegen ihrer Standorte als „Alpine Bridges“ bezeichnet wurden. Auch hier ging es darum, Form und Funktion wesentlicher Elemente dahingehend zu analysieren, wie man sie auf ungewöhnliche Weise verbinden konnte. Während dieser Untersuchung reifte in Calatrava die Überzeugung, dass analytische Methoden dazu nicht ausreichten. Vielmehr bräuchte es auch Phantasie, Analogien und Metaphern auf Basis der Beobachtung von wachsenden Pflanzen, fliegenden Vögeln und sich bewegenden menschlichen Körpern. Diesen neuen Ansatz nutzte er bei diversen Aufträgen für die Konstruktion einzelner Gebäudeteile wie Faltdächer, Schiebetüren, mobiler Außenwände, Balken, Pfeilern, Balkonen und auch kleiner Gebäude. Daraus entwickelte sich schließlich der „Calatrava-Stil“ – der eher eine Denkweise als eine Formensprache ist.

DER „CALATRAVA-STIL“

1983 wurde Calatrava beauftragt, das Lagerhaus des Textilanbieters Ernsting im westfälischen Coesfeld zu entwerfen. Er schlug vor, das gesamte Gebäude mit einem einzigen Material zu verkleiden, nämlich unbehandeltem Aluminium, und dieses derart zu formen, dass es durch seine Oberfläche und Lichtwirkung an gewellten Stoff erinnert. Das spektakulärste architektonische Element aber stellten die Tore der Verladebuchten dar, deren vertikale Leisten entlang einer kurvenförmigen Linie einklappbar und an den Endpunkten mit einem horizontalen Rahmen verbunden waren, der sich anheben und absenken ließ. Wurde er angehoben, schoben sich die vertikalen Leisten aus der Fassadenebene nach vorn und bildeten, dank ausgeklügelter Dreifachverbindung der einzelnen U-förmigen Strangpressprofile, ein graziles Kragdach, das an ein drapiertes Tuch voller Falten erinnerte. Obwohl patentgeschützt, ist diese Konstruktion seither in aller Welt nachgeahmt worden.

Seine Experimente zur Beziehung von Konstruktion und Bewegung setzte Calatrava in seinem ersten Großprojekt fort, das ihm als Sieger eines Wettbewerbs übertragen worden war: dem Bahnhof Stadelhofen in Zürich (1983–1990). Die Aufgabe war anspruchsvoll, nicht zuletzt wegen des Baugeländes, das inmitten dichter städtischer Bebauung eingezwängt am Rande eines Hügels lag, der früher einmal als Bastion der Stadtbefestigung gedient hatte. Calatrava schnitt eine Bahnsteig-Ebene in den Hügel, ohne die Neigung des Terrains zu ignorieren, und sicherte den Hang mit einem Hohlkasten aus Beton. Darüber verläuft auf ganzer Länge eine Promenade mit Pergola, die im Sinne eines grünen „Baldachins" den Eingriff des Bahnhofs in die Umgebung mildert und ihn mit der Grünfläche dahinter verbindet. Von dieser Promenade gelangen die Reisenden entweder über Treppen und einen Aufzug zu den Bahnsteigen oder über gleisquerende Brücken auf die tiefer gelegene Seite. Das Bauwerk als Ganzes ist eine Verkörperung von Bewegung, ein kompakter, „fein gewebter" Komplex von Wegen auf mehreren Ebenen, von unterschiedlich verflochtenen Bewegungsformen. Der Gesamteindruck wird noch verstärkt durch das Licht, das auf allen Ebenen durch die Glasdächer und Glasbausteine der Passagen einfällt.

DIE POESIE DER BEWEGUNG IN BAUWERKEN

Als Ausdruck einer Poesie der Bewegung in Bauwerken lässt sich auch die Alamillo-Brücke samt Cartuja-Viadukt in Sevilla (1987–1992) begreifen, die Calatrava anlässlich der Weltausstellung schuf. Im Unterschied zur Komplexität und Kompaktheit des Züricher Bahnhofsbaus ist die Brücke in Sevilla heiter und schlank, aber keineswegs statisch. Infolge der anspruchsvollen Bauaufgabe und des schwierigen Terrains ist Bewegung hier sowohl funktional aufgenommen als auch subtil ausgedrückt. Die Alamillo-Brücke widerlegt die Annahme, Brücken seien statische Gebilde und per

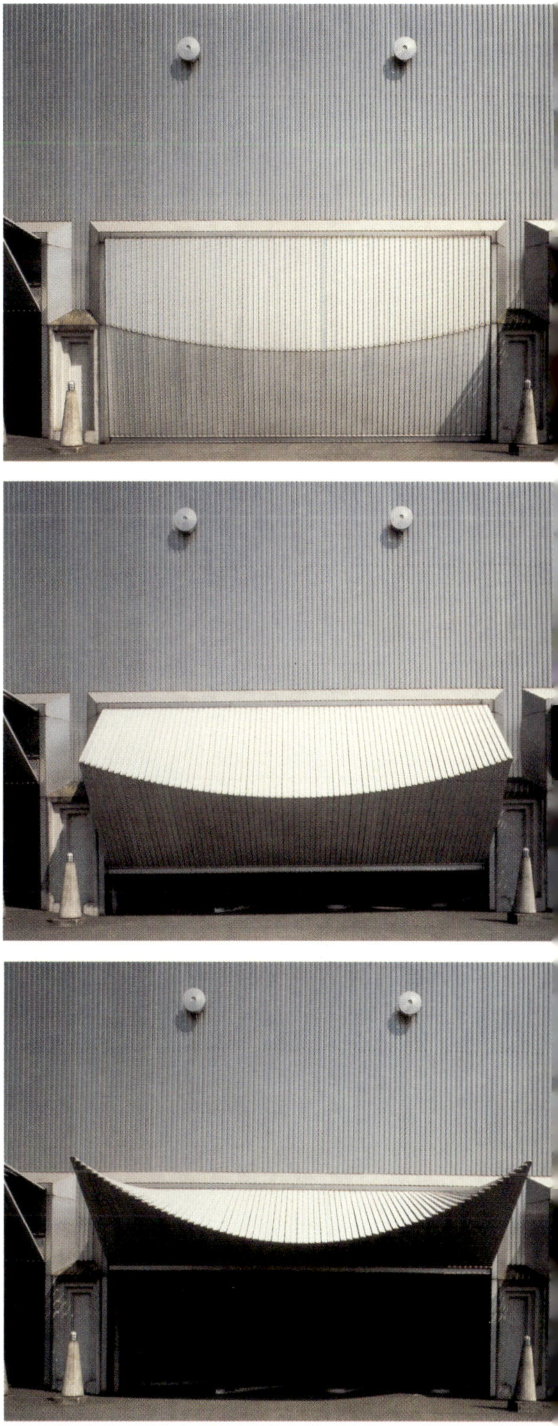

Die aus biegsamen Aluminiumleisten bestehenden Tore der Verladebuchten im Lagergebäude der Firma Ernsting in Coesfeld (1983–1985).

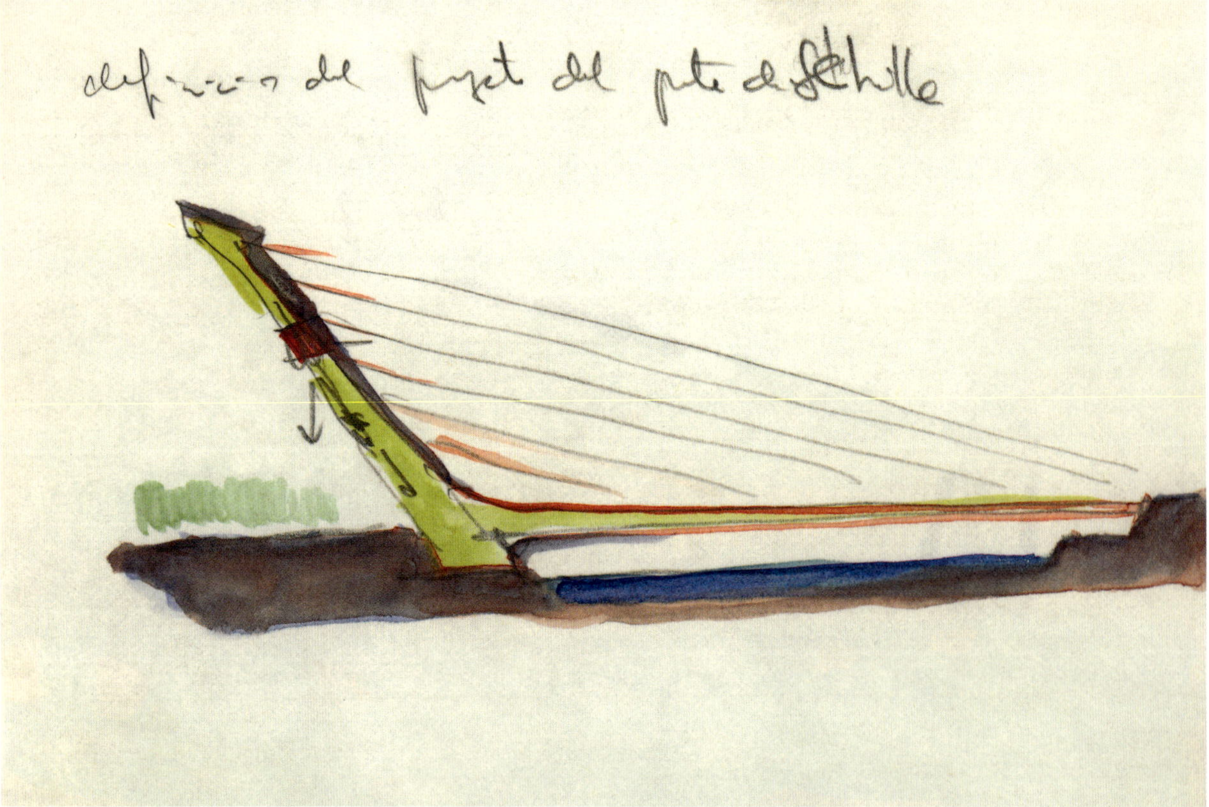

Definition symmetrisch und starr, bestünden ausschließlich aus Druck- oder Zugelementen, deren Berechnung allein auf eine maximale Spannweite bei minimalem Materialeinsatz abzielt. Diese Konstruktion zeigt, dass man Brücken auch als komplexe Bauwerke verstehen kann, die unter widrigen Umständen diverse Funktionen erfüllen. Sie müssen Wind, Regen und seismischen Kräften standhalten und stehen zumeist in unebenem Gelände. Sie dienen nicht nur als Fahrbahnen, sondern auch als soziale Orte, an denen Menschen die Aussicht genießen, innehalten und einander begegnen.

Beim Entwurf der Alamillo-Brücke versuchte Calatrava, all diese unterschiedlichen Anforderungen zu berücksichtigen, einschließlich „menschlicher" Aspekte wie der Frage nach Licht und Schatten für die Fußgänger. Die Konstruktion mit ihrer sonderbaren Gestalt – dem geneigten asymmetrischen Pylonen, dem von auskragenden Stahlflügeln getragenen hexagonalen Hohlkasten-Brückendeck aus Stahl, der fehlenden Rückverankerung für den geneigten Pylonen (dessen Kräfte allein durch das Gewicht des Brückendecks ausgeglichen werden) – resultiert aus der Ablehnung von Reduzierung und Beschränkung und dem Wunsch nach Integration und Bereicherung, und so verschmelzen hier alle Funktionen zu einem einzigen „wohlgeformten Ganzen". Darüber hinaus wirkt die Konstruktion, die den paradoxen Eindruck erweckt, sie stürze just im Moment ihrer Errichtung ein, als gehe sie – wie es einmal formuliert wurde – mit etwas „schwanger": als verkörpere sie die Idee von Bewegung, von Katastrophe und Wiedergeburt. Der rückwärts geneigte Pylon beruht im Kern auf früheren Skulpturen Calatravas, bei denen schief gestapelte Marmorwürfel von unter Spannung stehenden Drahtseilen im Gleichgewicht gehalten werden. Das Erschaffen einer Skulptur ist keine autonome Handlung, sondern Teil eines allgemeinen designorientierten Prozesses, der sich mit der Konstruktion konkreter räumlich-sinnlicher Hypothesen beschäftigt – im Unterschied zu den abstrakten Forschungen zu Fachwerken, wie Calatrava sie in seiner Dissertation betrieben hat. Selbst so extrem und paradox gestaltete Skulpturen wie sein Suspended Void or Discerning Eye (1993) sind potentiell lehrreich für künftige Konstruktionen.

Obwohl die meisten Projekte Calatravas eng mit besonderen Ereignissen oder Orten verbunden sind, widmet er sich nicht nur Prestigeobjekten. Im Gegensatz zur heiteren Alamillo-Brücke, die sich in einer weiten Ebene erhebt, ist die Puerto-Brücke in Ondarroa, Spanien (1989–1995) eine komplexe und dramatische Konstruktion, ohne dabei aufdringlich oder exhibitionistisch zu wirken. Trotz ihrer eigentümlichen Gestalt steht die Brücke in enger Beziehung zu ihrer Umgebung und greift Charakteristika des Standortes auf. Ihre geschwungene, mit dem gerundeten Hafenbecken harmonierende Gestalt spiegelt die Formen der vor Anker liegenden Boote und umliegenden sanften Hügel wider, während die Härte ihrer Geometrie und weißen Farbe die Besonderheit des Ortes hervorhebt und ihm ein markantes Element hinzufügt.

Entwurfsskizzen von Calatrava für die Alamillo-Brücke, die er 1987–1992 für die Weltausstellung in Sevilla errichtete.

VON KRISEN UND KONFLIKTEN GEPRÄGTE ORTE

Viele Verkehrsbauten Calatravas, vor allem Brücken, befinden sich an Orten mit sozialen Problemen, seien es verarmte Stadtteile oder anderweitig vernachlässigte Bezirke, verfallende Industriegebiete oder Gegenden, die von Spannungen und Konflikten geprägt sind. Die Saitenbrücke für die neue Straßenbahnlinie in Jerusalem (2002–2011) steht an einer Kreuzung der Jaffa-Straße, einem chaotischen, wenig beachteten, historisch gleichwohl bedeutsamen Ort: In der Antike verband die Straße Jerusalems Altstadt mit der Küstenstadt Jaffa, heute verbindet sie Jerusalem mit dem Ben-Gurion-Flughafen und

Saitenbrücke für die Jerusalemer Straßenbahn, 2002–2011.

Das von Calatrava entworfene World Trade Center PATH Terminal, New York, im Bau seit 2003.

mit Tel Aviv. Calatravas Schrägseilbrücke, mit ihrem geneigten Pylonen und dem gekrümmten Brückendeck, soll als Landmarke und Tor zur Stadt fungieren. Der geneigte Pylon besteht aus einem dreieckigen Stahlgehäuse, das sich nach oben hin verjüngt. Die Stahlseile verlaufen teilweise quer zueinander und bilden so eine parabolische, dreidimensional anmutende Form; der Pylon selbst scheint aus diesem Gebilde hervorzuspringen wie eine riesige, vom Wüstenwind angefachte Flamme oder wie ein schräger Mastbaum, der Jerusalems Ruf als „Hafen am Ufer der Ewigkeit“ oder als „Venedig Gottes“ symbolisiert.

Eine ebenso bedeutsame Funktion erfüllt eines der jüngsten Werke Calatravas, der World Trade Center PATH Terminal, die U-Bahn-Station am Ground Zero in New York, die 2014 eröffnet werden soll. Der von der Hafenbehörde von New York und New Jersey in Auftrag gegebene Terminal ist für Züge der U-Bahn und der Vorortlinien gedacht, bietet eine Bahnverbindung zum Flughafen und ist Teil des Wiederaufbauprojekts nach den Terroranschlägen vom 11. September 2001. Der Bahnhof soll nicht nur ersetzen, was durch den Anschlag zerstört wurde, sondern dem Ort katalytisch die frühere, rund um die Uhr herrschende Betriebsamkeit zurückbringen und ein Zeichen der Hoffnung für das traumatisierte Stadtviertel sein. Angestrebt wird nicht nur jene Lebendigkeit, die der Ort vor den Terroranschlägen von 2001 besaß, sondern auch jener Geist, der New York schon in den 1930er Jahren abhanden gekommen ist: der Geist des Engagements für öffentliche Städtebau- und Infrastrukturprojekte, die den Gemeinsinn stärken, wie es seinerzeit die Penn Station, der Grand Central Terminal, die Brooklyn Bridge oder der Central Park vermochten. Auch beim Ground-Zero-Projekt ist Bewegung, reale wie virtuelle, das zentrale Thema in Calatravas Entwurf. So schafft hier die dynamische Verflechtung von festen Körpern und leerem Zwischenraum eine fließende Gesamtgestalt. Außerdem werden alle unterirdischen Ebenen bis hinab zu den rund 21 m unter Straßenniveau liegenden Bahnsteigen von Tageslicht durchflutet. Nachts kehrt sich die Richtung des

Lichts um: Die unterirdische Beleuchtung macht den Komplex dann zu einer „Laterne" für das ganze Stadtviertel. Überdies ist der Eingang zum unterirdischen Bereich als dynamisches, vogelartiges Gebäude gestaltet.

Für eine ähnliche Konstruktion entschied sich Calatrava auch bei seinem ersten in den USA realisierten Projekt, dem Quadracci Pavilion des Milwaukee Art Museums (1994–2001). Dieser Bau mit seinen sich öffnenden und schließenden Flügeln, einem riesigen Vogel ähnlich, der majestätisch vom Ufer des Lake Michigan abzuheben scheint, dient als Sonnenblende wie auch als Zeichen zur Ankündigung von Veranstaltungen des Museums. Öffnen sich die Flügel, liegen ihre Flächen parallel zu dem geneigten Pylonen, der eine für Fußgänger gedachte Schrägseilbrücke hält, die den Ausstellungspavillon mit der Stadt verbindet und die Beziehung von Kunst und alltäglichem Leben symbolisiert. Beim World Trade Center Terminal erinnert die geflügelte Konstruktion an eine Taube oder einen Phönix, als Zeichen für den Sieg des Lebens über den Tod und den Triumph der Klugheit über die rohe Gewalt. Der Terminal ist gewissermaßen die Quintessenz des Werks von Calatrava und der ihm zugrundeliegenden Ideale. Er eröffnet neue Wege, wo es zuvor natürliche oder menschengemachte Hindernisse gab, ermöglicht einen Dialog und schafft – physisch wie symbolisch – Raum für Freiheit, ohne die es keine Kreativität gäbe, und für Kreativität, ohne die keine Freiheit denkbar ist.

Die bewegliche *brise-soleil* des Quadracci Pavilion, Milwaukee Art Museum, 1994–2001.

BOTOND BOGNAR

KENGO KUMA

Eine Architektur der Materialität und Immaterialität

GEBOREN 1954

Kengo Kuma hat sich ab Anfang der 1990er Jahre als einer der bedeutendsten Vertreter der japanischen Architektur der „Post-Bubble“-Ära profiliert. Seit der Gründung seines Büros (*Kengo Kuma & Associates*) 1990 in Tokio ist er mit zahlreichen Großprojekten betraut gewesen, für die er in aller Welt von Öffentlichkeit, Kollegen, Architekturkritikern und Auftraggebern geschätzt und bewundert wird.

Seine Entwürfe sind vielfach mit renommierten Preisen ausgezeichnet worden und in bekannten Galerien und Museen in Japan, China, Frankreich, Italien, Deutschland, Polen, Finnland, Großbritannien und den USA zu sehen gewesen. Das Interesse an seiner Architektur nimmt weiter zu, und längst ist Kuma nicht mehr nur in Japan sehr gefragt: Über die Hälfte seiner Aufträge stammt aus dem Ausland – mit Niederlassungen in Paris und Peking hat er inzwischen in Frankreich, China, Korea, Italien, Deutschland, Großbritannien und den USA gebaut.

Kuma wurde in Yokohama geboren und schloss 1979 sein Masterstudium der Architektur an der Universität Tokio ab. 1985/1986 verbrachte er ein Jahr als Gastdozent an der Graduate School of Architecture der Columbia University in New York. Kumas Ideen und sein Verständnis von Architektur sind von diversen Erfahrungen und Einflüssen geprägt. So vom traditionellen japanischen Holzhaus mit seinen schattigen Räumen, wie sie Kuma aus seiner Kindheit kennt. Aber auch von Kenzo Tanges Nationalgymnasien in Tokio, die großen Eindruck auf den 10-Jährigen machten und seine Entscheidung beeinflussten, Architekt zu werden.

Ende der 1970er Jahre studierte Kuma an der Universität Tokio unter Hiroshi Hara, dessen Interesse für Wohn- und Alltagsarchitektur er zu teilen begann – ein Gebiet, dem die meisten Architekten jener Zeit kaum Inspirierendes abgewinnen konnten. Außerdem faszinierte ihn die „fließende Welt“ der sinnlichen Entwürfe Haras, in denen Schein und Wirklichkeit nahtlos ineinander übergingen. Was Kuma von seinem Mentor unterschied, war die schmucklosere Interpretation traditioneller Modelle, zu denen für ihn – neben den japanischen – auch viele Formen ursprünglicher afrikanischer Architektur zählten, die er 1979 als Teilnehmer einer von Hara organisierten Forschungsreise durch Afrika kennengelernt hatte.

DAS VERSCHMELZEN DER ARCHITEKTUR MIT DER UMGEBUNG

Nach einigen kurzen, recht erfolglosen Ausflügen in die klassische Postmoderne gab Kuma seiner Architektur Anfang der 1990er Jahre eine neue Richtung. Um zu erreichen, was er wollte, veränderte er seinen *modus operandi*, der fortan unter seinem berühmten Motto stand: „Ich möchte die Architektur auslöschen". Im Bestreben, Architektur mit ihrer Umgebung verschmelzen zu lassen, versuchte er zunächst, Gebäude soweit wie möglich in den Untergrund einzubetten. Umgesetzt ist diese Strategie unter anderem beim erstaunlich kleinen Kirosan-Observatorium (Yoshiumi-cho, Shikoku-Insel, 1994) und dem Kitakami Canal Museum (Ishinomaki, 1999). Da sich Gelegenheit zu derartigen Bauprojekten nur selten bot, erweiterte Kuma sein Repertoire und richtete ein besonderes Augenmerk auf die Materialien. Er besann sich auf Techniken traditioneller japanischer Architektur, in der Bauwerke aus natürlichen Materialien als Teil der Umgebung galten und nicht als solitäre Monumente. Das Studium der zeitlosen Architektur der *sukiya* (Teehäuser) half ihm zudem bei der Konzentration auf eine ökologische, umweltfreundliche Architektur – ein Thema, das seit den 1990er Jahren angesichts dramatischer Wirtschaftskrisen und begrenzter Energieressourcen zunehmend bedeutsam geworden ist. Allerdings wird Kumas Architektur nicht allein von pragmatischen Überlegungen bestimmt.

Wenngleich Kumas Werke – in Reaktion auf die zunehmend ernüchternden Realitäten in Japan wie andernorts – minimalistisch sind, belohnen sie Nutzer wie Betrachter mit einer feinen, stillen Schönheit und einer Anmutung im Sinne der Idee des „Weniger ist mehr". Das Understatement und die formale Schlichtheit seiner Konstruktionen verleihen diesen eine einladende Anonymität. Beim Kunstmuseum Hiroshige (Bato, Nakagawa-machi, 2000) handelt es sich zum Beispiel um ein einfaches eingeschossiges Glasgebäude mit Satteldach, das vollständig von dicht gefügten Holzlatten umhüllt ist. Das Plastic House (Tokio, 2002), die Firmenzentrale der LVMH Group (Shinsaibashi, Osaka, 2004) und selbst große Bauwerke wie das Nagasaki Prefectural Art Museum (2005) und das Gebäude der Asahi Broadcasting Corporation (Osaka, 2008) sind schnörkellose geometrische Kompositionen, die das Chaos ihrer unbeständigen städtischen Umgebungen verringern statt verstärken.

Geprägt von einer erneuerten japanischen Sensibilität für die gebaute Umwelt ist Kumas Ansatz eine deutliche Absage an jene überladenen und exzessiv dekorativen Entwürfe, die typisch sind für einen Großteil – wenn nicht gar die Gesamtheit – der Architektur, die in Japan während der „Bubble-Ära" der 1980er und 1990er Jahre entstand. Mit seinen Werken verweigert er sich auch dem von Frank Gehrys „Bilbao-Effekt" befeuerten und heute weit verbreiteten Architektur-Trend, verdrehte, verzerrte und verführerische Formen zu schaffen, die nur allzu oft inhaltsleer sind. Ein Trend, zu dem der Architekturhistoriker William Curtis anmerkte: „Architektur läuft heutzutage Gefahr, zu einem Spiel mit überkomplizierten Formen und computergenerierten Bildern zu verkommen ... [Das ist Ausdruck] einer Obsession für eigenwillige Symbolik, exzessive Bildersprache und geistlose Formgestaltung um ihrer selbst willen."

Eingangsbereich des Kunstmuseums Hiroshige, Bato, 2000. Das Gebäude ist ein schlichter gläserner Raum, der von einer feinen Membran aus dicht gefügten Holzlatten umhüllt ist.

HYPNOTISCHE UND SINNLICHE ARCHITEKTUR

Tatsächlich geht es Kuma nicht darum, mit möglichst eigenwilligen Formen oder Bauwerken ein visuelles Spektakel zu bieten – konstruktive Willkür oder technologische Prahlerei sind ihm fremd. Er zielt vielmehr auf die Architekturerfahrung als Ganzes ab, die zwar auch das optische Erscheinungsbild eines Bauwerks einschließt, aber weit darüber hinausgeht und sämtliche Sinneswahrnehmungen des Menschen umfasst, nicht zuletzt den Tast- und Bewegungssinn. In unserem beschleunigten Zeitalter der Kommodifizierung und unmittelbaren Bedürfnisbefriedigung schärft seine beinahe hypnotisch-sinnliche Architektur – mit ihrer raffinierten räumlichen Artikulation, ihren lebendigen und sinnlichen Oberflächen, ihren feinen Details und wechselnden Mustern aus Licht und Transparenz – unsere Sinne und ermuntert uns zur Entschleunigung und zum Innehalten. Nur durch intensive Auseinandersetzung mit seinen Bauten können wir als Betrachter den Wert seiner Werke und ihren Reichtum ermessen und schätzen.

Viele dieser Qualitäten resultieren aus der Bedeutung, die Kuma der Materialität von Architektur, der handwerklichen Güte der Konstruktion und der tektonischen Präzision beimisst. Er experimentiert mit einer breiten Palette an Materialien: mit natürlichen wie

Holz, Bambus, Papier, Steinen, Reben und anderen Pflanzen, aber auch mit produzierten wie Plastik, synthetischen Stoffen, Vinyl, Metall und Glas. Doch Kuma ignoriert gewissermaßen Volumen und Gewicht dieser Materialien und versucht, sie jeweils in ein ätherisches Material zu verwandeln, indem er sie „aufspaltet" und ihre kleinsten Einheiten zu „unendlichen" Matrices, leichten Stoffen und feinen Schleiern webt. Dieses Verfahren, das er „particlization" nennt, nutzt er vor allem dann, wenn das Material (z. B. Holz oder Stein) sperrig oder schwer ist, so geschehen beim Projekt Stone Plaza and Museum (Nasu, 2000). Bei jedem Material sucht Kuma nach einer Möglichkeit, es in durchlässige Membranen und Stoffe zu verwandeln, die seine Gebäude oder Räume leicht und schemenhaft umhüllen, statt deren Grenzen fest und klar zu markieren. So gelingt es ihm, Licht und die Umgebung in die Architektur eindringen zu lassen.

Obwohl Kumas Entwürfe offenkundig zeitgenössisch – um nicht zu sagen „modern" – sind, zeugen sie doch von einer engen Beziehung zur traditionellen japanischen Architektur. Wie ihre historischen Gegenstücke wirken auch seine Werke (die er oft als „weak architecture" bezeichnet) tendenziell leicht und fragil und scheinen sich sanft in ihrer Umgebung, der natürlichen oder städtischen Landschaft, „aufzulösen". Beispiele hierfür sind das Lotus House (Zushi, 2005), das Ginzan Onsen Fujiya Ryokan (Obanazawa, 2006), das Chokkura Plaza and Shelter (Takenazawa, 2006), das Projekt Yien East/Archipelago (Kyoto, 2007) und das Garden Terrace Hotel (Nagasaki, 2009). Auch bei seinen zahlreichen Teehaus-Projekten ist diese Beziehung erkennbar. Jedes dieser kleinen Gebäude ist mit einem anderen Material und einer innovativen Methode konstruiert, die – wie immer bei ihm – aus verschiedenen „sanften Technologien" besteht. So ist Kuma im Begriff, diesem bekannten historischen Gebäudetyp ein neues Gepräge zu geben. Insgesamt zeigen Kumas Werke, dass er sich der Moderne ebenso verpflichtet fühlt wie der japanischen Tradition, ohne jedoch diese oder jene schlicht nachzuahmen.

Oben: Lobby des Ginzan Onsen Fujiya Ryokan, Obanazawa, 2006. Die hohen Membranen bestehen aus 4 mm dünnen Bambusstreifen. Gegenüber oben: Dachterrasse des Garden Terrace Hotels, Nagasaki, 2009. Gegenüber unten: Das Lotus House, Zushi (2005), ist mit einer durchbrochenen Steinblende gestaltet, die zugleich Privatsphäre und eine enge Beziehung zum Garten schafft.

Sussan Babaie ist Kunsthistorikerin und spezialisiert auf die Kunst der Islamischen Welt, besonders auf persische Architektur und Handschriften des 17. und 18. Jahrhunderts. Sie hat an der Ludwig Maximilian Universität in München gelehrt und war Gastdozentin am Getty Research Institute in Los Angeles. Zu ihren Veröffentlichungen zählt *Isfahan and its Palaces: Statecraft, Shi'ism and the Architecture of Conviviality in Early Modern Iran* (2008).

Tim Benton ist emeritierter Professor für Kunstgeschichte an der Open University in England. Zu seinen Veröffentlichungen zählen *The Villas of Le Corbusier and Pierre Jeanneret: 1920–1930* (Neuauflage 2007) und *Le Corbusier conférencier* (2007). Er hat zahlreiche Texte über die Architektur der klassischen Moderne, Le Corbusier und die italienische Architektur der 1920er und 1930er Jahre verfasst. Außerdem war er Co-Kurator mehrerer Ausstellungen über die Zeit vor dem Zweiten Weltkrieg, darunter *Art and Power: Europe Under the Dictators 1930–1945* (1995), *Art Deco* (2003) und *Modernism: Designing a New World* (2006).

Botond Bognar ist Professor und Inhaber des Edgar A. Tafel Lehrstuhls für Architektur an der University of Illinois at Urbana-Champaign. In den letzten 35 Jahren hat er sich mit diversen Aspekte der japanischen Architektur und Städteplanung beschäftigt und zu diesem Thema zahlreiche Bücher, Aufsätze und Aufsätze verfasst. Zu seinen jüngsten Veröffentlichungen zählen *Beyond the Bubble: The New Japanese Architecture* (2008) und *Material Immaterial: The New Work of Kengo Kuma* (2009).

Martin Bressani ist Architekt und lehrt als Architekturhistoriker an der McGill University's School of Architecture in Montreal. Er hat Texte in einschlägigen Foren für Architekturdebatten wie *Assemblage*, *Any Magazine* und *Log* veröffentlicht sowie Beiträge zu Büchern und Fachmagazinen verfasst. Sein Forschungsschwerpunkt ist die französische Architektur des 19. Jahrhunderts. Zur Zeit arbeitet er an einer Monographie über den französischen Architekten und Architekturtheoretiker Eugène-Emmanuel Viollet-le-Duc.

Steven Brindle arbeitet als Historiker im Properties Presentation Department der Denkmalschutzbehörde English Heritage und war zuvor als Denkmalpfleger tätig. Er hat zahlreiche Schriften zur Architektur- und Ingenieurbaugeschichte verfasst, darunter die Bücher *Paddington Station: Its History and Architecture* (2004) und *Shot from Above: Aerial Aspects of London* (2006).

Timothy Brittain-Catlin ist Autor der Bücher *The English Parsonage in the Early Nineteenth Century* (2008) und *Leonard Manasseh and Partners* (2010). Als Architekt schreibt er seit über 20 Jahren für *The World of Interiors*. Er hat einen Lehrauftrag an der Kent School of Architecture der University of Kent und ist Herausgeber von *True Principles*, der Zeitschrift der Pugin Society.

Karla Cavarra Britton ist Dozentin an der Yale School of Architecture, wo sie Architektur- und Städtebaugeschichte lehrt. Zu ihren Veröffentlichungen zählen die Monographie *Auguste Perret* (2001) und – gemeinsam mit Dean Sakamoto – *Hawaiian Modern: The Architecture of Vladimir Ossipoff* (2007). Außerdem war sie Herausgeberin von *Constructing the Ineffable: Contemporary Sacred Architecture* (2010).

James Campbell ist Fellow für Architektur und Kunstgeschichte am Queen's College in Cambridge und Mitglied der Society of Antiquaries. Der Architekt und Architekturhistoriker ist Autor von *Building St Paul's* (2007) und hat in wissenschaftlichen Zeitschriften zahlreiche Aufsätze über Christopher Wren veröffentlicht.

Mike Chrimes war über 30 Jahre lang als Bibliothekar an der Institution of Civil Engineers in London tätig. Als solcher hat er nicht nur umfassende Computerisierungsprojekte verantwortet, sondern aus seinem lebenslangen Interesse für Geschichte heraus die historische Sammlung der Einrichtung gefördert und zum besseren Verständnis der Ingenieurbaugeschichte beigetragen. Zu seinen Veröffentlichungen zählen *Civil Engineering 1839–1889: A Photographic History* (1991) und die von ihm herausgegebenen ersten zwei Bände des *Biographical Dictionary of Civil Engineers in Great Britain and Ireland* (2002, 2007).

Gwenaël Delhumeau ist Architekturhistoriker und lehrt an der École Nationale Supérieure d'Architecture de Versailles. Sein Forschungsschwerpunkt ist die Rolle der Technologie bei der Entwicklung innovativer Baustoffe und –techniken durch Hersteller, Bauunternehmer und Erfinder. Seine 1999 erschienene Promotionsschrift *L'invention du béton armé: Hennebique 1890–1914* wurde mit dem Prix du Livre d'Architecture ausgezeichnet.

Edward Diestelkamp ist bautechnischer Berater der britischen Denkmalschutzorganisation National Trust und Schriftführer in deren Architekturausschuss, der sich mit Fragen der Bestandssicherung,

Nutzung und Gestaltung der Immobilien und Liegenschaften des Trusts in ganz England, Wales und Nordirland beschäftigt. Er hat zahlreiche Aufsätze zur Geschichte der Technik in der Bauindustrie und speziell der Verwendung von Eisen in Gebäudekonstruktionen des späten 18. und 19. Jahrhunderts veröffentlicht.

Riccardo Dirindin promovierte in Architekturgeschichte und Stadtplanung an der Universität Florenz und arbeitet zur Zeit am Institut für Bildende Künste der Universität Bologna. Sein besonderes wissenschaftliches Interesse gilt der Moderne, speziell Fragen nach Technologie, Lust und Raum. Er ist Autor von *Lo stile dell'ingegneria: Architettura e identità della tecnica tra il primo modernismo e Pier Luigi Nervi* (2010).

David Dunster ist ehemaliger Roscoe Professor für Architektur an der University of Liverpool und hat an der Kingston University, dem University College London und der Rice University in Houston gelehrt. Er hat an vielen Orten der Welt Vorträge gehalten und über diverse Themen in den Bereichen Architektur und Urbanistik geschrieben. Zu seinen Veröffentlichungen zählen *Key Buildings of the Twentieth Century: Volume I, Houses 1900–1944* und *Volume II: Houses 1945–1989* (1985, 1990).

Sabine Frommel ist Directeur d'études im Bereich Kunstgeschichte der Renaissance an der École Pratique des Hautes Études der Sorbonne. Ihr Forschungsgebiet ist die Architekturgeschichte des 15. bis Anfang des 19. Jahrhunderts mit einem Schwerpunkt auf den Beziehungen zwischen Frankreich und Italien. Neben zahlreichen wissenschaftlichen Aufsätzen hat sie mehrere Bücher verfasst und herausgegeben, darunter Monographien über Sebastiano Serlio und Primaticcio.

Carol Gayle ist Lehrbeauftragte für Geschichte am Lake Forest College, Illinois. Sie ist (gemeinsam mit Margot Gayle) Autorin von *Cast-Iron Architecture in America: The Significance of James Bogardus* (1998) und hat in wissenschaftlichen Zeitschriften zahlreiche Aufsätze über die Cast-Iron-Architektur veröffentlicht.

Andrei Gozak ist Architekt, Architektur-Essayist und Dozent in Moskau. Er lehrt regelmäßig am Moskauer Institut für Architektur und an anderen Einrichtungen in aller Welt. Zu seinen Veröffentlichungen zählen Monographien über Alvar Aalto und Iwan Leonidow sowie eine Abhandlung über das Melnikow-Haus in Moskau.

Reha Günay ist Architekturhistoriker und lehrt in Istanbul an der Mimar Sinan Universität der Schönen Künste und der Yeditepe Universität. Sein wissenschaftliches Interesse gilt vor allem dem Erhalt historischer Bauwerke und der Architekturphotographie. Zu seinen zahlreichen Veröffentlichungen über türkische Architektur und Sinan zählen *Sinan: The Architect and his Work* (2002) und *A Guide to the Works of Sinan the Architect in Istanbul* (2006).

Peter Jones ist emeritierter Professor für Philosophie und ehemaliger Direktor des Institute for Advanced Studies in the Humanities an der University of Edinburgh. Schwerpunkt seiner Forschungen ist die Schottische Aufklärung. Er ist Autor von *Ove Arup: Masterbuilder of the Twentieth Century* (2006), das auf der exklusiven Einsicht in Arups Privatarchiv basiert.

Ebba Koch ist Professorin für Asiatische Kunst am Institut für Kunstgeschichte der Universität Wien und Senior Researcher an der Österreichischen Akademie der Wissenschaften. Seit 2001 ist sie beratendes Mitglied der Taj Mahal Conservation Collaborative. Ihr Forschungsinteresse gilt der Kunst und Architektur der Moguln. Zu ihren Publikationen zählen *Mughal Architecture* (1991), *Mughal Art and Imperial Ideology* (2001) und *The Complete Taj Mahal* (2006).

Gerald R. Larson ist Professor für Architektur an der University of Cincinatti. In der Lehre und in seinen Veröffentlichungen hat er sich verschiedensten Themen gewidmet, doch sein besonderes Forschungsinteresse gilt der Geschichte der Wolkenkratzer. Zur Zeit arbeitet er an einer umfassenden Abhandlung mit dem Titel *Chicago and the Skyscraper*, 1832–1891.

Bertrand Lemoine, ausgebildeter Architekt und Ingenieur, ist zur Zeit Forschungsdirektor des Centre National de la Recherche Scientifique in Paris und Direktor des Atelier International du Grand Paris. Er hat über 40 Bücher und zahlreiche Aufsätze über Architektur und die Geschichte der Bautechnik verfasst, vor allem über Eisen- und Stahlkonstruktionen wie den Eiffelturm.

Loretta Lorance ist Kunsthistorikerin mit einem Lehrauftrag an der School of Visual Arts in New York. Ihre jüngste Veröffentlichung ist *Becoming Bucky Fuller* (2009), eine Neubetrachtung der frühen Karriere des Architekten, die zeigt, wie er sich die Rolle eines visionären und zukunftsgewandten Weisen auf den Leib schneiderte.

PIONIERE DES BAUENS

Filippo Brunelleschi

Lando Bartoli (Hg.), *Filippo Brunelleschi Bauwerke, (Reihe:) Künstler Miniaturen,* Würzburg (Edition Georg Popp), 1977.

Eugenio Battisti, *Filippo Brunelleschi. Das Gesamtwerk,* Stuttgart/Zürich (Belser), 1976.

Giovanni u. Michele Fanelli, *Die Kuppel Brunelleschis. Geschichte und Zukunft eines großen Bauwerks,* Florenz (Mandragora), 2004.

Giovanni Fanelli, *Brunelleschi.* Florenz (Scala), 1980.

Heinrich Klotz, *Filippo Brunelleschi. Seine Frühwerke und die mittelalterliche Tradition,* Stuttgart (DVA), 1990.

Giorgio Vasari, *Das Leben des Brunelleschi und des Alberti,* Berlin (Wagenbach), 2012.

Giorgio Vasari, *Künstler der Renaissance,* Hamburg (Nikol), 2010.

Qavam al-Din Shirazi

Lisa Golombek, *The Timurid Shrine at Gazur Gah,* Toronto (Royal Ontario Museum. Occasional Paper, 15), 1969.

Bernard O'Kane, *Timurid Architecture in Khurasan,* Costa Mesa (Mazda Pub), 1987.

Sinan

Augusto R. Burelli, *Die Moschee von Sinan,* Tübingen (Wasmuth), 2008.

Ernst Egli, *Sinan. Der Baumeister osmanischer Glanzzeit,* Erlenbach (Rentsch), 1976.

Ulya Vogt-Göknil, *Sinan,* Tübingen (Wasmuth), 1993.

Shah Jahan

Bamber Gascoigne, *Die Großmoguln. Glanz und Größe mohammedanischer Fürsten in Indien,* Gütersloh (Prisma Verlag), 1987.

Stephan Conermann, *Das Mogulreich. Geschichte und Kultur des muslimischen Indien,* München (C.H. Beck), 2006.

Dietrich Brandenburg, *Der Taj Mahal in Agra. Eine Studie zur Baukunst des Islam in Indien,* Berlin (Verlag Bruno Hessling), 1969.

John Lall, *Taj Mahal. Die Saga der Grossmoguln,* Dehli (Lustre Press), 1996.

Christopher Wren

Margaret Whinney, *Wren,* London (Thames & Hudson), 1971.

Lisa Jardine, *On a Grander Scale. The Outstanding Life of Sir Christopher Wren,* New York (Harper Collins), 2003.

John Summerson, *Sir Christopher Wren,* London (Collins Clear-Type Press), 1953.

James W.P. Campbell, *Builging St. Paul's,* London (Thames & Hudson), 2008.

Sébastien Le Prestre de Vauban

Emil Göggel, *Vauban – Mensch und Reformer,* in: Festungsbaukunst in Europas Mitte. Festschrift zum 30-jährigen Bestehen der Deutschen Gesellschaft für Festungsforschung, Regensburg (Schnell & Steiner), 2011.

Cyrille Savin, *Vaubans kulturelle Hinterlassenschaft in Luxemburg,* Luxembourg (Éd. Saint Paul), 2005.

Achim Toepel (Hg.), *Projekt eines königlichen Zehnten. Sébastien le Prestre de Vauban,* Berlin (Akademie Verlag), 1994.

DAS ZEITALTER DES EISENS

Thomas Telford

Meynell Laurence, *Thomas Telford. The Life Story of a great Engineer,* London (The Bodley Head), 1957.

Alexander Gibb, *The Story of Telford,* London (A. Maclehode & Co.), 1935.

Karl Friedrich Schinkel

Helmut Börsch-Supan/Gottfried Riemann, *Karl Friedrich Schinkel – Lebenswerk,* Berlin/München (Deutscher Kunstverlag).

Mario Alexander Zadow, *Karl Friedrich Schinkel. Leben und Werk,* Stuttgart (Edition Axel Menges), 2001.

Barry Bergdoll, *Karl Friedrich Schinkel. Preußens berühmtester Baumeister*, München (Klinkhardt & Biermann), 1994.

Martin Steffens, *Schinkel: Ein Baumeister im Dienste der Schönheit*, Köln (Taschen), 2009.

Andreas Bernhard, *Karl Friedrich Schinkel. Ein Führer zu seinen Bauten (Bd. 1 + 2)*, Berlin (Deutscher Kunstverlag), 2006.

Heinz Ohff, *Karl Friedrich Schinkel oder die Schönheit in Preußen*, München (Piper), 2007.

Frank Augustin, *Der junge Schinkel*, Berlin/München (Deutscher Kunstverlag), 2006.

Goerd Peschken, *Das architektonische Lehrbuch*, Berlin/München (Deutscher Kunstverlag), 1979.

James Bogardus

Sigfried Giedion, *Raum, Zeit, Architektur: Die Entstehung einer neuen Tradition*, Basel (Birkhäuser Verlag), 2000.

Margot Gayle/Carol Gayle, *Cast-Iron Architecture in America: The Significance of James Bogardus*, New York (Norton), 1998.

Cynthia Hammett Shirey, *James Bogardus and cast iron building in New York City*, University of Wisconsin-Madison, 1966.

Joseph Paxton

Wolfgang Piersig, *Der Kristallpalast von London: Mit einer Vita zu Joseph Paxton, dem Architekten des Crystal Palace, nebst einem Kurzbericht über die erste Weltausstellung London 1851*, München (Grin), 2009.

Wolfgang Piersig, *Der Kristallpalast von London du sein Architekt Joseph Paxton – Der Glaspalast zu München: Das Schmieden und die Schmiedekunst – Historisches zur Metallbearbeitung*, München (Grin), 2010.

Chup Friemert, *Die gläserne Arche, Kristallpalast in London 1851 u. 1854*, München (Prestel), 1984.

John McKean, *Crystal Palace. Joseph Paxton and Charles Fox*, London (Phaidon Press), 1994.

John Anthony, *Joseph Paxton: An Illustrated Life of Sir Joseph Paxton, 1803–1865*, Aylesbury (Shire Publications), 1973.

Victor Baltard

Julia Droste-Hennings/Thorsten Droste, *Paris. Eine Stadt und ihr Mythos*, Köln (DuMont), 2003.
Pierre Pinon, *Louis-Pierre et Victor Baltard*, Talcy (Centre des monuments nationaux), 2005.

Isambard Kingdom Brunel

L. T. C. Rolt, *Isambard Kingdom Brunel*, London (Penguin), 1976.

Steven Brindle, *Brunel – the Man who Built the World*, London (Weidenfeld & Nicolson), 2005.

R. Angus Buchanan, *The Life and Times of Isambard Kingdom Brunel*, London (Hambledon Press), 2006

A.W.N. Pugin

Paul Atterbury, *Pugin – A Gothic Passion*, London/New Haven (Yale University Press), 1995.

Rosemary Hill, *God's Architect. Pugin and the Building of Romantic Britain*, London (Allen Lane), 2007.

Eugène-Emmanuel Viollet-le-Duc

Stiftung Bibliothek Werner Oechslin (Hg.), *Eugène Emmanuel Viollet-le-Duc. Internationales Kolloquium*, Berlin (Gebr. Mann Verlag), 2010.

Paul Gout, *Viollet-le-Duc, sa vie, son oeuvre, sa doctrine*, Paris (Champion), 1914.

Eugène-Emmanuel Viollet-Le-Duc, *Lectures on Architecture*, Mineola, (Dover Publications), 2011.

Jean-Paul Midant: *Eugène Viollet-le-Duc*, Paris (Éditions du Patrimoine), 2008.

John Fowler

Iain Boyd Whyte, *John Fowler, Benjamin Baker Forth Bridge*, Stuttgart (Edition Axel Menges), 1997.

Roland Paxton, *100 Years of the Forth Bridge*, London (Thomas Telford Ltd.), 1990.

BETON UND STAHL

Giuseppe Mengoni

Barbara Bonantini (Hg.), *Giuseppe Mengoni. Ingegnere architetto. 1829-1877*, Fontanelice (Cooperativa Marabini), 1994.

Vincenzo Fontana/Nullo Pirazzoli, *Giuseppe Mengoni (1829-1977). Un architetto di successo*, Faenza (Essegi), 1987.

Franz Wallner, *Die permanente Weltausstellung des neuen Italien*, Leipzig (Die Gartenlaube, Heft 46), 1867.

William Le Baron Jenney

Carl Condit, *The Chicago School of Architecture*, Chicago (Univ. of Chicago Press), 1973.

Theodore Turak, *William Le Baron Jenney. A Pioneer of Modern Architecture*, Ann Arbor (Umi Research Press), 1986.

Gustave Eiffel

Bertrand Lemoine, *Gustave Eiffel*, aus dem Französischen von Mara Huber-Legnoni, Basel (Birkhäuser), 1988.

Henri Loyrette, *Gustave Eiffel. Ein Ingenieur und sein Werk*, Stuttgart (Deutsche Verlags-Anstalt), 1985.

Gustave Alexandre Eiffel, Düsseldorf (teNeues), 2003.

Gustave Eiffel, *Der Luftwiderstand und der Flug*, Berlin (R.C. Schmidt), 1912.

François Hennebique

Gwenaël Delhumeau, *Le béton en représentation. La mémoire photographique de l'entreprise Hennebique, 1890-1930*, Paris (Hazan, Institut français de l'architecture), 1993.

Herbert Ricken, *Der Bauingenieur. Geschichte eines Berufes*, Berlin (Verlag für Bauwesen), 1994.

Antoni Gaudí

Josep Pla, *Gaudí. Die blauen Augen von Barcelona*, Berlin (Berenberg), 2005.

Joan Bergos i Masso/Joan Bassegoda i Nonell/ Maria A. Crippa, *Gaudí. Der Künstler und sein Werk*, Ostfildern (Hatje Cantz), 2000.

Maria Antonietta Crippa, *Antoni Gaudí 1852–1926. Von der Natur zur Baukunst*, Köln (Taschen), 2003.

Xavier Güell, *Antoni Gaudí*, Zürich (Artemis), 1987.

Jose L. Moro, *Antoni Gaudí 1852–1926. Sinnliche Konstruktion*, München (DVA), 2003.

Isabel Artigas (Hg.), *Gaudí – Das gesamte Werk*, Köln (Taschen), 2007.

Mark Burry (Hg.), *Gaudí Unseen – Die Vollendung der Sagrada Família*, Berlin (Jovis), 2008.

Louis H. Sullivan

Hans Frei, *Louis Henry Sullivan*, Zürich (Artemis), 1992.

Louis H. Sullivan, *Ornament und Architektur*, aus dem Englischen übertr. von Wiebke Schmaltz, Zürich (Artemis), 1990.

Ada Louise Huxtable, *Zeit für Wolkenkratzer oder die Kunst Hochhäuser zu bauen*, Berlin (Archibook), 1986.

Frank Lloyd Wright

Otto Antonia Graf, *Die Kunst des Quadrats. Zum Werk des Frank Lloyd Wright.* Band I und II, Wien (Böhlau), 1983.

Bruno Zevi, *Frank Lloyd Wright*, Basel (Birkhäuser), 1998.

David G. De Long, *Frank Lloyd Wright – Die lebendige Stadt*, Weil am Rhein (Vitra Design Museum), 1998.

Otto Antonia Graf, *Erräumen. Band I und II. Zum Werk von Frank Lloyd Wright*, Wien (Böhlau), 2002.

Alan Hess/Alan Weintraub, *Frank Lloyd Wright Häuser*, München (Deutsche Verlags-Anstalt), 2007.

Daniel Treiber, *Frank Lloyd Wright*, Basel (Birkhäuser), 2008.

Robert McCarter, *Frank Lloyd Wright – ein Leben für die Architektur*, München (Deutsche Verlags-Anstalt), 2010.

Derek Fell, *Die Gärten des Frank Lloyd Wright*, Bielefeld (Verlag Delius Klasing), 2010.

Auguste Perret

Christian Freigang, *Auguste Perret*, Berlin/München (Deutscher Kunstverlag), 2003.

Karla Britton, *Auguste Perret*, Paris (éditions Phaidon), 2008.

Christa Harlander, *Der Bau der Notre Dame du Raincy von Auguste Perret*, München (Grin Verlag), 2007.

Ludwig Mies van der Rohe

Werner Blaser, *Mies van der Rohe. Die Kunst der Struktur,* München (Deutsche Verlags-Anstalt), 1981.
János Bonta, *Mies van der Rohe,* Berlin (Henschel), 1983.

Jean-Louis Cohen, *Ludwig Mies van der Rohe,* Basel (Birkhäuser), 2007.

Yilmaz Dziewor, *Mies van der Rohe. Blick durch den Spiegel,* Köln (König), 2005.

Ulrich Müller, *Raum, Bewegung und Zeit im Werk von Walter Gropius und Ludwig Mies van der Rohe,* Berlin (Akademie-Verlag), 2004.

David Spaeth, *Mies van der Rohe. Der Architekt der technischen Perfektion,* München (Deutsche Verlags-Anstalt), 1995.

A.M. Vogt, *Le Corbusier – der edle Wilde,* Basel (Birkhäuser), 2001.

Le Corbusier – Œuvre Complète. Gesamtwerk in acht Bänden, Zürich 1965–1970/1995.

Jean-Louis Cohen, *Le Corbusier,* Köln (Taschen), 2004.

José Baltanás, *Le Corbusier. Promenades,* München (Deutsche Verlags-Anstalt), 2005.

Stanislaus von Moos, *Le corbusier. Elemente einer Synthese,* Frauenfeld (Huber Verlag), 1968.

Jean-Louis Cohen, *Frankreich oder Deutschland,* Berlin/München (Deutscher Kunstverlag), 2011.

Konstantin Melnikow

F. Start, *Melnkov: Solo Architect in a Mass Society,* Princeton (Pinceton University Press), 1978.

Pier Luigi Nervi

Pier Luigi Nervi junior, Paolo Desideri und Giuseppe Positano, *Pier Luigi Nervi,* Zürich (Artemis Verlag), 1982.

Jürgen Joedicke (Hrsg.), *Pier Luigi Nervi; Bauten und Projekte,* mit einem Vorwort von Pier Luigi Nervi und einer Einführung von Ernesto Nathan Rogers, Stuttgart (Hatje), 1957.

Conny Cossa, *Moderne im Schatten. Die Audienzhalle Pier Luigi Nervis im Vatikan,* Regensburg (Schnell & Steiner), 2010.

Frank Zander, *Neue Strukturen,* Stuttgart (Hatje), 1963.

Conny Cossa, *Moderne im Schatten,* Regensburg (Schnell & Steiner), 2010.

Claudio Greco u.a., *Pier Luigi Nervi – von den ersten Patenten bis zur Ausstellungshalle in Turin 1917–1948,* Luzern (Quart Verlag), 2008.

NEUE VISIONEN

R. Buckminster Fuller

Richard Buckminster Fuller, *Bedienungsanleitung für das Raumschiff Erde und andere Schriften,* Reinbek (Rowohlt), 1973.

Carsten Krohn, *Buckminster Fuller und die Architekten,* Berlin (Reimer), 2004.

Joachim Krause/Claude Lichtenstein (Hg.), *Your Private Sky. R. Buckminster Fuller – Design als Kunst einer Wissenschaft,* Baden (Müller), 2000.

Christof Kehr, *Wir sind alle Astronauten. Universum Buckminster Fuller im Spiegel zeitgenössischer Kunst,* Bielefeld (Kerber), 2011.

Ove Arup

Peter Jones, *Ove Arup: Masterbuilder of the Twentieth Century.* London/New Haven (Yale University Press), 2006.

Ove Arup – Hongkong Station, Stuttgart (Ed. Axel Menges), 2001.

Louis I. Kahn

Heinz Ronner/Sharad Jhaveri, *Louis I. Kahn – Complete Work 1935–1974,* Basel (Birkhäuser), 1987.

Klaus-Peter Gast, *Louis I. Kahn. Das Gesamtwerk,* Stuttgart (DVA), 2001.

Joseph Rosa, *Louis I. Kahn 1901–1974. Der erleuchtete Raum,* Köln (Taschen), 2006.

Urs Büttiker, *Louis I. Kahn. Licht und Raum,* Basel (Birkhäuser), 1989.

Jean Prouvé

Nils Peters, *Jean Prouvé 1901–1984. Die Dynamik der Schöpfung,* Köln (Taschen), 2006.

Peter Sulzer (Hg.), *Jean Prouvé – Meister der Metallumformung. Das neue Blech,* Köln (Müller), 1991.

Peter Sulzer, *Jean Prouvé – Highlights 1917–1944*, Basel (Birkhäuser), 2002.

Matthias Remmele u.a. (Hg.), *Jean Prouvé – Objekt- und Möbeldesign*, Köln (Dumont), 2007.

Oscar Niemeyer

Alan Hess, *Bauten für die Öffentlichkeit*, München (Deutsche Verlags-Anstalt), 2009.

Ulrike Habermalz (Hg.), *Brasilia – eine Stadt aus dem Nichts*, Burgdorf (Fachhochschule für Architektur, Bau und Holz), 2006.

Paul Andreas (Hg.), *Oscar Niemeyer – eine Legende der Moderne*, Basel (Birkhäuser), 2003.

Eero Saarinen

Pierluigi Serraino, *Eero Saarinen 1910-1961. Ein funktionaler Expressionist*. Köln (Taschen), 2005.

Architekten: Eliel und Eero Saarinen, Stuttgart (IRB Verlag), 1995.

Frei Otto

Conrad Roland, *Frei Otto – Spannweiten. Ideen und Versuche zum Leichtbau. Ein Werkstattbericht*, Berlin (Ullstein), 1965.

Karin Wilhelm, *Portrait Frei Otto*, Berlin (Quadriga), 1985.

Conrad Roland, *Architekten – Frei Otto*, Stuttgart (IRB Verlag), 1988.

Karin Wilhelm, *Geplante Poesie. Ausgewählte Arbeiten von Frei Otto und seinen Teams 1955–2000*, Leonberg, 2001.

Winfried Nerdinger (Hg.), *Frei Otto. Das Gesamtwerk. Leicht bauen, natürlich gestalten*, Basel (Birkhäuser), 2005.

Frank Gehry

Casey Mathewson, *Frank O. Gehry: 1969–heute*, Berlin (Feierabend Verlag), 2006.

J. Fiona Ragheb u. a., *Frank Gehry. Architect*. Ostfildern (Hatje Cantz), 2001.

Coosje van Bruggen, *Frank O. Gehry. Guggenheim Museum Bilbao*, Ostfildern (Hatje Cantz), 1997.

Francesco Dal Co u. a., *Frank O. Gehry – Das Gesamtwerk*, Stuttgart (Deutsche Verlags-Anstalt), 1998.

Kurt Forster, *Frank o. Gehry – Guggenheim Bilbao Museoa*, Stuttgart (Ed. Menges), 1998.

Kenzo Tange

Udo Kultermann, *Kenzo Tange*, Zürich (Artemis), 1978.

Architekten – *Kenzo Tange*, Stuttgart (IRB), 1992.

Zoltán Kósa, *Kenzo Tange*, Berlin (Henschel), 1978.

Paolo Riani, *Kenzo Tange*, Freudenstadt/Wien (Kunstkreis Luzern), 1969.

Norman Foster

David Jenkins, *On Foster – Foster On*, München (Prestel), 2000.

David Jenkins (Hg.), *Die Reichstag-Graffiti*, Berlin (Jovis Verlag), 2003.

David Jenkins, *40 themes – Norman Foster*, München (Prestel), 2007.

Norman Foster – Sketch Book, Basel (Birkhäuser), 1993.

Jan Lambot, *Norman Foster*, Basel (Birkhäuser), 1996.

Deyan Sudjic, *Cornelia Dorries, Norman Foster – Entwürfe eines Lebens*, Berlin (DOM Publishers), 2011.

Santiago Calatrava

Philip Jodido, *Calatrava complete works 1979– 2009*, Köln (Taschen), 2009.

Bernhard Klein/Axel Menges (Hg.), *Bahnhof Stadelhofen, Zürich / Santiago Calatrava*, Tübingen/Berlin (Wasmuth), 1993.

Sergio Polano, *Santiago Calatrava. Gesamtwerk*. Stuttgart (Deutsche Verlags-Anstalt), 1997.

Michael S. Cullen, *Calatrava, Berlin. Fünf Projekte/ Five Projects*, Basel (Birkhäuser), 1994.

Kengo Kuma

Volker Fischer (Hg.), *Kengo Kuma – Breathing Architecture*, Basel (Birkhäuser), 2008.

Kengo Kuma – materials, structures, details, Basel (Birkhäuser), 2004.

a = oben; b = unten; c = mittig
1 Foto Scala, Florenz – genehmigt v. d. Ministero Beni e Att. Culturali; 2–3 National Media Museum/Science and Society Picture Library; 4–5 istockphoto.com; 6 Foto Will Pryce © Thames & Hudson Ltd, London; 7 Erich Lessing/akg-images; 8–9 British Library, London; 10 Foto Angelo Hornak; 11 British Library/akg-images; 12 Genehmigt v. d. Institution of Civil Engineers, London; 13 Aus *Dictionnaire raisonné de l'architecture française du XIe au XVIe siècle*, Bd. 4 (Paris: 1859); 14 Chicago Architectural Photographing Company; 15 © Arcaid/Alamy; 17 Time Life Pictures/Getty Images; 18 © Edmund Sumner/VIEW; 23 Foto Scala, Florenz – genehmigt v. d. Musei Civici Fiorentini; 24 Foto Scala, Florenz – genehmigt v. d. Ministero Beni e Att. Culturali; 26 Brancacci Chapel, Santa Maria del Carmine, Florenz; 27 Alinari Archives, Florenz; 30 © B. O'Kane/Alamy; 31 © Corbis; 33 © Sheila Blair und Jonathan Bloom. Genehmigt v. d. Aga Khan Visual Archive, MIT; 34 Rijksmuseum, Amsterdam; 35 Foto Scala, Florenz; 36 Museo Nazionale del Bargello, Leihgabe an d. Piccolo Museo, Palazzo Strozzi, Florence; 37 Alinari Archives, Florenz; 39 Foto Scala, Florenz – genehmigt v. d. Ministero Beni e Att. Culturali; 41 Jon Arnold/awl-images; 42 © Reha Günay; 43 Gérard Degeorge/akg-images; 44 © Reha Günay; 46 Freer Gallery of Art, Washington, D. C.; 49, 50 © Ebba Koch; 51 aus *Royal Society Register Book Original*, II, S. 321 f., datiert auf d. 4. Dezember 1663; 53, 54 Vorstand und Fellows d. All Souls College, Oxford; 55 Sir John Soane's Museum, London; 57 © Chris Andrews/Oxford Picture Library; 58 Master und Fellows d. Trinity College, Cambridge; 59 Bodleian Library, Oxford; 61 Guillo/Archives CDA/akg-images; 62 École Supérieure et d'Application du Génie, Angers/Giraudon/Bridgeman Art Library; 63 Guillo/Archives CDA/akg-images; 64 Georg Gerster/Panos Pictures; 65 Collection du ministère de la défense, Service Historique de la Défense, Département de l'armée de terre, Frankreich; 68, 69, 70 Genehmigt v. d. Institution of Civil Engineers, London; 71 Foto Stefan Schaffer; 72, 73 Genehmigt v. d. Institution of Civil Engineers, London; 75, 77 Alte Nationalgalerie, Staatliche Museen zu Berlin; 78 SSG Potsdam-Sanssouci; 80 Alte Nationalgalerie, Staatliche Museen zu Berlin; 81 Genehmigt v. d. Newington-Cropsey Foundation; 83 Mary Evans Picture Library; 84 Genehmigt v. d. Baltimore Sun Company; 85 aus Bogardus, J., *Cast Iron Buildings* (1856). Genehmigt v. d. Peabody Essex Museum, Salem, Massachusetts; 86 Sammlung Wayne Colwell; 87 RIBA Drawings Photographs Collection, London; 88 Liverpool Record Office, Liverpool Libraries; 89 © Genehmigt v. Life; 90–91 RIBA Library Drawings Collection, London; 93 V&A Images, Victoria and Albert Museum, London; 94 RIBA Library Drawings Collection, London; 95 Bibliothèque nationale de France, Paris; 96 Bibliothèque de l'Ecole nationale supérieure des beaux arts, Paris; 97 Patrick Müller © Centre des monuments nationaux; 98, 99 Bibliothèque historique de la Ville de Paris; 100 Science Museum Pictorial/Science and Society Picture Library; 101 © Robert Harding Picture Library Ltd/Alamy; 102 National Railway Museum/Science and Society Picture Library; 103 NRM – Pictorial Collection/Science and Society Picture Library; 104 Science and Society Picture Library; 106 Abdruck m. freundl. Genehmigung d. University of Bristol Library Special Collections (DM162/8/1/1/Skizzenbuch 1852–1854); 107 Palace of Westminster, London; 108 V&A Images, Victoria and Albert Museum, London; 109 © Martin Charles; 111 RIBA Library Drawings Collection; 112 Genehmigt v. The Landmark Trust; 113 Aus *Dictionnaire raisonné de l'architecture Française du XIe au XVIe siècle*, Bd. 4 (Paris: 1859); 114 © Ministère de la Culture – Médiathèque de l'Architecture et du Patrimoine, RMN/Foto RMN; 115 Alinari/Bridgeman Art Library; 116, 117 Aus *Entretiens sur l'architecture*, Paris, 1. Auflage 1868; 118 © Ministère de la Culture – Médiathèque du Patrimoine, RMN/Foto RMN; 119 aus Mackay, T., *Life of J. Fowler* (London: 1900); 120, 122, 123 Genehmigt v. The Institution of Civil Engineers, London; 125 PLA Collection/Museum of London; 129 © Bettmann/Corbis; 130, 131 Achille Bertarelli Print Collection, Mailand; 132 Biblioteca Trivulziana and Archivio Storico Civico, Mailand; 133 Civico Archivio Fotografico, Mailand; 134 Ryerson and Burnham Libraries Book Collection, Ryerson and Burnham Archives, The Art Institute of Chicago (DFRWCE.Port_Jenney); 135 Foto J.W. Taylor (Chicago), um 1890. HALIC, The Art Institute of Chicago (16473); 136 Aus *Industrial Chicago* (Chicago: 1891); 137 Foto J. W. Taylor (Chicago), 1913. HALIC, The Art Institute of Chicago; 138 Library of Congress, Washington, D. C.; 139 Foto C. D. Arnold., Fotografien der World's Columbian Exposition, The Art Institute of Chicago (198902.03_067-104); 140 ND/Roger-Viollet/Topfoto; 143 © David Bagnall/Alamy; 144–45 Musée Carnavalet/Roger-Viollet/Topfoto; 146, 147 Roger-Viollet/Topfoto; 148 Aus Mollins, S. de, 'Le béton de ciment armé, procédé Hennebique', *Bulletin de la Société vaudoise des ingénieurs et des architectes*, 1893, S. 22; 150 CNAM/SIAF/Cité de l'architecture et du patrimoine /Archives d'architecture du XXe siècle; 151 Genehmigt v. Gwenaël Delhumeau; 152 CNAM/SIAF/Cité de l'architecture et du patrimoine/Archives d'architecture du XXe siècle; 154 Iberfoto/AISA; 155 Cátedra Gaudí Archives ETSAB-UPC; 156 J. Bedmar/Iberfoto/AISA; 158 Cátedra Gaudí Archives ETSAB-UPC; 159 Privatsammlung; 160 © Jordi Camí/Alamy; 161 Ricatto/Iberfoto/AISA; 162 Sullivaniana Collection, The Art Institute of Chicago (193101.080623-01); 163 J. W. Taylor (Chicago), um 1890. HALIC, The Art Institute of Chicago (49666); 164 Foto Richard Nickel, genehmigt v. John Vinci; 165 Chicago Architectural Photographing Company; 167, 168 Foto genehmigt v. Robert Twombly; 171 Genehmigt v. Special Collections Research Center, University of Chicago Library; 172 Aus *Frank Lloyd Wright: Ausgeführte Bauten* (Berlin: 1911); 173 © Richard A. Cooke/Corbis; 174 RIBA Library Photographs Collection; 176 Foto David Heald © The Solomon R. Guggenheim Foundation, New York; 179 © Albert Harlingue/Roger-Viollet/Topfoto; 180, 181, 182 CNAM/SIAF/CAPA, Archives d'architecture du XXe siècle/Auguste Perret/UFSE/SAIF/année; 184 Bibliothèque de la Ville, La Chaux-de-Fonds, Schweiz, Fonds Le Corbusier; 185, 186 © FLC/ADAGP, Paris and DACS, London 2011; 187a © Bildarchiv Monheim GmbH/Alamy; 187b © Peter Cook/VIEW; 189 Franz Hubmann/Imagno/akg-images; 190, 191a Foto Tim Benton; 191b © Olivier Martin Gambier/Artedia/VIEW; 193 Hedrich Blessing/arcaidimages.com; 194 Abb. Mies van der Rohe/Geschenk d. Arch./MoMA/Scala. © 2011 The Museum of Modern Art, New York; 195 © Klaus Frahm/artur; 197 © Martine Franck/Magnum Photos; 198 RIBA Library Photographs Collection, London; 199 Canadian Centre for Architecture, Montreal; 202, 204 Centro archivi MAXXI architettura, Rom; 205 RIBA Library Photographs Collection, London; 209, 211, 213, 214, 215, 216 Mit freundl. Genehmigung Nachlass R. Buckminster Fuller; 217, 218 © Arup; 219 RIBA Library Drawings Collection, London; 220 State Library of New South Wales. Genehmigt v. Jan Utzon; 221 © Arup; 224 Louis I. Kahn Collection, The University of Pennsylvania and the Pennsylvania Historical and Museum Commission. Foto Lionel Freedman; 227 © Peter Cook/VIEW; 228 © Michel Denance/Artedia/VIEW; 229 © Collection Centre Pompidou, RMN/Jean-Claude Planchet/Georges Meguerditchian/Foto RMN; 231 Fonds J. Prouvé. Bibliothèque Kandinsky, Centre Pompidou, MNAM, Paris; 232 © Lucien Hervé/Artedia/VIEW; 233 Fonds J. Prouvé. Bibliothèque Kandinsky, Centre Pompidou, MNAM, Paris; 234 © Marcelo Sayao/epa/Corbis; 235, 237, 238 © Styliane Philippou; 239 © Alan Weintraub/Arcaid/Corbis; 241 © Charles E. Rotkin/Corbis; 242, 243 Manuskripte und Archive d. Yale University Library, New Haven; 245, 246 © Balthazar Korab Ltd; 247 © Bettmann/Corbis; 248 Architectural Press Archive/RIBA Library Photographs Collection; 250 Fotothek; 251 RIBA Library Photographs Collection; 252 © Roland Halbe/artur; 254 © Douglas Kirkland/Corbis; 255 Foto T. Kitajima; 256 © Marie Velasco; 257 Abb. genehmigt v. Gehry Partners, LLP; 258 © Luc Boegly/Artedia/VIEW; 260 www.studiom-miami.com; 263 Genehmigt v. Tange Associates; 264 Foto Akio Kawasumi. Genehmigt v. Tange Associates; 265 Foto genehmigt v. Shinkenchiku-sha Co., Ltd; 266 Foto Osamu Murai; 267 Foto genehmigt v. Shinkenchiku-sha Co., Ltd; 269 Foto Will Pryce © Thames & Hudson Ltd, London; 270 © Norman Foster; 271 © Ian Lambot; 272 © Construction Photography/Corbis; 274a Foto © Rudi Meisel, Berlin; 274b Foster + Partners; 275 Foto Will Pryce © Thames & Hudson Ltd, London; 276 Foster + Partners; 277 Santiago Calatrava, Architect & Engineer; 279a, 279c, 279b Palladium Photodesign/Oliver Schuh – Barbara Burg. Genehmigt v. Santiago Calatrava, Architect & Engineer; 280a, 280b Santiago Calatrava, Architect & Engineer; 282 Palladium Photodesign/Oliver Schuh – Barbara Burg. Genehmigt v. Santiago Calatrava, Architect & Engineer; 283 Santiago Calatrava, Architect & Engineer; 284 Alan Karchmer. Genehmigt v. Santiago Calatrava, Architect & Engineer; 287, 288, 289a, 289b © Botond Bognar